经以致用
建设商科

贺教育部
科改向项目

成立之庆

李海林
辛卯方八

教育部哲学社會科學研究重大課題攻關項目

网络舆论监测与安全研究

RESEARCH ON SURVEILLANCE
AND SECURITY OF NETWORK PUBLIC OPINION

黄永林

等著

经济科学出版社

Economic Science Press

图书在版编目（CIP）数据

网络舆论监测与安全研究/黄永林等著 . —北京：
经济科学出版社，2013.12
（教育部哲学社会科学研究重大课题攻关项目）
ISBN 978 - 7 -5141 -3619 -7

Ⅰ.①网…　Ⅱ.①黄…　Ⅲ.①互联网络 - 舆论 - 安全
监测 - 研究 - 中国　Ⅳ.①G206.2

中国版本图书馆 CIP 数据核字（2013）第 162427 号

责任编辑：刘　茜　党立军
责任校对：徐领柱
版式设计：代小卫
责任印制：邱　天

网络舆论监测与安全研究

黄永林　等著

经济科学出版社出版、发行　新华书店经销
社址：北京市海淀区阜成路甲 28 号　邮编：100142
总编部电话：010 - 88191217　发行部电话：010 - 88191522
网址：www. esp. com. cn
电子邮件：esp@ esp. com. cn
天猫网店：经济科学出版社旗舰店
网址：http：//jjkxcbs. tmall. com
北京季蜂印刷有限公司印装
787 × 1092　16 开　28. 25 印张　540000 字
2014 年 4 月第 1 版　2014 年 4 月第 1 次印刷
ISBN 978 - 7 - 5141 - 3619 - 7　定价：70. 00 元

课题组成员名单

首 席 专 家：黄永林

子课题负责人（姓氏笔画为序）：

刘九洲　向德平　佐　斌　何婷婷　李玉海

陈　波　项继权　徐晓军　谈国新　喻发胜

主要参加人员（姓氏笔画为序）：

马红宇　方　一　王　宁　王　伟　王　敏

王丹丹　王伟杰　王晓红　任　娜　刘　峰

孙　山　孙传明　许　玲　吴理财　张　勇

张国超　张艳红　张德华　李　芳　李　林

李　娜　李　琳　李友巍　李　珏　李黎明

陈　琦　林丹妮　罗　忻　周晓露　周　莉

胡　珀　郝挺雷　徐　畅　涂新辉　秦　晨

袁方成　常　健　彭　涛　普丽华　温芳芳

韩成艳　戴　琴　瞿　谋

编审委员会成员

总　序

哲学社会科学是人们认识世界、改造世界的重要工具，是推动历史发展和社会进步的重要力量。哲学社会科学的研究能力和成果，是综合国力的重要组成部分，哲学社会科学的发展水平，体现着一个国家和民族的思维能力、精神状态和文明素质。一个民族要屹立于世界民族之林，不能没有哲学社会科学的熏陶和滋养；一个国家要在国际综合国力竞争中赢得优势，不能没有包括哲学社会科学在内的"软实力"的强大和支撑。

近年来，党和国家高度重视哲学社会科学的繁荣发展。江泽民同志多次强调哲学社会科学在建设中国特色社会主义事业中的重要作用，提出哲学社会科学与自然科学"四个同样重要"、"五个高度重视"、"两个不可替代"等重要思想论断。党的十六大以来，以胡锦涛同志为总书记的党中央始终坚持把哲学社会科学放在十分重要的战略位置，就繁荣发展哲学社会科学作出了一系列重大部署，采取了一系列重大举措。2004 年，中共中央下发《关于进一步繁荣发展哲学社会科学的意见》，明确了新世纪繁荣发展哲学社会科学的指导方针、总体目标和主要任务。党的十七大报告明确指出："繁荣发展哲学社会科学，推进学科体系、学术观点、科研方法创新，鼓励哲学社会科学界为党和人民事业发挥思想库作用，推动我国哲学社会科学优秀成果和优秀人才走向世界。"这是党中央在新的历史时期、新的历史阶段为全面建设小康社会，加快推进社会主义现代化建设，实现中华民族伟大复兴提出的重大战略目标和任务，为进一步繁荣发展哲学社会科学指明了方向，提供了根本保证和强大动力。

高校是我国哲学社会科学事业的主力军。改革开放以来，在党中央的坚强领导下，高校哲学社会科学抓住前所未有的发展机遇，紧紧围绕党和国家工作大局，坚持正确的政治方向，贯彻"双百"方针，以发展为主题，以改革为动力，以理论创新为主导，以方法创新为突破口，发扬理论联系实际学风，弘扬求真务实精神，立足创新、提高质量，高校哲学社会科学事业实现了跨越式发展，呈现空前繁荣的发展局面。广大高校哲学社会科学工作者以饱满的热情积极参与马克思主义理论研究和建设工程，大力推进具有中国特色、中国风格、中国气派的哲学社会科学学科体系和教材体系建设，为推进马克思主义中国化，推动理论创新，服务党和国家的政策决策，为弘扬优秀传统文化，培育民族精神，为培养社会主义合格建设者和可靠接班人，作出了不可磨灭的重要贡献。

自 2003 年始，教育部正式启动了哲学社会科学研究重大课题攻关项目计划。这是教育部促进高校哲学社会科学繁荣发展的一项重大举措，也是教育部实施"高校哲学社会科学繁荣计划"的一项重要内容。重大攻关项目采取招投标的组织方式，按照"公平竞争，择优立项，严格管理，铸造精品"的要求进行，每年评审立项约 40 个项目，每个项目资助 30 万 ~ 80 万元。项目研究实行首席专家负责制，鼓励跨学科、跨学校、跨地区的联合研究，鼓励吸收国内外专家共同参加课题组研究工作。几年来，重大攻关项目以解决国家经济建设和社会发展过程中具有前瞻性、战略性、全局性的重大理论和实际问题为主攻方向，以提升为党和政府咨询决策服务能力和推动哲学社会科学发展为战略目标，集合高校优秀研究团队和顶尖人才，团结协作，联合攻关，产出了一批标志性研究成果，壮大了科研人才队伍，有效提升了高校哲学社会科学整体实力。国务委员刘延东同志为此作出重要批示，指出重大攻关项目有效调动了各方面的积极性，产生了一批重要成果，影响广泛，成效显著；要总结经验，再接再厉，紧密服务国家需求，更好地优化资源，突出重点，多出精品，多出人才，为经济社会发展作出新的贡献。这个重要批示，既充分肯定了重大攻关项目取得的优异成绩，又对重大攻关项目提出了明确的指导意见和殷切希望。

作为教育部社科研究项目的重中之重，我们始终秉持以管理创新服务学术创新的理念，坚持科学管理、民主管理、依法管理，切实增强服务意识，不断创新管理模式，健全管理制度，加强对重大攻关项目的选题遴选、评审立项、组织开题、中期检查到最终成果鉴定的全过程管理，逐渐探索并形成一套成熟的、符合学术研究规律的管理办法，努力将重大攻关项目打造成学术精品工程。我们将项目最终成果汇编成"教育部哲学社会科学研究重大课题攻关项目成果文库"统一组织出版。经济科学出版社倾全社之力，精心组织编辑力量，努力铸造出版精品。国学大师季羡林先生欣然题词："经时济世 继往开来——贺教育部重大攻关项目成果出版"；欧阳中石先生题写了"教育部哲学社会科学研究重大课题攻关项目"的书名，充分体现了他们对繁荣发展高校哲学社会科学的深切勉励和由衷期望。

创新是哲学社会科学研究的灵魂，是推动高校哲学社会科学研究不断深化的不竭动力。我们正处在一个伟大的时代，建设有中国特色的哲学社会科学是历史的呼唤，时代的强音，是推进中国特色社会主义事业的迫切要求。我们要不断增强使命感和责任感，立足新实践，适应新要求，始终坚持以马克思主义为指导，深入贯彻落实科学发展观，以构建具有中国特色社会主义哲学社会科学为己任，振奋精神，开拓进取，以改革创新精神，大力推进高校哲学社会科学繁荣发展，为全面建设小康社会，构建社会主义和谐社会，促进社会主义文化大发展大繁荣贡献更大的力量。

教育部社会科学司

前　言

网络历经30多年的发展，已经从过去的一种纯粹的技术或平台发展成为现在的重要新兴媒体。不断拓展的网络媒体、迅猛发展的互联网已经成为庞大的公共信息集散地、民众参政议政最常用的平台和反映社情民意最重要的窗口，也是国家管理者获取民众舆情信息、了解民众思想动态的重要途径。然而网络舆论是一柄"双刃剑"，在给社会发展带来积极影响的同时，也可能造成了一些负面效应。只有充分认识网络舆论的两面性特征，才能积极引导网络舆论向正确的方向发展。如何因势利导，对海量网络舆论信息进行迅速分析、监测和预警，为国家管理者把握社情民意、辅助正确决策提供科学的参考，是当前面临的重大课题。

网络舆论监测与安全研究不是单纯的网络舆论理论研究，也不是单一的网络舆论对策研究，而是以重大理论问题探索为基础、以我国网络舆论的现状分析为依据，将理论研究与实证调查结果相结合。本书的研究成果，为我国网络舆论实时定量监测及热点事件处理提供理论基础，相关研究成果为湖北网络舆情监测提供了决策依据，获得湖北省政府主要领导好评，而且，网络舆论监测技术平台的建立已为国家语委"年度媒体流行语及年度汉语盘点"提供技术支持，取得了良好的社会反响。

本书作为教育部哲学社会科学研究重大课题攻关项目"网络舆论监测与安全研究"的最终成果，对网络舆论进行了全面系统的分析和研究。全书共分七章，从国内外网络舆论与安全监测的现状研究、网络舆论及其风险演化的机理研究、网络舆论风险监测技术体系研究、网络舆论风险与危机管理研究、网络舆论监测与安全政策法规等方面进行了深刻的研究，并进一步提出了一些关于网络舆论风险监测与评估的指标体系建设、"中国经验"的网络舆论安全监测与管理的制度与技术创新以及综合改革网络试点实验等新的建议。

"网络舆论监测与安全研究"是2008年教育部哲学社会科学重大课题招标项目,经过严格激烈的竞标,华中师范大学国家文化产业研究中心最终获得了研究这一课题的资格。华中师范大学国家文化产业研究中心是文化部在中部六省设立的唯一一个国家级文化产业研究中心,由文化部、湖北省文化厅与华中师范大学合作共建。经过几年来的努力,中心已逐步发展成为集产、学、研一体化,跨学科、综合型、开放流动的研究和公共服务平台。中心主任黄永林教授主要从事大众文化、文化产业、民俗学等领域的研究,近年来主持了财政部、文化部委托的大型调研项目"中国农村文化调查"、"中国农民工文化调查"、"网络游戏与青少年发展"等实证研究,并主持国家"十二五"科技支撑计划课题"非物质文化遗产数字化关键技术及示范应用"、国家文化科技提升计划项目"国家非物质文化遗产保护与传承技术体系的构建"、国家211工程三期建设子课题"中华民族文化保护、创意、与数字化工程"以及国家社科基金等20多项交叉学科课题的研究。

在黄永林教授的领导下,经过项目组全体成员及国家文化产业研究中心全体师生的共同努力,该项目于2011年年底顺利结项。经专家组最终审定,结项成果鉴定等级为优秀。专家组对项目完成情况给予了很高的评价,认为该项目很好地完成了《项目申报评审书》约定的研究任务,具有很高的应用价值和现实指导意义,尤其是对湖北农村网络舆情的调查,富有特色,针对性强,具有很强的资政价值,不少论文也有着很高的学术价值,而且项目材料符合学术规范,未发现任何存在知识产权方面的争议问题。

"网络舆论监测与安全研究"是一个很复杂的综合性课题,本书的研究还是初步的,探索远未完成。追求真理的道路永无止境,前人的不足也为我们获得新的突破提供了空间。希望本书的出版可以帮助我们了解网民声音背后社会矛盾的真实构成,以便倾听不同群体的利益诉求;促进各利益相关方特别是官民之间的良性沟通和顺畅互动,以帮助政府实现中立无偏私、公开无遮掩的公正透明执法;维护社会公正,为社会构建一个良好的网络交流平台。

摘　要

随着我国网络技术快速发展、网民规模急剧增加以及网络媒体不断拓展，网络舆论在经济社会和政治中的影响越来越大。如何因势利导，对海量网络舆论信息进行迅速分析、监测和预警，为国家管理者把握社情民意、辅助正确决策提供科学的参考，是当前面临的重大课题。

本课题通过国内外比较分析，以调查、分析中国网络舆论的现状、特点为基础，从网络舆论与安全监测的现状、网络舆论及其风险演化机理、网络舆论风险监测技术体系、网络舆论风险规避与危机应对机制、网络舆论监测与安全政策法规五个方面进行了系统的分析和研究，对网络舆论风险监测与评估的指标体系建设、"中国经验"的网络舆论安全监测与管理的制度与技术创新以及网络舆论安全监测与管理制度的综合改革网络试点实验等提出了一些新的建议。主要内容可以概括为以下几个方面：

1. 全面调查我国网络舆论与安全的现状。课题组通过大样本的抽样调查，分析网络舆论参与群体的人口学与网络行为特征，监管的主体、对象与方式，了解网民对网络舆论监管的认知，掌握了网络舆论的内容特征与网络舆论焦点的类别、形成与发展，网络舆论信息获取、信息发表的载体与功能，并通过数据分析了网络舆论对个体社会态度、社会心理与行为、社会压力以及国家安全稳定等方面的影响。

2. 科学解释网络舆论风险演化的机理。课题组提出网络舆论是社会公众以互联网为传播媒介，就其关心的事件或社会现象，以语言、文字、图像等符号化的方式公开表达出来的意见与态度的总和；利益相关、价值共振、情感共鸣是网络舆论产生的根本原因；网络特殊的传播方式使网络舆论呈现出特有的演化规律与特殊的社会影响力。网络传播的人际特征以网络传播技术特征为技术支撑和前提，对网络舆论的生成、演化产生了重要影响，具体表现在舆论"议程设置"的全民化、舆论心理的"群体极化"、舆论演化过程中"蝴蝶效应"的加剧以及舆论控制方面"把关能力"的弱化。

3. 完善我国网络舆论监测、风险危机与安全管理法规体系。课题组提出构建网络舆论监测、风险危机与安全管理上的三大体系：一是构建了网络舆论监测评价体系，共设置了舆情发布者指标、舆情要素指标、舆情受众指标、舆情传播指标、区域和谐度指标，并使用专家评价法等方法科学地确定了相应的指标权重。二是构建了网络舆论风险与危机管理体系，包括组织体系、保障体系、应急处置体系以及绩效评估四个管理子系统。三是完善了网络舆论监测与安全政策法规体系，提出了维护国家主权与安全保障社会公共利益、政府主导推进、管控最小化、程序正义以及事先通知与事后惩治五大核心原则，构建了明确政府在网络舆论监测与安全保障方面的职责、逐步推进网络实名规则、明确网络服务商的责任、明确网络接入服务者之间的连带责任以及规定对网络舆论监控技术创新的鼓励规则等构成的核心法律制度。

4. 设计适合中国国情的网络舆论监测与预警技术平台。课题组综合利用网络媒体监测技术、自然语言处理技术、文本内容管理与服务技术、搜索引擎技术等，以实现对监管网源的实时监测，帮助舆情监管人员随时把握网络舆论动态。该平台采用四层体系架构，通过信息采集卡或网络爬虫从各监测源中自动扫描并采集舆论信息，从中抽取正文内容及其他元数据建立网络舆论监测信息库。然后通过关键技术并结合知识库实现对信息库中网络舆论的内容理解与语义计算，并在此基础上分析舆论的倾向性、自动识别一段时间内的热点事件、流行语或突发事件、新词等舆论焦点信息，最终自动生成网络舆情统计分析报告，为舆论监管人员提供有针对性的预警及处理建议。

5. 网络舆论监测的关键技术创新。课题组在网络舆论监测的信息采集技术、信息抽取技术、自动词分类技术、术语抽取技术、主题分析技术、文本分类技术、文本聚类技术、自动文摘技术、全文检索技术、舆论的倾向性分析技术、流行语识别与新词发现技术等方面都有不同程度的技术创新。

6. 提出了网络舆论监管的综合措施。课题组提出了建设网络舆论风险监测技术体系、建设网络舆论危机应急处置与协同治理机制，以及构建网络舆论监管政策法规体系等网络舆论全方位监管综合措施。

Abstract

With the progress of the network technology, sharp increase of the netizen scale and continual expansion of network media, network public opinion has more and more influence on economic, social and political areas. Therefore, several corresponding issues have come into our sights: How to direct properly and make the best use of it? How to make quick analysis, supervision and early warning of the mass network public opinions? How to gain the managers' insights into national conditions and popular will, meanwhile, assist them to make the right decision and enhance their crisis sensitivity?

The current research made a comparative analysis of China and abroad and based on the investigation and analysis of the present situation and characteristics of China's network public opinion. A systematic research has been done through the following five perspectives: the present situation of the network public opinion and safety supervision, network public opinion and its risk evolution mechanism, technical system of the risk supervision on network public opinion, risk evasion and crisis coping mechanism of the network public opinion, and supervision on the network public opinion and the safety policies and regulations. Several new advices have been put forward on many aspects including the construction of index system on the risk supervision and evaluation of network public opinion, institutional and technical innovation of 'China's experience' based safety supervision and administration and the comprehensive reformation network experimental units of it. The main ideas could be summarized as follows:

First, a comprehensive survey has been done on the present situation of the network public opinion and its safety in China. Via a large sample investigation, the research group has made an analysis of the demographic and network behavior features of network public opinion participants, netizens' cognition on the network public opinion supervision, the subject, object and the pattern of the supervision. What's more, they grasp the content features, the focus category , of key issues the formation and development of the network public opinion and the carrier and function of information acqui-sition and expression. Furthermore, they analyzed the network public opinion's influ-ence on individual's social attitudes, social mental state and behavior, social pressure and the national security and stability.

Secondly, the current research explained the evolution mechanism of network pub-lic risk scientifically. The research team puts forward that network public opinion is a collection of opinions and attitudes expressed by citizens in a symbolic way , such as through language, letters, images etc. . All the opinions and attitudes are on the issues or social phenomenons they concerned. The primary cause of the production of network public opinion are interest correlation, value resonance and shared feelings. The spe-cific mode of network transmission formulate a special evolution law and social influence of network public opinion *The interpersonal characteristics of Internet Communication* are based on the Internet Communication. These characteristics influenced the formation and evolution of the network public opinion a lot, in detail, they are as follows: public opinion agenda for all, psychologically group polarization, intensified butterfly effect in the evolutionary process, and the reduction of checks ability in the control of public opinion.

Thirdly, we worked to perfect the regulations and institutions of the supervision and safety management of network public opinion in China. Our research group brings up three systems on this subject. Firstly, we constructed a system, which can super-vise and evaluate the network public opinion. Several indexes, including index of the opinion's publisher and its receiver, opinion factors, transmission and area harmony, are put up and fixed by scientific method, such as experts' evaluation with their propor-tions. Secondly, we constructed a system of risk and crisis management of network public opinion, including organization system, security system, emergency plan sys-tem and performance evaluation system. At last, we completed the system of supervi-sion and safety policy of network public opinion. Five core principles are involved: to defend state sovereignty and protect social common benefit, to propel mainly by the government, less management and control, justice procedure and to notice before while to punish afterwards. All these lead to a series of core statutes, consisting of rules to clear the liabilities of the government in procedure and management, the liabilities of network service workers and joint liabilities of the network users; to improve principle of "True name" in the net; to encourage creative supervision technology and so on.

Fourthly, the current research designed a technological platform of supervision and early warning of network public opinion, which suits China's actual conditions. Our research group realizes a whole hours supervision to network resource, by using network media supervision technology, natural language dealing technology, text management and service technology, search engine technology and others, to help supervisor to master detail movements of network public opinion. This four-layers platform scans and collects information from supervised resources by collection card or net reptile, then distill text or original data to establish an information data base. Afterwards, it makes understandings and meaning calculations of network public opinion in data base, by using key technology and combining it with base information. On this basis, the platform analyzes the tendency of public opinion and recognizes the hot issues, popular saying or emergencies in a period, then a statistical and analytical report of the network public opinion is produced, which can offer targeting early warning and treating proposal to supervisor.

Fifthly, the innovation of key technology of supervision on the network public opinion. The research group has made many technical innovations in varying degrees, such as collection technique, information extraction technique, automatic words classification technique, term extraction technique, subject analysis technique, text categorization technique, text clustering technique, automatic words abstracting technique, full-text retrieval technique, public opinion tendency analysis technique, buzz words recognition technique and the technique of hunting for new words.

Finally, the comprehensive methods of network public opinion supervision was put forward. The research team put forward a series of all around measures of supervision composed by some policy advice, including building technological system of the risk supervision on network public opinion, constructing the mechanism of both network public opinion emergency disposal and cooperative governance, and building all-dimensional comprehensive methods.

目 录

Contents

Contents

Contents

第一章

引 言

我国是目前世界上网民最多的国家。根据 2012 年 1 月 16 日中国互联网络信息中心（CNNIC）发布的《第 29 次中国互联网络发展状况统计报告》，截至2011 年 12 月底，中国网民规模突破 5 亿人，达到 5.13 亿人，全年新增网民5 580 万人。互联网普及率较 2011 年年底提升 4 个百分点，达到 38.3%。我国手机网民规模达到 3.56 亿人，占整体网民比例为 69.3%，较 2011 年年底增长5 285 万人。家庭电脑上网宽带网民规模为 3.92 亿人，占家庭电脑上网网民比例为 98.9%。不断拓展的网络媒体、迅猛发展的互联网已经成为庞大的公共信息集散地、民众参政议政最常用的平台和反映社情民意最重要的窗口，也是国家管理者获取民众舆情信息、了解民众思想动态的重要途径。网络舆论成为经济社会中越来越重要的力量。如何因势利导，利用互联网的海量信息资源对可能蕴含着某种社会安全危机的敏感性、苗头性的网络舆情信息进行挖掘、分析、监测和预警，为国家管理者把握社情民意、辅助正确决策提供科学的参考，成为当前所面临的严肃课题与严峻挑战。

第一节 新媒体时代的网络舆论

新媒体是相对于传统媒体而言的，是报刊、广播、电视等传统媒体以后发展起来的新的媒体形态，是利用数字技术、网络技术、移动技术，通过互联网、无

1

线通信网、卫星等渠道以及电脑、手机、数字电视机等终端，向用户提供信息和娱乐服务的传播形态和媒体形态。新媒体时代，通过互联网这个开放的环境和网络技术向公众传播信息，其传播特征是由所有人面向所有人进行传播，所有人、所有组织都处在一个对等、扁平的无阻力空间之中，任何两个人、人群都能够随时建立起联系，层级式的社会结构已经不复存在。在这种新的传播格局下，公众不仅成为信息的接受者，还是信息的传播者，完成由单独作为接受者向接受者、传播者双重角色的转变，打破传统媒体只能一方传播的格局，从而使媒体进入个人媒体时代。媒体的发展经历了三个阶段：精英媒体、大众媒体和个人媒体。这三个阶段分别代表着传播发展的农业时代、工业时代和信息时代。精英媒体时代，信息由少数人生产、少数人消费；大众媒体时代，信息由少数人生产，多数人消费；个人媒体时代，信息由多数人生产，多数人消费，生产和消费界限模糊。新媒体对社会舆论的形成与发展起着关键的作用，同时，也使社会舆论的生成、演化、发展产生了巨大的变革，使新媒体舆论呈现出迥异于传统舆论的一些特征：舆论主体的匿名性与参与渠道的广泛性、传播空间的无界性与意见汇聚的实时性、议题生成的自发性与舆论发展的不确定性、价值观念的多元性与价值取向的批判性、意见表达的失范性与群体行为的极化性。特别是在一些突发事件发生后，民众舆论尤其是网络舆论空前活跃。一些突发事件经传统媒体披露后，甚至当传统媒体尚未来得及报道或还在选择沉默时，相关人群就已经在网络上发布相关信息，并会在短时间内得到公众以网上跟帖、发表即时评论等方式的积极回应。讨论的问题越是与广大公众利益相关，就越会引发热烈的网上讨论，引起越来越多人的关注，从而形成网络舆论热点事件。新媒体的快速发展，不断改变着社会舆论的生成、存在与传播方式，不断对既有的社会管理模式提出新的挑战。

一、网络空间及其特点

网络空间（cyberspace）一词，又被译为电脑空间、赛博空间等，最早由移居加拿大的美国科幻作家威廉·吉布森（William Gibson）所造，本意是一种能够与人的神经系统相连接的计算机信息系统所产生的虚拟空间。随着计算机网络技术迅猛发展，网络空间逐渐变成现实，网络空间的概念也不断被拓展。现在的网络空间指的是由组成互联网的全球电脑网络形成的互动空间，包括即时通讯（如 ICQ、QQ、MSN）、BBS、聊天室、电子邮件、新闻组、讨论列表、MUD（多用户对话或游戏）、万维网等可以展开实时或延时社会行为的场域。

网络空间的主要特征有三点：一是虚拟性与真实性交织，二是流动空间与地方空间交织，三是交互性与自我表现交织。①

（一）虚拟性与真实性交织

关于网络空间的技术构成，本尼迪克特（M. Benedikt）在他主编的《网络空间：第一步》（Cyberspace：First Steps）一书中认为，网络空间包含了从二维（2D）到三维（3D）的"图形使用者接口"（graphic user interfaces，GDI）、网络（network）、虚拟实在（virtual reality）、多媒体（multimedia）、数据库（databases）、超链接（hyperlink）等电脑技术和形式。本尼迪克特指出，"全球网络化，由电脑支持、由电脑进入和由电脑产生，是多维度的、人造的或'虚拟'的真实。它是真实的，每一台电脑都是一个窗口；它是虚拟的，所看到的或听到的，既不是物质，也不是物质的表现，相反它们都是由纯粹的数据或信息组成的。"② 也就是说，网络空间是一个虚拟与真实交织的双重空间。

1. 参与者身份的虚拟性。首先是身份的电子文本化，即利用以文字、图符为主的一系列信息来描述主体的身份，这实际上是一种虚拟实在，即主体通过其书写的电子文本确立其网际身份。其次是身份的流动性（identity fluidity），即在线（online）身份是建构性的而且不一定与离线（offline）身份（真实身份）相关。最后是等级重建（renovated hierarchies），即在线社会等级关系的出现重建了一种与离线社会等级关系不同的等级。

2. 网络空间生活的虚拟性。由于网络空间存在着虚拟性和匿名性，导致了网络空间中的身份虚拟、多重自我认同等身份认同问题，以此为基础的网络空间中的交往具有许多真实世界中的交往所不具备的虚拟生活。

在网络空间，真实和虚拟相互渗透、相互指涉、相互交织，聚合成为一个虚实交织的世界。比如网吧作为一个网络世界与现实世界彼此互动的特殊场所，是一个真实与虚拟同时存在并相互交织的双重空间。在这样的双重空间中，幻想、真实与虚拟之间界限模糊甚至相互交织，使用者也借此展开多元的社会生活，并获得特殊的行为感受。③

（二）流动空间与地方空间交织

卡斯特认为，因网络技术出现而形塑的网络空间，是环绕着流动而建构起来

---

① 黄少华：《网络空间的社会行为：青少年网络行为研究》，人民出版社 2008 年版。

② M. Benedikt. *Cyberspace*：*First Steps*. Cambridge MA：The MIT Press，1994，p. 123.

③ 段伟文：《网络空间、交往和身份认同》，http：//www. studa. net/2003/4－23/200342392957. html，2003 年 4 月 23 日。参见段伟文：《网络空间的伦理反思》，江苏人民出版社 2002 年版。

的，因此可以称之为流动空间（space of flows），与它相对的是具有历史根源，且人们具有共同经验的空间组织，即地方空间（space of places）。流动空间的出现，表现出与以地方空间为基础的社会文化之间的脱落（disarticulation）。由这种脱落所塑造的再结构过程所凸显的，是一种全新的社会支配性权力与功能空间，以及社会分化与整合模式。而随着流动空间的概念在经济与社会组织中的重要性逐渐凸显，地方空间的重要性也将大大削弱。此时，虽然人们"确实依然生活在地方空间里，但是，由于我们社会的功能与权力是在流动空间里组织，其逻辑的结构性支配根本地改变了地方的意义与动态。"卡斯特认为，在更深的层次上，这种流动空间所凸显的物质基础的观念转化，表明一种新的空间支配模式正在重新塑造一个后设网络。由此，网络社会中的人们及其行为，与地域之间将会形成一种新的社会距离，"支配性的趋势是要迈向网络化、区隔化的地方里，让这些地方之间的关联逐渐丧失，越来越无法分享文化符码。"① 由于通讯、电话、互联网等科技和社会组织方式的推动，人类的生活方式发生了巨大的变迁，在场的东西的作用正越来越被在时—空意义上缺场的东西所取代。换言之，时间与空间的无限伸延导致社会生活被不断重组，使人们越来越多的日常活动和工作可以在网上完成。②

（三）互动性与自我表现交织

在今天，网络已成为一个社会互动媒介。网络空间也成为一个实时、多媒体、双向互动的社会行为与社会生活场域。这意味着，网络不是外在于我们的媒介，而是把我们吸纳进去的空间，这正是网络空间所具有的最重要的社会意义。网络空间的"结构"特性依赖于人们对网络的实际运用。也就是说，只有在行为者实际介入之下，网络空间才会成为一个新的行为场域。更准确地说，正是因为网络行为者的实际网络行动在形塑和建构着网络空间作为行为场域的场域特性。比如 MUD 就是一个由玩家打造而成的想象世界，它结合了人际交往的两大功能：互动性与自我再现，具有多元沟通（玩家可以即时地与一人或多人互动）、角色扮演（玩家可以扮演自己想要成为的角色，甚至同时扮演多个角色、多种性别、多种人格）、抑制解除（匿名造就的安全感，使玩家产生不需负担行动后果的感觉，真实生活里不敢做的或是不能做的，在 MUD 中都可以尝试，如果不想承担责任或义务，可以选择逃避）、丰富隐喻（MUD 是一个文字塑造的场景，具有丰富的隐喻，这种由文字构筑的虚拟世界面貌，只有玩家才能体会）、

---

① ［美］M. 卡斯特，夏铸九译：《网络社会的崛起》，社会科学文献出版社 2003 年版，第 524 页。
② ［美］M. 卡斯特，夏铸九译：《网络社会的崛起》，社会科学文献出版社 2003 年版，第 528 页。

想象空间（MUD 的文字界面，需要玩家借助自己的想象填补文字情境中所缺乏的社会指标，玩家依赖想象进行交流互动，拥有很大的心理空间）、虚拟社会（MUD 是一个与现实社会不尽相同的社会情境）等特点。网络人际交往所描述的是一种经由互联网媒体中介形成的人际关系。在网络空间，人际互动双方并不像在现实社会交往中那样面对面地亲身参与沟通。网络交往是一种以"身体不在场"为基本特征的人际交往，是一场陌生人之间的互动游戏。在网络空间，人们可以隐匿自己在现实世界中的部分甚至全部身份，而重新选择和塑造自己的身份认同。[①]

二、网络舆论及其特点

舆论是一种公众的意见或言论，是针对特定的现实客体，一定范围内的"多数人"基于一定的需要和利益，通过言语、非言语形式公开表达的态度、意见、要求、情绪，通过一定的传播途径，进行交流、碰撞、感染、整合而成的、具有强烈实践意向的表层集合意识，是"多数人"整体知觉和共同意志的外化。社会舆论反映人心的向背，影响着人们的行动和局势的发展，在造成或转移社会风气方面具有不可估量的影响。

网络舆论是指公众（网民）以网络为平台，通过网络语言或其他方式，对某些公共事务或焦点问题所表现出的共同意见。网络舆论主要包括两大部分：（1）具有新闻媒体性质的网络新闻中所反映出来的舆论倾向，可称之为"网络新闻舆论"；（2）以 BBS 论坛、博客、各种社交网站和网上社区等为平台而呈现出来的网民对社会上人和事的看法，可称之为"网民意见舆论"。在很多媒体论述和学术探讨语境下，网络舆论更多地特指"网民意见舆论"。

本书中所使用的"网络舆论"概念的范围特指"网民意见舆论"，是指在互联网上传播的公众对某些公共事务或焦点问题所表现出的有一定影响力的、带倾向性的意见或言论。网络舆论的共性有：意识性、历史性、评价性、自发性、公开性和传播性。网络舆论的个性有：丰富性、复杂性、多元性、冲突性和难控性。

网络是虚拟社会，具有自主性、隐蔽性、互动性、开放性、多元性和传播快、覆盖广、影响大等特点，概括起来主要体现在以下四个方面。

（一）交互性

从传播方式来看，网络的传播与传统媒体的传播有很大的不同。网络的出

---

① 黄少华：《论网络空间的人际交往》，载《社会科学研究》2002 年第 4 期，第 93～97 页。

现，改变了原有的传播结构，信息单向流动变成了双向沟通。网络媒体的互动既包括媒体与网民之间的互动，又包括网民与网民之间的互动。这种互动的传播方式打破了传统媒体时代所形成的信息传播和信息接收的分割，任何人，只要他愿意，就可以在任何时候针对任何问题发布信息和发表言论，参与公共讨论，对现实生活和社会上的各种现象、问题表达自己的情绪、态度和观点。以博客为例，网民只需在自己浏览的博客上输入一个验证码就可以发表看法。在博客上，一个网民感兴趣的话题，很快就会引来大量的跟帖和评论，形成各种网络舆论，其影响的范围和传播的速度是传统媒体所不能比的。

（二）开放性

网络媒体的开放特性主要体现在两个方面：（1）传播内容的开放性。网络媒体讨论的内容范围广泛，从时政热点到日常琐事，从文化教育到休闲娱乐，从财经动态到世界格局，政治、经济、科技、文化、教育等几乎无所不包。特别是很多在传统媒体上无法报道的内容，在网络上几乎都可以发表出来。（2）传播主体的开放性。在网络媒体上，任何个人或者组织都可以在不违法的前提下，只需要一台可以上网的电脑，不用通过政府机构批准、检查、修改，就可以通过各种方式向量多面广的网民自由发布言论，表达个人观点。网络的普及，让舆论环境更加开放，"人人都是媒体，个个都是记者"，每个人都可以自主发布信息。这种开放性使得普通公众包括弱势群体、边缘群体也拥有了某种程度的话语权，而这种话语权以往只有权势阶层和知识精英才能拥有。

（三）匿名性

在网络空间，网民几乎都处于一种匿名状态中，其身份是虚拟的，网名也只是用文字或图像表达的符号。在这个特殊的符号之下，网民失去了现实生活中真实的身份、性别、年龄等显著的外在特征。这使他们可以在网络媒体上发表很多在现实生活中无法发表或不能发表的意见，实现表达欲，有时还有可能成为舆论中心。因为这种匿名性，人人可以发言，人人敢于发言，网络媒体上各种意见和评论随之迅猛增长，从而导致网络信息传播的舆论化。有时某一个人的观点能得到几百、上千乃至上万名网友的支持，从而很容易形成网络舆论事件。

（四）快捷性

网络传播的各类新技术的产生最终都会影响到网络舆论的产生。网络使信息的传播速度加快，使信息在极短的时间内传播出去，这一方面可以迅速满足公众

"知情"和"表达"的诉求，但另一方面一些敏感的社会问题和矛盾一旦在网上露头，便能迅速形成舆论焦点，引发大范围的社会关注，加剧社会矛盾，影响社会稳定。

网络媒体具有自主性、开放性、互动性和快捷性等特点，逐渐成为社会意识自由表达、社会情绪宣泄的重要渠道。这大大增强了网络舆论的自发性和不可控性，增加了舆论引导的复杂性和艰巨性。因此，我们要高度重视网络舆论的引导，重视网络的建设、运用和管理。

三、网络舆论事件及其特点

网络舆论事件，又称网络群体事件、网络突发事件或网络热点事件。它是指某些群体或个人为了实现某一目的，利用网络大规模发布、传播某一方面信息，引起网络媒体集中关注而被放大社会影响的各类事件。网络舆论事件由本体事件和变体事件两部分构成。本体事件是指小范围的社会事件本身，变体事件是指在网络传播作用下演变的事件。本体事件是一个社会事件，可以发生于社会生活的诸多领域；变体事件是一个公共事件，必须运用公共权力进行处置。

网络舆论事件既包括突发事件，也包括常发事件，因网络舆论而引起超出本体事件的广泛关注，进而对公众认知、政府决策、社会发展等产生不同程度的影响。这种影响既可能是有积极促进作用的，也可能起到消极阻碍作用。如果能正视网络媒体事件，主动引导舆论，就有可能产生正面、积极的效果。如果应对不当，缺乏信息公开和舆论引导，就会导致负面影响。

网络舆论事件因其是群体性事件的一种特殊形式，因此，既具有一般群体性事件的个性特点，更具有网络独特的个性特点。

（一）事件内容的公共性

网络舆论的本体事件一般会涉及以下社会生活领域：官员腐败、贫富差距、社会公平、社会伦理道德等等。在当前社会处于转型期的背景下，人们对于公权力如何参与社会利益的调整非常敏感。因此，公权力大、公益性强、公众关注度高的"三公部门"很容易成为网络热点新闻炒作的焦点，而且往往是一边倒的批判。这些事件在过去网络不发达的背景下，一般只会形成局部影响，但现在网络使这些事件迅速放大，从而使一个小事件演化成大的突发事件。这类事件发生后影响和覆盖面都很大，具有公共事件的性质，构成了一种新型的公共安全危机。

（二） 舆论传播的迅速性

由于网络传播快捷方便，人与人之间的联系只需要一个简单的共同话题，这使得在短时期内建立自发的联系成为可能。群体性突发事件不仅发生在现实世界中，在网络上同样会发生。据统计，网络引发突发事件中的本体事件一经发生，一般 2 至 3 小时就可在网上出现，6 小时后就可能被多家网站媒体转载，24 小时后在网上的跟帖和讨论就会达到一个高潮。而其中的一些负面网络群体性突发事件，可以在很短时间内造成很严重的影响。

（三） 事情变化的不确定性

网络舆论事件的发生、事态的变化、发展趋势以及事件影响的深度和广度难以预测。由于网络舆论事件发生的时间、地点、方式、程度等都难以预料，因此，网络引发突发事件的爆发点则存在不确定性；由于网络舆论的不可控性，一个网络事件发生后，如果又突然发生了一个更具新闻点的事件，此时网络舆论极有可能受新事件的影响，引发出一个新的更大网络事件，这样的波动过程甚至可能反复数次。

（四） 参与人员的广泛性

在网络上，一个普通人就可能做到"一呼百万应"。首先是参与人数众多，数以万计的网民都可能通过网络对本体事件发表评论和看法，虽然参与者来源多样、立场各异，但客观上则产生了形成变体事件的合力；其次是参与对象跨地域，涉及面广，既有来自事件发生地的，也有来自千里之外甚至国门之外的，而且参与者的社会身份几乎分布于社会的各个阶层，很多时候对网络诱发过程起主导作用的参与者可能和本体事件毫不相干、远隔万里。

（五） 参与态度的情绪性

由于网民以匿名身份在网络上发表意见，他们不担心自己为在网络上的非理性行为承担任何责任，因此，他们更倾向于以道德的名义参与事件的发展，其情绪性特征十分明显。而且很多人是怀着一种唯恐天下不乱的心理，希望从事件混乱发展的过程中取乐。更有人无所顾忌，非理性地进行推波助澜，从而导致群体事件的发生。

（六） 媒体的互动性

在涉及公共权力的网络舆论中，实际存在着两个舆论场。一种是代表各级党和政府立场的"官方网络舆论场",其信息主要来源于报纸、电视、广播等传统媒体;另一种是代表民间立场的"民间网络舆论场",主要依靠网民自下而上的"发帖,灌水,加精,置顶"而形成。实践中,"官方网络舆论场"在涉及国家大政方针等重大题材上占据统治地位,而"民间网络舆论场"在贪污腐败、贫富差距、行业垄断、社会保障、城乡差距等民众关心的话题上更容易被网民认可。一方面传统媒体拥有丰富的行政和社会资源;另一方面新媒体具有时效性快、互动性强和影响力大的特点,因此,通过传统媒体和新媒体的合作,达到"两个舆论场"的沟通与融合,是构建中国社会舆论新格局的重要举措。

(七) 现实事件的虚拟性

目前,网络舆论事件可以分为三种类型:(1)"现实与虚拟并存型网上群体性事件",如重庆、三亚等地发生的出租车司机罢运事件。(2)"现实诱发型网上群体性事件",如"周久耕事件"。(3)"现实诱发网内网外变异型群体性事件",如"石首事件"。过去,网民也多次在网上曝光某些党政干部的违法违规行为,但一般只是"说说就罢";而在近期,网民表现出一种"不处理当官的就绝不罢手"的态度。网民政治意识、参与意识的萌发大大增强了网民的主动意识、主体意识。《联合早报》记者谈到"石首事件"的意义时称,这是中国的网络力量从虚拟走向现实的一个典型,"从说到做"的转变令维护社会稳定任务艰巨。

(八) 处置工作的复杂性

由于网络群体事件的本体事件和变体事件中利益对象关系复杂,因此处置起来难度较大。一般来说本体事件阶段利益对象简单,很多时候处置工作就是澄清事实,给相关人一个明确"说法";而事件成为变体事件后,利益关系的复杂性大大增加:除本体事件的利益矛盾仍然存在,变体事件利益矛盾错综复杂。随着事件的影响面不断扩大,利益关系不断复杂化,处置的难度也不断增加,甚至往往出现这样的现象:事件越向纵深发展,处置工作越不易得到社会的认同和信任;而且,个别人的个别行为逻辑会被广泛推演,本体事件也会被推演和追溯,从而使局面更加复杂,处置难度大大增加。另外,由于我国目前还没有制定专门针对网络群体事件的法律法规,因此,若有网络群体事件发生则往往处置起来比较困难。

四、网络舆情及其监测

舆情是舆论情况的简称,是由个人以及各种社会群体构成的公众,在一定的

在的重要新兴媒体。网络媒体具有多媒体并存、信息传播快捷、互动沟通及时、存储检索方便，甚至廉价免费等特点，网络的多媒体优势和功能多样性对受众产生了强大吸引力，也因此成为重要的舆论发生器。然而网络舆论是一柄"双刃剑"，在给社会发展带来积极影响的同时，也可能造成了一些负面效应。只有充分认识网络舆论的两面性特征，才能积极引导网络舆论向正确的方向发展。

一、反映社情民意与制造虚假信息

"社情"是指社会生活的情况，"民意"是指民众的思想或意愿，"社情民意"就是指社会和人民群众的意见和愿望。社情民意信息就是反映社会主要情况（即社会的热点、难点、焦点）和人民群众意见愿望（即民情、民生、民意）的信息。民意通常以3种形态表现出来：潜舆论、显舆论和行为舆论。潜舆论是处于形成时期的民意，表现为民众一致的内心活动，这时民意处于一种社会情绪状态；潜舆论进一步升级，就会转化为显舆论，这时的民意表现为一种具有完整的意见形态的社会共识；如果舆论不仅用语言表现，而且通过行为来表达，便构成了民意的行为舆论，即大规模的群体示威性活动。网络民意就是借助或通过网络这一信息平台所反映、表达、实现出来的社会公众思想、舆论的趋向和导向，是现实生活中民众对某一事件、某一事物或者某一观点等的看法、意见、建议在网络中的综合反映。

由于网络媒体的交互性、开放性、匿名性和及时性特征，使得网民的意见表达获得了巨大的自由空间，以网络论坛、博客、聊天室、微博为代表的网络平台，为公众的民意表达提供了一个非常广阔的平台。网络舆论最大的特点是受众主体表达的真实和自由。真实，就是网络媒体打破了传统媒体对话语权的垄断，把部分话语权转交给受众，从而使网民能够以平等的地位和批判的态度来使用宪法赋予他们的言论自由的权力。他们通过粘帖、编辑、链接等方式，在网络上充分自主地发表言论，真实地反映利益诉求，言为心声，率性而为。自由，就是环境的宽松，没有压力，没有顾忌。网民们很少甚至根本不考虑自己的言论可能带来的种种社会心理和社会行为，对自己所关心的包括社会热点问题、政府决策、公众人物言行在内的各种话题，天马行空地传播信息、表达观点和交流意见。由于公民积极参与网上交流，人多面广，敢说真话，因此网络舆论在一定程度上反映出公众的心声。民意反映的集约性、普遍性、真实性在网络舆论中得到较为明显的反映。因此，可以说在现有的能比较真实、自由、直接、及时地反映民意的各种手段中，网络舆论是最具有代表性的。

网络媒体以交叉须根式的方式把受众联结在一起，各种意见像须根一样四通八达，又一起通向舆论的主干，能迅速形成合力。因此，领导机关和领导干部可以通过网络媒体以最快的速度和最大的限度了解来自社会基层的各种消息和真实民意，通过归纳与分析，为其科学决策提供依据。这无疑有利于提升党和政府的执政能力。近些年，各级领导对网络作用的重视程度不断加深，利用网络的观念不断增强，将网络作为政府治国理政、了解社情民意、亲民交流的互动平台。有的政府部门还设置了专门的网络民意收集和网络舆情研究的机构，通过网络向网民问计求策。2008 年 6 月，胡锦涛总书记与网民交流，说了他上网主要做的三件事：看新闻、了解网民关心的问题和看法、了解网民对国家工作的意见和建议。① 领导与网民交流使得政府能更为直接和便利地掌握社情民意，使政府的举措与网民的意见形成良好的互动，这有利于做出更加贴近民意的公共决策，从而大大增强了决策的透明化、民主化和科学化。

毋庸置疑，网络既可以成为为政府提供社情民意和与民沟通的平台，也可能成为制造虚假信息和宣泄极端情绪的主要场所。在网络已开辟出一个"私人化、平民化、普泛化、自主化的自媒体传播时代"的背景下，网络已成为一个可以自由发挥的空间。在这样一个自由的空间，任何人只要进入网络，就可借助虚拟身份畅所欲言，其内容五花八门、包罗万象，各种文化类型、思想意识、价值观念、生活准则等都可以找到立足之地。但由于相关管理机制和措施的缺失，道德约束的缺乏，不可避免地导致网络舆论鱼龙混杂，泥沙俱下，一些无用的、过时的、粗糙的、调侃的，甚至是反动的、色情的、迷信的、暴力的信息随之充斥其间。一些网民还通过网络传播谣言、披露隐私、进行非理性的漫骂与人身攻击，侵犯人权的现象也经常发生；甚至还有极少数人匿名或利用假名发表对社会不满的煽动性言论，企图制造思想混乱和社会动荡。网上争论的流言化、情绪化、口水化的倾向十分明显。

改革开放以来，我国市场经济的发展带来了社会各个阶层、群体利益的调整，导致了社会原有的价值体系受到了强烈的冲击，社会问题凸显，人们的心理结构失衡，社会情绪浮躁。各种社会矛盾交织，民众不平衡心理往往会转化为对社会的逆反情绪，而网络开放性、虚拟性的特征为民众发泄这种情绪提供了一个渠道。然而网络上的舆论生态激情有余而理性不足，一个极小的消息源都可能导致一场"舆论风暴"。网络舆论的这种非理性蔓延，使政府面对越来越多虚假舆论的干扰，而这不仅考验着政府应对的智慧，更检验着平时执法公信力的塑造。

政府应对此类非理性舆论，除了坚决清理违法不良信息，及时公布真实情

---

① 《胡锦涛总书记通过人民网强国论坛同网友在线交流》，http：//www.people.com.cn/GB/32306/33093/125024/，2009 年 6 月 20 日。

况，坦荡回应质疑舆论之外，更需要仔细了解网民声音背后社会矛盾的真实构成，倾听不同群体的利益诉求，促进各利益相关方特别是官民之间的良性沟通和顺畅互动，以中立无偏私、公开无遮掩的公正透明执法，维护社会公正，从源头上根除网民制造谣言、传播谣言、相信谣言的心理基础。

二、推进民主政治与滋生民粹主义

网络舆论是高科技和民主相结合的最丰硕的人类文明的成果。网络媒体以其技术的先进性打破了信息传播时间和地域的局限，为人们跨越时空传播信息提供了可能，成为人们最主要的信息源。社会的进步，公民政治素养的提高和民主意识的增强，使人们参与政治的热情不断高涨。公民通过网络对政治和社会问题展开广泛的讨论，网络政治参与具有便捷性、平等性、直接性、开放性、交互性的特点，于是诞生了诸如网络议政、网络监督、网络评判、网络互动等新型的公民政治参与方式。通过网络政治交流、政治结社、政治辩论等各种网络政治活动的参与，公民逐步积累了政治经验，参政议政能力不断提高。中国公民的民主意识和政治参与习惯正随着网络政治参与在逐步形成，对社会生活和社会决策过程的介入程度越来越高，这些都客观上促进了中国的公民社会和民主政治的形成。

公民网络政治的参与主要是通过网络舆论的影响力实现的，网络媒介的即时性和个性化特点，增加了公共事件对受众冲击的力度。社会公众通过网络媒体广泛表达民意影响事件的发展和结局，最终影响政府的决策。网络媒体影响政府决策的过程大致如此：媒体（平面或网络）报道—网络媒体转载—网友留言—形成民意体验—概念化的网络舆论—网络媒体与平面媒体互动作用—具体化的网络舆论（提升观点化的民意）—影响政府决策。[1] 有很多事件，原本不会被世人所知晓，但网络媒体的关注和介入使得这些事件成为公众的话题，并因受到公众的高度关注而汇聚成政府无法忽视的民意。这种民意最终会在政府决策中体现出来。"孙志刚事件"是个比较典型的例子。如果不是媒体的报道，孙志刚很可能就成为一个冤魂。但"孙志刚事件"经多种媒体报道后引起全国各地乃至海外各界人士的强烈反响，公众通过媒体呼吁严惩凶手，要求违宪审查，形成强大的舆论监督声势，促使政府深入调查并严厉查处有关当事人，最终使得实施了21年的城市流浪人员乞讨收容制度被废除，有力地推动了中国人权的发展与进步。网络媒体事件折射出的公众意愿，成为任何部门、机构甚至公众人物都无法忽视

---

① 王吉鹏：《影响有影响力的人——网络舆论的剖析与解读》，http：//www.blogchina.com/article.php? id＝52132，2004 年 11 月 6 日。

的心声。民有所呼,政有所应。2009 年全国"两会"前夕,温家宝总理首次"网聊",话题涉及金融危机、防止腐败、就业住房等,全球网友提出近 30 万个问题。数据显示,2002 年,中国官方媒体通过网络开始"您最关注的两会热点问题"以及"我有问题问总理"的活动时,参与网民仅数千人,而 2009 年,一家网站的同类调查就收到 30 余万张投票数、4 万余条留言。① 有媒体报道说,2009 年是"中国的网民问政年"、"中国的网络参政元年"。②

政治民主化是政治文明的前提,政治的民主化、公开化、法制化、科学化以及政治的高效、清廉是社会主义政治文明的目标。政治上的民主、公开和平等正是网络监督的前提和目标。言论自由和对国家机关的工作实行监督是宪法赋予人民的民主权利。网络舆论监督是网民的自由和权力,也是民主的体现,它理所当然受到宪法的保护。网络监督要求政治公开(也包括司法与行政的公开),通过网络增强政治生活的清晰度和透明度(涉及国家机密和国防机密的除外),消除政治的封闭性和神秘色彩,使广大民众更好地了解政治进程,更好地知政、议政和参政,实现各种民主权利。然而互联网是高度开放的空间,互联网用户数量十分庞大,网络舆论控制变得极为复杂和难以操作。在这种背景下,网络舆论在民主政治进程中发挥积极作用必须有一个前提,那就是每一个网民都能理性地表达自己的意见,同时要有一种妥协、宽容的文化氛围。

但无限制的网络自由导致了网民非理性政治参与非常普遍,这样极易滋生现实生活中的民粹主义。民粹主义的基本价值取向是平民至上,将底层大众视为合法性的最终来源,不相信依托精英阶层建立的社会管理制度,其主要特征就是对政府怀有难以化解的不满。改革开放以来,中国在经济社会快速发展的同时,也不可避免地出现了许多社会矛盾和问题,如发展不平衡、官员腐败加剧、贫富差距加大等,从而导致不同利益群体间冲突加剧,公众对现实的不满和敌意逐渐指向社会精英阶层。尤其随着网络上关于官员贪污、商业欺诈、教育和医疗等行业高收费等社会热点问题被频频曝光,否定精英原则的"民粹主义"被进一步放大。无论遇到什么问题,部分网民都不能理性地分析其原因和背景,而是简单地否定社会、否定权威,通过激烈的言论释放仇富、仇官、仇强、仇大的情绪,草根大众成为网络上唯一不能被批评和否定的群体。中国目前的网民的大众化、平民化和草根性结构,为网络民粹主义提供了最广泛的舆论支持,使得网络民粹主义效应更加明显。③ 基于民粹主义的一些网络言论,其本身已经不再是对政府进行监督,而是简单地否认国家政权、社会精英对于社会的整合和推进作用,让整

---

① 杜燕:《两会观察:网络议政日盛,民主政治日兴》,中国新闻网,2009 年 3 月 12 日。
② 《3 月网民疯狂检索"两会"》,中国网,2009 年 5 月 8 日。
③ 叶皓等:《正确应对网络事件——政府新闻学网络案例》,江苏人民出版社 2009 年版,第 19 页。

个社会失去主流价值。针对上述情况，一个理性的政府和公民应正确客观地对待网络舆论，认真研判哪些属于真正的民意，厘清哪些属于正确的民主，哪些属于伪民意、假民主，以保证决策的正确以及民主进程在正确的轨道上推进，而不是纵容狭隘的民粹主义的存在甚至泛滥。

三、强化社会监督与产生网络暴力

随着网络媒体的兴起，我们看到了一种新的社会监督形式即网络监督正在形成。网络舆论的快捷性和匿名性，实现了舆论监督上的民意直达，使社会各个阶层、各行各业的人士都可以通过网络参与相关事件的评价和讨论，真实、充分地表达自己的意愿和看法。网络使原来一些群众不愿说的事情能够及时反映出来，一些社会腐败现象能及时暴露在群众面前。在网络时代，每个人都可能成为信息渠道，成为意见表达的主体。网络媒体的公开性、透明性、快捷性、广泛性使得监督与被监督的关系前所未有地彰显。

网络舆论监督就是公民通过互联网了解国家事务，广泛、充分地交流和发表意见、建议，对国家政治、经济、法律、文化、教育、行政等活动进行褒贬与评价。特别是网民旗帜鲜明地批评和揭露贪污腐败、不公不义、恃强凌弱、不讲诚信等社会现象，教育、医疗、就业、社会保障等与人民利益关系最直接的决策失误，以及地方和部门的工作失职、渎职问题，有法不依、执法不严的问题，形成了网上监督氛围。从 2003 年的"孙志刚事件"开始，网络监督在中国的舆论监督中的作用越来越突出和重要。2008 年更是中国网络监督标志性的一年。据统计，全国有九大官员在网络舆论监督之下丢了乌纱帽，包括阜阳"白宫书记"张治安、深圳海事局长林嘉祥、江宁房管局长周久耕、辽宁西丰县委书记张志国、徐州荒唐区委书记董锋、温州鹿城滞留书记杨湘洪、陕西林业厅副厅长朱巨龙、湖南株洲粮食局长何智、山西黑砖窑书记段春霞。特别是周久耕，正是网络曝光他抽高档烟、坐豪华车、戴名牌表导致纪委调查，最后落马，真正反映了网络监督无时不在、无处不在的作用。网络舆论加强公众对政府官员的监督，这在客观上对于各级政府树立执政形象、改进工作方式、提高办事效率都有积极的促进作用。网络监督时间快、效率高、成本低，正在成为当今中国最为重要的舆论监督方式。近年来，国内外的几乎每一重大事件都在网络媒体上引起了强烈反响和激烈辩论，形成了若干规模较大、力度较强的网络舆论，对于有关部门的决策和施政产生了重要影响，对公共权力和权威进行了有效的监督。网络成为政府唯一无法完全垄断的媒介，成为信息公开的重要推手，信息公开成为网络时代的一种唯一和必然的选择。正因为此，我国于 2008 年 5 月开始正式施行了《中华人民共和国政府信息公开条例》。

网络加强了对官员的社会监督，但把握不当也容易产生网络暴力。受网络舆论监督主体网民认知条件的局限和主观意愿的影响，有时网上那些偏激或极端情绪化观点会占上风，而群体成员在偏激观点感染之下，使得正常的舆论监督变成非正常的舆论暴力。当前网络暴力表现出三大特征：（1）以道德的名义进行网络舆论审判，谋求问题的现实解决。如中国社会最突出的问题之一就是社会分配不公和机会不均等，网民对此有痛切的感受，也最容易对此提出质疑。就像最近网上流行的一个段子说的那样："世界上最远的距离，是我俩一起出门，你买'苹果4代'，我买4袋苹果。"例如，由于特殊的干部家庭背景，山东省新泰市几名副局长和法院副院长的提拔受到网民质疑；温州市龙湾区被曝光曾经专场招录"副科级以上领导干部子女"。社会不公状况加剧，草根暴力表达也就越是蔓延。（2）滥用言论随意传播他人的个人信息，鼓动、误导人们采用暴力语言进行围攻。例如，近两年发生的"农夫果园砒霜门事件"、"霸王洗发水致癌事件"、"章光101事件"等，都被指出疑似竞争对手在幕后操控网络打手实施的恶性攻击。这些事件不仅对相关企业造成了极大的负面影响和巨大的经济损失，同时也给消费者和公众造成了恐惧感和心理混乱。（3）在现实生活中使当事人遭到严重伤害。无论是否是网民，也无论他们对网络的熟悉程度、使用程度如何，人们都深陷网络的包围之中，无可避免地受到网络的辐射和影响。例如，网络具有强大的搜索功能，人们可以从海量的信息中搜索出需要的内容，通过网民的舆论参与来规范社会成员的行为，形成舆论威慑力。然而因把关人的缺失也容易造成搜索失当行为而会对当事人造成伤害，如当一些与公众利益无关的个人信息被曝光，往往会造成对公民有隐私权、名誉权的侵犯，引发现实的法律问题。

因此，"媒体本身也要接受公众的监督，没有监督，话语权也可能被滥用"。媒体的"话语权"不是无限的，而是有限的，因此媒体也要正当合理地行使自己的话语"权力"。在人民网舆情频道的"在线访谈"中，有学者警告说，要防止"强势集团欺压弱势群体，弱势群体滑向边缘群体，边缘群体中的绝望者可能沦为暴力群体"。

四、发展先进文化与传播低俗文化

网络具有多种功能，作为新闻媒体、搜索引擎、即时通讯、教育工具、虚拟社区、娱乐平台、电子商务和金融平台，它对于人们的工作、学习、生活和交往都有很大的帮助。现在网络已经成为生活方式、生活内容甚至生活本身，潜移默化地影响着人们的价值观念、文化情趣、综合素养和行为方式。

一是网络与文化的结合推动了优秀和先进文化的传播。网络极大地改变了文化生产、传播和消费方式。当人们工作、学习、生活、交往都借助或直接通过互联网络来实现时，就产生了全新的网络文化。网络技术可以让文化传播瞬间到达地球的每个角落，人类优秀的文明成果越来越为更多的人所共享，网络越来越成为先进文化生产、加工的重要基地，以及文化产品传播、应用的主要渠道，公共文化服务的新平台、人们健康精神文化生活的新空间。网络作为一种新兴传播方式和载体，社会主义先进文化应该主动融入其中，在互相交流中充分展示其先进性、科学性和包容性。主动承担起大力弘扬中国传统优秀文化和社会主义先进文化，提升国家文化软实力的历史重任。

二是网络与文化的结合推动了文化创意产业的发展。网络不仅把人类带进一个新的传播时代，而且把人类带进一个新的经济时代。在众多与网络相关的新兴产业中，网络文化产业便是其中最富有生气和最引人注目的一部分。根据文化部《2011 中国网络游戏市场年度报告》，2011 年中国网络游戏市场规模（包括互联网游戏和移动网游戏市场）为 468.5 亿元，同比增长 34.4%。其中，互联网游戏为 429.8 亿元，同比增长 33.0%；移动网游戏为 38.7 亿元，同比增长 51.2%。2011 年互联网游戏用户总数突破 1.6 亿人，同比增长 33%；其中，网页游戏用户持续增长，规模为 1.45 亿人，增长率达 24%。移动网下载单机游戏用户超过 5 100 万人，增长率达 46%；移动网在线游戏用户数量达 1 130 万人，增长率达 352%。[①] 中国网络文化产业已成为文化产业发展的"领头羊"。

三是网络促进了舆论空间多元化格局的初步形成。互联网的多元化、包容性使之成为现阶段中国"思想文化信息的集散地和社会舆论的放大器"，中国各种社会情绪宣泄的"窗口"，如"乌有之乡"、"中国选举与治理网"、"凯迪社区"、"中华网社区"等网站，都聚集了一批价值取向趋同，有共同兴趣的人群。在各自用户中都已经形成较为一致的价值观，虽然各网站之间时有观念冲突，大致也能和平共处。保持这种合理、适度的多元性无疑有利于社会整体的和谐稳定，也让中国经济社会的进一步发展保有活力。

由于网络传播自身的特性和网络经营者的趋利性，网络在为人类带来丰富多彩健康有益的精神食粮和物质产品的同时，也造成了不良信息、有害信息的泛滥。出现了网络依赖危害网民身心健康、网络色情污染文化环境、网络赌博引发社会问题、网络欺诈造成信用体系缺失、网络暴力危及个人隐私、数字鸿沟带来新的社会分化等严重问题。追逐商业利润成为一些网络经营者不择手段地毒害人们思想的原始动机。一些网站为了吸引点击量，采用各种办法在网上四处传播低

---

① 周志军：《文化部发布〈2011 中国网络游戏市场年度报告〉》，载《中国文化报》2012 年 3 月 30 日。

俗的网络文化垃圾，网络游戏里充斥着暴力血腥的内容，手机短信中存在着许多不健康甚至有害的信息；一些商业网站打着交友、"性教育"、"人体艺术"的幌子散布色情信息；一些人更把聊天室、虚拟社区和个人博客当成卖淫嫖娼的"红灯区"。这些现象给社会特别是青少年造成的负面影响（如网瘾问题）已经引起了全社会的高度关注。青少年是接触网络信息的人群中的重要组成部分，网络在促进青少年快速成长发展的同时，也给他们带来了诸多不良影响。作为一个自我防护意识和自我控制能力都相对薄弱的群体，青少年容易被色情信息、暴力游戏等不良网络内容所吸引，过分沉迷网络形成网瘾不仅影响了自身正常的学习、生活、人际交往，而且给社会带来巨大危害。

早在 2000 年，胡锦涛同志就针对互联网对青少年教育的重要影响指出："互联网迅速发展，逐步进入社会生活的方方面面，愈来愈多的青少年和互联网交上了朋友，这是一件可喜的事情，但同时也加重了我们的责任。这就要求我们，一方面要加强建设，努力使互联网成为青少年获取知识和信息的一个新窗口；另一方面要加强管理，趋利避害，积极防范互联网给青少年带来的负面影响"。[①] 为了净化网络传播环境，2007 年，十部委联合开展打击网络淫秽色情专项行动；2009 年 1 月 5 日，国务院新闻办等七部门联合部署在全国开展整治互联网低俗之风专项行动，对网上低俗信息进行集中整治，使网络环境明显净化。我们必须从中国特色社会主义事业总体布局和文化发展战略出发建设中国特色网络文化，把互联网建设成为传播社会主义先进文化的新途径、公共文化服务的新平台、人们健康精神文化生活的新空间、对外宣传的新渠道，走出一条中国特色网络文化发展之路。

五、维护文化安全与防止文化霸权

媒体竞争力是软实力的重要内容。在国际传播舞台上，中国的传统媒体，包括新华社、中央电视台等国家级新闻机构，在规模、财力、覆盖面、影响力等各个方面都无法与新闻集团等国际传媒相抗衡。以服务广大网民、传播新闻信息、履行社会责任为己任的中国网络媒体，正以快速发展的势头参与着日益激烈的国际竞争，将中国的文化传播到世界网络开通的每一个角落。如现在我国人民网有包括中文在内的 10 个语种，目前的读者人群已覆盖 200 个国家和地区，其中的

---

① 卫政、韩振军：《努力营造有利于青少年成长发展的良好环境》，新华社，北京，5 月 3 日。

英文网站每天页面浏览量已突破 200 万，日文网站的浏览量也接近 200 万。①
2008 年西藏"3·14"事件发生后，一些西方主流媒体歪曲报道事实，用谣言、
猜想等拼凑抹黑中国。在我国传统媒体以事实披露真相后，某些西方媒体仍置若
罔闻。面对这些西方媒体的歪曲报道，愤怒的中华人网民运用自己的资源击破传
言，将失实报道与真相对比播出，对西方媒体做出了强烈的反击，使西方媒体遭
到了罕有的挫折：BBC 网站被成千上万条批评所淹没，美国之音面对汹涌而至
的怒斥电话只能中断应答，数十万网民发起声讨 CNN 的签名活动，德国之声声
称"陷入了中国人民战争的汪洋大海之中"。②

由于自然条件、经济发展水平和政治制度等方面的差异，每个国家、地区和
民族在其历史发展过程中都形成了各具特色的政治制度和意识形态。目前世界上
还存在着对立的社会政治制度和意识形态。过去，由于地理位置的自然屏障作
用，交通和通讯技术相对落后以及传统媒体的"把关人"的存在，恶意的政治
信息难以入侵。网络时代给各个国家和民族的对外传播和国家形象塑造带来了难
得的机遇，但是，由于经济实力和科技发展水平上与发达国家存在较大差距，发
展中国家在网络国际传播中处于弱势地位。西方发达国家凭借信息传播上的优势
大力推行自己的文化，使之成为网上的主导文化。西方社会的生活方式、交往方
式、道德观、价值观通过网络渗透到其他地区和民族的文化中，造成事实上的网络
"文化殖民"，结果是其他国家、民族的自尊心、自豪感和精神支柱逐步被瓦解。

由于互联网发源于美国，英语在网络上占据了主导地位，在当今世界所谓的
"西方话语霸权"实际上就是"美国话语霸权"，我们在自觉与不自觉中受到了
美国文化潜移默化的影响。谁的语言文字在网络上占主导地位，谁的文化就会在
网络上获得更多更大的覆盖率。王岑在《网络监管与构建和谐网络文化》一文
中分两点来阐释这个问题："（1）网络加剧了全球的跨文化冲突和网络霸权。网
络技术标准是网络赖以生存的基础。谁掌握了互联网的标准和核心技术，谁就控
制了互联网。（2）境内外敌对势力利用互联网进行意识形态渗透和干扰破坏。
当前，西方敌对势力利用网络加强'西化'、'分化'的渗透日渐猖獗。"③ 境外
敌对势力利用互联网无中生有、以偏概全、颠倒黑白、混淆是非，对我国进行思
想文化渗透，实施西化、分化的战略图谋。西方敌对势力也借助网络对我国日益
发起"和平演变"攻势。千龙网曾经发表一篇署名蒲红果的文章《美日高薪雇

---

① 何加正：《高度重视网络推动社会主义文化的重要作用》，http://unn.people.com.cn/GB/
7090279.html，2008 年 4 月 7 日。

② 转引自叶皓等：《正确应对网络事件——政府新闻学网络案例》，江苏人民出版社 2009 年版，第
25 页。

③ 王岑：《网络监管与构建和谐网络文化——福建网络监管调研》，《中共福建省委党校学报》2008
年第 10 期，第 70～76 页。

用"网络特务"占领 BBS 专事反华调查》，说美国、日本雇用网络写手占领全球中文 BBS，专事张贴"诬蔑、攻击中国的文章和真假消息"。[①] 不管文章所述是否准确，但这一篇文章至少从一个方面提醒我们：网络舆论客观上存在着被敌对势力利用的危险，应当引起足够的警惕。正如一位美军前情报官员对《环球时报》记者所说："中情局突然发现，通过互联网输送美国的价值观远比派特工到目标国家或培养认同美国价值观的当地代理人更容易。"[②] 美国把互联网作为继陆、海、空、天之后的一个新的战略空间，作为推行其政治、经济、文化、外交、军事战略的重要平台，通过操控互联网来控制世界。奥巴马政府把网络外交视为"外交箭囊中的一支新箭"，将"信息自由"和"网络安全"作为网络外交的核心理念。美国政府不断向世界推销"网络自由"，强调互联网"信息自由流动"和网上言论自由的价值，宣布美国将把"不受限制的互联网访问作为外交政策的首要任务"。美国还将"网络安全"与国家安全并论，夸大来自中、俄等国的网络威胁，炒作各种版本的"网络威胁论"；还以打击全球网络犯罪、网络恐怖主义为由，强化"先发制人"的网络攻击能力，并对他国发展网络战力进行约束。

当前，国际舆论场西强我弱的局面还未有根本改观。在西方强大的舆论和文化话语权主导的国际传播竞争舞台上，中国网络媒体，特别是以新华网、人民网、中国网等为代表的主流重点网站，要想增强影响国际舆论的能力，除了遵循人类基本的共同价值理想目标之外，还必须坚持自己的特色，把符合现代文明标准的传统优秀文化发扬光大，通过网络不断传播富有中国特色和中国气派的先进文化，让更多的人喜欢中国文化、接受中国文化，进而接纳一个更加开放和民主的中国。愈是民族的，就愈是世界的。无疑，中国网络媒体将在优秀传统文化的助推下，以鲜明的中国特色赢得世界的认同。在 21 世纪越来越多样化的人类社会中，文化自由被看作是人类的基本人权，实施承认并保护多元文化的政策是多样化世界可持续发展的唯一选择。多元文化的发展对未来社会的影响巨大，如果不尊重和保护文化自由，不促进多元文化的发展，经济全球化也不可能成功。

第三节　网络舆论监测与安全研究的进展

网络舆论作为一种传播快、涉及面广泛的舆论方式，受到了国内外学者、政

---

① 杨桃源、韩冰洁、苗俊杰：《中国网络舆论问题多多，仍期待理性深入》，载《瞭望新闻周刊》2004 年 2 月 24 日。

② 《美国全力推行全民网络外交互联网成渗透工具》，载《环球时报》2009 年 7 月 1 日。

府的广泛关注。围绕网络舆论及其监测与安全方面的研究成果主要包括以下几个方面：

一、网络舆论及其监测的必要性研究

网络舆论在给社会和谐发展带来积极影响的同时，也给舆论导向带来一些负面效应。① 网络舆论存在的主要问题：一是谣言增多的倾向，二是谩骂与攻击的困境，三是网络色情问题，四是有被敌对势力利用的危险。② 因此，如何引导网络舆论，如何使网络舆论发挥其积极的作用成为摆在我们面前的一个亟待解决的问题。③

网络具有相对的一致性、持续性，对社会发展及有关事态的进程产生影响，其中混杂着理智和非理智的成分。具体而言，一方面，网络舆论可以缓解社会压力，缓和社会矛盾；褒奖了真善美，抨击了假恶丑；打破了传统媒体对权威话语权的垄断，拓宽了民意表达渠道。④ 另一方面，网络舆论又威胁国家的安全、扰乱社会秩序、导致犯罪率提高；网络信息的真实性、可信度降低；著作权及个人隐私保护等法律问题日益增多；对青少年产生不良影响。⑤ 因此，如何因势利导，兴利除弊，牢牢把握舆情工作的主动权，维护国家安全和社会稳定，也就成为我们必须正视和解决的一个迫切课题。⑥

网络是一把"双刃剑"，在提供了下情上达的便捷方式的同时，也可能对我国安全体系中较为重要的政治安全和文化安全构成严重威胁。⑦ 一方面，它能推动文明进步；另一方面，它也常夹杂着耸人听闻的谣言和不满情绪的宣泄。⑧ 网络舆论的特性使得普通公众都能够拥有话语权，因而得以异常活跃。但与此同时，其具有的虚拟性、匿名性、互动性和时效性等特点对社会提出了严峻的挑战。主要体现在：（1）网络舆论对我国的执政理念和意识形态管理工作提出了挑战；（2）网络舆论对社会治安秩序产生了一定的威胁；（3）网络舆论中不良

---

① 周道华：《构建和谐社会与网络舆论的引导》，载《福建论坛（人文社会科学版）》2007年第8期，第129~132页。

② 李琼瑶：《网络舆论的现状及引导》，载《湖南行政学院学报》2006年第2期，第79~80页。

③ 甘露：《浅析网络舆论及网络舆论的引导》，载《甘肃农业》2006年第12期。

④ 董烨：《网络舆论及其调控》，载《学术交流》2008年第4期，第190~192页。

⑤ 李净：《试论网络舆论安全》，载《信息网络安全》2006年第4期，第43~63页。

⑥ 刘正军、李嘉丽：《互联网舆情的法律监管》，载《信息网络安全》2008年第6期，第33~35页。

⑦ 毛欣娟：《网络舆论控制机制的构建及相关问题思考》，载《江西公安专科学校学报》2007年第6期，第49~52页。

⑧ 兰绍江：《论网络舆论监督》，载《天津市政法管理干部学院学报》2004年第2期，第3~6页。

信息的充斥使人们对道德价值观产生了一定的困惑。① 总之，网络舆论已经大大超越了传统舆论的影响力，给社会秩序造成了冲击，成为影响国家安全的新因素。② 为了维护网络信息安全，保障国家、社会、公民的合法权益免遭侵害，我们必须对网络舆论进行适当引导和及时调控。③

网络舆论监督已经不可阻挡，因为它符合广大人民的意愿，是宪法赋予我国公民的基本权利。我国《宪法》总纲明确阐述：中华人民共和国是"人民民主专政的社会主义国家"，"中华人民共和国的一切权力属于人民"，"人民依照法律规定，通过各种途径和形式，管理国家事务，管理经济和文化事业，管理社会事务"。《宪法》第35条又规定"中华人民共和国公民有言论、出版、集会、结社、游行、示威的自由"。第41条规定"中华人民共和国公民对于任何国家机关和国家工作人员，有提出批评和建议的权利；对于任何国家机关和国家工作人员的违法失职行为，有向有关国家机关提出申诉、控告或者检举的权利"。④

二、网络舆论价值体系与正确引导研究

我国目前正处于社会转型和经济转轨的关键时期。由于城乡经济发展不平衡，收入分配存在很大差距，部分群众的利益要求难以得到完全满足，加上利益主体的多元并存，导致利益矛盾冲突日益增多。网络舆论可以帮助化解这些矛盾，反之也可以强化这些矛盾。⑤ 网络舆论作为社会进步的标志之一，正确的做法不是盲目地否定，而是趋利避害，将网络民意表达、舆论监督与网络舆论的负面影响加以区别，充分发挥它的积极效应，通过合理的规范和引导，减少和避免它带来的负面影响。因此，在构建社会主义和谐社会的过程中，既要重视网络舆论的积极作用，又要对网络舆论加以规范和方向性的调控和引导。

正确的舆论导向就是要营造有利于进一步改革开放、建立社会主义市场经济体制、发展社会生产力的舆论；有利于加强社会主义精神文明建设和民主法制建设的舆论；有利于鼓舞和激励人们为国家富强、人民幸福和社会进步而艰苦创业、开拓创新的舆论；有利于人们分清是非，坚持真善美，抵制假丑恶的舆论；

---

① 张艳、邱玲：《我国网络舆论机制初探》，载《江西社会科学》2006年第12期，第197~200页。

② 简家民、郑国梁：《维护国家安全规制网络舆论》，载《信息网络安全》2008年第6期，第36~38页。

③ 董烨：《网络舆论及其调控》，载《学术交流》2008年第4期，第190~192页。

④ 兰绍江：《论网络舆论监督》，载《天津市政法管理干部学院学报》2004年第2期，第3~6页。

⑤ 张举玺：《试析和谐舆论环境对化解人民内部矛盾的作用》，载《学习论坛》2007年第4期，第14~17页。

有利于国家统一、民族团结、人民心情舒畅、社会政治稳定的舆论。① 各国对新闻传媒实施社会调控的途径大致相仿，主要有：法律调控、政党调控、行政调控、集团调控、行业调控、资源调控。② 要实现网络舆论的合理健康发展，宏观上要实现社会作为，具体可从网络舆论的法律监管和网络伦理的引导入手；微观上要实现媒介作为，加强主流网站的引导与调控。③ 和谐舆论环境是构建社会主义和谐社会的重要元素和舆论基础，没有和谐的舆论环境，就难有和谐的社会。营造和谐的舆论环境需要高举党的旗帜、强化舆论监督功能、抓好危机传播、加强网络舆论的管理、强化传播手段。④

现代社会，网络舆论的作用和影响越来越大，越来越需要加强规制和引导。我们可以参照国外的一些经验，通过道德重塑、技术保障、行政监督和行业自律、法律规范等方式来加以规制。⑤ 思想道德是精神文明的核心，也是网络舆论规制的根本所在。对于网民来说，仅仅进行道德自律是不够的，必须进行道德的重塑。⑥ 随着大学生网络生活的深入，网络舆论也将对大学生的价值观产生更大的影响，高等院校可以利用丰富的舆论资源来加强对大学生的价值观念引导。作为核心价值观的"八荣八耻"代表着进步人类普遍的一种价值追求，也代表着我们这个社会、这个民族的一种普遍价值标准。通过荣辱观教育，在网络上造就一个"知荣辱、讲正气、树新风、促和谐"的文明环境。通过社会主义荣辱观的学习，提高大学生以及整个社会的辨别力和应对不良影响的抵御力。⑦

三、网络舆论监测与安全法规体系研究

网络舆论监测与安全的法规体系研究的关键部分，是如何判断网络舆论行为是否失范。目前的研究观点方面主要有三种思路：（1）"推及论"，即认为要判定网络舆论行为失范，可以将社会生活中已有的社会规范及相应标准，从"网下社会"直接推及到"网上社会"，并按照现实社会生活中的行为规范和判定标

---

① 昝玉林、许文贤：《引导网络舆论——现代思想政治工作导向功能的发展》，载《求实》2005 年第 6 期，第 86～88 页。

②③ 丁琳：《网络舆论的引导与调控》，载《贵州民族学院学报（哲学社会科学版）》2008 年第 2 期，第 101～104 页。

④ 张举玺：《试析和谐舆论环境对化解人民内部矛盾的作用》，载《学习论坛》2007 年第 4 期，第 14～17 页。

⑤⑥ 张艳、邱玲：《我国网络舆论机制初探》，载《江西社会科学》2006 年第 12 期，第 197～200 页。

⑦ 郭志新：《论网络舆论对大学生价值观的影响》，载《辽宁科技学院学报》2007 年第 9 卷第 1 期，第 58～68 页。

准，来衡量某些行为活动是否属于失范行为；（2）"新定论"，认为要判定网络舆论行为是否失范，应当基于互联网络的虚拟电子空间具有特定形态特征这一事实，另行界定虚拟网络世界中人们所应遵循的行为规范和行为判定标准；（3）"借鉴论"，一方面，肯定了现实社会生活中已有的社会规范和评判标准对人们网络行为的基本适用性；另一方面，又认为应当针对互联网络"网上社会"的一些新的情况和特点，进一步建构出一些新的适用于"网上虚拟社会"及网络舆论行为特点的社会规范和评判标准，作为对"网下"现实社会中既有规范和标准的扩展和补充。①

针对网络舆论失范行为，许多学者探讨了网络伦理的建构问题。有学者认为，网络伦理与传统伦理的基础不同：一个是虚拟社会，一个是现实社会。网络伦理的建设，是要利用既有道德的一般原则培养网络道德的生成和运行机制。② 还有一部分学者致力于"网络伦理学"③ 和中国特色的"网络德育学"的建构④，从学理上对网络伦理进行研究。

从政府治理的角度看，首先要重视互联网这块舆论重地，加强法制建设。一般来说，法律控制是最有效的管理手段，因为法律具有最高的强制性与权威性。⑤ 截至目前，我国颁布的网络法规已达数十部，除制定专门的网络法规外，我国在修订既有法规、制定新法规时，也考虑互联网带来的新问题。在我国颁布的网络法规中，有全国人大常委会通过的法律性文件、国务院发布的行政法规，以及有关部、委、办、局发布的部门规章，从而为我国网络信息传播管理构建了法规体系。以法律法规为依据，对从事互联网信息服务实行许可、备案制度，对开办互联网电子公告实行专项申请、备案制度，对互联网站从事登载新闻业务实行审批制度。⑥

但是，相对于网络的发展，现有的法律法规仍然显得有些滞后，尤其是缺少控制网络舆论方面的法律法规。⑦ 目前在网络舆论实际管理过程中，出现脱节的现象非常严重。一是多头管理（从目前的实际运作情况来看，信息产业部管接入，国务院新闻办管内容，公安机关管处罚）；二是处罚力度不够；三是对 ISP

① 李一：《网络行为失范及其判定标准》，载《广西社会科学》2007 年第 8 期，第 162 ~ 165 页。
② 王志萍：《网络伦理：虚拟与现实》，载《人文杂志》2000 年第 3 期，第 27 ~ 32 页。
③ 史云峰：《网络伦理学初探》，载《郑州大学学报（哲学社会科学版）》2002 年第 35 卷第 2 期，第 63 ~ 66 页。
④ 赵志毅、万谊：《"虚拟环境"中的真教育——建构我国"网络德育学"的几点思考》，载《南京师范大学学报（社会科学版）》2005 年第 3 期，第 74 ~ 78 页。
⑤ 李净：《试论网络舆论安全》，载《信息网络安全》2006 年第 4 期，第 43 ~ 63 页。
⑥ 董烨：《网络舆论及其调控》，载《学术交流》2008 年第 4 期，第 190 ~ 192 页。
⑦ 毛欣娟：《网络舆论控制机制的构建及相关问题思考》，载《江西公安专科学校学报》2007 年第 6 期，第 49 ~ 52 页。

（网络运营商）缺乏有效的管理机制；四是目前国内的规定还仅限于行政法规和部门规章，而且这项规定还不健全。① 除此以外，我国对舆论秩序管控的相关法律还存在很多其他问题：一是我国尚没有一部专门的法律对网络舆论进行规制；二是已有的相关法规较为零碎，存在制定主体混乱、规范客体失义、针对性不强乃至无法可依的尴尬局面；三是我国现有的一些规范没有紧跟科技进步作相应的修改和解释，前瞻性不够，约束面有限；四是法规中没有专门针对通过网络舆论犯罪的规范；五是由于网络舆论案件的特殊性，涉及数字取证等方面的问题，程序上需要有新的法律保障，而在我国还没有这方面的法律法规。②

由此可见，我国的现行法律体系尚存在一些不够完善之处，不能适应保护网络舆论安全的现实需要。有鉴于此，我们可以在以下方面加强网络舆论安全的法律保护：完善健全的网络舆论安全保护法制（首先，综合整理现有的法律资源；其次，强化法律规范的韧性；最后，明确网络舆论安全的法律责任），建立完备的网络舆论安全监管机制（首先，设置统一的网络舆论安全监管机构；其次，鼓励民间网络舆论安全监管机制的发展）。③

如果说网络法规和政府监督对网络舆论是一种硬性调控手段，那么道德准则就是一种不可缺少的软性调控手段。网络道德是人们通过网络媒介进行交流、传播时应自觉遵守、约定俗成的各种道德规范准则。由于网络的隐匿性，使得传统道德在网络时代发生了异化，个人道德素质的高低将决定其网络交往行为的文明程度。因此只有网站所有从业人员具有高度的道德操守、伦理原则才能从源头上净化新闻环境，让负面舆论无从发起。④

四、网络舆论监控研究

在网络舆论监控方面，国外很多国家都颁布了针对网络舆论的相关法律法规，并成立相应的监测机构，建构了完整的监控体系。曾经导致满城风雨的美国 FBI 组织实施的 Carnivore 计划，目前已经出现了最新版本，改名为 DCS1000 系统，主要是基于关键字技术对网上电子邮件进行监控。另外，英国 2000 年通过了关于网络信息内容监察的议案；俄罗斯由联邦安全服务中心（FBS）负责实施

---

① 李净：《试论网络舆论安全》，载《信息网络安全》2006 年第 4 期，第 43~63 页。

② 简家民、郑国梁：《维护国家安全规制网络舆论》，载《信息网络安全》2008 年第 6 期，第 36~38 页。

③ 郭斯伦：《浅谈网络舆论安全及其法律保护》，载《信息网络安全》2006 年第 4 期，第 24~27 页。

④ 董烨：《网络舆论及其调控》，载《学术交流》2008 年第 4 期，第 190~192 页。

的 SORM – 2 项目目前也已投入了运行。由于网络舆论安全的重要性，在"十五"期间，国家相关部门密切关注并积极开展对网络舆论的监测和管理。2004年中国网络情报中心在原有的新闻监测的基础之上，推出网站监管统计分析功能。2005 年 1 月由教育部和国家语委负责成立了国家语言资源监测与研究中心（网络媒体分中心），该中心挂靠华中师范大学，其任务就是对国内有代表性的网站进行实时监测，并将网页语言材料自动分类储存，建立超大规模的网络媒体监控语料库；通过分析与统计，观察分析语言现象的动态变化，并定期发布相关统计数据，同时通过对语言现象的监测，反映网络舆论动向，向国家有关部门提供咨询报告。2005 年该中心建设了网络新闻语料库、高校 BBS 语料库，发布了2005 年网络热点事件、2005 年高校网络 BBS 用语调查，在社会上引起了很大的反响。如何自动实现网络舆论的监测和管理逐渐成为研究的热点问题，主要涉及数据挖掘、知识发现和中文语言理解等技术难题。

在网络舆论内容监控技术方面，国内与国外差距就更大了。例如协议分析系统，国外已有一系列协议分析系统，例如 Network Associate Sniffer Pro，它以支持上百种协议而出名；Open View 网络节点管理器以其多平台性和应用全面性成为该领域的主流产品。这些产品价格非常高昂，一般的中小企业难以接受。另外，上述产品由于其功能大而全，因此使用相当复杂，很不方便。而在国内，与之类似的系统几乎都在 UNIX 下开发，而且并没有成熟完备的协议分析系统产品。国内的内容监控产品主要有启明星辰公司和其他一些公司的内容审查和监控产品，这些产品都具有基本的内容审计和过滤的功能，但由于系统的可扩展性差，或者由于系统所分析的网络协议类型少、不完备等缺点，很难跟得上网络和计算机技术的发展，难以得到广泛的应用。

在网络舆论内容过滤方面，网络内容（信息）过滤是目前网络安全中的一个崭新课题和研究热点。网络内容（信息）过滤目标的实现，依赖于相关的网络监控技术和相应的多媒体内容识别技术。目前国内外有关网络内容（信息）过滤技术的研究可分为两个方向：（1）静态过滤技术，也就是基于网址的过滤技术，是将欲访问的地址与数据库中已经分类好的地址进行比较，包括黑名单和白名单。该方法需要维护一个已经分类好了的 IP 地址库，其分类方法有手工和自动两种。静态过滤技术能够很好地应用到实时系统中，但是由于 IP 地址库维护和分类的滞后性，导致该技术无法适应 Internet 的迅速发展和动态变化。典型采用静态过滤技术的网络内容（信息）过滤系统有 CyberPatrol、NetNanny、CyberSitter等。（2）动态过滤技术，即实时的检测网页中的内容，根据特定的规则进行判断，以确定相关的网页内容（文本、图片、视频等）是否正当，其主要的研究焦点就是网络内容（特别是多媒体内容）的识别技术方面。目前采用

27

动态过滤技术的网络内容（信息）过滤系统有 BAIR（Basic Artificial Intelligence Routine）、eVe（evision Visual engine）等。由于对相关的文本、视频、图片等的识别是一个复杂的过程，需要耗费相当大的系统资源，动态过滤技术目前还没有形成主流的过滤技术。由于性能和技术复杂性的原因，网络内容（信息）过滤技术的应用主要是以静态过滤技术为主。但是，网络内容的动态过滤技术显然是未来的主流技术，目前特别需要加以解决的问题是研发实时、高效的内容识别技术，以实现对日新月异的网络内容进行动态跟踪、取样、分析，进而对危害社会、危害国家的不良内容进行实时控制和阻断。

五、网络舆论安全评估研究

不良网络舆论导向是全世界面临的共同挑战，但发展中国家受到的威胁显然更为严重，因而在舆论安全领域面临着更大的挑战。目前，不良网络舆论导向已经引起世界各国的高度重视。对不良网络舆论导向现象，发达国家经历了较长的适应期，具备了一些应对手段，但对于发展中国家来说，这几乎是一个全新的课题。为净化网络空间，保障经济发展和社会进步，很多国家在针对突出问题开展专项斗争的同时，致力于建设有效的网络舆论评估体系。

国外的网络舆论评估主要由其颁布的一系列与网络舆论安全相关的法律、法规和条例实现，如欧盟实施了《数字隐私规则》，英国拟定了《监控电子邮件和移动电话法案》，美国发布了《通讯内容端正法》，日本颁布了《禁止非法读取信息法》，韩国制定了《关于保护个人信息和确立健全的信息通信秩序》。这些制度实际上都为网络舆论的评估提供了比较具体的指标和操作办法。

反映我国网络舆论评估的相关要素也陆续出现在一系列的网络管理规范体系中。为了规范网络舆论的传播，引导网络舆论的健康发展，我国也出台了一系列相关的法律、法规、法案和条例，如《全国人民代表大会常务委员会关于维护互联网安全的决定》、《电信条例》、《互联网上网服务营业场所管理条例》、《互联网电子公告服务管理规定》、《互联网站从事登载新闻业务管理暂行规定》、《计算机信息网络国际联网安全保护管理办法》、《计算机信息网络国际联网管理暂行规定》、《互联网舆论管理暂行规定》、《网络舆论经营许可证》、《互联网电子公告服务管理规定》等。这些规范性文件都对不良网络舆论的范围作了相应规定：政治性方面，损害国家荣誉和利益的；煽动民族仇恨、民族歧视，破坏民族团结的；破坏国家宗教政策，宣扬邪教和封建迷信的；散布谣言，扰乱社会秩序，破坏社会稳定的。法律性方面，反对宪法所确定的基本原则，煽动抗拒、破坏宪法和法律、行政法规实施的；含有法律、行政法规禁止的其他内容。

这些法律法规的颁布与实施，为我国网络舆论评估体系的构建提供了基础性条件。但迄今为止我国还没有建立系统、全面、有效的网络舆论评估体系，这不能不说是一个缺憾。同时，也说明适时构建对网络行为、网络舆论内容及网络管理绩效的评估体系既有重大的现实意义又有其紧迫性。

六、对现有研究的评价

学术界对网络舆论监测与安全的研究取得了诸多成果，但与此同时，一些领域仍有继续深化研究的空间，需要进一步探讨，主要表现在：

1. 对网络舆论现状的把握。网络舆论的现状实证类研究不多，且大部分研究是从理论推导进行论证的，不够具体和详细，对现状的描述也多采用概括性的形式，不便于政府提出相应的具体可行、可操作性的政策来对网络舆论进行管理和引导。为数不多的实证类调查研究中，存在对网络舆论调查对象的单一化的情况。调查对象的单一化指的是，研究者的调查对象大多为学生群体，且集中于大学生群体。对计算机、网络的使用固然以文化知识作为前提，但随着网络与人们工作、生活的联系日渐紧密，网络舆论也渗透到了不同的社会群体之中，对他们产生或多或少的影响。中国互联网信息中心于 2007 年发布的《2007 年中国农村互联网调查报告》指出"农村网民规模超过 3 700 万，网上娱乐应用不输城镇网民"。因此，本课题将扩大调查对象的范围，力求得到更具代表性、更符合我国当前国情的数据。

2. 网络舆论的监测与评估缺乏配套的权威指标体系，研究系统性不够、内容不够全面，从不同的角度得出的观点相互矛盾，不仅不利于网络舆论监测与管理的政策制定，反而给网络舆论监测与管理制造了混乱。特别是由于我国网络舆论的监测与管理被提上议事日程不久，很多研究大多是从局部、小范围展开的，其结论本身需要进行重新评估与修正。比如虽然目前国内外已有大量的网络舆论及网络舆论行为方面的研究，但是总体而言，对于网络舆论及网络舆论行为模式缺少系统深入的分析，特别是在网络舆论的制度化、规范化方面缺乏专门的研究。

3. 网络舆论安全的监控与评估技术与行动落后，缺乏系统、完整的网络舆论风险预警及相应的应急反应机制。与国外相比，我国不仅在网络舆论的监控与评估的技术上略逊一筹，而且在采取相应的行动、制定相应的政策、落实相关的人财物来监控与评估网络舆论安全上也要落后于国外。特别是缺乏网络舆论风险的预警机制与应急反应机制，从而导致面对重大的网络舆论事件却束手无策的现象频繁发生。

第四节　本书的研究思路与基本框架

网民的自主式传播对社会信息的沟通、公众舆论的形成、政府决策的完善以及社会力量的整合起到了积极的作用；而网络的匿名性和流动性也给舆论导向造成了负面的影响。学术界对网络舆论做了很多积极有益的研究并取得了丰硕的成果。但正如追求真理的道路永无止境，前人的不足也为我们获得新的突破提供了空间。本书从全新的思路和框架开展研究，以期对网络舆论实施监管与监控，防止不良网络对人们的误导，从而保证党和国家对人民群众思想观念的正确领导，保证社会主义文化及其科学价值观对干部和群众的正确引导，进而保障国家政权的政治安全。

一、研究的思路

本课题通过国内外比较分析，以调查、分析中国网络舆论的现状、特点为基础，深入分析和把握中国网络舆论的演变机制与传播特性，通过建立网络舆论的监测与评估及其指标体系，建立我国网络舆论风险预警干预与舆论危机应急管理体系，从而提出中国网络舆论监测与安全管理的宏观战略与具体对策，即采用"理论探索→现状分析→政策研究"的研究思路。本项目不是单纯的网络舆论理论研究，也不是单一的网络舆论对策研究，而是以重大理论问题探索为基础、以我国网络舆论的现状分析为依据，重在中国网络舆论的安全监测与管理的发展战略与具体政策研究项目，将理论研究与实证调查结果相结合，提出中国网络舆论安全监测与管理的战略目标要求研究强调实证调查和应用。

为保证研究的顺利进行，课题采取以下技术路线：首先通过文献分析和实证调查，在此基础上弄清中国网络舆论及其监测与管理的特点，对中国网络舆论的现状进行描述和分析。按内容、技术两个层面对中国网络舆论安全发展战略开展内容导向与技术监管研究。

二、研究的框架与内容

鉴于网络舆论监测与安全研究具有较强的应用性，因此，目标定位是本课题的关键之一，这就需要在摸清我国网络舆论与安全监测基本状况的基础上，厘清网络舆论及其风险演化机理。根据网络舆论监测与安全的目标定位，制定网络舆论风险监测与预警机制、风险规避与危机应对机制以及网络舆论监测的法律法规。总体框架如图 1-1 所示：

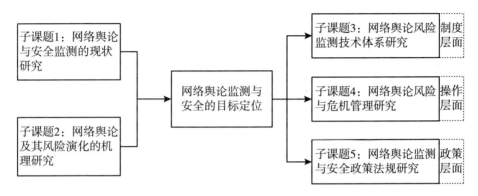

图 1-1 本书研究框架示意图

基于以上基本框架，本研究从以下五个方面进行：

（一）网络舆论与安全监测的现状研究

对网络舆论与安全监测的现状调查与分析，为整个课题奠定了较为坚实的事实基础。本课题着重研究了以下内容：（1）我国网络舆论的现状与特点分析。通过调查问卷、访谈和个案分析等方式与方法，分析网络舆论生成、表现与演化的基本特点和规律。此外，还包括通过典型热点舆论的分析，归纳网络舆论参与的流行偏好趋势。（2）我国网络舆论对社会心理与行为的现实影响研究。包括网络舆论对于人们的现实社会行为（包括网络行为）的影响、对社会心态和价值观的影响、对全国或区域重大社会事件的公众评价与政府应对的影响等方面的调查与分析。（3）我国网络舆论安全监测、引导与管理的现状与效果分析。即通过对网络舆论中议题出现、议题存活、舆论走向等的引导的措施与效果进行研究，来调查与评估我国网络舆论监测与管理的现实方法、模式以及效果。（4）国外网络舆论管理模式分析。主要包括对国外网络舆论管理模式特别是西方发达国家网络舆论管理与文化控制的方式的分析。（5）网络舆论对国家安全、社会发展的影响。

（二）网络舆论及其风险演化机理研究

本部分研究是对网络舆论进行有效监测与风险控制的重要基础，也是对网络舆论进行有效引导的前提。具体内容为：（1）网络舆论生成、传播规律研究；

（2）风险社会中网络舆论风险；（3）网络舆论风险生存的诱因与根源；（4）网络舆论演变特征及风险演化机理研究；（5）网络舆论的建构流程。

（三）网络舆论风险监测与预警机制研究

在现状调查的基础上，根据网络舆论及其风险演化机理，我们重点研究：（1）网络舆论监测的评估指标体系建构。分为宏观整体层、中观系统层、微观指标层和指数层三个层级结构。其中宏观整体层测量的是国家或者地区网络舆论的总体风险程度，代表着这个时期网络舆论安全的总体状况和发展态势；中观系统层是指按照网络舆论不同的形态，建立相应的风险评价指标体系，如文本或语言风险评价指标体系、网络游戏风险评价指标体系、视频风险评价指标体系等，每个系统具有独立的状态、过程和构成要素，代表着不同形态和不同介质的文化系统存在的现实和潜在风险或警兆；微观指标层是指表征系统的主要特征量，指数层则是指具体的可以通过测量而得到的可操作性的要素或变量，指数层对应于指标层。（2）网络舆论风险监测评价指标重要程度分析。运用网络舆论安全与风险评估体系标准，建立相应的警情信息收集与信息处理系统模型，对风险信息进行筛选、判断和归纳，提供风险信息的分级方法，按风险的严重程度与概率加以分级，并建立相应的机制使各有关职能部门能够共同采取相应的风险干预措施。（3）网络风险监测技术平台设计。

（四）网络舆论风险与危机应对机制研究

在风险监测与预警，我们拟从以下两个方面对危机进行应对：一是网络舆论风险规避方法与干预机制研究。为了防范网络舆论风险的发生，必须采取相应的干预措施来规避，即通过计划的变更来消除网络舆论风险或风险发生的条件，保护目标——即网络舆论安全免受风险的影响。在网络舆论监测与风险评估的基础上，研究如何选择不同的网络舆论风险规避方法（如完全风险规避——通过放弃或关闭网络舆论平台回避风险源，转移风险——将潜在损失以一定的方式转移给对方或第三方，风险损失控制——通过承担网络舆论风险损失发生的概率来降低损失发生的程度等），建立政府部门之间的联动机制，系统地采取相应的措施，对网络舆论风险进行规避。二是网络舆论危机的应急管理机制研究。主要研究当潜在的网络舆论风险演变为现实的网络舆论危机事件后，有关政府部门应如何采取具体行动，如何化解危机、消除不良影响等。针对网络舆论演变而成的各种危机事件，制定相应的危机处置预案；将网络舆论危机分类，将危机按照某种特征规律进行划分，便于归口处置和管理，设计危机的处置预案。同时，针对不同的危机事件，研究并设计相应的应急处置方案，并研究设计相应的启动条件与启动机制，从而将网络舆论危机的损失降至最低。

（五）　网络舆论监测与安全政策法规研究

本部分针对目前网络舆论监测与安全的相关法规建设明显滞后的情况，就如何做到依法、有序地对网络舆论进行监测进行研究，主要内容包括：（1）网络舆论监测与安全政策研究。在梳理现有政策的同时，对我国网络舆论监测与安全的政策基础进行分析，提出有效监测网络舆论、合理引导网络舆论、预防及应对网络舆论安全的政策建议。在进行网络舆论监测的同时，要注重对网络舆论的合理引导。合理引导网络舆论理应成为网络舆论监测的不可分割的内容之一，把引导融于监测之中。（2）网络舆论监测与安全法规体系研究。（3）网络舆论伦理、规范建设研究。主要从民间自我管理、自我约束的角度，探讨如何建立和维护网络舆论伦理道德、网络舆论自发的约束性规范的建设，提高网络舆论主体的社会责任意识、理性意识、道德意识和法制意识，把网络舆论建设成为传播社会主义核心价值观的新阵地、公民公共参与的新平台，从而推进中国网络舆论的健康发展。

三、研究的特色与创新

（一）　研究特色

1. 较为全面调查了我国网络舆论与安全的现状，弄清了相关基本情况，为理论研究和政策制定奠定了基础。课题组通过大样本的抽样调查，分析网络舆论参与群体的人口学与网络行为特征，了解网民对网络舆论监管的认知，监管的主体、对象与方式，掌握了网络舆论的内容特征与网络舆论焦点的类别、形成与发展，网络舆论信息获取、信息发表的载体与功能，并通过数据分析了网络舆论对个体社会态度、社会心理与行为、社会压力以及国家安全稳定等方面的影响。

2. 科学解释了网络舆论风险演化的机理和网络舆论公民协商模式和行动流程，为网络舆论风险防范提供了理论支撑。课题组提出网络舆论是社会公众以互联网为传播媒介，就其关心的事件或社会现象，以语言、文字、图像等符号化的方式公开表达出来的意见与态度的总和；利益相关、价值共振、情感共鸣是网络舆论产生的根本原因；网络特殊的传播方式使网络舆论呈现出特有的演化规律与特殊的社会影响力。网络传播的人际特征以网络传播技术特征为技术支撑和前提，对网络舆论的生成、演化产生了重要影响，具体表现在舆论"议程设置"

的全民化、舆论心理的"群体极化"、舆论演化过程中"蝴蝶效应"的加剧以及舆论控制方面"把关能力"的弱化。

3. 设计了适合中国国情的网络舆论监测与预警技术平台，为实时监控、风险预警提供了技术平台支撑。课题组综合利用网络媒体监测技术、自然语言处理技术、文本内容管理与服务技术、搜索引擎技术等，以实现对监管网源的 7 * 24 小时的监测，帮助舆情监管人员随时把握网络舆论动态。该平台采用四层体系架构，通过信息采集卡或网络爬虫从各监测源中自动扫描并采集舆论信息，从中抽取正文内容及其他元数据建立网络舆论监测信息库。然后通过关键技术并结合知识库实现对信息库中网络舆论的内容理解与语义计算，并在此基础上分析舆论的倾向性、自动识别一段时间内的热点事件、流行语或突发事件、新词等舆论焦点信息，最终自动生成网络舆情统计分析报告，为舆论监管人员提供有针对性的预警及处理建议。

4. 网络舆论监测的关键技术创新，为网络舆论监测与风险防范提供了技术支持。课题组在网络舆论监测的信息采集技术、信息抽取技术、自动词分类技术、术语抽取技术、主题分析技术、文本分类技术、文本聚类技术、自动文摘技术、全文检索技术、舆论的倾向性分析技术、流行语识别与新词发现技术等方面都有不同程度的技术创新。

5. 完善了我国网络舆论监测与安全管理法规制度体系，为网络舆论监测、风险防范，以及舆论引导提供了科学依据。课题组提出构建网络舆论监测与安全管理上的三大体系：一是构建了网络舆论监测评价体系，共设置了舆情发布者指标、舆情要素指标、舆情受众指标、舆情传播指标、区域和谐度指标，并使专家评价法等方法科学地确定了相应的指标权重。二是构建了网络舆论风险与危机管理体系，包括组织体系、保障体系、应急处置体系以及绩效评估四个管理子系统。三是完善了网络舆论监测与安全政策法规体系，提出了维护国家主权与安全保障社会公共利益、政府主导推进、管控最小化、程序正义以及事先通知与事后惩治五大核心原则，构建了明确政府在网络舆论监测与安全保障方面的职责、逐步推进网络实名规则、明确网络服务商的责任、明确网络接入服务者之间的连带责任以及规定对网络舆论监控技术创新的鼓励规则等构成的核心法律制度。

6. 提出了网络舆论监管的综合措施，为加强我国网络舆论的管理提供了借鉴。课题组提出了建设网络舆论风险监测技术体系，建设网络舆论危机应急处置与协同治理机制，以及构建网络舆论监管政策法规体系等政策建议组成的网络舆论全方位监管综合措施。

（二）研究的创新

1. 理论上的创新：一是课题组深入研究了网络舆论生成的原因及其传播机理，从新的角度阐释了网络舆论产生的根本原因、生成机制、演化规律，提出了网络舆论风险演化机制新的学理解释；二是在关于网络舆论公民协商的研究中，课题组深入研究了网络论坛中公民协商的特性与模式、内容分解与协商结果，首次提出了网络中公民协商的特性、模式及效果，为分析网络舆论形成流程提供了理论支撑；三是首次运用信息空间理论分析了影响网络舆论发生发展的各种要素，构建了网络舆论监测与安全评估的指标体系，为网络舆论的监测与评估提出了科学的可操作的依据。

2. 政策上的创新：课题组提出了一整套适合中国国情的网络舆论监测与安全管理政策法规系统，包括网络舆论监测评价体系、网络舆论风险与危机管理体系、网络舆论监测与安全政策法规体系。

3. 技术上的突破：课题组在网络舆论监测的多项关键技术方面均有所突破，并设计出了适合中国国情的网络舆论监测与预警技术平台，以实现对监管网源的不间断监测，帮助舆情监管人员随时把握网络舆论动态。

四、研究的方法与价值

（一）研究的方法

课题组通过文献分析和实证调查，在弄清中国网络舆论及其监测与管理的特点、描述和分析中国网络舆论现状的基础上，将理论研究与实证调查结果相结合，提出中国网络舆论安全监测与管理的战略目标要求，并从内容、技术两个层面对中国网络舆论安全发展战略开展内容导向与技术监管研究。课题组运用的方法主要有：

1. 文献分析。课题组通过网页内容分析，描述和总结网络舆论的现状与特征、问题与趋势等，为中国网络舆论安全监测与管理提供基本的数据支持；通过查阅相关档案，收集大量的文献资料，对国内外网络舆论的研究成果、网络舆论安全监测与管理的政策法规、相关的统计数据资料、已经形成的网络舆论安全监测与管理实践经验进行分析。

2. 实验与案例研究。本课题选择了多个网络舆论安全监测与管理的典型案例进行分析，深入地了解不同领域、不同模式的网络舆论安全监测与管理的特点、条件、问题及经验，提出系统的、综合的网络舆论安全监测与管理政策体系。

3. 抽样调查。调查分两个层面：一是领域层面，主要是对政治、经济、文化和社会不同舆论领域的网络舆论安全监测与管理情况进行调查；二是网站性质层面，对各级政府网站与民间网站，公益与私营网站，个人主页与组织网页等进行抽样调查。调查采用问卷调查、文献调查、网上调查、电话调查、个人访谈、座谈专访、实地观察等方式多途径、多渠道收集资料，全面、准确地把握中国网络舆论的现状与需求。

4. 政策研究。课题围绕我国网络舆论安全监测与管理的重大实际问题，提出对策性思路，同时对于一些具体的法律、制度、措施提出具体建议及可操作性的办法。

（二）研究的价值

1. 在提出网络舆论风险演化机理的相关理论的基础上，课题组完成了《2008 年重庆出租车罢运事件案例评析》、《湖北巴东邓玉娇案》、《湖北石首六一七事件》、《贵州瓮安事件案例》，对相关网络热点事件进行了系统的分析评价，相关研究成果为湖北网路舆情监测提供了决策依据，获得湖北省政府主要领导好评。

2. 对我国网络舆论监测与安全的法律法规体系进行了系统梳理，构建了网络舆论监测评价体系、网络舆论风险与危机管理体系、网络舆论监测与安全政策法规体系。相关研究成果为我国网络舆论实时定量监测及热点事件处理提供理论基础。

3. 设计适合中国国情的网络舆论监测技术平台。平台采用四层体系架构，通过信息采集卡或网络爬虫从各监测源中自动扫描并采集舆论信息，从中抽取正文内容及其他元数据建立网络舆论监测信息库。然后通过关键技术并结合知识库实现对信息库中网络舆论的内容理解与语义计算，并在此基础上分析舆论的倾向性、自动识别一段时间内的热点事件、流行语或突发事件、新词等舆论焦点信息，最终自动生成网络舆情统计分析报告，为舆论监管人员提供有针对性的处理建议。目前，网络舆论监测技术平台的建立已为国家语委《年度媒体流行语及年度汉语盘点》提供技术支持，取得了良好的社会反响。

第二章

境外网络舆论管理状况与模式分析

随着互联网的不断发展，以网络为平台，通过网络语言或其他方式对某些公共事务或焦点问题所表现出的意见和看法已经成为一种新的舆论力量。有学者指出，网络平台已经成为社会舆论的重要发源地，正在成为思想文化信息的集散地和社会舆论的放大器。网民对于公共事务的积极参与打破了传统媒体对权威话语权的垄断，拓宽了民意表达渠道（董烨，2008），对于公共舆论空间的扩大起到了积极的作用，有利于促进社会的进步和发展。与此同时，网络舆论的负面效应也正在显现。特别是网络舆论的群体极化现象对现实社会的政治安全和文化安全构成了极大的威胁。在网络舆论的影响越来越广泛的今天，如何引导和规范网络舆论已经成为世界各国迫切需要面对的问题。

第一节　境外网络舆论管理的历史及现状

境外网络舆论管理都经历了一个循序渐进的演化过程，现有管理的模式都是随着境况的不断变化逐渐修订而成，下面我们将首先考察境外网络舆论管理的历史，然后再分析其管理的现状与特征。

一、境外网络舆论管理的历史

社会舆论所蕴含的民意影响到一国的政治稳定和文化发展的方向，因此世界各国一直以来都非常重视对社会舆论的控制和管理。人类进入 21 世纪以来，国际互联网取得了飞速发展，网络时代的舆论管理变成了一项更加复杂和系统化的工程。综观境外各国网络舆论管理的发展历史，可以发现当今的网络舆论管理是在对传统媒体舆论管理的基础上逐渐演化而来的，大致经历了三个阶段：前互联网时代的舆论管理、互联网管理中的舆论控制、独立的网络舆论管理。

（一）前互联网时代的舆论管理

网络社会兴起之前，世界各国就十分重视对舆论的管理。在互联网产生之前，国外对于社会舆论的管理主要集中于对传统媒体的控制和引导，由于这一时期的舆论传播方式相对单一，从某种意义上来说，对社会舆论的管理就是对传统媒体舆论的管理。

社会舆论作为群体意见的表达受到来自各种传媒的影响，媒体在其中扮演着传播信息并引导舆论方向的角色。因此，对于社会舆论的管理主要通过对媒体的管理来实现。在西方发达国家，政府将媒体视为社会控制的重要工具，通过媒体的舆论导向功能，来引导社会文化、社会道德的发展方向，维护社会秩序的正常运行。境外各国对传统媒体舆论的管理手段可谓五花八门，但总体来看，大致可以分为硬性管理措施和软性管理措施两个方面。其中，硬性管理措施主要包括政府出台相关法律法规的约束和各种行政力量的干预；软性管理措施则是在承认新闻自由权利的前提下通过经济手段和有意识的人为手段来引导新闻媒体的舆论导向。

从硬性管理措施来看，大部分国家的舆论管理主要是政府依靠司法和行政力量来实现的，硬性管理措施强调宏观上的调控，主要把握社会舆论的方向，例如建立宣传机构、制定法律法规等。典型代表有美国、法国、英国等西方发达国家。美国在舆论管理方面设立了专门的舆论宣传机构。1917 年美国设立了公共信息委员会，1942 年成立了战时新闻局和美国新闻处，1953 年设立了美国新闻署，此后又于 1984 年建立了"信息员记者小组制度"[①]，等等。法国则成立了最高视听委员会，并制定专门的法律和政策来对舆论进行管理。英国用于管理舆论的机构主要包括独立电视委员会（ITC）、无线管理局（RA）、BBC 理事会、通

---

① 张艳梅、安平：《西方发达国家政府舆论宣传管理措施论述》，载《中州学刊》2009 年第 4 期，第 253 页。

信管理局（OFCOM）等。此外，各国也制定了相关的法律来管理社会舆论。如英国曾经出台"BBC 经营委员会决议书"、《1990 年广播电视法》等法规来约束媒体内容，要求新闻内容准确客观，节目内容品味高尚，符合正当的主流价值，不得误导公众，不得对社会秩序和稳定造成负面影响等。这些硬性管理措施是媒体必须遵守的，一旦违背这些规定，媒体经营者和媒体从业者将会受到严厉的惩罚。

从软性管理措施来看，西方国家主要通过专业的媒体管理人才和经济控制来实现人为地对舆论的引导。如美国在 19 世纪初期出现的新闻发言人，新闻发言人作为政府的代表，能够向公众传达权威的言论，引导社会舆论，营造良好的舆论环境，让公众对社会有一个正确的判断。这种新闻发言人措施最终在美国发展成为一种政治制度。还有国家引进专业的传媒人才，通过制造媒体事件来表达政府的舆论导向。制造媒体事件是一种主动引导舆论的有效手法。这种手法主要通过制造一些带有价值取向的事件，来树立政府或者其他主体的良好形象，或者通过制造媒体事件达到转移视线的目标。此外，西方国家还通过对传统媒体的经济控制来控制媒体舆论。

西方各国在对传统媒体舆论的控制方面手段大致相同，这其中体现了对舆论的控制和引导并重的精神。西方各国对传统媒体舆论的控制为当今网络舆论的管理提供了借鉴，网络舆论的管理也是在对传统媒体舆论管理基础上的深化。

（二）互联网管理中的舆论控制

随着互联网的普及和网络社会的形成，网络越来越体现了其双刃剑的特征。一方面网络给人们的生产生活带来了前所未有的便利；另一方面也带来了各种各样的社会问题。如网络犯罪、网络色情、网络垃圾、舆论暴力、网络恐怖主义等各种非秩序化的网络行为和网络社会现象也随之大量涌现。世界各国对网络管理提到了一个前所未有的高度。在对网络管理的过程中，涉及一个不可避免的主题就是对网络舆论的控制。从境外网络舆论管理的实践来看，这一阶段网络舆论的管理主要融入到互联网络的管理过程中。境外各国通行的做法是在互联网管理的框架下，加强网络舆论的控制。这一时期，很少出现专门针对网络舆论的立法和管理措施，而是在互联网的管理中涉及舆论管理的内容。现有网络舆论管理的立法主要也是存在于网络管理的立法之中。无论从立法和实践来看，现有网络舆论的管理的内容都还不多。但是现有网络管理中已经存在部分对网络舆论管理的实践。

互联网络管理中的舆论控制是当前世界各国舆论管理的最常用的手段。对于网络舆论的管理和控制是在网络管理中体现出来的。其目的并非单纯的舆论控制，而是要通过舆论控制、网络净化等手段，在维护互联网健康发展的前提下，保证社会的正常运行。例如美国曾经在 2006 年组建了一支网络媒体战部队来维护互联网的安全，保证其在网络领域意识形态战争的胜利。目标是"全天候监控网上舆论，力争纠正错误信息，引导利己报道，对抗反美宣传"。[①] 美国网络媒体战部队成员的个人素质较高，具备多方面的知识，通常具有较高的计算机水平和一定的新闻宣传理论知识。各国也通过互联网络管理的立法来对互联网内容进行约束和管理，从而达到舆论控制的目的。如德国《信息与通讯服务法》规定："在网上传播恶意言论、谣言，宣扬种族主义均为非法行为，禁止利用互联网传播纳粹言论、思想和图片。"[②] 瑞典也出台了《电子通告板责任法》，要求网络服务商对互联网内容负责，禁止出现煽动新纳粹主义的内容以及其他不当政治言论。在亚洲，立法对互联网进行管理的主要代表性国家有韩国、新加坡、马来西亚等。如韩国的《电子传播商务法》、新加坡的《互联网管理法》、马来西亚的《资讯及多媒体法》等。

这一阶段的网络舆论管理具有两个明显的特征：（1）缺少独立的立法和管理措施，管理手段从属于互联网安全的管理；（2）从管理的内容来看，主要集中于控制危害国家安全和政治稳定的舆论，较少涉及保护公民人身自由权利的内容。

（三）独立的网络舆论管理

在网络舆论的形成和传播过程中，由于网络的虚拟化特征削弱了传统舆论传播中传统"把关人"的权限，同时又缺乏相应的法律规范来限制或防止某些信息的传播，这使互联网越来越取代传统媒体成为舆论控制和思想控制的主战场。基于互联网络管理框架中的舆论控制似乎已经不能适应有着越来越广泛影响的网络舆论的管理需要。独立的针对网络舆论的专门立法和管理措施呼之欲出，但是独立的网络舆论管理仍然处于理论和实践上的探索阶段，从理论研究还是实践层面来看，专门针对网络舆论管理的内容尚不多见。国外关于网络舆论方面的专门研究也是最近这几年开始出现的，国外对网络舆论的关注角度多着眼于公众对时政和社会话题的参与和关注。针对狭义的网络舆论管理的立法和措施非常少见。但是，也有学者对国外网络舆论的管理提出了自己的见解。

有学者认为，现阶段境外网络舆论的管理是以传统媒介管理模式为基础的。

---

①② 曲青山：《浅议国外网络文化管理的经验及启示》，载《青海民族学院学报》2009 年第 1 期，第 13 页。

许多国家视网络为第四媒体，仍然采取传统的媒体管理方法来对网络进行管理。例如美国、法国、澳大利亚、新加坡等国均将网络归属于传统广播电视的管理之列。而从管理手段来看，主要有代表性的措施有四种：一是通过法律法规进行管理，二是运用技术手段进行控制，三是强调网络行业和用户的自我约束，四是通过市场规律进行调节。

综合来看，当今境外网络舆论的管理正在由互联网络管理中的舆论控制阶段向独立的网络舆论控制阶段过渡。现行的有关网络舆论管理的单独立法和措施都还非常少，一些国家正在考虑出台相关的法律法规，并在积极寻找网络舆论管理的有效方法。相信在互联网迅猛发展的过程中，网络舆论的巨大影响将会引起更多人的关注，网络舆论的管理将会步入一个新的台阶。

二、境外网络舆论管理的现状

境外各国与地区对网络舆论管理采取的方式是不同的，对于网络舆论管理的模式取向也不尽相同。综观境外网络舆论管理的现状，也可以归纳出一些相同的治理措施。

（一）境外网络舆论管理的典型

1. 美国的依法治网。美国是标称新闻自由的国家，也是网络管理最宽松的国家之一。美国作为互联网最发达的地方，对互联网的管理主要通过执行有关互联网管理的各种法律来实现。美国联邦立法中出台了系列关于互联网的专门立法，此外美国各州也有一些关于互联网管理的立法。这些立法包含的内容非常广泛，而且法律条款也非常细致，其中重点是"规范互联网管理中的版权、域名管理、成人网站管理和儿童互联网权利保护、垃圾邮件、电子邮件骚扰、对公民互联网通信监控"等。[①] 如果违反了法律管理条例，将会受到严厉的处罚。在对互联网的管理中也体现了对舆论的控制，美国相关法律规定，如果在网络上的行为和言论侵犯了国家利益和他人的名誉权，仍然要承担法律责任。

2. 韩国的网络实名制。韩国的网络非常普及，在网络管理方面有其独到之处。韩国在网络管理方面的典型做法就是推行实名制。韩国网络实名制在2005年正式实施，要求必须以实名的方式在网上发表言论，实名配合当事人的身份认证才能取得网络发帖、跟帖的资格。此外，韩国政府还对保护网络安全的法律条款进行了不断的修订，以促进网络实名制的推行。例如《促进使用信息通信网

---

① 潘天翠：《透视国外互联网管理》，载《网络传播》2007年第5期，第46页。

络及信息保护关联法》就对网络实名制进行了进一步的规定："韩国各主要网站
在网民留言之前，必须对留言者的身份证号等信息进行记录和验证"，① 如果网
站未经身份验证而允许网民留言，相关部门将会对网络服务商进行处罚。目前，
韩国的网络实名制涉及网络邮箱、网络论坛、博客、网络视频等领域，而且还在
不断通过立法、监督、管理和教育等措施来推进网络实名制。韩国的网络实名制
的实践证明对于网络舆论的控制效果十分显著。

3. 新加坡的互联网准入制度。新加坡对网络实行统一管理，采用严格的互
联网准入制度。1996 年 7 月，新加坡广播管理局开始推行互联网的分类许可制
度，既要顾全互联网的快速发展，又要保护互联网的安全，因此新加坡对一些重
要部门的网络实施相应的控制。新加坡的网络管理规定："网上不能包括危及公
共安全和国家防卫的内容；动摇公众对执法部门信心的内容；惊动或误导部分或
全体公众的内容；引起人们痛恨和蔑视政府、激发对政府不满的内容；影响种族
和宗教和谐的内容；对种族或宗教团体进行抹黑和讥讽的内容；在种族和宗教之
间制造仇恨的内容；提倡异端宗教或邪教仪式的内容；色情及猥亵内容等。"②
如果网络供应商不能及时清除这些内容，将会被罚款或被暂时吊销营业执照。新
加坡的网络管理则更多地体现了对网络舆论的控制。

4. 英国的多元治理模式。英国主要通过多管齐下来治理互联网络。从管理
主体来看，英国的网络管理主要由网络观察基金会负责，其他相关部门互相配合
工作。网络观察基金会成立于 1996 年，是一个半官方组织，这个组织负责英国
的网络管理工作。同时，贸易和工业部、内政部、英国城市警察署等相关部门为
网络管理提供支持。"网络观察基金会为鼓励从业者自律，与 50 家网络服务提
供商组成的联盟组织、英国城市警察署和内政部等共同签署了《安全网络：分
级、检举、责任协议》，制定相应的网络内容管理措施。"③ 英国的网络管理主要
是出于网络安全的管理，强调网络内容的合法性。

5. 越南的互联网限制政策。越南对于互联网的管理与众不同，西方国家在
网络管理方面的策略是正视互联网络存在的现实，控制和引导并重，越南则是部
分限制互联网络的接入。20 世纪末，互联网在越南第一次出现，但是相关政府
官员认为互联网将会增加政府对公共信息控制的难度，有可能对国家安全产生负
面影响，因此，越南政府决定对互联网进行限制，如关闭网吧，没收计算机等。

---

① 李拯宇、干玉兰：《韩国全面推行网络实名制》，新华网，2008 年 4 月 24 日，http：//news. xin-
huanet. com/newscenter/2008 - 04/24/content_8041421. htm。

② 张永兴：《国外网络管理：新加坡管理严格而务实》，新华网，2007 年 1 月 4 日，http：//news.
xinhuanet. com/tech/2007 - 01/04/content_5566047. htm。

③ 潘天翠：《透视国外互联网管理》，载《网络传播》2007 年第 5 期，第 46 页。

2002 年以来，虽然越南政府对互联网的认识进一步加深，逐步放松了对互联网的严格管制，但是在互联网的信息内容方面仍然给予了诸多约束，如"只能浏览越南国内的网站"。① 如果要浏览国外网站，必须到相关政府部门进行登记。而且网络舆论内容随时受到内务部监控，包括电子邮件内容和其他网络传输的任何信息都在监控之列。

（二）境外网络舆论管理的主要措施

从以上网络舆论管理的典型国家来看，有的国家对互联网的接入呈开放的态度，但是会采取相应的措施来管理和引导网络舆论的方向，有的国家则实行了较为严格的网络准入制度，限制互联网的广泛普及或者限制公众的网络权限。综合来看，国外网络舆论管理的主要措施大致包括以下几个方面：

1. 法律治理。无论是发达国家还是发展中国家，对于网络舆论的管理首先强调的是法律控制。这是国外网络舆论管理的主要措施之一。欧美发达国家较早出台了相应的互联网管理法律法规，发展中国家包括中国在内，也在互联网时代到来之际相继通过立法来确定对互联网的主要管理方式。例如欧洲各国的互联网法律强调"发展为主，控制为辅"。立法的目标是要促进互联网快速、健康地发展。具体来看，包括以下几个方面："对电子商务、电子政务的影响必须是积极的和促进的；必要的管理要辅之以行业自律，政策法规要与行业自律配套，与社会监督呼应；政策法规要具备行业可行性，并尽可能与各国相关的法律规定接轨；要避免互联网使用者遭受有害信息的伤害"；② 等等。此外，世界各国正在制定更多各具特色的互联网管理法律。从立法方面来看，西方发达国家的立法强调网络自身的特性，出发点是维护网络的健康发展，发展中国家的立法则强调网络准入的限制。

2. 行业自律。网络的开放性和匿名性使得网络舆论的管理相较传统媒体舆论的管理更加复杂和困难。虽然各国相继制定了各种规范网络言行的法律，但是真正的法律的实施需要付出很大的成本，是一个非常系统复杂的工程，因此在这种背景之下，强调行业自律就显得尤为重要。在行业自律的过程中，互联网络提供商承担了大部分的网络舆论管理职责。如日本的互联网管理基本上采取行业自主管理、自我约束的方针，网络信息发布者能够认识到自己言论所必须承担的风险责任，网络服务商也会主动根据协议条款清除网络中的不当信息。当然，在当

① 罗静：《国外互联网监管方式的比较》，载《世界经济与政治论坛》2008 年第 6 期，第 119 页。
② 林利：《网络舆论危机管理中的政府职责及其防控体系研究》，湖南大学硕士论文，2008 年，第 5 页。

今利益纠葛无处不在的社会背景下，行业自律仍然显得非常脆弱。但是行业自律仍然不失为未来网络舆论管理的一个很好的发展方向。

3. 技术控制。网络舆论的管理是一个系统工程，尤其是有关网络立法的施行必须得到相关的网络技术的配合。例如国外在对网上内容进行管理的过程中，虽然考虑非常周全，但网站在实际操作中仍困难不少，例如对于网络暴力言论的追踪，其操作就是非常复杂和困难的事情。通过不断的技术开发来应对网络舆论的难题就显得非常必要。目前国外对网络舆论管理的技术控制主要包括：对网上内容进行分级和过滤；对执法人员进行技术培训；加强政府和企业间的合作。[①] 例如，美国早在 2001 年就推出互联网过滤技术，来加强对互联网络安全的控制，特别是在一些公共电脑上，如学校和图书馆等地方就要求安装互联网过滤器。尤其是"9·11"事件之后，为防止这类事件发生，有关部门立即采取措施对网上发布的信息内容进行评估限制，以防恐怖分子利用某些信息搞破坏。此外，对执法人员的技术培训也是国外网络舆论技术控制的一项重要内容。这项培训要求执法人员掌握相关的计算机知识和网络技术，以便更好地执法。

4. 教育引导。国外对网络舆论的管理不仅强调行业自律，也强调上网者的自律。通过教育引导来促进网民的自律是一些国家在网络舆论管理的重要内容。对公众进行教育引导是网络舆论疏导的重要手段。通过教育，让公众对互联网络有一个较为深入的认识，特别是提高他们对网络安全的认识，引导他们规避网络风险，同时让公众逐步具备对网络信息进行客观公正评价的能力。大部分互联网络发达的国家都非常重视通过教育来培养公众的网络安全意识。

5. 合作管理。随着世界范围内基于互联网络的网络社会的逐步形成，网络影响波及的范围越来越广，单纯政府主导的网络舆论的管理已经不能满足网络管理的需要，越来越多的部门加入到网络舆论管理的阵营。部门合作在网络管理中的作用日益突出。与此同时，国家之间、地区之间的协作也越来越多，不同国家基于共同的需求，开展了广泛的国际合作，以此来保护网络安全。国际合作将会是未来互联网管理的一个重要发展趋势。因此，在对网络进行管理时要充分考虑到与国际接轨。

总之，从境外网络舆论的管理现状来看，采取的是多措并举的立体模式，其突出特点就是硬性管理措施和软性管理措施的结合，通过多管齐下的网络舆论管理在一定程度上保证了网络的安全。但是国外网络舆论管理也存在着一些亟待完善的地方，最大的不足就是缺少独立的网络舆论管理体系，大部分涉及网络舆论管理的规范存在于网络管理的立法之中，网络舆论管理的手段基本上就是网络管

---

① 严久步：《国外互联网管理的近期发展》，载《国外社会科学》2001 年第 3 期，第 73 页。

理的手段，两者之间的界限并不明晰，网络舆论管理的重要性还没有上升到应有的高度。

第二节　境外网络舆论管理的体制与模式

网络舆论管理体制，是一国网络舆论管理赖以建立和组成的所有制形式和结构方法，它既包含理念和法规的基础，又包含组织和经营的内容。网络舆论管理制度主要取决于对网络舆论管理的所有权和管理的有关法律和行政规定，它也是网络舆论管理组成的方法和遵循的路线、方针、政策。

一、境外网络舆论管理体制

网络舆论管理制度和其他媒介制度一样，受制于政治制度、经济制度的影响，反过来对政治制度和经济制度有着能动作用。

（一）政府对网络舆论管理的经济学成因

关于政府应不应该管理网络舆论的问题，有两种基本对立的观点。一些人认为网络舆论不应该管理，理由是：从技术上来讲，网络舆论的内容本身难以控制，谁发布信息，谁接收信息，落实到具体对象上十分模糊，无法管理；从网络发展来说，管理等于控制，网络正处于蓬勃发展的阶段，控制等于限制网络的正常发展，因此不能管理；从网络舆论控制技术来看，一些基本的内容分级、过滤等手段完全可以解决网络舆论管理问题，政府管理显得多余；从法律的角度来看，网络舆论的控制触犯了现实社会各国宪法对公民言论自由权的保护，有违宪之嫌等。由于以上诸多原因，有人甚至将政府对网络舆论的管理称为"制造网络世界的村庄傻瓜"，是对网络技术特性缺乏基本的理解。[①] 但是，现实的市场是一个不完全竞争的市场，而网络舆论又不同于其他一般行业，政府对网络舆论的规制既有复杂的政治因素，也有其经济学成因。

按照新制度经济学的观点，从公共产品的性质角度考察。媒介即使走商业化运营道路，也要有相应的政府规制。"政府规制"特指市场经济国家的政府为克服"市场失灵"而采取的有法律依据的管理或制约经济活动的行为。一般认为，

---

① 燕道成：《国外网络舆论管理及启示》，载《南通大学学报》2007 年第 2 期，第 136 页。

政府规制产生的直接原因是"市场失灵"。微观经济学认为，在自然垄断、外部效应、信息非对称性等场合下，市场不能自行达到完全竞争状态，这就客观上要求政府必须对此出面干预和进行规制约束。以实现资源最优配置和社会福利最大化。政府规制是一种有效的制度补充。

对于一个媒介市场而言，只有满足以下假设才符合完全竞争的条件：（1）生产、传播同质信息产品；（2）完全信息，即媒介市场的所有参与者拥有包括定价水平、内容质量、送达时间、传播渠道在内的全部相关市场信息；（3）价格接受，即信息产品的价格是由受众、媒介、广告主等整个媒介市场中所有参与者的行为决定的，每一个参与者都只能接受信息产品的既定价格；（4）无交易成本，即媒介市场的所有参与者都不需要支付除了价格以外的费用，如搜寻的成本、监督契约展行的成本等；（5）无外部化，即所有媒介承担其生产、传播信息产品的全部成本；（6）自由进出，即媒介不面临任何进出壁垒，包括政策性壁垒和经济壁垒。① 很明显，完全竞争的媒介市场在现实世界并不存在，现实中的媒介市场存在着信息不对称和负外部性问题。

同时，媒介及其产品具有显著的公共产品的属性，即具有消费上的非排他性和非竞争性。这使得公共产品不可能界定产权，从而也就不可能为市场竞争提供产权的条件。如果不通过政府的干预，市场经济就不能充分地使有限的资源实现最优配置。

按照以上标准，网络舆论具有公共产品的特点。在网络舆论市场化改革中，为克服"市场失灵"，政府的网络舆论政策和规制是驾驭网络舆论双轨体制的驭手，会受到政治、经济和社会因素的影响。在新自由主义思潮主宰全球的情况下，市场和经济的因素是政府规制优先考虑的因素，并因此导致了一系列放松规制政策的出台；但公共利益与制度均衡的需要又使政府通过再规制进行网络舆论的规范，其实质是解决效率与公平之间的价值调适问题。

因此，政府出于保护儿童网络安全、阻止恐怖活动、控制种族仇视、限制商业不正当竞争等多种理由，把对网络舆论控制与管理视为自己义不容辞的责任与义务。针对网络舆论的管理和控制，虽然理论界一直因国情的不同而各有偏颇、悬而未决，但在实践中没有哪个国家的政府真正放弃了网络舆论的管理，不同的只是在管理方式上，或是更直接管理，或者更间接管理。政府方面最流行的做法是：纷纷修改原有的法规以囊括网络舆论的管理，或者干脆出台新的网络法规。②

---

① 赵曙光、史宇鹏：《媒介经济学》，湖南人民出版社 2003 年版，第 137 页。
② 燕道成：《国外网络舆论管理及启示》，载《南通大学学报》2007 年第 2 期，第 136 页。

（二） 以传统媒介管理为基础

在国外，从现有的管理体制来看，由于网络是一种电子媒介，因此目前最主流的归类方法是把网络归属于传统广播电视的管理之列。在美国，传统电子传播领域，包括广电、电信等，全部隶属于联邦通信委员会 FCC 管理，网络产生之后，自然也归属于 FCC 管理之下。在法国，通过检索终端——Minitel 系统管理网络舆论，确保网络舆论与法国电信签订的合同内容相符。澳大利亚广播局ABA 负责调查与制定网络舆论管理的各种规定，并在 1999 年针对网络舆论管理出台《澳大利亚广播服务修正案》。新加坡的网络舆论管理是采用多元管理的方法，主要由广播局 SBA（the Singapore Broadcasting Authority）管理网络舆论的内容，加上执照分类制度，内容事后审查等[1]。

可见，各国对网络舆论的管理归属均是按照其传统媒介管理的惯例，以传统媒介管理模式为基础，然后结合具体的网络特点来进行网络舆论的管理，因此，我们对国外网络舆论管理体制的研究可以从探讨国外广播电视管理体制入手。

西方国家广播电视制度的差异性主要体现在广播电视所有制的不同，按照所有制形式，西方国家的广播电视制度主要分为公营和私营两种，其中，公营主要指以欧洲为代表的公共广播电视制度，私营主要指以美国为代表的私营商业广播电视制度。

按照广播电视制度与政治、经济和社会关系的不同，有学者将欧洲的公共广播电视分为国有社会公营型、社会联合公营型、国有政府主导型和国有国会主导型等类型。[2] 本课题在综合研究的基础上、归纳出欧美公共广播电视制度有以下类型和特点。

表 2-1　　欧美主要国家公共广播电视制度类型、主要规制机构与经费来源

国家	公共广播电视制度类型	主要规制机构	经费来源
英国	国有社会公营型	文化媒介体育部（DCMS） 通信管理局（OFCOM）	执照费为主，节目销售等为辅
瑞典		教育、研究文化部（MERC） 瑞典广播电视委员会	

---

① Peng Hwa Ang. How Countries Are Regulating Internet Content［EB/OL］. http：//www. PanAsia. org. sg. 转自燕道成：《国外网络舆论管理及启示》，载《南通大学学报》2007 年第 2 期，第 136 页。

② 郭镇之：《电视传播史》，北京师范大学出版社 2000 年版，第 88 页。

续表

国家	公共广播电视制度类型	主要规制机构	经费来源
加拿大	国有政府公营型	广播电视电讯委员会（CRTC）	政府津贴为主，商业资助为辅
法国	国有政府主导型	文化通信部、最高视听委员会（CSA）	
德国	社会联合公营型	媒介局联合组织、广播电视财源审查委员会、媒介集中度调查委员会	执照费、广告费等混合收入
意大利	国有国会主导型	意大利通信管理局	
美国	公私兼有社会公营型	联邦通信委员会、全国广播电视业者协会	会员费、社会捐赠、政府

资料来源：李娜：《欧美公共广播电视危机与变迁研究》，中国传媒大学出版社 2009 年版，第 4 ~ 5 页。

根据媒介形态的不同，传统的媒介规制主要分为以下三大类，即印刷出版业的规制、广播电视业的规制和通讯电信事业的规制。但是，随着传播媒介的形态和市场的日益融合，三分法已不适用了。现在的传播媒介已不是传统的单一型，而是向多媒体融合的方向发展。特别是因特网的出现，集广播、电视、报纸于一身。因此，原有分散的广播电视法、卫星电视法、电信法等已经无法针对媒体的融合现象来实行结构与行为规范。网络媒体的出现，势必要求突破原有媒介规制架构，重新定位并解释其媒介环境。于是，各国政府、各种组织纷纷调整传媒管理机构，整合传媒管理规范，以适应新媒介（包括网络舆论）管理的需要。例如在英国，以前的通信传播管理工作相当分散。贸工部管电信政策、发电信执照，电信管理局负责电信监理，文化媒介体育部负责传播政策，独立电视委员会、广播电视标准委员会以及广播管理局、无线电管理委员会则负责执行工作。2000 年 12 月，英国文化媒介体育部及贸工部联合发表一份名为《传播的新未来》的白皮书，建议将电信、信息、传播各机关整合为一个单一机关。2002 年 3月，英国国会正式通过《传播法案》（Communication Act 2002），决定成立通信管理局（OFCOM），为媒介政策的整合奠定了立法基础。根据新法授权，未来OFCOM 将逐步整合以前多个通信管理部门的职权。

二、境外网络舆论管理模式

国外网络舆论的管理模式存在差异性，也存在相似性。正是这种差异性，构成了境外网络舆论管理模式的多元性。而差异性和多元性则是网络舆论管理未来发展的趋势。

（一）差异性

就功能而言，国外网络舆论的管理模式主要可分为两种类型：（1）经济性管理；（2）社会性管理。经济性管理主要侧重于对各种经济关系的协调，更适用于商业媒体，如企业与企业之间、企业与消费者之间；社会性管理则侧重于对社会效益的控制，更适用于公共媒体，如经济行为带来怎样的社会影响等。在具体操作中偏向于哪一种管理类型则依具体情况而定。

社会性管理的过程主要包含三个要素：管理者——政府及其职能部门；被管理者——企业或个人；管理依据——法律和法规。政府对网络舆论进行管理必须要以法律、法规为基础，法规制定的程序以及内容决定了这一职能能否有效运行。因此，立法是网络舆论管理过程的核心环节。如加拿大政府授权对网络舆论信息实行"自我规制"，将负面的网络舆论信息分为两类：非法信息与攻击性信息。前者以法律为依据，按法律来制裁；后者则依赖用户与行业的自律来解决。同时辅以自律性道德规范与网络知识教育，并取得了较好的管理效果。[①] 在美国，政府对网络舆论管理的立法屡屡遭到一些社会团体的反对，认为是剥夺了宪法规定的公民言论自由权，因此有关立法大都被法院判为违宪。因此，目前美国对网络舆论的管理，除对违法内容依法惩处外，其他则主要是依行业自律与市场调节来管理，如美国在1998年出台《网络免税法》，对自律较好的网络运营商给予两年免征新税的待遇。2000年，美国联邦调查局（FBI）与国家白领犯罪中心（the National White Collar Crime Center）设立网络欺骗控告中心（the Internet Fraud Complaint Center），提供广泛的社会监督。英国是一个传统色彩较浓的国家，其对网络舆论管理实行立法与自律并举的方式。1996年，英国颁布《3R互联网安全规则》，对网络舆论中的非法信息，特别是色情淫秽内容进行管理，其管理主要是以网络服务商与网络用户的自律为基础，只是有人举报时，政府才介

[①] 宋华琳：《互联网信息政府管制制度的初步研究》，载《网络传播与社会发展论文集》，北京广播学院出版社2001年版，第86页。

入调查、处理。①

亚洲国家与发展中国家对网络舆论内容的管理具有较多的限制。韩国是第一个有专门的网络审查法规的国家。韩国早在 1995 年就出台了《电子传播商务法》。其信息传播管理部门负责对"引起国家主权丧失"、"有害信息"等网络舆论内容进行审查。信息部可以根据需要命令信息提供者删除或限制某些网络舆论内容。韩国政府从 2002 年起推动实施网络实名制，要求用户在网络上发帖、跟帖以及上传照片和动态影像时需要确认居民身份证和本人的真实姓名。此后，韩国政府不断修改和制定保护网络安全的法律条款。2007 年 7 月起，《促进使用信息通信网络及信息保护关联法》规定韩国各主要网站在网民留言之前，必须对留言者的身份证号等信息进行记录和验证，否则对网站处以最高金额达 3 万美元的罚款。如果由于网站未能有效进行实名制登录而造成法律纠纷，网站将代替无法被追查到的被告接受惩处。迄今为止，韩国已通过立法、监督、管理和教育等措施，对网络邮箱、网络论坛、博客乃至网络视频实行实名制，成为全球网络管理最彻底的国家之一。②

新加坡为了防止公共秩序、国家安全、种族与宗教和谐以及公共道德规范受到侵害，一直实施较为严格的互联网管理原则。除了传统的诽谤法和保护宗教和谐法的有关条款可以适用外，1996 年新加坡颁布《国际互联网法规》，禁止用户接收互联网上的不良内容。新加坡广播管理局（SBA）1996 年 7 月 15 日宣布实施分类许可证制度，对互联网内容进行管制。分类许可证制度规定，凡遵循分类许可证规定的服务都被视为自动取得了执照，但是那些被政府认为有可能从事非法内容服务的国际互联网服务商和内容提供商都需申领许可证，并保证做出最大努力删除法律禁止的内容。SBA 定期对网络服务的提供者所提供的内容进行抽查。国际互联网服务商有义务将 SBA 认为含有非法内容的站点和界面予以删除，只能加入经 SBA 认可的新闻组，并帮助政府识别那些已经列入黑名单站点的用户。③

（二）多元化

在境外，网络舆论管理模式主要有四种：政府立法管理；技术手段控制；网络行业、用户等自律；市场规律的自行调节。但每一种管理方法在具有一定的优势的同时，又都带有明显的局限性。

---

① 朱家贤、苏号朋：《法治网——网上纠纷、立法、司法》，中国经济出版社 2000 年版，第 37 页。
② 罗静：《国外互联网监管方式的比较》，载《世界政治与经济论坛》2008 年第 6 期，第 118 页。
③ 罗静：《国外互联网监管方式的比较》，载《世界政治与经济论坛》2008 年第 6 期，第 119 页。

1. 政府立法管理

法律具有最大的强制性与权威性，所以，法律控制是最有效的管理手段。具体到网络舆论领域，就是政府或相关部门制定网络舆论法律法规，对网络舆论的内容加以限制和引导。在互联网日益普及的同时，越来越多的国家面临公众关于净化网络环境、扼制网络违法的呼吁。一方面，各国政府采取各种措施强化网民自律意识和网络运营商的社会责任意识；另一方面，许多国家在法律层面上采取相应的举措，通过立法来保证网络健康地运转。从互联网相关法律法规的出台进程来看，国外互联网监管的立法探索显示出一定的趋向。美国、日本、欧盟和韩国在这方面制定了专门的法律。

在美国，佛罗里达州于1978年第一个通过了《佛罗里达州计算机犯罪法》。随后，美国共有47个州相继颁布了计算机犯罪法，这些法律特别注重对个人隐私权的保护。1996年美国政府颁布《通信内容端正法》，规定通过网络发布猥亵资料或不良信息给未成年人，可以处以2.5万美元的罚款和两年监禁，但此法受到起诉，并因为"主要条款侵犯公民议论自由"被最高法院判定违宪。1998年，美国相继通过《儿童在线保护法案》、《千禧数字版权法》，分别对儿童权益和网络著作权进行保护。1999年又出台一系列保护个人在互联网上隐私的法案。2000年2月，美国政府通过《统一电子交易法》，用以规范网络交易行为。日本1996年出台《关于电子网络事业中有关伦理的有关方针》，指出通产省一直对网上犯罪问题极为关注，但又顾虑规定过多会妨碍网上信息的自由流通，因此强调行业自主制定行为规范的重要性。法国在1998年修改了《未成年人保护法》，从严从重处罚利用网络手段腐蚀青少年的犯罪行为，规定在网上向身份不确定的未成年人展示淫秽物品者，量刑可达5年监禁和10万欧元罚款。英国1996年颁布了《3R安全规则》，法规旨在从网络上消除儿童色情内容和其他有害信息，对提供网络服务的机构、终端用户和编发信息的网络新闻组，尤其对网络提供者进行了明确的职责分工。德国1996年通过《信息安全法》，用以对付黑客袭击。1997年颁布《多媒体法》，成为世界上第一部专门规范互联网的法律。韩国在《关于保护个人信息和确立健全的信息通信秩序》法律中，明确规定个人信息管理者和使用者的权限及责任，对向第三者泄露个人信息将加重处罚。

在打击网络犯罪方面，德国注重先发制人，强调预防，从法律上授予相关机构相应的权力。德国内政部调集专业人员和技术力量成立信息和通信技术服务中心，为警方展开调查和采取措施提供技术支持，该中心下设一个类似"网上巡警"的调查机构，并赋予他们以特殊的调查权限。俄罗斯1999年颁布法律，规定服务提供商必须安装一种指定软件，使保安部门能够阅读所有通过该服务商传送的电子邮件。

这些法律和规定基本上是在维护互联网用户个人意见表达与流动的自由和空间，体现了法律对人权的尊重。这样的立法思路影响了许多西方国家。但近年来，许多国家开始重视通过立法，处理发表意见、获取信息的自由与保护未成年人免受不良信息侵犯的矛盾，这成为各国互联网立法重点监管的方向。①

2. 技术手段控制

作为信息时代的主要标志，互联网技术可谓日新月异。技术是由人来掌握，并为人类社会服务的。在现有方案中，技术调控也可以在一定程度上解决网络舆论传播中的部分问题。

目前网络舆论控制最常见的技术手段是对网络舆论进行分级与过滤。网络内容分级，就是给不同内容的网页或者网站贴上标签，一旦列为限制级，则禁止对未成年人开放。届时学校、家长或网吧管理人员能够根据使用者年龄开放不同权限，限制未成年人访问限制级网页。应该说，实行网络内容分级制是目前较为可行的办法，也是国际上较为流行的一种防止网络色情舆论的办法。将内容分成不同的级别，浏览器按分类系统所设定的类目进行限制。最常见的是设置过滤词，通过过滤词的设置阻挡有关内容的进入。1995 年 9 月，英国互联网公司曾推出一种网络"过滤"技术，它可以限制未成年人调阅网络中的不良信息。英国"科波拉软件公司"也曾开发出一套舆论分析软件，1 秒钟能阅读 10 篇文章②，能够自动分析网站、报纸等新闻媒介发表文章所持的基本观点，可以帮助政府和一些大公司全面了解公众舆论对他们的看法。当然，也可以开发新的系统，对网络舆论进行实时监控。然而，由于技术本身的机械性，并不能灵活地处理各种具体问题。而且，有控制技术就会产生相应的反控制技术，因此技术管理不可能达到完善的程度。③

因此，幻想仅仅从技术层面来解决问题是不现实的。对青少年来说，他们可能需要更多的指导。研究表明，在青少年（尤其是年龄较小的儿童）接触媒介时，如果得到成人及时、正确的指导，儿童就能从媒介中获得许多有益的帮助。众多的对比研究发现，经过指导的儿童比未经过指导的儿童更有自主性、更能熟练地获得和理解信息内容，并且更经常地通过媒介来解决现实问题。现在，这种指导在美国、英国、印度、巴西等国的中小学已发展成专门的课程，课程名称为"媒介教育"，有关互联网的教育称为"网络素养教育"。④

3. 网络行业与用户自律

相比较而言，西方发达国家的法律环境更为成熟，无论从法律自身的完善程

---

① 罗静：《国外互联网监管方式的比较》，载《世界政治与经济论坛》2008 年第 6 期，第 120 页。

② 佚名：《英国开发出舆论分析软件 1 秒钟能阅读 10 篇文章》，载《环球时报》2005 年 4 月 14 日。

③ 燕道成：《国外网络舆论管理及启示》，载《南通大学学报》2007 年第 2 期，第 137 页。

④ 李凌凌：《网络传播理论与实务》，郑州大学出版社 2005 年版，第 91 页。

度，还是从法律对互联网商业化运作的保障程度来看，都具有很好的基础。所以这些国家加强互联网管理的立法工作，也是力图从根本上实施最具效率的管理。但是，这一思路在现实中也遇到难题。一方面，在社会广为尊崇言论自由的文化背景下，单纯运用立法手段，必然引起多样化的议论而导致难以决策。在美国，作为《电子通讯法》的一部分，克林顿政府于 1996 年首次颁布了针对网络色情的《传播净化法案》（CDA）。该法案旨在保护青少年的利益，却因侵犯成年人的表达自由而受到了质疑，最终被联邦最高法院判决违宪。作为对 CDA 的修正与替代，1998 年年底，克林顿签署了《儿童网络隐私法》和《儿童在线保护法》，同样受到了依据第一修正案的质疑和挑战[1]。因而，互联网的立法在实际操作中常常左右为难。另一方面，互联网的世界无边界无国别，渗透性超强，各国的法律条款差异性太大，单纯一个国家的立法，依然会面临顾此失彼的尴尬局面。

实际上，西方发达国家在日常的管理中主要还是借助市场调节和行业自律，因为自律给行业发展带来较少的限制，更有利于网络的自由发展。如美国联邦传播委员会于 1997 年 3 月公布《网络与电讯传播政策》报告，其中对于网络与传统媒体的比较评估后，主张：政府政策应避免不必要的管制；传统媒体管理规范不全然适用于网络管理。美国由最初的政府立法介入网络内容管制，继而转入了业者自律以及技术渗透的方式，对网络内容的部分做劝导与管理，并呼吁家长、业者、学校与图书馆及政府相关部门多方合作，对于保护儿童不受不良信息的侵害，投入更多的心力。[2]

在西方国家，网络从诞生起就开始市场化的历程，互联网商业化的运作对市场的依赖性很强，所以这些国家注重通过免税等手段，利用市场的力量来调动互联网运营商的自律。虽然也有一些效果，但是运营商追逐利益的天性，决定了其不可能真正从社会公众利益的角度来规范管理，所以客观上难以完全避免问题的出现。同样，在市场的力量面前，行业的自律很多时候也显得比较脆弱。[3]

人是社会的决定性因素。无论是在传统媒体，还是网络传播中，人的作用都是具有决定性的。从这个角度出发，维护网络秩序，需要个体做出切实可靠的行动。所以，用户自律在西方国家也往往得到广泛提倡，更多地依靠网络道德来规范。网络道德既是传统社会道德的延续，又处在不断发展和变化之中。网络道德

---

[1] 秦绪栋、张平主编：《网络管制立法研究》，载《网络法律论》第 4 卷，法律出版社 2004 年版，第 117 页。

[2] 范杰臣：《从多国网络内容管制政策评台湾网络规范努力方向》，载《台湾资讯社会研究》2002年第 2 期，第 113 页。

[3] 罗静：《国外互联网监管方式的比较》，载《世界政治与经济论坛》2008 年第 6 期，第 121 页。

作为一种软性的控制，将和技术、政策、法律等硬性的控制措施一起，对网络传播发挥作用。不同的人对网络道德有不同的见解。一般认为，网络道德应包括如下几个方面的基本要素：平等原则；自由原则；开放原则；共享原则。

4. 市场机制的调节

发生关系的各方，通过各自所需的获取与付出，达到一种各方认可的协调与平衡。这种调节以一定的市场规律为前提。但缺点也是显而易见的，这种自由的协商，缺乏一个权威的把关人作为中间环节。结果是协商的各方很可能仅从自己的个体利益出发，根据自己的规则与价值判断来决定取舍，而这种取舍很有可能不符合或损害社会的整体利益，给社会造成一定的损害与误导。①

媒介理论提供了两种截然相反的媒介控制模式：多元模式和垄断模式。无论垄断模式还是多元模式，任何一种选择都有其局限性。媒介所有者的权力、编辑方针、国家安全、政治干预等都是制约媒介追求新闻自由和创造性的重要因素。而且，在新的媒介发展环境下政府对媒介的规制和政策应随着环境的变化做现实的选择。在欧洲和北美，新的媒介规制不断打破旧有的二元模式向两种模式融合的多元化规制发展。② 因此，以上这些网络舆论管理模式在实际运用中一般是相互配合来使用的，各国的惯常做法是结合自己的具体国情，确立某种方式为主导，同时以其他的管理方式作为辅助手段。

相比较而言，因网络舆论必然受到市场运行机制、政治文化传统等诸多因素的影响，各国对网络舆论的管理思路和模式差异较大，呈现多元化的态势。但总体看，基本上可以分为两种主要方向。一些西方发达国家较早走上了市场化发展的道路，市场运行机制趋于成熟，它们在加强立法的同时，更多地通过市场调节和行业自律来对网络进行监管。而一些亚洲国家和一些发展中国家则强调在保护用户权利的同时突出公共利益的原则，更加注重借助政府的行政效率，通过各类刚性措施来保证互联网的规范化运转。

（三）国外网络舆论管理模式差异性与多元化的必然性③

网络舆论管理并非独立于社会整体运行机制之外，也不是虚拟的和没有具体对象的管理。它管理的对象并非虚拟空间本身，而是利用虚拟空间进行社会交流活动的人，因此，网络舆论的管理说到底还是对人的管理。人都是一定社会环境的产物，因而网络舆论的管理方式作为社会整体管理的一个组成部分，必定受到

---

① 钟瑛：《网络传播伦理》，清华大学出版社 2005 年版，第 88 页。
② 李娜：《欧美公共广播电视危机与变迁研究》，中国传媒大学出版社 2009 年版，第 136～137 页。
③ 燕道成：《国外网络舆论管理及启示》，载《南通大学学报》2007 年第 2 期，第 138 页。

现有媒介管理惯例、市场运行机制、政治文化传统等诸因素的影响，并因具体情况的不同而形成多元化的管理模式。因此，无论是从现有状况还是发展趋势来看，网络舆论管理的差异性与多元性都是必然的结果。

1. 现有媒体管理惯例对网络舆论管理方式的影响

在欧美国家，广电体制创建之初，由于频谱资源的限制以及网络化产业的特点，政府对这一行业的限制较多，甚至不允许企业的进入，因此早期欧美国家的广播基本都是公共广播，整个电信业都被当作非营利性质的行业。但在 20 世纪 80 年代以后，一场放松规制（de-regulation）的改革，将欧美的媒体发展推向了私有化、市场化、自由化的发展之路。欧美网络媒体的诞生正处于这样一种宽松的行业氛围之中。

2. 特定市场运行机制的影响

在西方发达国家，其整体的市场运行机制已经进入较为成熟的阶段，在此环境下的网络媒体商业化运作对市场的依赖性较强，因此网络经营者为了获取更多的经济利益，必须考虑网络用户、国家等众多方面的影响。并且西方的市场化运作具有较为成熟的法律保障，其健全的法制环境对市场行为具有明确的约束力。落实到网络媒体的管理上，市场自我调节的成分自然可以居多。

3. 特定政治文化传统的影响

自由思想在西方文化传统中根深蒂固，其源头古希腊、罗马文化中自始就带着这样一种精神。14 世纪从意大利兴起并遍及整个欧洲的文艺复兴运动，是一次彻底的思想解放运动，这一运动将自由思想推向了更加理性的高度。"言论自由"在西方社会成为深入人心的思想。对网络舆论的控制，在那种特定的政治文化氛围中不仅在形式上具有违宪之嫌，在理念上也难以为人们所接受。一些亚洲国家和一些欠发达国家国内总体市场化的程度不高，而且许多亚洲国家传统文化中一直强调集体利益和公众原则，所以在网络舆论的管理上，没有采取发达国家政府间接管理的思路，大多探索以政府更直接的管理模式来控制网络舆论的负面效应。

第三节　境外网络舆论监管的政策与法规

经过长期的探索，境外对网络舆论的监控已经形成了较为完善的体系，研究国外网络舆论监测的相关政策法规对于建构我国的相关政策法规具有非常重要的意义。

一、国外网络舆论监管与安全政策法规的发展模式

M. 本尼迪克特（Benedict）曾把"网络"（network，cyberspace）描述为："全球网络化，由计算机支持、由计算机进入和由计算机产生，是多维度的、人造的，或'虚拟'的真实。它是真实的，每一台计算机都是一个窗口；它是虚拟的，所看到的或听到的，既不是物质，也不是物质的表现，相反，它们都是由纯粹的数据或者信息组成的。"[①]

伴随信息技术的飞速发展，网络逐渐在政府机关、企事业单位和普通家庭中得到广泛应用。网络信息传输是对传统传媒的信息传播方式的革命性变革。为了适应这一变化，从 20 世纪后半叶起，世界各国都开始对制定切实可行的信息政策给予了极大的关注。建立健全完善的法律法规，依法管理社会事务成为通行的社会准则。网络中的数据和信息在互联网内的传递会给不同的人群产生不同的信号表现，从而产生了网络舆论。如何对这些信息和数据进行监测和引导，使这些数据和信息朝着良善的方向发展，更好地发挥网络自身的优势，促进文明的进步、社会的发展就成为世界各国重点关注的议题。

由于各国经济发展水平、社会发育程度、社会政治制度、意识形态以及民族文化背景的不同，各国对网络舆论的监管模式也有一定的差异。纵览全球，当今世界各国对互联网的监管可分为"政府主导模式"和"政府指导行业自律模式"。[②]"政府主导模式"强调政府在网络舆论监管中的主导作用，主要通过政府立法和网络过滤的技术手段对网络进行监管。"政府指导行业自律模式"倚重网络行业协会的自律，政府在制定相关法律法规的同时，着重强调建立网络分级制度和从业者的自律规范。当前，德国、新加坡、韩国等国采用政府主导模式，美国、英国、日本等国采用政府指导行业自律模式。

从各国的实践来看，无论是"政府主导模式"还是"政府指导行业自律模式"，政府都在网络管理中发挥着极为重要的作用，网络舆论的发展都以不危害国家安全、社会秩序、公共利益和青少年权益为前提，否则政府都会运用法律或行政等手段采取强有力的措施实施管制。下面分别介绍一下境外各国网络舆论监测与安全政策法规的发展模式。

（一）美国模式："软硬兼施＋多元控制"

一直以来，美国民众享有高度的言论自由。伴随网络的飞速发展，网络成为

---

① 李斌：《网络政治学导论》，中国社会科学出版社 2006 年版，第 11 页。
② 赵水忠：《世界各国互联网管理一览》，载《中国电子与网络出版》2002 年第 10 期，第 8 页。

人们发表意见与评论的新公共空间。在网络世界中，如何加强网络舆论的监管、保证网民的言论自由成为人们关注的焦点。美国，作为互联网的发源地和网络应用最为广泛的国家，早在 1996 年就开始了有关网络立法方面的探索并取得了一定的成绩。[①]

美国对互联网的行政管理可分为联邦与州两个层面。在联邦，有专门负责电信领域事务，直接对国会负责的相对独立的委员会——美国联邦通讯委员会（FCC）。总共设有 6 个局，10 个办公室，职责细化，分工明确。针对网络管理，主要有三个局和四个办公室负责，分别是：媒体局主要负责网络资源管理、视听服务项目的监管；执法局负责执行法案，委员会的议事规则、命令及条款；无线电信局负责处理几乎所有国内无线通讯纲领，政策和推广措施；计划和政策研究办公室负责制定网络管理政策；办公室的监察长提供客观和独立的调查和审核，并审查 FCC 的计划和行动；办公室的总法律顾问是 FCC 的首席法律顾问；法制办负责审查网络法律执行情况和现行发展的关系。国会可以通过控制预算对 FCC 进行控制，定期召开公众旁听会，以此来促进 FCC 根据更多全面的信息来调整政策。另外，市场、当地政府、公民团体都会以其自己的方式对 FCC 的管理施加压力。由于各州的管理体制不尽相同，遇到分歧时，涉及电信监管问题都由 FCC 做最后决定，但如果在某些方面仍有重大分歧或异议，那就通过法庭裁决或修改法律来解决。

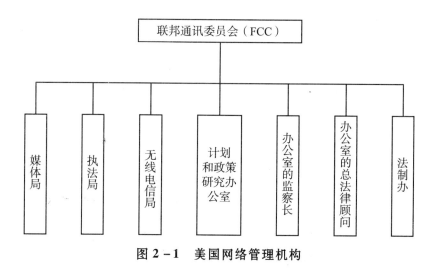

图 2-1　美国网络管理机构

美国网络舆论管理手段的主要特点是"软硬兼施"的多元化控制，在充

---

①　秦前红、陈道英：《网络言论自由法律界限初探——美国相关经验之述评连载（上）》，载《网络信息安全》2006 年第 4 期，第 59 页。

分尊重国家、公众和行业利益的同时，根据不同的标准对相关冲突进行利益协调。在美国，立法权、司法权和行政权分属国会、联邦最高法院和总统，三者相互制衡，尤其是政府行政权的行使要受到议会立法权和法院司法权的监督与制约。宪法第一修正案将网络舆论纳入言论的范畴进行专门保护。在宪法的保护下，美国民众享有高度的网络舆论自由。作为美国社会秩序的建立者和维护者——美国政府受分权分立制度设计的影响，尤其是国会和政府不准制定妨碍言论自由的特别法规的宪法规定，使得政府很难及时动用行政手段对网络舆论进行有效的监管。但面对海量的网络信息传输，网络秩序的维护和网络行为的规范又离不开政府的有效调节与控制。为此，美国在政府行政权受牵制的宏观背景下，积极运用社会资源，鼓励和支持社会组织通过互联网行业自律实行协同监管。

在硬控制方面，美国主要从制定法规和更新技术两方面加强对网络舆论的管理。（1）制定法律法规。完善的法律制度是保障社会有序运行的制度前提。作为联邦制国家，联邦政府和州都有一套相对独立的法律体系。具体到网络立法，在联邦层次，《第一修正案》为网络言论自由提供了宪法保护，《1934 年通讯法》和修订后的《1996 年联邦电信法》是美国传媒产业发展的基本法律规范。但根据《爱国者法》和《国土安全法》，国家安全部门和司法部门可以在必要的情况下对公众在网络上的信息包括私人信息进行监视。同时，联邦司法体系对全国所有的电信管理机构进行监督，联邦最高法院、联邦审判法院和申诉法院在网络舆论的表达自由权和其他紧迫重大的社会利益之间进行取舍；在州层次，州政府在遵守联邦宪法的前提下制定州宪法，实行州自治，各州通过不同管理机构之间的合作，共同对网络舆论进行监管。（2）技术手段控制。网络舆论作为信息技术的伴生品，其存在和发展关键在于技术。面对纷繁复杂的网络舆论，要实现对其有效监管，仅仅依靠政策法规是远远不够的，还需要通过技术手段对网络信息进行分级、过滤和筛选。为此，美国政府制定了封堵用户访问的"互联网网址清单"，将禁止访问的网址全部列出。同时，鼓励科研机构不断地进行技术研发，通过技术升级实现对网络舆论的有效监管。如以 PICS 为发展核心的 RSAC 研发的 RSACI（RSAC on the Internet）分级系统可以对网页中呈现的性、暴力、不雅言论或裸体等四个项目，依据其表现程度进行分级。[①]

在软约束方面，美国主要通过组建行业协会，依靠社会组织资料并辅之以社会主流意识引导实施对网络舆论的管理。（1）行业协会搭建平台。在现代化的

---

① P. Y. Lee, S. C. Hui, A. C. M. Fong. *"A structural and content - based analysis for Web filtering"*, Internet Research. Bradford: 2003, Vol. 13, Iss. 1.

快速进程中，法律滞后和政府失灵是普遍存在的社会现实。政府作为公共利益的维护者，需要不断地推动市场秩序的成熟和社会力量的壮大，以此来弥补正式规范性制度的不足。行业协会的成立，为政府与行业的沟通搭建了平台，为行业内厂商提供了合作机会。行业协会通过制定本行业成员共同认可和遵守的章程与行为规范，约束行业成员的行为，以此来推动行业自律，维护行业秩序，保护行业利益，确保行业行为符合法律和道德准则。（2）民间组织自建机制。1795年，亚当·斯密在《道德情操论》中指出，"人们在进入市场之前就要必须具有一些道德义务，其中包括自律"。在网络时代，互联网在打破传统信息传播方式的同时，极大地方便了信息的传播，为有共同兴趣或爱好的人们提供了更为便捷的交流平台。在网络舆论领域，网民们自发地结成各种自律性组织，通过制定各种章程和行为准则，约束着网民的网络行为，不断引导和推动网络舆论健康发展。在各种自律性组织中，美国在线、新闻教育基金会、美国民权自由联盟、伯特尔斯曼基金会、民主与技术中心等在制定网络行为规范、建立网络自律机制方面发挥了重要作用。此外，纽约道德联盟主张建立网上道德标准，并建立专门的网站提供反色情邮件指南，建议网民如何应对各种网络犯罪等。（3）社会主流意识引导。张载曾说，"诚则顺理而利，伪则不循理而害。"[①] 信息技术的发展使得各类信息有机会在网络上登台展示，以博取公众的注意。互联网的发展归根结底是在于技术的进步，其对社会产生的影响究竟是正面还是负面的关键还在于人的主观意志。人是一种有思想活动和价值判断的社会性动物。人不仅要生存，而且要不断地调整自己的行为以符合社会规范和主流价值观。网络，是言论自由的天堂，人们在迅速变化的信息面前很容易被他人的意见所左右，很少有人去冷静思考信息的真实性与背后可能隐藏的暗机。此时，社会主流意识的引导尤为重要。在美国，网民享受言论自由的同时，会有各种民间自发地对网络礼仪和网络行为做出了明确规定，包括"摩西十诫"和"网络伦理八项要求"等。社会主流价值观的舆论引导，有助于推动网络媒体和网民的自律，促使他们在无形的道德压力下遵守规则，形成较为成熟的网络规范。

（二）德国模式："严格立法 + 普遍规制"

德国目前人口总数为 8 228 万人，网民人数达到 6 512 万人，互联网的普及程度达到 79.1%。在这样一个巨大数字的背景下，加强互联网的管理显得尤为重要。对此，德国主要采取立法规制和司法审查的方式对网络言论自由进行限制，打击互联网违法犯罪行为，保障人们的通信和言论自由。

---

① 《横渠易说·系辞上》。

德国是西方民主国家中第一个对网络危害性言论进行专门立法规制的国家，也是西方民主国家中第一个因允许违法网络言论而对网络服务提供者进行行政归罪的国家。[1] 在网络自由的立法上，德国采取"宪法直接保护和特别立法的保护、限制相结合"[2] 的方式。根据《基本法》，公民的基本权利具有对立法、行政和司法的直接效力，同时公民的基本权利也可以通过普通立法将其具体化，包括言论自由的保护。《信息与通讯服务法》（ICSA）是德国全面规制网络内容的一部综合性法律。作为一部普通立法，该法通过对传播非法内容责任的追究，设定"网络警察"监控网络内容等方式加强对网络内容的监控，严厉打击互联网犯罪，保障公众的网络言论自由权。

表 2 - 2　　　　　　　　德国网络舆论管理的相关法律

《基本法》	网络舆论自由的权利	每个人都有表达及传播他们的观点的权利，通过书写或其他可视化方式可以通过被允许的途径获得信息而不受任何阻碍[3]
	网络舆论自由的条件	所有的权利要受到一般法律的限制，这些一般法律包括对未成年人的保护和对公民个人权利的尊重[4]
《信息和通讯服务法》（ICSA）	法律结构	《电讯服务法》、《电讯服务数据保护法》、《数字签名法》
		对《刑法法典》、《治安条例法》、《危害青少年传播出版法》、《反纳粹与反刑事犯罪法》、《著作权法》和《报价法》等法律进行修订完善
	法律内容	网络服务提供者的责任、保护个人隐私、数字签名、网络犯罪、未成人保护等
	控制内容	色情、恶意言论、谣言、反犹主义等非法言论
		设定"网络警察"监控危害性内容的传播
		打击制作和传播对儿童有害的言论等犯罪行为

信息化时代，国家的一个重要任务就是制止滥用网络。德国联邦司法部长奇普里斯曾说，"在德国，每个人的基本权利都受到法律的保护，但是，这里面有

---

[1][2]　邢璐：《德国网络言论自由保护与立法规制及其对我国的启示》，载《德国研究》2006 年第 3 期，第 35 页。

[3][4]　参见德国《基本法》，载中国科学院法学研究所编《世界各国宪法汇编一》，法律出版社 1964 年版，转引自邢璐：《德国网络言论自由保护与立法规制及其对我国的启示》，载《德国研究》2006 年第 3 期，第 35 页。

一个衡量权利的问题，如果国家认为一个权利比另一个高，比如说保护青年比保护言论自由更重要，那么凭这一点就可以对某些言论进行一定的管制。"① 如果出现网络言论自由与其他利益冲突的衡量，比如在涉及反儿童色情和反法西斯复兴的言论时，"个人的言论自由"要服从"公共利益"，国家利益始终占据着最重要的位置。在德国，联邦内政部负责管制网络"非法"行为，管制对象涵盖煽动极端的言论、恐怖主义、纳粹主义、种族歧视、暴力及黄色内容，尤其是制作、传播和拥有儿童色情信息的行为受到严厉处罚，对于传播黄色内容的网吧或个人，最高将处以 15 年的监禁。

言论自由的核心内涵是指所见所闻所思以某种方式或形式表现于外的自由。② 自由是制度确定的多种权利和义务的复杂集合。③ 在法治社会，权利与义务是相对应的，网络言论自由权利的享有必须以遵守法定的义务为前提。网络舆论在政府行政力量和法律制度的严格管制下，服务商和公众都不得不在法律规定的范围内使用网络，这种方式尽管过于严厉，但对于减少网络的负面作用还是发挥了很重要的作用。但现实中，仅仅依靠制度化的文本规定是远远不够的，还需要借助技术手段对网络舆论的内容进行管制。为此，联邦内政部成立了"信息和通信技术服务中心"，由专业人员和技术力量组成，专门为警方通过网络展开调查和采取措施提供技术支持。为了有效实施网络监管，中心下设具备特殊调查权限的机构——"ZARD"，专事进行网上巡逻。与此同时，内政部下属的联邦刑侦局 24 小时不间断地跟踪和分析互联网上的信息，搜寻互联网上可疑信息，尤其是涉及儿童色情犯罪和危害国家安全的信息。

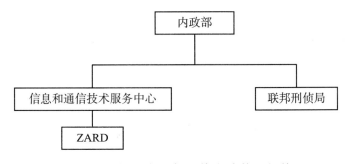

图 2 - 2　德国内政部网络舆论管理机构

在德国，互联网已成为"关键的基础设施"。2011 年 4 月德国政府通过了

① 高燃：《制止滥用互联网是国家的重要任务之一——访德国联邦司法部长奇普里斯》，载《中国信息界》2003 年第 16 期，第 15 页。

② 侯健：《言论自由及其限度》，载《北大法律评论》2000 年第 3 卷第 2 辑，第 63 页。

③ ［美］罗尔斯著，何怀宏等译：《正义论》，中国社会科学出版社 1988 年版，第 237 页。

"德国网络安全战略",成立国家网络防御中心,负责收集来自经济界有关网络攻击的信息,协调对威胁的分析,并给相关机构提供建议,以此来加强保护德国关键的基础设施、信息技术系统免受网络攻击,并在欧洲和全球开展有效合作。[1] 此外,德国政府每年都举办以"信息和通信犯罪"为主题的座谈会,邀请司法、经济、学术和互联网科技界人士共同商讨如何预防互联网犯罪。

(三) 新加坡模式:"政府主导 + 行业自律"

在威权体制下,新加坡政府拥有强大的行政权,政府行政广泛涉及各项社会事务,尤其值得一提的是,新加坡政府一直以来拥有独特而高效的媒体治理机制。据统计,2008 年,新加坡互联网用户已超过 242 万个,相当于总人口的66.3%。新加坡政府在大力推广互联网的同时,非常注重加强对网络的管理。内阁资政李光耀曾指出:"新兴的网络媒体是极重要的战略阵地,对国家安全、社会、人心影响巨大,一旦失守,后果不堪设想。因此,加强网络信息的管理必不可少。"[2] 新加坡政府在互联网的发展与管理过程中一直处于主导地位,分别从立法、执法、准入、行业自律和自我约束等方面加强网络监管,在保障国家安全和公众利益的前提下,促进信息技术发展、推动公众教育,最大限度地保障网民的网络使用权和言论自由权。

1. 组建专门的政府机构,加强对互联网的管理。早在 1991 年,新加坡就成立了"国家计算机委员会",专门负责对互联网的管理,并组织力量对网络传播的社会效果进行研究。面对互联网的飞速发展,1996 年,新加坡广播管理局(SBA)宣布对互联网实行管制,开始将互联网纳入本部门的管理范围,积极鼓励互联网的发展并挖掘其潜力。在管理过程中,SBA 将开放的网络纳入法制的轨道,不断加强对网络空间的检查,防止损害国家利益、危害社会公德、破坏社会秩序的有害信息在网络的肆意传播和蔓延,重点排除色情、容易诱发社会和宗教骚乱和犯罪行为的内容。为协助政府制定有关网络舆论监管的法律法规,及时收集社会各界对政府有关政策的反馈意见,1997 年成立国家因特网顾问委员会(简称 NIAC)作为互联网发展的咨询机构,专门就互联网发展中出现的各种问题向政府提出参考建议,[3] 1999 年 12 月,针对日益趋同的电话和信息技术,新加坡政府在合并国家电脑局(简称 NCB)和电讯管理局(TAS)的基础上,成立新加坡资讯通信管理发展局(the Information Development Authority of Singapore,

---

① 刘向:《德国通过网络安全战略》,2011 年 3 月 6 日下载自新华网,http://news.xinhuanet.com/2011 - 02/24/c_121120088.htm。

② 王传军:《新加坡网络治理成绩斐然》,载《光明日报》2010 年 8 月 29 日。

③ 刘振喜:《新加坡的因特网管理》,载《国外社会科学》1999 年第 3 期,第 46 ~ 47 页。

IDA）。IDA 的目标是成长为一个动态的全球信息通信枢纽和利用信息通信为新加坡的经济和社会发展服务。[①] 2003 年，新加坡传媒发展局（Media Development Authority，MDA）合并了广播管理局、电影与出版物管理局、电影管理委员会后，成为互联网的主管机构。

表 2 - 3 新加坡网络管理构架

管理法律	《广播法》,《互联网操作规则》,《网络行为法》,《网络内容指导原则》
管理机构	传媒发展局（简称 MDA）
咨询机构	国家因特网顾问委员会（NIAC）
检查机构	国家计算机委员会

2. 高度重视互联网的立法及执法工作，将国家安全及公共利益置于首位。互联网的快速发展，使得传统传媒机构的管理方式已无法适应社会变化的发展需求，政府管理机构自身在做出积极调整的同时，还需要运用立法制定严格的法律以规范互联网的运行与发展。作为第一次公开宣布对互联网实施管理的新加坡政府高度重视网络立法，先后将《国内安全法》、《煽动法》、《广播法》、《诽谤法》、《维护宗教融合法案》以及《互联网操作规则》等相关法律有机结合起来，规定涉及威胁国家安全和公共利益、破坏社会稳定和公共秩序、煽动民众暴乱、诋毁政府形象、破坏种族团结和民众宗教信仰、传播色情暴力、违背网络伦理等内容禁止在互联网上播发，严厉打击和制止任何个人、团体或国家利用网络来制造、传播和拥有法律禁止的行为。在新加坡，大部分的互联网服务提供者和内容提供商都有政府背景，他们应承担自审网络内容和配合政府要求的责任，否则将受到法律的严厉制裁。如在 2005 年，以"极端种族主义者"自居的 17 岁高中生颜怀旭因在博客上发表数篇攻击其他马来族的言论，甚至叫嚣要暗杀部分政治人物，被新加坡法院依据《煽动法》判处缓刑监视 2 年，且必须完成 180 小时的社区服务，其中包括在马来族福利团体的工作。

3. 加强技术控制，实行严格的检查制度。信息技术的发展为人们带来了海量的讯息和前所未有的传播速度，网络在变革传统信息传播方式的同时，也造成了人们言论与视听的混乱。采取何种措施监管网络内容成为各国网络治理的难点。基于此，新加坡政府在信息与艺术部下设检察署，专门负责对因特网信息进行检查。同时，积极鼓励政府部门与高校科研机构联合成立技术小组，研究利用

---

① 新加坡资讯通信管理发展局网，2011 年 8 月 20 日下载自 http：//www. ida. gov. sg/About% 20Us/ 20060413182921. aspx。

过滤器等技术手段加强对网络信息的检查和控制。在网络内容上，主要包括公共安全、国家防卫、种族团结、宗教信仰、公共道德和社会主流价值观等方面。研发的过滤软件可对上述内容进行有效的监控，一旦发现敏感信息即可进行有效地处理，删除或屏蔽，甚至追究信息发布者和传播者的责任。除此之外，成立互联网家长顾问组（PAGI），开发过滤网络色情"家庭上网系统"，向家长推广并鼓励家长指导孩子安全正确地使用互联网。传媒发展局从 2003 年起，投入 500 万美元成立互联网公共教育基金，专门用于研制开发有效的内容管制工具，开展公共教育活动和鼓励安装绿色上网软件。①

4. 实行许可和登记注册制度，倡导行业自律。在威权体制下，新加坡政府对网络实行严格监管，互联网网络服务提供商和互联网内容提供商需根据其业务性质和提供内容进行分级注册，注册种类分需要登记注册和无须登记注册两种。实行许可登记注册制度主要是为了保证网络服务提供者的合法性与正当性，增强人们使用互联网的责任意识，以更好地保护网络用户的权益，特别是防止青少年遭受非法信息和有害内容的侵害。依据《互联网操作规则》，新加坡所有的互联网服务供应商在市场运作过程中应严格遵守媒体发展管理局制定的互联网操作规则。互联网内容提供商有义务协助政府删除或屏蔽任何被认为是危害社会公共道德、公共秩序、公共安全和国家和谐等内容及网站，如不履行义务，供应商将被处以罚款，或者暂停营业执照。② 新加坡在对网络实行统一严格监管的同时，也非常注重发挥行业协会的自律作用。最为典型的是，2001 年，新加坡媒体发展局通过联合其他政府机构，在与互联网业界和对用户意见调查的基础上，制定了一套自愿性质的行业自律规范——《行业内容操作守则》，鼓励互联网服务提供商和内容提供商公平竞争、实施自我监管，热心为网络用户服务，进而构建互联网行业自律体系。

（四）英国模式："行业自律＋立法监管"

在西方国家中，英国是一个具有多元文化和开放思想的社会。相应地，英国的网络管理也呈现出自由与多元的特色。英国的网络实行自律与立法并举的方式进行。在网络服务商与网络用户的自律的基础上，辅之以必要的法制管理。英国是世界上互联网普及率较高的国家之一，互联网作为人们获取信息的重要途径，同样也存在着有利与不利的方面，通过互联网，人们可以快捷、方便地获得信息，但是互联网上也同样有犯罪、色情等不良内容。为使网民拥有一个良好的网络环境，1996 年，在贸易和工业部的牵头组织，内政部、伦敦警察局等政府机

①②　王传军：《新加坡网络治理成绩斐然》，载《光明日报》2010 年 7 月 27 日。

构和主要互联网服务提供商的参与下，共同商议制定了《3R 网络安全协议》，其中"3R"分别代表分级、检举和责任。"互联网监察基金会"负责该协议的实施。根据《3R 网络安全协议》规定，网络中的不良内容，只是在有人举报时，政府才介入调查、处理。此外，互联网监察基金会制定了管理互联网内容的措施：一是用户可以通过各种方式举报网络中的非法内容；二是通过分类标注技术，让网络用户自行选择需要的网络文件。在注重自律的同时，英国政府还采取了行政手段对网络进行管理：一是严厉打击黑客；二是保护上网的青少年儿童；三是打击网络诈骗。

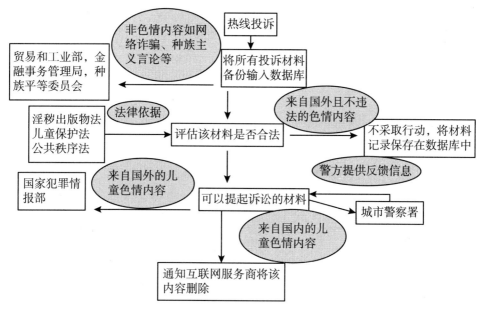

图 2 - 3 互联网监督委员会投诉处理流程

资料来源：苏丹：《提倡自律重在协调——英国的网络内容管理》，载《中国记者》，2004 年第 12 期。

以行业自律为主，以行政管理协调，加强技术管理，并辅之以必要的法制管理，是英国互联网监管的成功所在。[①] 英国在互联网管理过程中，每部法律都在不同的方面发挥作用，正是这些法律创造了英国良好的网络环境。其中，《规管调查权法》赋予有关机构享有监听的权力，而《防止滥用电脑法》是专门用来打击互联网犯罪的，还有《隐私和电子通信条例》和《数据保护权法》目的是保护个人隐私，等等。

———————

① 郭林：《英国互联网监管疏而不漏》，载《光明日报》2010 年 7 月 28 日。

表 2 - 4　　　　　　　**英国目前颁布的有关网络管理的法律法规**

《2000 电子通信法》	《2000 电子通信法》于 2000 年 5 月通过，它对电子签名的法律效力进行了规定，另外法案还提出了一些规范网络行为的新措施[①]。
《信息公开法》	《信息公开法》由三部分内容构成，一是如果政府部门拒绝向民众提供信息，民众可以起诉政府部门；二是设立专门委员会和信息专业来接受、处理民众投诉；三是政府要给予民众向政府索取的必须提供的信息。[②]
《通信监控权法》	2001 年通过的《通信监控权法》，规定可以动用"网络警察"和"皇家警察"来维护国家利益以及公众的通信自由和安全，其第三部分，专门规定了对网上信息的监控。[③]
《2003 通信法》	2003 年 7 月 17 日批准通过的《2003 通信法》，规定英国通信管制局的主要职责是鼓励有效的共同管制和行业自律。[④]
《通信数据保护指导原则》	2003 年 12 月 11 日，英国对《通信数据保护指导原则》进行了更新，规定如果传送垃圾邮件将会构成犯罪。[⑤]
《垃圾邮件法案》	2003 年 12 月 11 日在英国正式生效的一项法令，该法案规定禁止电子邮件与移动电话信息里含有宣传低廉房屋贷款、性娱乐途径等不良信息以及企业组织必须获得接收者的同意才能传送大宗邮件或者是文本信息。

注：①2009 年 11 月 17 日下载自 www. e-envoy. gov. uk/2000/progress/progress. htm。
②www. ariadne. ac. uk/issue42。
③姜群：《英国互联网管理体制透析》，华中科技大学 2006 年硕士学位论文，第 16、17 页。
④《电信监管"世界观"》，载《通信产业报》2005 年 7 月 6 日。
⑤2009 年 11 月 17 日下载自 www. iwf. org. uk。

（五）日本模式："自主管理 + 自我约束"

日本的网络管理主要是通过完善法律法规、加强技术监管以及依靠行业自律来实现的。但这种管理方式的成型经历了一个曲折的过程。日本互联网热的现象开始出现于 1995 年，当初日本的有关方面就提出过通过法律法规来规范互联网行为，但是当时没有得到同意。互联网热出现的第二年，作为日本互联网的主管部门邮政省电器通讯局发布了一份《关于互联网上信息的流通》的报告书，报告书把自主管理和自我约束作为互联网的管理方针。但是认为在网上发表信息的人应该遵守有关电信的法律法规，作为互联网的服务商应该根据相关规定清除违法信息。在日本，总务省内有关部门在网络管理中很大程度上是扮演着"教练员"的角色，他们会主动请消费者代表、软件开发商、电信运营商等组成网络自律组织，并建立相关的管理制度，等自律组织顺利运转后，总务省内的相关部门就会从自律组织中退出来，退出之后就由社会民间力量来对互联网的内容实行监督以及由互联网自身的行业自律来进行监督管理。

日本政府在依靠互联网行业管理的同时，政府自身也作出了很大的努力来规范互联网的行为。如警察厅在1996年成立"信息系统安全对策研究会"来应对借助网络来进行犯罪活动的行为。在立法方面，1999年通过了《禁止非法读取信息法》，颁布了《关于禁止非法入侵行为等的法律》，2002年开始实施《提供商责任限制法》、《个人信息保护法》、《电子契约法》，等等。法律法规的颁布实施，为日本高水平信息社会奠定了坚实的基础，除此之外，技术的加强则为互联网的健康发展提供了有力保障。作为日本中央省厅之一的总务省和NEC曾开发过一个能够对带有暴力、色情等非法的网站进行拦截的软件，还开发了称为"聪明晶片"的V-chips，该晶片可以对青少年和儿童在用电脑连接外网络时防堵不健康内容。2005年，30多家从事与互联网相关的企业共同设立了"日本反滥用电子邮件团体"，该团体的主要任务在于研究如何通过具体的技术措施来应对垃圾信息，并取得了一定的成效，如通过"发信域名认证"来过滤垃圾邮件和验证邮件发送者和信息的完整性；通过"发送端口阻止"阻止未经服务商认证的服务器发送的电子邮件。

表2-5　　　　　迄今为止颁布的有关网络管理的法律法规

《正当行为指针》	该行为规范是由美国的互联网工程任务组整理出版的，在1996年时译成了日文发表。
《电子网络运营中的伦理纲领》	该纲领是有关行业自律的，针对的是与互联网有关的通信服务公司。
《关于电子网络事业中有关伦理的自主指针》	日本电子网络和日本通产省协会所作的说明，认为通产省一方面极为关注网络犯罪现象，另一方面又担心如果规则太多又会影响信息的正常传播，于是提倡网络自律。
《电子网络运营中有关个人信息保护的指针》	针对网络公司提出的行为规范，对网络运营商对个人信息的保护作了详细规定。
《互联网用户规则与方法集》	规定了网络用户应当遵行的行为规范，对网络中哪些行为会触犯法律进行了说明，并明细了相关的处罚规定。
《禁止非法读取信息法》	该法律规定如果用户利用网络攻击手段访问他人计算机和非法使用他人密码和账户，都将构成犯罪。

续表

《反垃圾邮件法》	该法律规定：未经接收方同意而进行以营利为目的的邮件发送行为将会受到惩处，并且规定网络运营商有义务通过技术手段阻止垃圾邮件发送。
《电子契约法》、《个人信息保护法》	针对电子商务，防止个人信息被非法利用。

（六）韩国模式："网络实名制"

韩国作为世界上互联网最普及、最发达的国家之一，韩国政府为加强网络监管而实行互联网实名登记制度。网络实名制要求个人要使用自己的真实信息进行网络注册，通过个人身份验证后才可以在网络空间中发言或进行其他活动[①]。之后政府通过法律手段、行政手段等强行推行网络实名制。网络实名制的实施，有效地促进了网络的健康发展，保护了个人的名誉权、隐私权和经济效益，极大地提高了韩国的网络安全。

韩国政府刚开始推动实行网络实名制时，许多民众担心会限制言论自由和泄露个人隐私，以致刚开始时实施得并不顺利。但是随着"网络暴力"事件的频发（如有关韩国演艺明星隐私的"X档案"，当红女歌手 Unee 及韩国影星崔真实自杀等都引起很大的社会反响），以及网络实名制经过数年的实践并不断完善之后，韩国民众便开始接受网络实名制，加上韩国政府的努力，从法律法规等方面推进网络实名制的施行。

网络实名制起初主要是在 8 家大型门户网站和 22 个政府部门的网站中实施，从 2005 年 10 月开始，网络实名制在韩国的互联网上全面实行，根据有关规定，网民需要先登录自己的真实身份证号和姓名并且通过认证后，才能建立和访问博客以及在互联网上发表言论。

韩国在 2006 年年底通过的《促进利用信息通信网及个人信息保护有关法律》修正案，规定互联网用户必须先要使用本人的真实姓名加入会员，才能在热门网站上上传照片、视频、文章等内容，如果网站违反规定，将会收到改正命令，如果不遵守命令，将会受到 3 000 万韩元以下的罚款。[②]

韩国实行的网络实名制在 2007 年年初的时候有了较大的突破，韩国国会在当年通过了《关于利用情报通信网和情报保护的法律》，该法律明文规定互联网用户在网络上注册资料时必须使用自己的身份证号码和真实姓名，如有违

[①] 牛林杰、刘宝全：《2006～2007 年韩国发展报告》，社会科学文献出版社 2007 年版，第 76 页。
[②] 顾列铭：《韩国的网络实名制》，载《观察与思考》2009 年第 11 期。

反，将对网站处以最高3万美元的罚款，但是基于对用户隐私的保护，互联网用户可以使用代码进行留言。根据规定，韩国的35家主要网站从2008年1月开始陆续推行实名制，登录这些网站的用户首先要输入个人身份信息等，并得到验证后才能发帖，但是允许网民在通过身份验证后用代号、化名等在网上发布信息①。

网络实名制之所以能在韩国推行，可以归结为以下原因：（1）在实行网络实名制之前，韩国就已经具备了良好的民意基础，得到了多数民众的认可，社会条件较成熟；（2）韩国网络实名制有较完善的法律保障和执行法律法规的相关部门；（3）这种实名制的实施范围也是有限的，主要集中在行政机关的网络上和一些影响力较大的门户网站上。

韩国网络实名制的推行对韩国的企业、青少年的发展等起了积极作用。网络实名制增进了商家和网络运营商之间的信任，推动了网上银行业的发展，减少了商品交易中的现实现金流。同时也为青少年的健康成长营造了相对健康的网络环境，有效地减少了网络不良内容对青少年的影响。在实行网络实名制之后，互联网上的故意诽谤、攻击他人的言论也明显减少了。

二、国外网络舆论监督立法的主要特点

马克思主义唯物史观认为，国家与法律制度必须与生产力和生产关系的发展阶段及其具体构成相适应，法律最终是社会"总的经济情况"的体现。② 法律适应社会变迁是现代法治社会的一个基本特征。当下，互联网已成为沟通全球社会的信息桥梁，它正深刻地改变着人类信息的传播方式。在互联网上，人人都有话语权，网民的个性在互联网这个平台上得到了完美的展现。正是由于网络的巨大舆论承载功能，使得网络舆论的强大影响力日益彰显，现实生活中的一切事务，包括贸易服务、金融交易、文化娱乐、沟通交流等，都可以在网络中找到踪迹。在互联网这个自由的空间，如何在保证国家安全、维护社会稳定和保证言论自由的前提下，加强网络舆论监管成为各国关注的焦点。对此，互联网发展较快的国家大多运用立法、行政、行业自律等多种手段对网络舆论实施监管。总体来看，国外网络舆论监督立法主要具有以下特点：

---

① 唐美丽、曹凯：《韩国网络实名制对我国网络管理的借鉴意义研究》，载《情报杂志》2010年第S2期。

② 《马克思恩格斯选集》第4卷，人民出版社1972年版，第483页。

（一）加强网络监管，保证国家安全

网络无国界。民族国家的领土疆界和地域边界在网络世界里荡然无存。网民们在互联网编制的信息世界中尽情地享受着海量的信息和便捷的讯息传播。这个开放的信息平台上，每个网民既是信息的发布者，同时也是信息的接受者。而对于主权国家来说，互联网的开放性、去政治性、跨疆界性等特点使网络环境下国家信息安全问题尤为复杂和尖锐，世界各国围绕信息的获取、使用和控制而引发的斗争和冲突愈演愈烈。网络成为新的社会结构基础，各国在大力发展互联网的同时，都将保障国家安全视为首要问题。为此，互联网发展较快的国家不断通过立法加强网络监管，并且随着互联网的普及，各国网络信息安全的立法重心也逐渐从局部问题转移到构筑完整的国家信息安全体系上来。保证国家安全成为网络立法的最核心目标。

作为互联网的发源地，美国自克林顿总统推出"信息高速公路"计划以来，互联网得到了飞速发展。为了鼓励互联网发展，相对来说美国对互联网的内容管制是最宽松的，人们在网络世界享有高度的自由。但"9·11"事件彻底改变了这一状况，惨重的损失使得政府开始高度重视国家安全。相继颁布出台《国土安全法》和《爱国者法案》，加强政府和执法机构对美国国内机构与人士的情报侦察范围，尤其是根据法律政府或执法机构调查人员可大范围地截取嫌疑人的电话通话内容或互联网通信内容，甚至还可秘密要求网络和电信服务商提供客户详细信息。《国土安全法》对互联网的监控最为严密，服务商信誉和客户机密要主动为国家安全让位。① 此外，以《1978 年对外情报法》的修订出台为标志，美国开始将"控制"全球范围信息流动作为国家信息战略的重点。② 不仅美国如此，欧洲国家也高度重视网络世界中的国家安全问题。如俄罗斯先后颁布《联邦信息、信息化和信息保护法》和《国家信息安全构想》，以保证国家的信息安全和国家利益；英国相继颁布了《数据保护法》、《互联网三 R 安全规则》和《电子通信法征求意见稿》③ 等。

（二）健全网络立法，保障信息自由

阿尔蒙德认为，政治文化是一个民族在特定的时期流行的一套政治态度、信

---

① 石萌萌：《美国网络信息管理模式探析》，载《国际新闻界》2009 年 7 月，第 98 页。
② 沈逸：《互联网绑上美国外交政策战车》，载《文汇报》2011 年 2 月 27 日。
③ 沙勇忠：《网络信息政策的国际发展趋势》，载《武汉大学学报（社会科学版）》2002 年第 2 期，第 239 页。

仰和感情。它是由本民族的历史和现在社会、经济、政治活动进程形成。① 可见，政治文化在一个社会发展中都经历着不断演化的过程并受到政治、经济、文化和社会条件的影响，同时在发展过程中不断地与这些因素相融合产生新的政治文化。网络舆论作为一种新的信息传播方式，是对传统纸质传媒的根本性变革，其产生与发展必将对当下的政治文化的变革产生深刻的影响。尤其是在言论自由方面，网络具有更加宽泛的自由空间，采取何种措施实施网络舆论监管将直接关系着一国的政治生态和政治文化形态。当前，互联网发展较快的国家大多在立足本土现有法律的基础上，不断地制定和修订完善各种有关言论自由和信息传播的法规，以保障网民的信息自由。

有关部门曾对世界 42 个国家的信息立法情况进行了调查，调查结果表明大约 33% 的国家正在制定有关互联网的法规，而 70% 的国家在修改原有的法规以适应互联网的发展。② 目前，已颁布有关信息自由法规的国家大致情况如表 2-6 所示。

表 2-6　　部分新闻事业发达国家和国家信息立法情况③

国家类型	国家	法名	通过年份
西方管制国家	挪威	《信息自由法》	1970
	芬兰	《信息自由法》、《官方文件公开法》、《政府活动公开法》	1919/1951/1999
	丹麦	《丹麦近用公共管理档案法》	1985
	瑞典	《新闻自由法》	1776
	法国	《自由近用行政文件法》	1985
	意大利	《行政程序与近用行政文件权利法》	1990
	德国	《信息和通讯服务法》	1997
西方新自由主义国家	英国	《信息自由法》	2000
	美国	《信息自由法》、《阳光下的政府法》	1966/1976
	加拿大	《近用信息法》	1985
	澳大利亚	《信息自由法》	1982
	日本	《近用行政信息法》	1999

---

① ［美］阿尔蒙德：《比较政治学：体系、过程和政策》，上海译文出版社 2007 年版，第 26 页。

②③ 展江：《各国舆论监督的法律保障与伦理约束》，载《中国青年政治学院学报》2005 年第 4 期，第 124 页。

续表

国家类型	国家	法名	通过年份
拉美转型国家	墨西哥	《信息自由法》	2002
	巴西	（《宪法》第5条）《国家互联网民事总则》（审议中）	
	哥伦比亚	《政治与市镇组织法典》	1888
	秘鲁	（《宪法》第2条第3款）	1993
其他转型国家	俄罗斯	《信息、信息化与信息保护法》	1995
	新加坡	《互联网操作规则》	1996
	韩国	《公共机关信息披露法》	1996
	印度	《信息自由法》	2002

现实中，网络对社会的影响具有整体性，并不局限于某一特定的领域。但互联网发展过程中所涉及的法律问题并不具有整体性和统一性，因为互联网的发展作为一种技术手段，在各个部分和领域都得到广泛的应用，因此，有关网络发展的法律问题的解决最终还得靠各部门法律自身的完善来完成，而不是去建立一个独立的法律部门。在现实生活中，民众都追求言论自由，面对网络这一新生事物和虚拟载体，政府对网络舆论的监督和管理最初是参照传统传媒来加以推行的，在此基础上，根据网络言论的自身特点，来制定相应的信息法规，恪守信息自由，保障网络的正常发展。

（三）实施内容管制，保护未成年人权益

未成年人是国家的未来，是民族的希望，在他们身上寄托着父母乃至整个人类的期望。[1] 从人的生命历程来看，青少年阶段是个人确立世界观和价值观最为关键的时期；从社会群体的分类来看，未成年人是个人学习和成长的黄金时期，是最具有发展潜力和学习能力的阶段，富有激情和理想，但社会经验较少，容易冲动，在整个社会中属于弱势群体。在网络信息自由传播的网络时代，缺乏独立判断能力和理性思考能力的青少年面很容易迷恋上网络色情、种族歧视、暴力冲突等不良内容，尤其是当色情画面跟强权和凶杀等暴力情景混杂一起，很可能纵容青少年侵害他人。未成年人也不知不觉中已造成实质性的心理伤害，而未成年人自己却沉溺其中不知过错。为此，政府需要积极地担当起保护未成年人的职

---

[1] 王雪飞、张一农、秦军：《国外互联网管理经验分析》，载《现代电信科技》2007年5月15日。

责，加强立法保护，动员社会各界广泛参与，共同为未成年人的成长编织"安全网"。此外，部分国家的刑法还对青少年权益进行特殊保护，如德国联邦刑法第 184 条明文规定，向青少年传播色情信息的将被处罚款或者 3 年以下有期徒刑。而传播或有组织传播儿童色情信息的将受到最高 10 年有期徒刑的惩罚。[①]

表 2 - 7 　　　　主要国家和地区保护未成年人立法情况[②]

国家/地区	法律名称
美国	《儿童在线隐私保护法案》、《儿童互联网保护法》、《通信内容端正法》
欧盟	《保护未成年人和人权尊严建议》（1998）、《儿童色情框架决定》（2004）《保护未成年人和人权尊严建议》、《儿童色情框架决定》（2004）
英国	《青少年保护法》
法国	《未成年人保护法》
德国	《青少年保护法》、《青少年媒体保护——联邦合同》、《危害青少年传播出版法》、《公共场所青少年保护法》
韩国	《青少年保护法》
巴西	《青少年保护法》

第四节　境外网络舆论管理的特点及经验

互联网已成为沟通全球社会的信息桥梁，它正深刻地改变着人类信息的传播方式。由于网络具有巨大的舆论承载功能，使网络舆论的强大影响力日益彰显，其产生的正负效应亦十分突出。同时，与之相适应的舆论管理也呈现出前所未有的复杂状况。如何既保障言论自由又有效地预防和遏制不良的网络舆论？如何才能以规范化的管理模式有效扼制其负面效应？类似问题已成为世界各国关注的焦点问题。

网络作为一种电子媒介，在对网络舆论的管理上，国外大多数国家都习惯于把其归属至传统广播电视之列。一方面通常会以传统媒介管理为基础，按照传统媒介的基本惯例管理；另一方面又结合网络的具体特点对网络舆论实施管理。国

① 周谷风：《应对网络色情信息德国实行罚管并举措施》，2010 年 6 月 8 日下载自 http：//cd. qq. com/a/20091229/002863. htm。

② 蒋平：《互联网的发展历史和管理对策》，《江苏社会科学》1998 年第 6 期，第 82 页。

际上大多数国家都是通过法律、政策、规定等方式对网络舆论进行规范，以防范和惩罚网络犯罪和不道德行为。具体方式大致有四种：（1）政府立法管理；（2）技术手段控制；（3）网络行业与用户自律；（4）市场机制的调节。由于各国背景不同，管理方式也各有侧重，有的国家以独立的法律来管制网络，强调政府的直接介入，而有的国家则注重技术监控，强调行业自律以及相关的道德教育等，现选取部分国家网络舆论管理的经验进行介绍。

一、美国

美国是互联网的发源地，并且是世界上最早进行互联网内容管制探索的国家。美国网络舆论管理的核心问题是人们的言论否真正自由。美国历来就崇尚言论自由，在美国宪法修正案的第一条里明确对言论自由作出了规定："国会不得制定法律：确立国教或禁止宗教活动自由；限制言论自由或出版自由……"美国将言论自由当作立国之本，这是宪法赋予美国公民的神圣不容侵犯的基本权利，言论自由高于别的社会价值。对美国法官而言，法律的原则是至上的。

正因为此，美国政府有关网络舆论管理的立法常常遭遇部分社会组织的反对，认为这些立法剥夺了宪法赋予美国公民的言论自由权，结果不少有关的立法都被法院以违宪裁决而告终。1996年美国国会通过的《网络通讯端正法》就是其中最著名的例子。《网络通讯端正法》通过的当年即受到美国公民自由联盟等团体的挑战，该联盟等团体对《网络通讯端正法》提起了违宪诉讼，在联邦法院获得胜诉，后美国司法部长珍妮特·里诺又上诉到了美国联邦最高法院，在1997年6月26日，美国最高法院做出了受世人瞩目的历史性判决，认为互联网应有言论自由的权利，最高法院判定《网络通讯端正法》的所有主要条款侵犯了公民的言论自由权。除《网络通讯端正法》之外，先后被判定违宪的还有《儿童色情保护法》、《儿童在线保护法》，以及《儿童互联网保护法》等。由于数次管制立法被判决无效，美国开始调整对互联网管制的方向，政府渐渐趋于对网络实施"少干预，重自律"的原则。目前美国网络舆论的管理，除违法内容依法惩处外，其他主要是依行业自律、技术监管与市场调节来进行管理，并以法律手段来确保自我调节的有效性。

行业自律在美国互联网管理中发挥着至为重要的作用。在美国，有许多的团体、组织和联盟主动采用直接或者间接的方式来协助政府对网络的管理，他们与政府一起维护互联网的安全，促进互联网的健康发展。为保障互联网络的秩序，美国政府监督互联网络供应商、经营者、国内外提供者，监督他们必须遵守互联网络的行为准则；政府同时倡导和鼓励网络使用者积极培养起自我的保护意识和安全意识，并呼吁禁止不良使用互联网的行为。

针对最具争议的互联网隐私权，美国通过以下几个方式来实现其行业的自律：（1）建议性的行业指引，如美国在线隐私联盟公布了有关收集的用户个人可识别信息的在线隐私指引；（2）网络隐私认证计划，类似于商标注册的网上隐私标志张贴许可；（3）技术保护模式，主要是通过采用一些保护隐私的软件的方式来实现；（4）安全港模式，其核心是把行业自律和立法规则相结合。

"The Ten Commandments for Computer Ethics" 即"摩西十诫"，它是美国政府倡导的有关互联网行为的道德标准。"摩西十诫"是由美国计算机伦理协会制定的有关计算机道德的十条戒律，这十条戒律是网民们在进行网络活动时应当遵守的行为规范，主要内容如下：（1）不能用计算机危害其他人；（2）不能妨碍别人的计算机工作；（3）不能偷看别人的文件；（4）不能利用计算机进行偷窃；（5）不能利用计算机做伪证；（6）不能非法拷贝软件；（7）不能在未经允许的情况下使用他人的计算机资料；（8）不能非法使用别人的智力成果；（9）想一下你写的程序对社会将产生的影响；（10）遵守计算机使用规则。除"摩西十诫"之外，"网络伦理八项要求"是由美国计算机协会提出的另一项道德标准，上述二项网络道德标准是美国政府对网民网络礼仪和网络行为进行规范的重要依据。从互联网技术监管方面看，美国以其对传统媒介信息传播的内容管理模式为基础，借助许多高科技的技术手段，针对不同的内容分别采取保护、规范、限制和禁止等不同的措施，对网络内容管理的模式进行进一步的发展和调整。

1. 分级系统（rating system）：美国的 PICS 技术标准协议（PICS, Platform for Internet Content Selection）是由美国麻省理工学院所属机构推动的网络分级制度的设立标准，该标准完整定义了网络分级所采用的检索方式，同时定义了网络文件分级卷标的语法。以此为发展核心且技术最为成熟的为 RSAC 所研发的 RSACI（RSAC on the Internet）分级系统，该系统列了四个项目作为分级依据：网页（1）性（Sex），（2）暴力（Violence），（3）不雅言论（Language），（4）裸体（Nudity）。RSCAI 分级系统的目标是希望能够由通过学校、家长等的分级控制，将网络监管的权力与责任交由学校、家长、ISP 服务商、ICP 服务商等各方面的协调与配合。RSCAI 分级系统既可以保持网络的言论自由与自由创作，同时又可以有效保护未成年人，使未成年人免于受到不良信息的侵害，而影响其身心的健康。网络分级使网络用户在通过搜索引擎等方式查找所需内容时，可以直接取得所需内容，而其他的一些不符合法律规范、道德规范的不正当内容会直接被屏蔽掉。

2. 过滤系统（filtering system）：过滤系统常常被称为"电子守门人"，这些

"电子守门人"主要是通过使用一些过滤软件来对网络中的不良信息进行有效过滤，从而实现网络安全。比较常用的过滤软件包括 net nanny, cybersitter, safe-surf, cancelmoose 等。过滤软件对网络信息进行过滤和筛选的主要方法通常是事先确定需要过滤的网络信息应具备的信息不良程度，然后搜索包含有不良信息的字串，例如通过对 penis、cunt、coition、sex 等关键词进行搜寻，对相关的信息进行过滤、筛选。2009 年美国"十大最佳考察"网站公司对网络过滤器做了比较和鉴别，列出十大产品向民众推荐，有：网络保姆（Net Nanny Parental Controls），电脑保姆（CYBER Sitter），电脑巡视（Cyber Patrol），安全眼（Safe Eyes），迈克菲父母管理（Mc Afee Parental Controls），最大保护（Max Protect），过滤包（Filter Pak），诺顿父母管理（Norton Parental Controls），我监察（Im View），父母管理（Parental Controls）。

美国政府积极支持计算机安全人才的培养，政府不仅常常提供人力、物力、财力方面的支持培养专业人才，而且非常重视反病毒、反黑客、反垃圾的技术的研发，以此来积极防治日益猖獗的网络犯罪情况。如美国的网络警察能利用各种各样的高科技技术手段，来追查网络犯罪活动。同时，美国的计算机安全委员会还制定出一些具体的条例，并通过这些条例来规范对计算机犯罪的制裁和相关调查，计算机安全委员会不但能指出各类形式犯罪发生的范围与地域，并且还可以给出有关的预防方法及相应手段。

从市场机制调节方面看，美国政府的政策倾向为倡导鼓励与协调制约并行。在政府层面，以联邦通信委员会等管理机构为代表，他们强调重视市场的力量，认为重点要依靠市场驱动，政府要积极营造互联网的宽松、安全、良好的政策环境，倾向对互联网的基本管制政策以"不管制"为主。政府主张 1998 年美国出台了《网络免税法》，对自律较好的网络商给予两年免征新税的待遇。从企业方面来看，美国不少大的企业都积极利用政府的政策扶持，他们投资许多互联网络的信息基础建设，既保障企业自身的发展，也积极配合政府，共同促进网络的发展和管理。

二、德国

德国互联网域名超过 1 100 万个，名列世界第二位。德国被称为"在全球传播界对于网络最不友好的国家"，拥有良好的网络系统和安全保障，它对网络危害性言论采取了积极的立法规制。德国是西方民主国家中第一个对网络危害性言论进行专门立法规制的国家，也是西方民主国家中第一个因允许违法网络言论而对网络服务提供者进行行政归罪的。

"在确保信息时代民主的同时，制止互联网的滥用"，这是德国政府对互联网的总方针。德国将网络言论纳入"言论自由"的范围内进行宪法保护。德国《基本法》构成了德国宪政体系的基础，也是言论自由保护的基础。就宪法原则来说，只要不是故意的谎言，任何言论都受到德国基本法言论自由原则的保护，即使是色情、暴力和危险的言论（德国的法律禁止事先的内容检查）。虽然个人言论自由受到法律的保护，但同时德国政府也认为国家必须重视衡量权利的问题，德国在涉及反儿童色情以及反法西斯复兴的言论方面，"公共利益"较之"个人的言论自由"而占上风。德国制定了相关的法律来限制色情、暴力和种族歧视等内容的信息传播。

德国政府规定在互联网信息传播中凡是必要的地方，国家必须运用法律来对其进行规范。1997 年 6 月 13 日，德国《多媒体法》在联邦议院通过，这部法律是世界上第一部全面调整信息时代新型通信媒体互联网的法律，该法律于 1997 年 8 月 1 日开始实施。

《多媒体法》全称为《规定信息和通信服务的一般条件的联邦法令——信息和通信服务法》（德文简称 IUKDG），又被称为《多元媒体法》。《多媒体法》法由三个新的联邦法律，即远程服务法、数据保护法、数字签名法以及六个将现有法律适用于新媒体的附属条款所组成。《多媒体法》是欧洲第一个全面规制网络内容的立法，具有划时代的意义，这是一部全面的综合性法律，其内容涉及互联网的方方面面，例如 ISP 的责任、保护个人隐私、数字签名、网络犯罪、未成人保护等等。

德国联邦内政部是国家负责管制互联网不适宜内容的政府机构，其重点防范的内容是传播和拥有儿童色情信息。德国的"联邦危害青少年媒体检查处"是该国政府内专门负责媒体管制的机构。自 2003 年起，该处开始负责识别和检查所有互联网内容，目前超过 6 000 个媒体被该检查处列为青少年不宜接触的媒体。"非法"行为是德国互联网管制的重点内容，根据德国相关法律规定，由政府专门部门对互联网上的内容进行监控和调查，由此而提起诉讼。所谓"非法"行为主要指煽动极端的言行，包括纳粹主义、恐怖主义、种族歧视、暴力以及黄色内容，尤其是儿童色情等。德国法律禁止纳粹思想传播，希特勒式行礼，以及其他可能产生同纳粹帝国有关联想的标志等这样的激进的政治言论，包括互联网上的类似行为。

在技术管制方面，德国联邦内政部成立了"信息和通信技术服务中心"，该中心调集专业和技术力量，为警方进行网络调查和采取相应措施提供技术支撑，该中心下设一个被比喻为"网上巡警"（ZARD）的调查机构，该机构具备特殊的调查权限。同时，内政部下属的联邦刑侦局则是一个实行监控网络的机构，它对互联网的各种可疑情况进行全天候的追踪和分析，尤其是对涉及儿童色情犯罪的信息监控十分严格。

德国政府强调对互联网的管制，但也积极开展与社会各界进行多方面的合作，重视政府对互联网服务提供商加强自律和自控的督促，联邦内政部每年都举办有关"信息和通信犯罪"主题的座谈会，邀请政界、司法部门、警方、科学界、经济学界、经营管理部门等代表，讨论网络的健康发展及管理等问题。

三、英国

英国的网络管理倡导提升业界与网络用户素质，是一种以行业自律为主的管理模式，但其管理模式也呈现出自由与多元的特色。总体看，英国互联网管理以行业自律为主体，以行政管理为导航，既强调技术管理的重要性，也推行必要的法制管理。1996 年，在英国政府的倡导下，英国互联网监视基金会 IWF（Internet Watch Fundation）成立，这是由英国的网络中介服务提供商们自发设立的一个行业自律组织，由 50 多个国际机构加盟投资，包括欧洲和英国的互联网产业，其目的是实现互联网行业的自我管制和自我保护。IWF 提供的是免费服务，其权限是在对联机时非法内容的处理，它是英国目前唯一被批准的网上"热线"，在英国的互联网管理中起着十分重要的作用。

《3R 安全规则》是英国行业自律的规范。1996 年英国颁布了国际上第一个网络监管的行业性法规，即《3R 安全规则》（R3 Safety-Net），这里的"3R"分别代表：分级认定、举报告发、承担责任。该规则旨在从网络上消除儿童色情内容和其他有害信息，对提供网络服务的机构、终端用户和编发信息的网络新闻组，尤其对网络提供者作了明确的职责分工。

英国互联网的行政管理主要是由内政部来负责，具体是负责电信政策的主管部门英国贸工部（DTI）以及信息通信管理局（OFCOM），其中信息通信管理局主要负责执行。英国贸工部的主要职责是：（1）负责提出电信管制的政策和建议框架；（2）设定电信管制机构的管制目标和职责；（3）负责频谱的制定和电信经营许可证的发放及其数量的确定；（4）负责电信业的国际法律事务。英国信息通信管理局，是英国信息通信业的主管机构。其最主要的职责是负责维护电子媒体的内容标准，以法律为基础来确保通过持续有效的机制，加强对互联网非法内容的管制。英国信息通信管理局是独立运作的，具有国家法律和政策赋予的权力，可不受企业和政府左右。目前英国通信管理机构通过颁发许可证和竞争法案两种手段对电信市场进行管理，对电信管制规划实施监督。

英国互联网的安全技术管理。使用安全技术手段保障网络的安全使用是网络管理中最基本的手段之一。英国的重点是制定了信息安全标准 BS7799。BS7799 主要针对较大的企业和组织这一类网络使用者,该信息安全标准构建了有效的信息安全防护机制,是英国目前可防止黑客入侵网络、将病毒阻绝于外并将整体安全漏洞降至最低的较为有效的方法。英国网络安全技术管理的最大特色的"技术防火墙"与"人力防火墙",这是英国互联网管理的最主要手段,通过这两个"防火墙"建立起一个相对完备的信息安全管理体系。此外,还有著名的网络监管软件——Netintelligence 安全软件以及网上内容分级过滤技术,通过这些技术手段对网络进行监管,对网上内容进行分类过滤。

英国互联网的法律管理方面,1984 年的《英国电信法》和 1998 年的《竞争法案》是英国电信管制的主要法律基础。在此基础上,对互联网进行管理的法律,有传统法规中相关条文,也有专门的信息通信方面的法案。基于事实管制的理念,英国政府主要从电子商务、电子政务、个人通信管理等各方面加强对互联网的立法。主要有《1990 计算机滥用法》、《2000 电子通信法》、《信息公开法》、《通信监控权法》以及《2003 通信法》、《通信数据保护指导原则》、《垃圾邮件法案》等。

四、韩 国

韩国是世界上互联网最普及的国家之一,韩国也被认为是全球网络管理最彻底的国家之一。韩国主要通过国家立法、监督、管理和教育等措施,对网络邮箱、网络论坛、博客乃至网络视频实行实名制。韩国是世界上首个强制推行网络实名制的国家。2002 年起韩国政府推动实施网络实名制,但引发了激烈争议,不少韩国民众担心此举会泄露个人隐私、限制言论自由,这一措施的推行也几度搁浅。随后几年,韩国"网络暴力"事件频发,几乎成困扰韩国社会的突出问题(如有关韩国演艺明星隐私的"X 档案",当红女歌手 Unee 及韩国影星崔真实自杀等都引起很大的社会反响),加上网络实名制经过数年的实践操作并不断完善之后,韩国社会逐渐对网络实名制达成共识,政府也顺势而为,从法律、制度、监管等层面促进这一措施的推行。

2005 年韩国正式实行网络实名制,要求用户在网络上发帖、跟帖以及上传照片和动态影像时需要确认居民身份证和本人的真实姓名。韩国提供三种形式的网络实名制:第一种是纯粹的因特网实名制,即从加入会员到论坛发帖等所有步骤都需要实名确认;第二种是因特网留言板实名确认制,即只有通过登录和本人确认手续的会员才能在论坛上发帖;第三种是因特网留言板实名制,即在发帖的同时标注网上昵称和真实姓名。韩国政府采用了网络内容分级系统和年龄识别系统，规定如被确认为对未成年人有害的网站，其经营者必须采取相应的手段来确认受众的身份，确保未成年人不接触到有害内容。

早在 1995 年 1 月，韩国国会和政府就修改了《通讯产业法》，并建立了"信息和通讯道德委员会"，该委员会逐步成为对互联网内容全面管制的机构，负责全面检查互联网上的各种内容，对违禁内容进行删除并中断违禁用户对互联网的使用。《通讯产业法》中的"破坏性通讯"规定：信息和通讯部长可以发布命令要求 ISP 拒绝、停止和限制危害公共秩序和良好习俗的内容的传输。法令明确了破坏性的标准，如危害公共秩序和良好习俗是指（1）含有引导犯罪和鼓动犯罪行为内容的通讯；（2）含有引导反政府行为内容的通讯；（3）含有妨碍良好习俗和其他社会秩序内容的通讯。

"破坏性通讯"标准在韩国很快受到质疑，一些民众和组织认为该法破坏了言论和通讯自由，并且违反了宪法。韩国政府继续修改和制定保护网络安全的法律条款。2000 年 7 月，韩国制定了一项新的法案，即《促进利用信息和通讯网络法案》，法案的主要内容是：（1）废除"破坏性通讯"标准，代之以"非法通讯"标准；（2）信息和通讯部长可以发布命令要求 ISP 删除或阻断"非法通讯"，如果拒绝服从命令，ISP 将受到刑事制裁；（3）ICEC 拥有建议 ISP 删除和阻断"非法通讯"的权力；（4）执行互联网内容分级体制；（5）ICEC 决定分级体制的标准、程序和应用于分级系统的标示方法，决定属于不适宜等级网站的划分和通告，经营对未成年人有害的网站必须标示其等级否则将受到惩罚；（6）学校和图书馆必须安装过滤软件。2001 年 1 月修正法案在国会通过开始生效。

韩国的信息和通讯部以及信息和通讯道德委员会具有执行互联网内容分级系统的法定权力，这两个部门可对含有对危害未成年人的内容强制执行内容分级系统。韩国还出台了《电子传播商务法》（Electronic Communication Business Law）。其信息传播伦理部门（Information & Com-munication Ethics Office）对"引起国家主权丧失"或"有害信息"等网络舆论内容进行审查。

除了利用法制保障网络安全，韩国政府还积极倡导民间自律和鼓励监督行动，尤其重视对青少年进行网络伦理的教育和培养。韩国政府在小学、初中的德育教科书和高中的道德、市民伦理、电脑等教科书中增添了有关网络伦理的内容，并且对教师也提出了要求，要求教师必须进修信息通信伦理意识的课程，并且在教学过程中要向学生正确传授相关知识。

五、新加坡

新加坡是主张政府必须强制介入网络内容管理的国家之一，为了防止公共秩序、国家安全、种族和宗教和谐以及公共道德规范受到侵害，国家实施较为严格的互联网管理原则。1994 年 10 月 1 日，新加坡广播局（The Singapore Broadcasting Authority，SBA）成立，SBA 主要管理广播电视媒体，1996 年开始对互联网实施管理。2003 年 1 月，新加坡广播管理局、电影与出版物管理局、新加坡电影委员会三家机构合并组建新加坡传媒发展局（Media Development Authority，MDA），MDA 成为国家互联网的主管机构。新加坡为了促进网络健康发展，更好地服务于国家和社会，采取对网络实行统一管理的方式，其管理模式既严格同时也有务实，并具灵活的一面。

"分类许可制"以及"互联网运行准则"是新加坡网络管理中最富有特色的内容。分类许可制。互联网络服务提供商和互联网络内容提供商是新加坡分类许可证涉及的对象。该制度规定凡向新加坡传媒发展局登记，遵循分类许可证规定的服务，都被认为自动取得执照，登记后的网站应根据《互联网运行准则》，自主判断并管理其网页上的内容。其传播内容必须符合许可证之相应规定，例如不得传播与公众利益、公共秩序或民族和谐相悖，或与高品位或高雅礼节相悖内容。新加坡十分重视对未成年人的网络保护，政府鼓励各定点网络服务商和广大家长积极使用各种软件来阻止对有害信息的访问，并鼓励开发这类访问控制设备。同时要求向儿童提供互联网络服务的学校、图书馆和其他互联网络服务商制定更加严格的控制标准。

互联网运行准则。新加坡广播局制定的互联网运行准则，明确界定了不能进行传播的内容范畴，并对互联网服务提供商和内容提供商应尽的义务做了详细解释。凡是获得许可证的 ICP 和 ISP 经营者都要遵守该准则。互联网运行准则明确规定：新加坡广播局负有保证其广播服务不违反公众利益、公共秩序与维护民族和睦的责任，并保证其节目正派、有品位。

新加坡传媒发展局（MDA）鼓励经营者实行自我调节管理，并通过公共教育去弥补这种轻度管理方式的不足。提倡"轻触式"管理，即"自动管理（auto-regulation）"，指在已经达成一致意见的基础上用户进行自我调节，也就是网络和媒体使用者根据国家的法律制度和灵活的纪律约束进行"正确"的选择和判断。MDA 鼓励网络行业实行自治，建立自己的评判标准。MDA 鼓励互联网服务提供商和内容提供商制定自己的内容管理准则，如内容分级标注系统。2001年制定完成的《行业内容操作守则》，是一套经过政府管理部门、互联网业界的协商和对用户意见的调查，自愿性质的行业自律规范。MDA 也十分重视加强公共教育，1999 年发展了一个公共教育组织——互联网家长顾问组（PAGI），该组织的主要职能就是为公众提供网络指导，尤其对家长进行指导，协助家长帮助孩子负责地使用网络。

新加坡网络规范的内容主要表现在如下三个方面：（1）公共安全和国家防卫的内容规范。新加坡禁止在互联网上交流任何危害公共安全或国家防卫的内容，包括危及公共安全和国家防卫的内容；动摇公众对法律部门执法信心的内容；惊动或误导部分或全体公众的信息；引起人们痛恨和蔑视政府，激发对政府不满的内容。正是有了这些明确的规定，能够确保了公众在对政府进行批评、在发表相关言论时能够自负其责。（2）种族和宗教的内容规范。新加坡网络禁止破坏种族和宗教的和谐内容，包括抹黑和讥讽任何种族或宗教团体的内容、在任何种族和宗教之间制造仇恨的内容、提倡异端宗教或邪教仪式，如恶魔崇拜的内容。（3）公共道德方面的内容规范。新加坡网络禁止败坏公共道德、与社会主流价值观相违背的内容。这些内容主要指：含有色情及猥亵的内容；提倡性放纵和性乱交的内容；刻画或大肆渲染暴力、裸体、性和恐怖内容；刻画或宣扬变态性行为，如男同性恋、女同性恋、奸污儿童的内容。

六、其他国家及地区

以上诸国对各自网络舆论的治理措施都各有特色，符合自身的社会发展状况。以下介绍加拿大和日本的治理模式的特点。

（一）加拿大

加拿大政府在加强网络信息安全管理方面，扮演着两个角色，一是政策制定者，二是倡导者。具体工作由两个方面组成：（1）依靠网络相关行业自律性以及业界道德规范，主动加强自身管理；（2）依靠市场的力量，对公众加强有关网络安全的教育和引导。

在加拿大，非法信息的认定标准是以现行法律为依据，而攻击性信息则是指那些虽然没有违反本国现行法律，但是为公众的、社会的、文化的行为准则所不认可的信息。对攻击性信息的界定和规制主要依靠公众的选择和行业组织的自律。如何解决网络的非法信息和攻击性信息问题？加拿大普遍使用"自我管理机制"，主要有以下两种：（1）网络安全意识的教育与培养机制。增强公众的网络安全意识，让他们清楚网络安全相关的问题以及相应解决方法，这是一切"自我管理机制"的核心。在普及网络安全知识方面，加拿大非常重视发挥非政府和非营利机构的作用，并积极给予这些组织和部门以资金和政策的支持。如较知名的媒体网络安全意识网络（Media Awareness Network，MNET）。（2）互联网门户（Internet Portals）管理机制，加拿大网络服务商联合会正在致力于建设类似于美国"Get Net Wise"的门户网站，以更好加强自我管理。

（二） 日本

日本主要依靠完善法律、技术监管、行业自律来为进行网络管理。立法方面，先后出台了多部相关法律，如1999年通过了《禁止非法读取信息法》；2002年开始实施《提供商责任限制法》，规定若网页或BBS上传播的信息对他人名誉等造成了侵害，受害者有权要求网络服务提供商公开信息发布者的名称、住址、电子邮件地址及相关IP地址；2002年公布了《反垃圾邮件法》，《反垃圾邮件法》对出于营利目的、未经接收方同意就发送电子邮件的行为进行限制，违反规定者将因为妨碍电子邮件通信而受到惩处。并且以法律的形式规定提供电子邮件服务的电信运营商有义务开发和引进反垃圾邮件的新技术，并有权拒绝为利用虚假邮件地址发送垃圾邮件的人提供通信服务。为防止个人信息被非法利用，日本还出台了《个人信息保护法》，并针对电子商务制定了《电子契约法》等。

各项法律的出台为日本网络社会的健康发展打下了良好的基础，但具体的网络安全仍然必须依靠技术以及行业、用户的自律。2005年，日本约30家从事互联网、手机等服务的企业成立了"日本反滥用电子邮件团体"，致力于从技术层面研讨应对垃圾邮件的具体措施。为了保护儿童的网络安全，日本通产省与NEC共同开发过滤系统，希望藉此加装在计算机连外网络上，自动防堵青少年与儿童接触不适宜内容。邮政省主管媒体的机关，主动邀请ISP业者、开发产业及消费者代表组成自律性组织，并引进分级制度，待组织成立并正常运作后，政府则退出该组织，完全由民间组织的力量监督并自律。日本国内也有不少企业竞相研发新技术，遏制非法读取信息的行为，包括防止特洛伊木马攻击的技术、防止篡改网页的技术以及能够监视非法入侵行为并在出现问题的时候发出警告的系统等。日本还注意网络管理和上网指导。在一些管理较好的网站，管理人员会全天候监视，一旦在网站上出现不良信息，马上予以删除。

第五节　境外网络舆论管理对我国的启示

网络舆论相对传统媒体舆论而言，具有多元性和分散性的特点。传统媒体表达的意见相对单一，受众也相对稳定，因此能够营造出集中的舆论效果。但是在网络化的环境中，舆论传播的结构、方式、受众等都发生了巨大变化。网络舆论所表达的意见多元且分散，受众广泛且结构多样，网络舆论在传播过程中不断发生异化，难以营造集中、明朗的舆论效果，但是其影响又非常广泛和深刻。因此，与之相伴的是对于网络舆论的控制和引导也相应地变得复杂起来。当今世界各国大都认识到互联网时代的网络舆论的重要影响，有关网络舆论管理的相应措施也在不断地实践过程中。虽然各国都有自己独特的社会文化背景，不可能有放之四海而皆准的网络舆论管理模式，但是境外网络舆论管理的体制、模式、特点、经验等方面，仍然能够为我国在网络舆论方面的管理提供某些借鉴。

一、对网络舆论的重新认识

虽然学界对网络舆论研究颇多，国家也对网络舆论给予了足够的重视，但是对于网络舆论的认识仍然存在着某些偏见。网络舆论本质是什么，如何客观评价网络舆论等都是应该重新思考的问题。

第一，网络舆论是现实社会主流价值观的网络反应，是一种文化现象。网络舆论并不是什么突然出现的陌生事物，它不过是传统媒体舆论在网络上的延伸，从其本质上来看，不过是一种文化现象，也是社会主流价值观在网络上的体现。综观我国范围内出现的网络舆论，不论是民主监督、民意表达甚至于舆论暴力等，无不是传统价值观念的网络表达。网络是个公共言论的平台，人们可以相对自由地发言，而人们的发言都带着各自的价值判断。但是能够形成舆论的民众声音一定是与现实社会主流价值观相呼应的。如在我国出现的"铜须事件"、"宝马车撞人案"事件、"周久耕香烟门"事件等引起的网络舆论的大潮，其背后都带有现实社会主流的价值判断和道德判断。当大部分网民认为这些事件违背了某种价值标准和道德准则时，集体的声音才能够发展成为一种有影响力的声音。而少部分过激的话语并不足以掩盖大部分理性的声音。只有当媒体事件未能及时合理地得到预期的解决时，才会爆发大规模非理性的群体极化现象。在网络上，网民以除暴安良为理想，谴责那些在他们眼中代表罪恶的对象，不仅通过激烈的言辞等在网络空间对事件当事人进行道德审判，还会以公布事主个人隐私信息等方式使网络的道德审判转向现实生活，给事主本人或亲属造成强大的舆论压力，使当事人以及部分参与者受到心理甚至生理的伤害。每一个舆论事件背后所隐藏的仍然是社会公众（网民）自身价值观的表达。合乎社会主流价值观的事件往往并不能成为网络舆论关注的焦点，往往是那些与主流价值观格格不入的新闻事件成为网络舆论的焦点。社会公众对某些违背主流价值观的新闻事件的批评、愤慨、谩骂、人肉搜索等其实说到底是对违反主流价值观的行为的一种变相的惩戒。

第二，不必过分放大网络舆论的负面功能。网络舆论是公众（网民）以网络为平台，通过网络语言或其他方式，对某些公共事务或焦点问题所表现出的意见的总和。网络舆论主要包括两大部分：一是具有新闻媒体性质的网络新闻中所反映出来的舆论倾向，可称之为"网络新闻舆论"；二是以 BBS 论坛、博客、各种社交网站和网上社区等为平台而呈现出来的网民对社会上人和事的看法，可称之为"网民意见舆论"。而在学理层面上的概念则更多地指向网民意见舆论。尤其是我国互联网络发展的近几年，网络舆论才逐步引起人们的注意。互联网是一种新的大众传媒，它的即时性、交互性以及广覆盖、多媒体、海量信息，使其成为重要的舆论工具，成为表达网民民意的重要途径。近年来，随着互联网的发展，网民的激增，网络舆论在中国的经济、政治和社会生活中发挥着日益重要的作用。可以说网络舆论在下情上达、建言献策、抨击时弊和反腐倡廉等方面都起着重要的作用。网络对于表达民众心声，推动民主化进程，促进社会进步等方面都有着毋庸置疑的推动作用。但是因为存在着少量的网络舆论群体极化现象以及网络舆论暴力现象等，以至于无论是学术界还是政府部门对网络舆论都持有一种敌视的态度。其实大可不必如此。西方国家对待网络舆论的态度其实是很客观的，大部分国家认为网络舆论是传统媒体的衍生，关键在于引导。而且相应的网络舆论管理的立法也非常谨慎，大部分是以保证网络健康发展为前提的。西方很多国家对网络舆论的控制是适度的，只要不出现反政府和严重侵犯他人权利的言行，之外的网络舆论相对而言是自由和开放的。事实上网络舆论不过是传统媒体舆论的延伸和放大，所谓的网络舆论暴力，网络舆论的群体极化现象等行为也不过是现实社会主流价值标准的网络反应，并没有想象的那么可怕。因此，我们大可不必过分放大网络舆论的负面效应，应该辩证地看待网络舆论，承认网络舆论存在的合理性，对其中的不利于社会正常运行的内容进行监管。

二、网络舆论监管内容的思考

网络舆论的积极影响显而易见，网络舆论的负面影响也不可回避。但是学者和政府部门有关网络舆论的管理话语中很少指明网络舆论管理的重点所在。哪些方面是网络舆论管理的重点，需要加强引导，哪些方面不仅不要压制，反而要促进其健康成长，对于这些问题我们事实上没有深入的思考。从国外有关网络舆论监管的重点来看，主要集中于两个方面的内容：（1）对于破坏政治稳定和国家安全的网络舆论重点监管。无论是西方发达国家还是发展中国家，其网络舆论管理的一个重要目标就是维护国家稳定和政治安全，这是网络舆论管理的一个基本原则。（2）保护公民的各种权利和人身自由不受侵害。尤其是在西方发达国家，对于网络舆论造成的对他人权利的侵害，将会受到严厉的惩罚。此外，也有如越南这样的国家直接对互联网实行严格的准入限制来控制舆论。我们既不能采取越南这种严格的网络限制政策，也不宜过分宽松地管理网络舆论。哪些内容应该进行管理，哪些内容应放松管理是网络舆论管理需要思考的问题。我国对于网络舆论的监管切不可采取一刀切的原则，片面强调和放大网络舆论的负面影响，而忽略网络舆论带来的积极作用。从国外的经验来看，我国网络舆论管理的内容重点放在四个方面比较合适：

第一，对于影响国家稳定和政治安全的网络舆论重点进行监管。在中国复杂的政治和社会背景下，网络一方面发挥着信息传递，民主监督等积极功能，但另一方面也不断在传播着"谣言"、"噪音"等不和谐信息。例如西方国家对我国进行"西化"、"分化"的斗争一直没有停止过，网络的出现使得这种斗争多了一个新的阵地，少数别有用心的人利用网络平台来分化民众，破坏民众与政府的关系。再如网络舆论的群体极化现象，可能积聚大量民众的不满情绪，导致群体性事件的大量爆发，影响社会稳定。

第二，对侵犯公民隐私权和名誉权的网络舆论的监管。我国近几年连续出现了多起网络舆论暴力事件，网络舆论在这些新闻事件中充当了道德审判和媒体审判的角色，对事件当事人的生活造成了十分严重的影响。对于这种严重侵犯公民人身自由权利的网络舆论要重点加强引导，要促使网络舆论发挥其积极作用，为网络舆论正名。

第三，对于可能误导社会核心价值观的网络舆论要注意监管。社会核心价值观的迷失，是中国社会面临的最严重的问题之一。当前中国社会的核心价值观正在全球化和社会转型的浪潮中逐步瓦解，网络的广泛使用将会加剧核心价值观的解体，这显然是不利于当前我国政治经济文化的进一步发展。有必要对误导社会核心价值观的网络舆论进行一定的控制。

第四，对于网络中的不文明现象进行监管，防止网络舆论落入低俗的陷阱。由于网络平台具有匿名性、多元性和开放性，网络舆论传播过程中的责任主体不明确，导致网络中的不文明现象层出不穷，当前网络中的不文明现象主要包括：散布谣言、网络欺诈、网络骚扰、网络谩骂、传播病毒、网络炒作等等。这些网络不文明行为大部分与网络舆论有关，充分暴露了网络舆论管理中的缺陷，应该重点加强监管。

三、网络舆论管理策略的启示

从境外各国的经验来看，对网络舆论的管理是一个非常复杂的系统工程，不能完全移植对传统媒体管理的模式，但是在我国，这种以管理传统媒体方式来管理网络舆论的固定思维至今没有发生改变。传统媒体舆论的管理相对简单易行，法律控制和行政管理就能够收到较好的成效。但是互联网的开放性、交互性，社会公众（网名）的广泛性、匿名性等特征使得网络舆论的管理更加复杂，对传统媒体管理的策略只能作为参考，而不能作为模式进行移植。我国对于传统媒体舆论的控制，堵多于疏，所以在网络媒体兴起之前，各种媒体事件表现出来的都是社会的正面形象，社会舆论出现一边倒的趋势。网络舆论却表现出了各种不同的声音，媒体事件出现多元化的趋势。在这种背景下，相关政府部门对网络舆论的态度有了一定的改观，但是一些地方政府和部门仍然难以改变封堵、拖延、瞒报等长期以来形成的习惯，这会引起社会公众的强烈不满。因此，对于网络舆论的管理必须讲究策略，要改变过去的思维模式。

第一，以疏导为主。西方发达国家的网络舆论管理是控制与引导并重的，承认网络舆论存在的合理性和积极功能，控制其带来的负面效应，引导整个网络向着健康安全的方向发展。因此，我们国家对待网络舆论大可不必一棒子打死，绝不能以传统的手段、传统的眼光、传统的思维方式，简单地、机械地、僵化地解决网络发展中面临的各种纷繁复杂的问题。从境外各国管理的经验来看，法律和人为的封堵都不是解决网络舆论问题最好的手段，很多国家认为网络舆论的管理最终要通过疏导走向自律。针对我国网络舆论分散性的特点，简单的"堵"是不现实的，也不能解决实际的问题，关键在于疏导。疏导是我国网络舆论管理的主要策略。

第二，化被动为主动。从当前我国对于网络舆论的监管来看，还处于一个被动应战的阶段。尤其是一些非常重要的媒体事件引发的网络舆论，管理部门的反应都不够敏捷，往往是在尽力隐瞒、封堵失败之后才正视网络舆论的存在，凸显了政府公关意识的薄弱。国外很早就建立了新闻发言人制度来应对重大媒体事件，在媒体事件出现之初就会有新闻发言人对其做正面引导。我国在应对网络舆论事件时，一定要打破传统思维，打破权力思维，积极主动地应对网络舆论。此外，在网络舆论管理的过程中应以壮大自己的声音为主，不是封堵不同的声音，而是立足于增大自己的声音，在网络上亮出自己的旗帜，来主动地引导舆论，而不是被动应战。具体可以通过积极引入社会主流意见来产生舆论引导的作用。在处理网络舆论的过程中，如果我们积极引入社会主流意见，不仅能够在一定程度上体现民意，满足社会公众民意表达的需要，而且能够增强自己的声音。

四、网络舆论管理手段的反思

境外各国对于网络舆论的管理取得了一定的成效，某些手段我们可以借鉴，但同时也应该做出反思，寻求最适合我国的舆论管理方式。

第一，多管齐下的网络舆论管理。网络舆论的复杂性决定了其管理手段的多样性。国外网络舆论的管理是多种手段、多个部门的协同作战，通常包含法律约束、技术控制、行业自律、教育引导和合作管理等手段。只有这些手段共同发挥作用的时候，网络舆论的管理才能收到较好的成效。这是值得我们借鉴的地方。我国在 2005 年发布了《互联网新闻信息服务管理规定》，确定了由国务院新闻办公室主管全国的互联网新闻信息服务监督管理工作，省、自治区、直辖市人民政府新闻办公室负责本行政区域内的互联网新闻信息服务监督管理工作，有关单位和个人必须给予配合。虽然明确了网络舆论的管理主体，但是具体手段仍然不够丰富和完善。在当前，我国应该建立起综合性的网络舆论监管体系，如加强网络行业和网民的自律、增强法律法规的约束、加强道德规范的建设、增强网络技术控制能力等等。加强网络行业和网民的自律是西方国家网络舆论管理的发展方向，是一个行之有效的自我管理方式，但是网络自律必须由法制来支撑，缺少法律规范的自律是不现实的。同时，在网络舆论管理过程中还应该加强网民道德规范的建设，网民的良性自觉是网络舆论良性传播的重要内在动力。此外，网络舆论管理离不开网络安全技术的广泛应用，世界各国都在尝试着通过技术控制来引导网络舆论，但是目前来看这种努力还没有取得最后的成功。例如在美国推出的互联网络过滤器软件由于其识别性能欠佳，会屏蔽部分的正常网络内容，而受到美国国内公众的反对。随着未来网络技术的进一步发展，这种通过技术手段来进行舆论控制的目标将会实现。

第二，从现实社会中寻求网络舆论的管理之道。对于网络舆论的管理而言，我们更多强调的是各种规范对网络舆论的制约，更多立足于对网络平台的控制和管理，但是我们忽视了一点非常重要的关键问题，即网络舆论是现实社会问题的网络表达，有着深刻的社会根源。主要表现在以下方面：（1）部分非理性的网络舆论是对社会现实不满的反映。我国目前正处在社会转型时期，由于长期追求经济增长，收入分配差距逐步拉大，社会不公平现象突出，部分群众的利益受损，利益矛盾冲突日益增多。在这些矛盾和冲突无法通过正常渠道进行解决的时候，网络就会成为一个发泄的平台，由此而出现的网络舆论群体极化现象也不可避免，容易激发人们的不满情绪和反政府情绪。因此，部分社会公众借助网络平台来发泄心中的不满。（2）非理性的网络舆论是对现实生活压力的反映。在日常生活中，网民极有可能对生活学习和工作中的某些危及自身的危机及其压力，自我实现得不到满足等各个方面堆积起来的问题产生不满情绪和现实压抑感，而传统的媒体形式无法满足大众的发泄欲望，网络恰恰提供了这个舞台，人们可以借助 BBS、博客、聊天室等大量的网络媒介来满足自己的心理需求，从而形成了以叛逆为特征的网络舆论。由此我们可以发现，大部分的网络舆论来源于现实社会问题的反映，管理网络舆论单纯地从控制网络媒介并不能达到预期目标，更为重要的出路应该是解决现实社会中的实际问题，特别是广大网民密切关注的社会问题。在现实社会中寻求管理网络舆论的有效途径是我们对网络舆论管理手段的反思。因此舆论管理的手段必须结合现实社会的管理手段，单纯的头痛医头脚痛医脚的做法是不能收到满意的效果。必须认真分析网络舆论发生群体极化现象的根源，从源头上解决问题才能对网络舆论进行正确的引导；单纯的打压和强制手段在网络舆论的控制上已经收效甚微，与预期相反，只能激起更强烈的舆论潮流。着眼于解决网民们关心的现实的社会问题，相信广大的网民对是非曲直都有一个客观的判断和评价。

网络舆论在一定程度上反映了民众的意见和呼声。网络舆论的出现对于民意表达、民主监督、社会进步等都有一定的意义，但是在肯定网络舆论的正面功能的时候，我们必须看到网络舆论作为双刃剑所具有的消极功能。特别是网上充斥着一些非理性的谣言，容易激起社会情绪、煽起仇恨心理，不利于社会稳定和长治久安，需要加强疏导。我们要通过对网络舆论进行深入研究，从而寻找行之有效的控制方法，尽量发挥网络舆论有利的一面，遏制其产生不利影响的一面。

第三章

我国网络舆论与安全监测的现状

要实现对于网络舆论的有效监测与安全管理，首先必须厘清我国网络舆论的基本状况，包括网络舆论特点、社会行为特征、网络舆论对社会现实的影响、已有监测与管理模式的效果以及国外网络舆论管理模式的基本经验等。从这个基础出发，通过对网络舆论与安全监测的现状调查与分析，为整个课题奠定较为坚实的事实基础。

第一节　网民的网络行为特征和网络舆论参与状况

网络舆论监测与安全的研究重点是提出网络舆论监测与安全的目标，以及实现对网络舆论安全监测的条件、方法与措施的基础。网民作为网络舆论的参与主体，其人口学特征及网络行为特征是研究开展的前提。对网络舆论参与主体，网民特征的研究，主要包括：（1）网络舆论参与主体的属性、来源结构特征，为网络舆论监控提供明确的对象与范围；（2）网络主体的网络舆论行为特征。掌握网络舆论过程中舆论主体的行为特征，可以提高网络舆论安全监测的动态准确性。

为了解我国网络舆论的基本情况，依据课题研究计划，课题组对我国网民和网络舆论监管的相关单位进行了抽样调查。调查对象按照研究任务分为两类：一是网民；二是网络舆论管理相关单位负责人。

　　"网民"和其他现实"人"的特性有很大的不同。选取网民样本，必须考虑"网民"具有随机性、广泛性、非地域限定性、网络条件依赖性的特点，要避免调查时候的同质性过高。因此在收集"网民"数据时候，我们采取了网上随机调查和网下问卷调查两种方式。网上和网下的调查工具完全相同。网上获得的方式采取了在调查网站发布与收集、通过 EMAIL 发放和回收两种方式。最终获得 2 222 份数据。数据显示调查对象分布在：北京、安徽、福建、甘肃、广东、广西、贵州、海南、河北、河南、黑龙江、湖北、湖南、吉林、江苏、江西、辽宁、内蒙古、宁夏、山东、山西、陕西、上海、四川、天津、新疆、云南、浙江、重庆、西藏、香港等省市（自治区、特别行政区），职业涉及教师、医护、科研人员，国家公务员，文艺体育人员，企业管理者、员工，学生，新闻传媒人员，农民工，公安司法军警人员，以及失业待业人员等九类职业的工作人员。这种分布也保证了调查对象具有广泛的代表性。

　　对于网络舆论管理相关单位的调查，为了提高调查的真实性和回收率，课题组采取了通过网络发放问卷与催收的方式。通过调查组的人员（心理学、社会学专业博士与硕士研究生 63 人）向在网络舆论单位的负责人发放，对于武汉市内的单位采取了上门调查的方式。最终获得 95 个单位的数据。数据来源于湖北、湖南、江苏、北京、广州、贵州、河北、河南、黑龙江、内蒙古、山西、陕西、上海、四川、天津、云南、浙江、重庆的 95 个有关单位，涉及文化部门、宣传部门、新闻出版部门、公安部门、新闻单位、门户网站、单位网站和网络营运商。

　　这样的调查方式和被试选择，充分考虑了"网民"的特点和网络舆论单位的性质，保障了科学性和有效性。问卷回收后，由专业人员进行录入和统计分析。录入工作有专人抽检和复查，保障了数据回收之后的加工质量。

　　调查问卷，以自编的问卷为工具分别对网民和有关单位进行了调查。对网民调查的主要内容包括网民的基本特征，参与网络舆论的动机和目的，参与网络舆论所使用载体，参与网络舆论的内容，对网络舆论社会影响的知觉以及对实行网络舆论监管的态度等内容。对有关单位调查的主要内容包括：该单位网络舆论监管的现状、方式与内容，对现有网络舆论监管的看法和评价，现行网络舆论监管的问题和建议等内容。

　　调查周期：调查为期一个月。2010 年 2 月 20 日至 28 日，确定调查内容；3 月 1 日至 7 日，编制调查问卷；3 月 8 日至 14 日，问卷发放与问卷回收；3 月 15 日至 20 日，问卷数据分析。以调查数据为基础，完成了"我国网络舆论与安全监测的现状"的内容撰写。

一、网民的人口学特征

通过样本分析，我国网民呈现如下的人口学特征：（1）网民所在地。本次调研范围涵盖北京、安徽、福建、甘肃、广东、广西、贵州、海南、河北、河南、黑龙江、湖北、湖南、吉林、江苏、江西、辽宁、内蒙古、宁夏、山东、山西、陕西、上海、四川、天津、新疆、云南、浙江、重庆、西藏、香港等省市（自治区、特别行政区）共 2 222 名网民。（2）性别分布。被调查的网民中男性 1 123 人，女性 1 086 人，13 人未填性别，男女基本平衡。（3）年龄分布。调查结果显示，网民年龄 25 岁以下占调查总人数的 49.5%，25～35 岁约为 40%，35 岁以上人数相对较少，仅为 11.9%。结果表明我国网民大多数为青少年，与实际情况相符。（4）婚姻状况。在所有调查的网民中婚姻状况为未婚的占总人数的 67.4%，已婚的占 29.6%，离异的占 0.9%，缺失 2.1%。由于网民的年龄主要集中在 25 岁以下，所以在网民中未婚者占有较多的比例。（5）网民收入状况。调查显示，我国网民月收入在 1 000～3 000 元人数最多，占总人数 57.6%，月收入在 1 000 元以下的占总人数的 20.2%，月收入在 3 000 元以上的占总人数的 17.3%，缺失 4.9%。网民的收入主要处于中等水平，有一定的经济基础才能负担使用网络的费用。（6）网民文化程度分布。网民大部分具有大专以上学历，研究生以上学历占总人数的 22.2%，本科学历占总人数的 54.3%，中专学历占总人数的 15.5%，高中学历占总人数的 5.8%，中小学学历占总人数的 1.3%。可以发现，中国网民的主体具有较高的文化教育程度。（7）网民职业分布。本次调查涉及教师、医护、科研人员，国家公务员，文艺体育人员，企业管理者、员工，学生，新闻传媒人员，农民工，公安司法军警人员，以及失业待业人员等九类职业的工作人员，职业分布广泛。其比例为教师、医护、科研人员占 29.5%，国家公务员占 7.4%，文艺体育人员占 4.0%，企业管理者、员工占 23.0%，学生占 9.1%，新闻传媒人员占 7.5%，农民工和农民占 1.9%，公安司法军警人员占 2.7%，以及失业待业人员占 4.5%。

二、网民的网络行为特征

在中国互联网的发展进程中，逐年增长的网民成为促进我国互联网快速发展的主动力，从行业发展与网络舆论监管角度，关注和研究网民的网络行为特征，对及时、准确把握我国互联网的发展现状，做好安全监管工作意义重大。通过样本分析，我国网民的网络行为具有自己独有的特征。我国网民的网络行为不仅包括由网民年龄，学历水平，收入水平等网民属性产生的网络行为差异，也包括网民依据个人上网习惯和喜好产生的参与网络舆论的主观感受差异。其中，着重分析了网络舆论参与者的网络行为特征。

（一）总体行为特征

1. 网民基本网络行为分析

（1）网民网龄。网民网龄集中在 5～10 年，占总人数 65.2%，网龄 10 年以上，占总人数的 15.8%，网龄 5 年以下，占总人数的 18.8%。（2）网民上网频次分析。网民上网一般比较频繁，每天多次上网，占总人数的 52.6%。每天一次上网，占总人数的 34.2%，两三天一次占总数的 8.9%，四五天一次占总数的 2.0%，每周一次占总数的 1.4%。（3）最近一周上网次数分析。最近一周上网次数主要集中在 5～10 次，占总人数的 54.3%。最近一周上网 50 次以上者，占总人数的 0.8%，10～50 次，占总人数的 18.6%，5 次以下，占总人数的 22.4%。（4）网络上拥有的舆论载体。调查显示：拥有 QQ 空间的网民人数为 90.6%，拥有博客人数为 37.9%，拥有论坛注册人数为 50.7%。可见绝大部分网民都拥有一种或几种网络舆论载体，这为参与网络舆论提供了前提条件。

2. 网民网络舆论行为特征

本次调查从是否在网上发帖或跟帖、是否对某些社会热点问题发表意见、最近一周在网络发表意见情况、网上浏览社会热点问题的基本情形和在发表意见和看法时是否公开自己的真实信息等五个方面考察网民的网络舆论参与情况，结果显示有 73.9% 的网民表示曾在网上发帖或跟帖；57.2% 的网民曾对社会热点问题发表意见；22% 的网民表示在发表意见时会公开自己的真实信息。

一半以上（60.5%）的网民最近一周没有在网上发表自己的意见，22.9% 的网民发表 1～2 次，8.9% 的网民发表 3～4 次，3.0% 的网友发表 5～7 次。可见最近一周内，多数网民没有在网络上发表意见。

52.3% 的网民表示经常在网上浏览社会热点问题但只是偶尔发表意见；28% 的网民偶然浏览但不发表意见。经常发表意见的仅占 6.6%。

3. 网民参与网络舆论的心理特征

本次调查从网民浏览网络信息的动机、在网络上发表意见的原因、选择网络为载体发表看法的原因、现实与网络是否会发表同样言论以及是否相信网络舆论等几个方面考察网民参与网络舆论的心态。

（1）网民浏览网络信息的动机。33.8% 的网民浏览网络为了获取信息，35.5% 的网民上网是随便看看，另外有 20.9% 的人是因为形成习惯而上网浏览，1.5% 的网民是因为进行网络交往，3.4% 的网民是用以打发时间。

（2）网民在网上发表意见的原因。由表3－1可以看出，选择网络为渠道发表言论的原因众多，其中可以平等对话、能够及时反馈、言论比较自由、发表议论比较方便等几种是主要原因。

表3－1　　　　　　　人们选择网络为渠道发表看法的原因

选择原因	人数	百分比（%）
可以不用对言论承担现实责任	499	22.5
不分阶层可以平等地交流对话	906	40.8
可以随时随地方便地发表言论	709	31.9
参与人数众多，可以制造舆论压力	387	17.4
可以使自己的言论迅速传播，引起他人注意	271	12.2
言论内容比较自由	836	37.6
互动良好，对他人意见可以及时反馈	729	32.8

对网民是否在现实生活中发表与网络舆论相同内容的意见调查结果显示：23%的网民表示肯定会发表相同意见，43%的网民有时会发表相同意见，22%的网民不确定，还有12%的人表示现实生活中不会发表与网络意见内容相同的意见。

对网民自己在网上发表意见以及认为他人在网上发表意见的原因调查结果如下：

从表3－2可以看出，网民自己在网上发表意见的原因和认为他人在网上发表意见的原因不大相同。81.1%认为他人在网上发表意见是为了表达个人对公共问题和事件的看法，而67.8%表示自己在网上发表意见的原因是发表对公共事件的看法。

表3－2　　　　　　网民自己在网上发表意见以及认为他人
在网上发表意见的原因

原因	他人原因		自己原因	
	人数	百分比（%）	人数	百分比（%）
表达个人对公共问题和事件的看法	1 801	81.1	1 507	67.8
监督政府有关部门	678	30.5	444	20.0
帮助他人，伸张正义	881	39.6	673	30.3
维护自身利益	914	41.1	553	24.9
发泄情绪，缓解压力	1 070	48.2	588	26.5

续表

原因	他人原因		自己原因	
	人数	百分比（%）	人数	百分比（%）
凑热闹	706	31.8	570	25.7
希望自己观点引起重视	556	25.0	245	11.0
希望通过网络舆论力量达到一些个人目的	456	20.5	122	5.5

（3）网民认为网络舆论的可信程度。认为网络舆论可信的网民占总体40%，有一半网民认为说不清，约10%的网民认为网络舆论不可信。

（二）网络舆论参与者的行为特征

1. 上网频率

通过对网络舆论参与者和浏览者的对比可以发现，网络舆论参与者的上网频率要显著高于浏览者（$\chi^2_{(1)} = 109.05$，$p < 0.001$），90%以上的网络舆论参与者上网的频率在每天一次以上，显著高于浏览者上网的频率（见表3-3）。可见，网络舆论参与者上网的次数更为频繁。

表3-3 网络舆论参与者和浏览者上网的频率

		上网的频率					总计
		每天多次	每天1次	两三天1次	四五天1次	每周1次	
网络舆论参与者	人数	942	528	117	21	8	1 616
	百分比	58.29%	32.67%	7.24%	1.30%	0.50%	100%
网络舆论浏览者	人数	221	224	79	23	23	570
	百分比	38.77%	39.30%	13.86%	4.04%	4.03%	100%

2. 网络舆论发布载体

网民是否拥有网络舆论发布的载体，是其参与网络舆论的先决条件，通过对常用载体拥有情况的调查发现，网络舆论参与者和浏览者在拥有博客或微博、拥有论坛账号这两个方面有显著性差异（$\chi^2_{(1)} = 151.51$，$p < 0.001$；$\chi^2_{(1)} = 279.53$，$p < 0.001$）。

相较于网络舆论浏览者，参与者更多的拥有博客或微博，有45.5%的参与者拥有博客或微博，但是只有16.6%的浏览者拥有博客或微博。论坛注册账号的拥有情况与此相同，有61.4%的参与者拥有论坛账号，只有20.9%的浏览者拥有论坛注册号。

95

3. 在网上发表意见的频率

通过对最近七天在网络上发表意见次数的调查发现,一半以上的网络舆论参与者并没有发表意见和看法,38.5%的参与者发表的次数在 1 ~ 4 次,只有少数人会在网络上频繁地发表意见和看法。

4. 公开真实信息

在参加网络舆论的过程中,网络舆论参与者和浏览者在关于公开真实信息上存在显著性差异 ($\chi^2_{(1)} = 7.917$,$p < 0.005$),参与者更加倾向于公开自己的真实信息,浏览者更加倾向隐瞒自己的真实信息(见表 3 - 4)。

表 3 - 4　　　　　网络舆论参与者和浏览者公开信息的比例

		参与者	浏览者
公开真实信息	人数	371	95
	百分比	23.4%	17.6%
不公开真实信息	人数	1 215	445
	百分比	76.6%	82.4%
总计	人数	1 586	540
	百分比	100.0%	100.0%

三、网络舆论参与者的特征

通过对网络舆论参与者人口学和网络行为特征的调查和分析,可以发现网络舆论参与者的一些特征。作为网络舆论的主体,对网民的了解,特别是积极参与到网络舆论中的网络舆论参与者的分析,有助于了解网络舆论的产生和发展。

(一) 网络舆论参与者的青年化倾向

参与到网络舆论中的网民的年龄分布并不是平均的,而是主要集中在青少年。一方面,青少年生活在互联网时代,使用网络已经成为一种习惯,成为其日常生活不可或缺的一部分,青少年花费在网络上的时间要长于其他年龄阶段的人群。另一方面,青少年对计算机和网络的使用能力要高于其他年龄阶段的人群。青少年从小接受计算机教育,能够熟练地使用计算机和网络,为他们参加网络舆论提供了技术上的保证。

随着青少年身心的发展和成熟,自我意识不断发展,青少年期所具有的独立性、叛逆性都会影响着青少年参与到网络舆论之中。处于青少年期,个人的自我意识发展，对个体和社会的认识与思考不断增多，对社会实践发表自己的看法成为一种需求。但是在现实的社会生活中，青少年的主要任务是学习，很少有机会让青少年表达自己的看法。青少年期又称叛逆期，青少年会出现对传统观念和现有社会秩序的反抗，发出自己的声音。在这两方面的驱动下，在网络上发表自己的观点，无疑成为青少年最好的选择。网络提供了一个平台，在这个平台上个体之间处于平等的位置，能够自由地发表自己的言论。

（二）网络舆论参与者的网络活动比较活跃

网络舆论参与者的一大特征就是其频繁的网络活动，调查发现90%以上的参与者每天上网在一次以上。频繁的网络活动使得参与者能够接触到网络上的信息，有机会在网络上发表自己的看法和观点。频繁的上网使得网络成为其获取信息的重要途径，调查中有35.6%的参与者是有目的的浏览网络信息，并获取需要的信息。同时，频繁的上网或形成生活习惯，调查中发现有24.5%的网民是出于习惯来浏览网络信息，有34.3%是随便看看打发时间。

但是值得注意的是，网络活动的活跃并没有导致频繁地发表自己的看法，非常频繁地发帖或是跟帖的人只占全体网络舆论参与者的少数部分。调查中发现，在最近的七天中，有52.3%的参与者并没有在网络上发表自己的意见和观点，有27.6%的参与者发表1至2次，有10.9%的参与者发表3至4次意见。

（三）网络舆论参与者普遍相信网络舆论所传达的信息

对于网络舆论所传达的信息，大部分人觉得说不清楚或比较可信，只有8.7%的参与者认为网络舆论中的信息是不值得相信的。可见大部分的参与者还是倾向于相信网络舆论，虽然有相当比例的参与者表示不确定或是说不清楚。这种对网络舆论的相信，会影响个体在现实社会生活中的心理和行为。当参与者在网络上发表自己的看法后，大部分人都会将这些看法和观点带到现实社会之中，在现实的生活中也秉持这种态度，只有8.6%的参与者在现实生活中会表现出不一致的观点。

（四）网络舆论参与者主要关注社会热点问题

近期社会上发生的热点问题是网络舆论参与者最感兴趣的话题，有70.5%的参与者会关注这些方面的信息，有82.4%的参与者会针对社会公共问题和事件发表自己的观点和看法。可见相较于个人的利益，参与者更加关注公共的问题和事件。网络舆论参与者参加最多的讨论就是社会热点问题、公共事件，主要是集中这些方面来浏览信息和发表意见。因为这些事件，一方面是近期的热点话题，重复曝光的频率比较高，社会上对其非常的关注。另一方面是由于这些公共的事件往往关系到个人的利益或生活，比如物价、房价，有的关系到国家的荣誉，比如奥运和一些重大的体育赛事。所以网络舆论的参与者往往集中在这些方面发表自己的意见。

（五）网络舆论参与者倾向于隐瞒自己的真实信息

网络是一个虚拟的世界，在这个虚拟的世界中，每个人都戴着面具，可以选择公开自己真实的信息，也可以选择编造一个假的信息或是直接隐瞒。网络舆论的重要特征就是自由性和互动性，人们在网络上自由地发表自己的意见，但是在自由发言的同时，有76.6%的参与者选择不公开自己的真实信息，可能是由于害怕真实信息的泄露会影响到现实的生活，给自己带来不必要的烦恼。也有可能是并没有把网络上的言行当作是一种正式的行为，并不愿意对在虚拟的网络世界中的言行负责，所以选择隐瞒自己的真实信息。

第二节 网络舆论焦点与网络舆论内容

网络舆论热点在传播中导致了典型的"蝴蝶效应"，起初寥寥几行字的帖子或一个消息，瞬时间引起众人"围观"，夹杂着个人情感和义愤的留言使矛盾不断升级，导致事实信息的走向偏移和舆论评价的压倒性倾向。内容分析以其定量、客观、系统的优势特征，对于在网络上高传播率的帖子内容进行量化描述，可以从网民的大量回帖的词句中准确推断其心理活动的共同特征。同时，网络舆论焦点内容相比于纸质媒体带有更大的自由性，其涵盖内容和领域以及时效性是纸质媒体无法比拟的。通过内容分析研究舆论热点的生成路径，发现网络媒体混沌系统的无序中的有序，初步揭示"蝴蝶翅膀"如何扇动起一场场"暴风骤雨"，是掌握网络舆论及其安全状况的必要条件。

一、网络舆论焦点及其类别

（一）舆论焦点的内涵

网络舆论焦点（The Focus of Network Public Opinion）是网民对公共事件的主

观认知和情感表达，它是网民热切关注的聚焦点，也是民众议论的集中点，对于焦点事件的关注反映出特定时期内网民的所思所想和利益诉求。网络舆论热点紧扣社会舆论，往往是社会重大事件，或是与群众切身利益密切相关的问题，很容易在短时间内引起网民广泛关注，对现实社会产生深刻影响。[①] 从"五一长假取消利弊之争"的民生话题，到"杭州飙车案"的司法公正，再到河南双汇"瘦肉精"的食品安全。这些网络舆论焦点话题，不仅吸引了公众的视线，促使事件在网上迅速传播，更使网络民意从该点发散开来从而影响整个事件的进展。

（二）网络舆论焦点的特征

1. 强大的冲击力。在短时间内引起网民广泛关注的事件或话题，一般具有极强的冲击力。如云南晋宁县"躲猫猫"事件中，这种低强度的幼儿游戏竟能致人死亡实在令人难以置信，自然引发了一场以"躲猫猫"为标志的舆论抨击热潮。而在"上海倒楼"事件中，钢筋混凝土的楼房却顷刻倒塌了，单单这一图片本身就已经足够引起大众的关注了。在网络传播过程中，事件或话题本身的冲击力是引发人们关注的首要因素，这一因素一旦通过网络加以传播，就会"催化"成为网络舆论的热点。[②]

2. 强烈的感染力。具有强大冲击力的事件还必须能够激发受众强烈的情感诉求，才能引发网民进一步的跟帖或发帖，推动焦点的形成。例如"长江大学三学生舍身救人"事件中，人们首先感动于几名大学生救人的义举，之后又被捞尸人索要钱财的丑行而激愤，进而引发网友的热烈关注和对正义道德的讨论，促使人们透过事件的外表去寻求其背后的原因与责任。

3. 迅速的传播性。网络本身的开放性与便捷性使得任何消息在网络上都可以得到迅速的传播。任何时间、地点发生的事件，都可以在第一时间传播出去，使人们能够更加迅速地了解周围世界发生的时事新闻，减少了在信息传播过程中可能出现的歪曲和失真。网民通过论坛、博客、QQ、BBS等个人或群体之间的途径，可以自发而随意发表自己的看法，有利于消除对事物认识的不确定性，大大降低了信息传播的成本，对社会的政治、经济、文化的发展起着直接的促进作用。

4. 网络信息过剩、难辨真伪。网络技术的迅速发展使人们进入了"信息爆炸"的时代，任何人只要拥有一台电脑，网络连接插口，都可以在网上发表个人言论；但同时，由于网络世界的虚拟性，人们可以隐藏个人的身份，发布过激

---

① 姜胜洪：《网络舆情热点的形成与发展、现状及舆论引导》，载《理论月刊》2008 年第 4 期，第 34～36 页。

② 王绍明：《网络舆论焦点的成因分析》，载《东南传播》2009 年第 10 期，第 57～58 页。

的甚至虚假的言论。在此次调查中，50.3%的网民认为网络上的热点事件或话题信息基本可信，而另外半数网民则表示对网络中的信息持怀疑态度。关于某一热点话题的网页、帖子成千上万，片面情绪化的帖子更是不计其数，于是，这种海量、繁杂的信息便造成了信息过剩、真假难辨的网络舆论。

（三）网络舆论焦点的类别

当前，我国经济发展正处于转型时期，随着市场经济程度迅速提高和改革进一步深化，网络舆论作为一种非正式的大众文化，其舆论焦点反映出复杂多样的社会利益关系，同时，也使一些人民内部矛盾日益凸显。在这样的条件下，网络舆论热点层出不穷，所涉及的地域、内容和影响力也非常广泛。无论是国际热点时事，还是国内热议话题；无论是群众关心的民生问题，还是各种政治决策和规划部署；无论是网民对突发事件的思想反映，还是对政治、经济、社会、文化发展的舆论动向，一经网络传播，就会立即引起网民关注，形成网络舆论热点。

以2007～2009年人民网舆情监测室对五大网络社区中热点事件的统计数据为例，我们对大众关注的十个网络舆论事件、话题进行了调查和分析，将网民们关注的热点事件和话题可分为以下十二个方面：政治政府类、公安司法类、社会管理类、经济民生类、国家民族类、社会道德类、生态环境类、科技教育类、文化体育类、娱乐八卦类、军事战争类和国际类焦点。其中，最受网民关注的五类话题分别是经济民生、社会道德、文化体育、"娱乐"八卦和政治政府（见图3-1）。

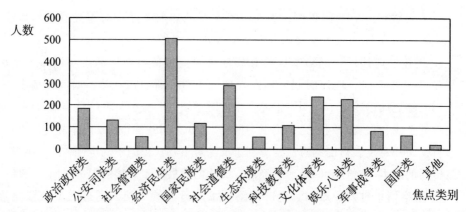

图3-1 最受网民关注的网络舆论焦点统计表

相对于其他事件，关系大众衣食住行的民生问题最能引发网民的回应，超过22%的网民最关注经济民生类话题，在所有调查的热点中高居榜首。从网友们热议"五一"长假是否应该取消，关注猪肉、汽油价格上涨的实际问题，到呼吁房价降低，建议费改税政策、养老保险制度改革等，网民们积极献言献策、表达心声，无一不反映了大众对于此类问题的关注。而诸如轰动一时"范跑跑"事件、舍己救人的长江大学三名大学生此类社会道德类热点通常也会引发受众的强烈关注和热议。另外，文体娱乐方面的新闻和话题也往往成为网民关注和谈论的热点。网络中大部分受关注的事件普遍反映出现实生活中的种种问题，公众对于贪腐、贫富差距、公权力运行、民生等问题日趋敏感和关注。网络舆论就像一面明镜，从一个事件映照出大众的意见，引发网民的情感共振，形成网络舆论力量。因而，网络热点不仅是国家管理部门了解民意的真实途径，更是引导舆论导向的关键领域。

二、网络舆论焦点的形成与发展

由于引发网络舆论热点的问题或事件本身及其变化发展规律，以及网民情绪等因素的影响，网络舆论在与现实产生互动的过程中，会以不同的方式经历一个形成、高涨和最终淡化的发展过程。[①] 以 2009 年网络中轰动一时的"杭州飙车案"为例，下面详细说明网络舆论焦点的形成过程。

（一）网络舆论焦点的起始

2009 年 5 月 7 日晚，年仅 20 岁的大学生胡斌驾驶三菱跑车在杭州市西湖区文二西路飙车，将正在过斑马线的 25 岁青年谭卓撞死。次日，杭州市《都市快报》率先对这一事件进行了报道。该报道中不但详细介绍了当时车祸的情况，还刊登了一张车祸现场肇事者与同伴勾肩搭背，嬉笑如常的照片。5 月 8 日下午 2 时，杭州市西湖区交警大队召开事故通报会公布了初步的调查结果，声称肇事车辆的速度为"70 码"，而不能确定死者是否走在斑马线上。警方的上述说法经媒体报道后，立即引发了舆论的轩然大波。"70 码"的说法遭到了网友的一致质疑，由此也成了"杭州飙车案"之后一系列争议的导火索。

（二）网络舆论焦点的持续高涨

1. 网络的开放性催化了焦点的生成。网络的开放性使得所有的受众都可以自由的在网络上发表自己的观点，也可以传播自己的信息。在"杭州飙车案"，除了当地媒体率先对该事件的报道之外，杭州当地的一个网络论坛也出现了一篇题为《富家子弟把马路当 F1 赛道，无辜路人被撞起 5 米高》的帖子。该帖子中

---

① 姜胜洪：《网络舆情热点的形成与发展、现状及舆论引导》，载《理论月刊》2008 年第 4 期，第 34～36 页。

详细介绍了当时的车祸情况并附有现场照片，引来大批网民关注和留言。之后很多网站和论坛相继转载了该事件的帖子，由于肇事者的"富二代"的身份背景和事后毫不在乎的反应，立刻成为了网民指责和关注的话题。

2. "意见领袖"和"追随者"推动焦点的强化。在网络媒体中，除了需要引发人们关注的"对象"之外，负责发表主导性观点的"意见领袖"和跟风表态的"追随者"也对网络舆论焦点的形成起着重要作用。在"杭州飙车案"，网友和杭州市民在自发悼念谭卓的同时，也对肇事者展开了"人肉大搜索"。一些网民曝光了肇事者胡斌及其父母包括姓名、职业、家庭住址、手机号、宅电等个人信息在内的相关资料。一位自称"最保守计算方法"的网民认为："跑车时速保守计算也在 89 公里以上。"爱好赛车的作家韩寒也在博客上发表了自己的看法："速度应该是在每小时 120 公里左右。"于是，更多的传言在网络上流传开来。"意见领袖"往往利用其较好的逻辑分析能力和文字表达能力，对网络事件进行强有力的回应；而"追随者"则通过对意见领袖的观点的点击、回复，将大众赞同的意见筛选出来，形成"焦点"，从而最终促成舆论的总体走向，[①] 而其他观点则渐渐沉没。

3. "群体极化"进一步强化了舆论的焦点。网络技术的迅速发展给舆论群体提供了一个新型的自由的交流平台，各种各样的论坛、BBS、社交网站应运而生，志同道合的网民可以结成不同的网络群体。在虚拟的网络世界中，人们的身份得以隐藏，这种群内同质化、群际异质化的群体聚集讨论就会容易造成群体舆论极化。"群体极化"是指"团体成员一开始即有某些偏向，在商议后，人们朝偏向的方向继续移动，最后形成极端的观点"。[②] 在"杭州飙车案"中，最初网民们一致对警方 70 公里的声讨，可以说是从正面推动了该案的调查和审理。而后来一些网民发帖声称庭审中出现的被告是肇事者的替身，进而引发了大众对司法执法公正的质疑，一时使"杭州飙车案"再次成为舆论的焦点。虽然最终证明替身的说法是子虚乌有，但"群体极化"还是难免在强化舆论焦点的同时使网络舆论偏离事实本身。

（三）网络舆论焦点的最终消落

当旧事件得以解决，原来关注的舆论热点便会慢慢冷却，最终沉寂下来，而新的事件又会不断地涌现出来。2009 年 7 月 20 日下午，杭州市西湖区人民法院对"5·7"交通肇事案进行了一审公开宣判，以交通肇事罪判处肇事者胡斌有

---

① 王绍明：《网络舆论焦点的成因分析》，载《东南传播》2009 年第 10 期，第 57～58 页。
② 屠忠俊：《网络传播概论》，武汉大学出版社 2007 年版。

期徒刑三年，至此"杭州飙车案"也告一段落，渐渐地退出了公众的视野之外。

作为主要的信息传播媒介，互联网已成为重要的思想舆论新阵地和舆论斗争的新领域。据人民网舆情监测室对 2009 年 77 件影响力较大的社会热点事件的调查发现，由网络爆料而引发公众关注的有 23 件，约占全部事件的 30%。[①] 也就是说，约三成的社会舆论由互联网而传播开来。特别是在传统媒体因为种种顾虑缺席或反应迟钝的情况下，互联网孤军深入，成为网民自发爆料和集结舆论的平台。公众不但可以使用网络传诵高尚感人的新闻事件，同时也可以揭露社会问题和社会现象，推动公共事务的处理和决策，发挥其巨大社会干涉作用和现实影响力。即使当前网络媒体中出现了很多批评和质疑的意见，但它仍是表达民意和广开言路的重要途径。网络舆论在坚持宣传正确舆论导向的同时，应着力营造积极、健康、向上的主流舆论，用正面宣传消解各种虚假信息和反动观点产生的不良影响。作为网民群体，应当在一些社会重大事件面前，采取审慎的态度，规范言行，寻求客观、真实、全面、公正，避免偏听偏信，避免误导社会视听。

三、网络舆论内容

目前，互联网已成为公众传递信息、表达意见、评议时政、释放情绪的主渠道。内容分析法在萌芽阶段就已经被用于信息传播研究，目前内容分析法在分析网络舆论信息方面更是大有用武之地。因为论坛是人们针对某一社会热点事件的自由辩论之地，而天涯论坛是国内最大、网民最集中的论坛，所以以天涯论坛的回帖为研究对象，采用内容分析法将文字的、非量化的网络舆论信息转化为定量的数据，对网络舆论信息的内容做客观、系统的研究。这一研究方法使网络舆论信息研究达到最大程度的系统性和客观性，增强研究成果的精密度和可信度。[②]

（一）研究过程说明

1. 样本资料来源。首先，依据前面调查获得的 12 类社会热点问题，通过网络搜索、开放式问卷甄选出 10 类社会热点问题的典型事件（如表 3－5 所示），让 100 个经常上网的网民在 5 点量表上对 10 类社会热点问题的事件就其"典型性"进行适合性打分（1 = "非常不适合"，2 = "比较不适合"，3 = "不确定"，4 = "比较适合"，5 = "非常适合"），最后经过统计，在每类社会热点问

① 祝华新、单学刚、胡江春：《人民网舆情监测室发布 2009 年中国互联网舆情分析报告》，载 http://yq.people.com.cn/htmlArt/Art392.html，2009 年 12 月 22 日。

② 吴世忠：《内容分析方法论纲》，载《情报资料》1991 年第 2 期，第 37～39，47 页。

题中选出最典型事件各 1 个，其时间跨度为 2009 年 1 月~2009 年 12 月。

表 3-5   样本情况统计

事件分类	事件举例
立法司法	躲猫猫事件
公共社会管理类	孙东东是怎样一种精神病
经济民生类	关于 2010 年房价走势
社会道德类	长江大学学生舍身救人
国家与民族形象类	新疆"7.5"事件
生态环境类	哥本哈根气候大会
政府政治类	新中国成立 60 周年大阅兵
教育类	杨元元自杀事件
娱乐八卦类	贾君鹏事件
国际类	索马里海盗威胁全球

2. 抽样原则。首先，由于天涯是目前网络上比较具有代表性的论坛，我们以天涯论坛里关于这 10 类社会热点问题的回帖为研究对象。其次，为了保证搜集的回帖包含实质内容，我们删除了那些无实质语义或内容一致的回帖。最后，将剩余的回帖收集起来，采用内容分析法加以分析。

3. "网络回帖内容"编码的维度。"网络回帖内容"是针对某一焦点事件所表达出的带倾向性的意见或言论。由于网络是个虚拟的公共空间，网民的身份是隐匿的，名字是虚设的，这使得网民在网上说什么、做什么没有道德束缚，"网络回帖内容"也就随心所欲、五花八门。针对此问题，我们首先采用开放式问卷，调查并确定了"网络回帖内容"的类型，然后请专家进行甄选修改，最终选出了"网络回帖内容"编码的四种维度：消极—积极维度、理性—情绪煽动性维度、虚假—真实维度、自我利益—他人利益维度。各维度回帖内容举例见表 3-6。

表 3-6   各个维度回帖内容的举例

社会热点事件（来源）	回帖内容（维度）
长江大学救人事件（天涯）	舍己救人，是一种高尚的美德。（积极）
杨元元事件（天涯）	分析得很到位！每个善良有同情心的人看了都会难过，谩骂的群众只是发泄下心头的不快。到底是谁逼死了一个为了生存苦苦挣扎，而且有上进心的高学历孝女呢？无可奈何啊。（理性）
索马里事件（天涯）	我们 1 个小 P 民，能干什么？洗洗睡吧！（消极）

社会热点事件（来源）	回帖内容（维度）
躲猫猫事件（天涯）	苦难的中国人民就在当权者的游戏中死亡。（情绪煽动性）
新疆7.5事件（天涯）	无耻暴徒，连孩子都不放过！（真实）
躲猫猫事件（天涯）	肯定是被打死的。（虚假）
2010年房价走势（天涯）	我老爸是教师，以前1 500元一个月，现在3 000元一个月，但每个月扣300元的绩效工资，发到手为2 700元，目前只发了1 500元的基本工资，另外1 200元的绩效工资还没有发，据说到年底政府补发。（自我利益）
长江大学救人事件（天涯）	"人家胃疼，关你什么事"还温乎着 现在应该是"人家落水，关你什么事"。（他人利益）

4. 分析单元。在分析过程中，以词干（theme）为归类单元。只要能完整表达一个目的或是意见的词句组合，都可称为词干。经过上述的类目整理分析归类后，每个类别事件下100条回帖，总共有1 000条回帖。从1 000条回帖中随机抽出15条回帖先进行预试的编码，由研究者和其他两位学生共同来检查。这样可以从彼此的统一度中得到本研究的信度。

利用评分员信度法检视评分者之间相互统一度及信度，求得平均互相统一度为0.65，信度为0.85。该结果为可接受的信度（大于0.8）。

（二）统计结果

1. 回帖的数量。本研究将社会热点事件的所有回帖（包括未选入分析的回帖数）的数量进行了整理，整理结果如表3-7所示。从表中可以看到社会热点事件在网上引起网民的关注程度，回帖数越大，排名越靠前，受关注程度越高。

表3-7　　　　　　　　　　整理前回帖数

社会热点事件	回帖数（条）	排序
社会管理类	17 221	1
教育类	5 121	2
社会道德类	3 535	3
生态环境类	1 112	4
公安司法类	1 041	5
国家民族类	600	6

社会热点事件	回帖数（条）	排序
娱乐八卦类	558	7
政府政治	509	8
国际类	480	9
经济民生	466	10

2. 回帖的内容类型总体分布情况。回帖的内容类型总体分布情况如表 3－8 所示。

表 3－8　　　　　　　　回帖内容类型总体分布表

回帖维度类型	回帖数	所占（%）
积极	90	9.0
消极	196	19.6
虚假	78	7.8
真实	92	9.2
自我的利益	73	7.3
他人的利益	7	0.7
理性	235	23.5
情绪	229	22.9

3. 不同事件下回帖的内容类型分布状况。本研究也考察了不同的社会热点事件下，回帖的内容类型分布情况，如表 3－9 所示。

表 3－9　　　　　　不同社会热点事件下不同回帖内容
类型的调查结果（单位：条数）

	立法司法	社会管理类	经济民生类	社会道德类	国家与民族类	生态环境类	政府政治类	教育类	娱乐八卦类	国际类
积极	1	2	6	4	17	30	18	4	1	7
消极	25	18	13	39	3	27	22	14	14	21
虚假	6	17	3	1	12	0	2	0	13	24
真实	11	7	21	6	2	10	7	12	14	2
他人利益	0	1	0	4	0	0	0	0	1	1

续表

	立法 司法	社会 管理类	经济 民生类	社会 道德类	国家与 民族类	生态 环境类	政府 政治类	教育类	娱乐 八卦类	国际类
自我利益	3	2	14	11	2	7	9	8	12	5
理性	25	18	26	15	33	17	18	34	29	20
情绪	29	35	17	20	31	9	24	28	16	20

理智、客观、积极的回帖可以使人从多个角度看问题，有助于了解事情的真相，但是那些虚假、情绪煽动性的回帖内容就会误导视听，使群体成员中原本已存在的错误倾向更加明显。表 3-9 显示，这种情绪煽动性的回帖主要反映在立法司法、社会管理类的事件之中，而虚假的回帖主要反映在国际类、娱乐类的事件之中。

随着互联网的推广和普及，论坛日益成为一个新闻集散地、观点集散地、民生集散地。近几年来，国内外几乎所有重大事件，都会在网络（尤其是论坛）中引起强烈的反响和激烈的辩论，并都能马上形成网络舆论，有的甚至会对相关的机构或公众人物产生巨大的舆论压力。

网络回帖隐含着民众的情绪情感，体现着民众的社会政治态度，这些回帖内容或许与网民自身毫无利益相关，但都足以形成强大的舆论压力，给事件相关单位和个人产生间接影响。因此，网民回帖行为的产生根源、发展态势以及可能导致的后果，都需要进行深层次的挖掘与分析，而决不能仅仅停留在表层现象上。网络内容分析法可以为深层次地挖掘舆论信息提供有力的方法支持。通过内容分析法，研究人员可以了解舆论信息涵盖的社会公共事件范畴、舆论信息的地区分布、舆论信息的具体内容和演变情况、所反映的民众情绪和态度等。由此，研究人员可推论出网络舆论信息传播主体的意图、态度和情绪的倾向性。研究结果表明，回帖信息内容在一定程度上反映了信息生产和传播者的倾向和意图。当然，网络上还存在着大量虚假、歪曲地反映社会事实和主流价值观的舆论信息，甚至还有少数别有用心的人在网络上散布虚假信息以达到误导舆论的目的。在这种情况下，通过内容分析法比较网络舆论信息与社会现实状况，可以对虚假信息追根溯源，净化网络环境。同时，利用内容分析法，对在特定时期内的社会热点话题的网民舆论信息内容进行跟踪，便可以得到舆论产生、变化的规律和趋势，做好时事监控。在不同发展阶段，通过行之有效的引导和调控，使舆情朝着积极健康方向发展，这些都对相关部门的决策有着重要指导意义。

第三节　网络舆论的载体与功能

当前，随着科学技术的迅猛发展，人们有越来越多的网络载体来表达他们对各种社会事件、公共问题等的看法和意见。载体的丰富也推进了网络舆论的快速发展，使得我国网络舆论呈现空前繁荣的景象。各种网络舆论载体的力量对比也在悄然发生着变化，以微博、论坛、人人网等为代表的新兴舆论载体的作用日益突出，传统的博客、门户网站的影响力降低，网络舆论的载体形式不仅多样化、多元化，而且更加便捷和高效。

一、网络舆论载体的概述

网络舆论载体（network public opinion carrier）主要是指在一定的社会空间内，人们表达他们对社会事件带有倾向性的意见和看法的各种网络渠道。这里的各种网络渠道就是网络舆论的载体。现今，网络舆论载体种类繁多，大体上可以分为以下几种类型：

（一）网络舆论载体的种类

1. 综合网站类。网站一般可以分为政府网站、企业网站、商业网站、教育科研机构网站、个人网站、其他非营利机构网站以及其他类型等。

由于国家新闻媒体网站和各大门户网站的信息很全面和丰富，他们一般都是综合类的，有新闻评论、邮箱、博客、论坛等，因而较其他几种类型网站更容易被人所关注。其主页丰富的信息使得人们有更多的机会接触各种新闻和热点事件。

2. 论坛。论坛又称为 BBS，全称为 Bulletin Board System（电子公告板）或 Bulletin Board Service（公告板服务）。它提供一块公共电子白板，每个用户都可以在上面书写，用户可以获得各种信息服务，发布信息，进行讨论，聊天等。它的交互性强，内容丰富，人们可以发帖，也可以跟帖来发表自己的看法。

3. 视频网站。视频类网站也是我们前面说的网站里的一种，这里我们将它单独提出是因为它的独特性——视频类信息。相对于其他的网络舆论载体而言，视频载体是最直观、最直接、最形象的。人们可以真切地感受事件的真实性。但是由于种种原因，使得各种不雅事件的视频也频繁出现在网络中，产生了极其不好的影响。这也在一个方面给我们的网络舆论监管提出了警示。

4. QQ、MSN 等。QQ 是一款基于 Internet 的即时通信软件，QQ 支持在线聊天、视频等多种功能。人们可以根据自己的需要、兴趣建立各种 QQ 群，QQ 群是一个聚集一定数量 QQ 用户的长期稳定的公共聊天室，成员可以互相通过语音、文字、视频等方式互相交流和讨论。

MSN 全称是 Microsoft Service Network（微软网络服务），是种即时消息软件，它可以与亲人、朋友、工作伙伴进行文字聊天、语音对话、视频会议等即时交流。

不管是 QQ 还是 MSN，它们的即时性、互动性都很强，传播范围广泛且迅速。

5. 贴吧。贴吧是一种基于关键词的主题交流社区，它是与搜索紧密结合的，能够准确地把握用户需求，通过用户输入的关键词，自动生成讨论区，使用户能立即参与交流，发布自己感兴趣话题的信息和想法。

6. 社交类网站。在最近一两年里，社交类网站在我国开始呈现蓬勃发展的趋势。社交网站又称为 SNS（Social Network Site）网站，指用户基于共同的兴趣、爱好、活动，在网络平台上构建的一种社会关系网络。SNS 网站是依据美国著名社会心理学家米尔格伦（Stanley Milgram）的六度理论而建立。六度关系理论认为，在人际脉络中，要结识任何一位陌生的朋友，这中间最多只要通过六个朋友就能达到目的。就是说你想认识一个人，托朋友、找朋友、找认识他的人，之间不会超过六个人。社交网站重点强调的是人们的社会交往，不同于现实生活中的社会交往，它使得人们交往的成本比较低，门槛低，并且没有时间和地域的限制。

7. 博客和微博。"博客"（Blog 或 Weblog）一词源于"Web Log（网络日志）"的缩写，是互联网上新的发展潮流，是继 Email、BBS、ICQ（IM）之后，出现的第四种网络交流方式。在博客广泛流行后，微博客悄然而生。微博客是一种非正式的迷你型博客，是最近新兴起的一种可以即时发布消息的系统。微博客的一个特点在于这个"微"字，一般发布的消息只能是只言片语，每次只能发送 140 个字符。

（二）网络舆论载体的特征

从上面介绍的不同种类的网络舆论载体来看，每一种载体都有其独特的特性，但不难看出它们之间都有共同的特性。首先，这些载体都紧随科技的进步而不断发展。其次，载体形式多样化、多元化。在互联网刚刚进入中国时，论坛是最主要的网络舆论载体，随着发展，载体形式逐渐丰富，从 QQ、博客到现在的微博等。再次，各种载体的信息量都很大，时效性都很强。最后，各种载体都强调了网民之间的互动。

(三) 网络舆论载体的规模

中国互联网络中心在 2009 年发布的调查得出，[①] 截至 2008 年年底，中国的网站数，即域名注册者在中国境内的网站数（包括在境内接入和境外接入）达到 287.8 万个，较 2007 年增长 91.4%。截至 2008 年年底，中国网页总数超过 160 亿个，较 2007 年增长 90%。截至 2008 年 12 月底，2008 年交友网站较 2007 年有较大规模的增长，目前使用率达到 19.3%。截至 2008 年 12 月底，在中国 2.98 亿网民中，拥有博客的网民比例达到 54.3%，用户规模为 1.62 亿人。在用户规模增长的同时，中国博客的活跃度有所提高，半年内更新过博客的比重较 2007 年年底提高了 11.7%。2008 年年底即时通信（如 QQ、MSN 等）应用的使用率为 75.3%。

二、获得信息的载体

网络舆论关注的主体人数众多，地理位置分布分散，工作岗位各不相同，社会阶层也存在差异。将这些散布在各个网络服务器端口的网民粘合在一起关注同一事件的核心便是网络上传播的信息。网络舆论产生的一个重要前提就是网络关注事件信息的获取。网民如何获取社会事件的信息，在什么网络平台上获取，和什么样类型的网民交流，交流的特点是什么样的，都将影响同一客观事件在每个网民身上如何认知、形成印象，如何产生态度，以及如何应对。

对网络舆论载体的调查结果表明：大型门户网站、QQ 群、国家官方新闻媒体网站以及大型论坛是网民们获取新闻信息的主要渠道（参见图 3-2）。其中，有 1 771 名网民（总人数的 79.7%）选择网易、新浪、搜狐等大型门户网站作为主要的信息渠道。网民不但可以通过门户网站查询信息、收发邮件、创建个人主页、阅读新闻，还可以发布公告、讨论聊天、炒股购物、游戏娱乐。不难看出，集成了多样化信息咨询和服务的综合性门户网站，已经以其独特的新型媒体地位吸引了越来越多网民的目光。作为使用最广泛的聊天交流工具的 QQ 也受到网民的青睐，共有 32.5% 的网民使用 QQ 群了解网络新闻或事件。QQ 用户可以使用群 BBS、相册、共享文件等多种方式进行沟通和交流，在保证了即时性的同时，也增加了参与性和互动性。

---

① 第 23 次中国互联网络发展状况统计报告。

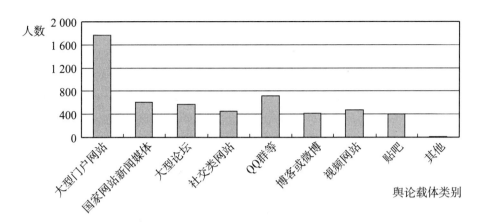

图 3 - 2　网络信息获取途径的分布图

　　调查结果表明：分别有 27.4% 和 25.7% 的网民选择了国家官方新闻媒体网站和大型论坛作为其获取信息重要渠道。新华网和人民网等重点新闻网站，在网络新闻报道中倡导"以人为本"，一贯坚持正面报道为主，不附庸随逐，也不恶意炒作。高度的社会责任心和舆论导向定位给新华网、人民网等国家官方新闻媒体网站树立了良好社会形象，同时也营造了良好的舆论环境，因而也成为海内外网民寻求权威、真实和客观信息的重要渠道。另外，论坛的趣味性、便捷性、互动性等特点，为网民们都提供了即时互动交流的平台，自然也成为网民获取信息的来源之一。

　　除去以上四种主要的信息来源渠道，受众最多的几种舆论载体依次为视频网站、社交类网站、博客和贴吧。调查中共有 470 名网民（占调查总数的 21.2%）从土豆网、优酷网等视频网站获取社会热点事件或话题，浏览或分享视频作品。共有 448 名网民（占调查总数的 20.2%）也使用校内网、开心网等社交类网站了解舆论热点，这类网站互动性强，传播性快，通过用户之间的交流达到传播新闻事件的目标。博客（18.7%）、贴吧（18.3%）作为新型的网络媒体也成为受众欢迎的舆论传播渠道之一。网民不但可以利用博客进行纯粹个人思想的表达和日常琐事的记录，还可以对公共事件发表意见和评论。而贴吧作为另一种主题交流社区，使用户可以发布自己感兴趣话题的信息和想法，与他人交换意见和看法，因此也得到广泛的使用。

　　此外，还有少部分网民通过手机新闻、传统的报纸、百度新闻等了解舆论时事。伴随着近年来网络媒体迅速发展和网民数量的急剧增多，网络舆论载体也呈现出多样化的趋势。

三、信息发表载体

当前发表信息载体形式多样，本调查中，将信息发表载体归纳为四种：发布信息网络载体、争议公共事件可信载体、不满情绪发泄载体和亲身经历事件发布载体等。

（一）发布信息网络载体

通过调查我们发现，在自己博客、论坛、他人博客三个选项中，超过半数的人选择了论坛发表意见，有近 1/3 的调查者选择在自己的博客中写评论，只有 2.6% 的网民选择在名人博客中发表评论（见图 3-3）。

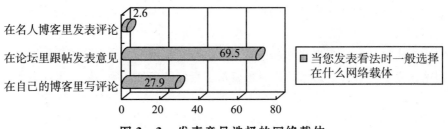

图 3-3　发表意见选择的网络载体

同时，27.9% 的网友选择在自己的博客中发表对社会热点事件的评论。这部分网民参与网络互动的广度有限，书写评论的行为更多是个人行为，目的主要不在于寻找相同意见者，或者参与网络舆论对抗。其对网络舆论的影响相对要小。

（二）争议公共事件可信载体

本次调查结果显示（如图 3-4 所示），来自论坛的信息最被网友推崇。有 41.4% 的网友认为来自论坛方面的事件相关真相披露最为可信。除开论坛网络载体，官方公布的解释说明在网民心中的可信度达到 26%，要高于门户网站记者的采访结果（17.5%）与著名新闻评论人的博客、微博的评论及分析（15.1%）。在网民看来，有争议事件的真实信息需要最接近事情本身的信息源，著名新闻评论人虽然在政治、经济、社会等问题上的看法更深刻和全面，但对于"躲猫猫"、"邓玉娇案件"等个别突发事件却没有信息可靠性上的优势。门户网站的记者采访结果虽然能够接近当事人，但相比论坛的披露缺乏现身说法的真实感，也缺乏官方公布的权威性。

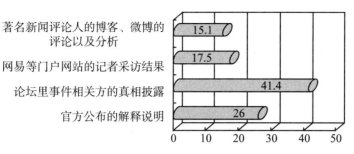

图 3 - 4　对网络舆论载体的信任度

（三）不满情绪发泄载体

本次调查显示，52.7%的网民选择在网络以外和朋友交流，21%的网民选择门户网站的投票方式，16.5%的网民选择论坛的渠道，5.4%的网民选择新闻网页的评论途径，4.4%的网民选择其他途径。结果表明超过半数的网民并没有在网络上发泄不满情绪的习惯，而是倾向于在网络以外的生活中和朋友交流谈论。在网络中发泄情绪与表达意见的最大比重人群选择的是在门户网站参与投票（21%）。

（四）亲身经历事件发布载体

调查结果显示，高达71.4%的被调查者在自己亲身经历热点事件时仅仅会私下谈论这件事；15.1%的被调查者选择去自己的博客空间写日志谈论；10.2%的被调查者选择去论坛披露这件事，还有3.3%的被调查者选择联系新闻网站披露。也就是说和对于公共事件的不满情绪相同，绝大多数网友选择在私人生活圈子或私人博客中发表对自己亲身经历的热点事件的看法，而只有不到15%的网友倾向于向网友大众披露事件，同时，结果也显示很少网友选择联系新闻网站作事件的报道载体，而是选择论坛这一载体自行报道，说明网友在网友舆论中的自主参与度与参与的控制权掌握度都较高。

四、网络舆论载体的功能

随着科学的进步，网络舆论的载体形式会越来越多，但这些不同形式的载体的影响力如何？

我们对网络舆论的社会调查发现，接受问卷调查的2 222人，有2 122人对网络舆论载体的影响力作出回答。超过三成的人认为"回帖数量大点击率高的

113

帖子"的影响力最大，这也可以从一个角度说明人们更愿意相信网络舆论大众的判断，这也符合网络舆论传播范围广泛的特点。同时这也反映了网络舆论在一定程度上的从众心理，人们会根据回帖的数量和点击率的高低来对某事进行关注，而不是对事件本身的关注。网络舆论的影响力也会受到年龄、性别、职业和收入等各种因素的影响。这种影响力分布的扩散也反映了当今人们网络舆论的自由度和个性化，网络提供了一个广阔、自由的平台给予大众表达他们对各种社会事件或其他问题的看法和意见。由于网络舆论载体的种类和数量众多，因而人们的选择具有多样性。

根据中国社科院发布的 2010 年社会蓝皮书，[①] 人民网舆情监测室对 2009 年里的 77 件影响力较大的社会热点事件进行分析，表明约三成的社会舆论因互联网而兴起。而网络舆论载体的蓬勃发展也给社会舆论的表达与传播提供了有利的条件。

回顾 2009 年引起人们广泛关注的社会热点事件，我们不难发现网络舆论载体在舆论的表达和传播上起到的重大作用。如跟帖过万份的热点事件——湖北巴东县"邓玉娇案"是 2009 年网络热点排行榜的第一名。还有如杭州"飙车案"、湖北"石首骚乱"、2009 年"央视新址大火事件"等都在网络上引起广泛的关注。

观察最近这几年的网络舆论发展不难看出，各种网络舆论载体在社会热点事件的形成和推进起到很大的影响。一方面，在涉及公民权利保护、公共权力监督、公共秩序维护和公共道德伸张等一系列重大社会公共问题上，网民的表达意愿和参与意识持续高涨，踊跃发表自己的看法和建议，这也体现了人民参与度的一种提高，也有助于监督各职能部门，也促进了一些社会问题的解决。但在另外一方面，也容易产生各种"非理性情绪"，如各种社会突发事件的产生，也可能造成对社会的潜在性破坏。因此，我们需要理性地看待各种网络舆论，也应当理性地运用各种网络舆论载体表达自己的诉求。

第四节　网络舆论对个人和社会的影响

很多国内外重大事件大多能通过网络引起大众对这些事件广泛的参与和讨论，使网络成了一个"意见自由市场"。近几年的网络热点事件已在不同程度上说明了网络舆论对个人心理与行为的影响和对社会发展的影响。

---

① 汝信、陆学艺、李培林：《2010 年中国社会形势分析与预测》，社会科学文献出版社 2009 年版。

此次调查表明，有 21.9% 的网民认为，网络舆论对社会公众的影响非常大；55.3% 的网民认为影响大；20.1% 的网民认为影响一般；2.2% 的网民认为影响很小；0.6% 的网民认为没有影响。同时，在接受调查的网民中，有 55.5% 的网民认为，当前我国的舆论对公众的影响是积极和消极相当，34.7% 的网民认为积极大于消极，9.8% 的网民认为积极小于消极。从总体来看，网络舆论对公众的影响较大，且以积极影响为主。从影响范围来看，网络舆论对日常生活的各个方面都产生了不同程度的影响：6.2% 的网民认为网络舆论对家庭生活产生了较大的影响；44.1% 的网民认为网络舆论对工作或学习产生了较大的影响；16.9% 的网民认为网络舆论对人际交往产生了较大的影响；11.9% 的网民认为网络舆论对个人消费产生了较大的影响；20.9% 的网民认为网络舆论对个人爱好产生了较大的影响。

一、网络舆论对个体态度的影响

人们对事物的认识往往是以态度（attitude）为基础的。外界的事物会对人的态度产生影响，态度反过来又会影响对事物的认识。在心理学中，态度是主体对客体的一种内在的和相对稳定的评价性心理结构，它以主体对客体的认识为基础，表现为主体对客体的一定程度的喜好（积极/肯定）或厌恶（消极/否定）的情感，并对主体的行为产生导向作用。[①] 态度由认知、情感和行为三个重要成分组成，认知成分指个体对于态度对象的想法，包括了解的事实、掌握的知识以及持有的信念等；情感成分是个体对态度对象的情绪与情感体验和评价，行为成分指个体对于态度对象的具体行为或行为倾向。

（一）网络舆论对网民认知的影响

1. 网络舆论对网民自我认识的影响。此次调查表明，9.1% 的网民认为网络舆论对自身认识非常有帮助，72.4% 的网民认为有一定帮助，15.9% 的网民认为帮助不大，2.5% 的网民认为没有帮助，从整体数据来看，网络舆论有助于网民对自我的认识。这种对自我认识的改变不仅表现在网络交流可以让人们反思自己已有的价值观，也表现在适当的时候调整自己的观点。当网络舆论中所表达的观点与自身不一致时，有 68.0% 的网民会"适当调整自己原有的观点"，有 29.2% 的网民会"坚持自己原有的观点"，还有一小部分网民会"顺应网络舆论"。

2. 网络舆论对网民社会认识的影响。在网络上获取信息和交流观点对网民

---

① 佐斌：《社会心理学》，高等教育出版社 2009 年版，第 123～124 页。

对社会的认识方面也会产生一定的影响。此次调查数据表明，当问到"在网络上获取信息和交流观点时，您对社会的认识有哪些方面的变化"，49.3%的网民认为，网络交流可以使自己对社会的认识更加客观。

网络以其独有的开放性、匿名性和互动性满足了人们表达民意的需要，通过网络舆论的形式表达自己对民生、司法、反腐等社会热点事件和热点问题的态度或看法。这其中，混杂了社会各阶层人们的声音，各种价值观交织在一起，人们可以听到与自己相同或截然相反的意见。一方面，网络舆论可以让人们更加全面客观地看待这个多元化的社会；另一方面，各色信息使得人们很难做出自己的判断，也让人们很难确定自己的价值取向。

（二） 网络舆论对网民情感的影响

网络环境影响了网民的情感表达方式。社会中的矛盾不能在现实社会中得到及时化解，民众表达民意的渠道有限，有一部分网民在现实社会中遇到一些挫折，会将网络作为发泄个人情绪的窗口，网络就成了网民排解个人情绪的途径。尽管在网络中的个人情绪的发泄容易造成网络舆论的非理性表达，但对个人心理压力的调节还是起到一定积极作用的。网络舆论的客体都是来自于现实社会中，网络舆论是现实社会舆论的折射，网民的过激言论在某种程度上也可以说是对现实生存状态种种不满的补偿性宣泄。[①]

参与此次调查的网民在发表个人观点和看法的同时，都受到理性情感因素的影响，并且大部分网民能够清楚地意识到这一点。当问及"如果您在网上发表观点或评论时，您会宣泄个人的情绪吗"，有20.2%的网民认为自己在网上发表观点时不会进行个人情绪的宣泄；大部分网民对自己在网络上的情绪表达都有一定的自我控制能力，其中适度宣泄占38.0%，轻微宣泄占39.4%，强烈宣泄的只占2.4%。这其中，学历层次越高，在网上发表观点时的宣泄程度越高，其中又以本科学历的学生宣泄程度最高。

（三） 网络舆论对个体行为意向的影响

态度具有对行为的动力和指导作用。态度的行为意向成分是个人对态度对象的反应倾向即行为的准备状态，但意向还不是行动本身，而是做出行动之前的思想倾向性。网络舆论的强大影响力会对人的行为倾向产生影响，此次调查显示，当问到"您在现实生活中会按照网络舆论中所宣传的观点和方式去实践吗"，

---

① 牛新权：《网民主体心理特征及网络传播特点分析》，载《政工研究动态》2009年第16期，第8~10页。

70.4%的网民回答"有时会";26.2%的网民表示"不会";有3.4%的网民回答"肯定会"。尽管网络舆论会对行为意向而不是具体的行为产生影响,但应注意引导网络舆论的导向,加强网络舆论监管,防止网络舆论误导人们在现实中的行为。

二、网络舆论对社会心理与行为的影响

(一) 网络舆论与民意

民意即民众意愿或公众意见 (public opinion),是社会上大多数成员对相关公共对象或现象所持有的意见、情感和行为倾向。近几年来的网络热点事件表明,网络已成为重要的舆论场所,是转型期民意表达的渠道。[①]

1. 网络舆论成为民意表达途径。网络已成为人们日常工作和生活的重要组成部分。随着网络的迅速普及,网络的便利性和匿名性使得网民可以利用网络自由表达对社会热点事件的看法和意见等。网络已成为网民表达民意、政府了解民意的一条重要途径。

2. 网络舆论基本上能反映民意。舆论是基于民意而存在的,网络舆论是网民意见的表达和体现,但舆论和民意有时也不完全一致。调查显示,4%的网民认为当前的网络舆论能完全反映和代表民意,68.6%的网民认为基本上能反映和代表民意,25.6%的网民认为网络舆论对民意的反映较少,仅1.8%的网民认为不能反映或其他。

3. 网络舆论中所表达的民意的特点。(1) 网络舆论所代表的民意是有偏性的。[②] 网络舆论是民意的一种表达形式,但网络舆论所代表的民意是有偏性的,因为网络人口群体本身是有偏性的。据报告显示,[③] 2009 年,我国81.9%的网民是 10~39 岁的青年人,72.2%是城镇网民,网民的收入结构和学历结构也不平衡。其次,只有部分网民才会经常在网络上发帖、跟帖,是网络舆论的主体,而其他网民上网并非参与形成网络舆论。再者,网络舆论虽反映了部分网民的意见与态度,但同时也受到其他各种因素的影响,如意见领袖的影响,"沉默的螺旋"效应的影响,媒体等机构的控制手段的影响等,甚至网络舆论有时还可能

---

① "邓玉娇案"引发网络舆论热议,网络成民意表达渠道,http://news. sina. com. cn/c/sd/2009 - 06 - 23/102718076254. shtml。

② 任远:《理性认识网络舆论的现实民意表达》,载《探索与争鸣》2006 年第 9 期,第 11~12 页。

③ 中国互联网络信息中心:第 25 次中国互联网发展状况统计报告,2010 年。

受到少数人的故意操纵。[1]（2）网络舆论中民意的理性和非理性表达。[2] 网络舆论是一把"双刃剑"。网络舆论可以推动公共事件的解决，影响公共政策，也可以揭露社会阴暗面，实现网络舆论监督，这些都是民意的理性表达。但人们在网络中的意见陈述和态度表达会带有情绪性和非理性。例如，部分网民的言辞过于激烈，发泄情绪，谩骂攻击，使用暴力语言等，在表达自己观点时可能会忽略社会责任和道德，加上从众等心理因素的影响，非理性的网络民意表达很容易造成群体极化现象。

（二）网络舆论对价值观的影响

谭伟[3]提出网络舆论是网络舆论的主体对客体的认识意见和评价，本质上来说是网民的集体利益和意志的体现，并按照主流价值观的标准来评价或改造舆论客体。网络舆论产生的过程使不同教育背景、不同价值观、不同世界观、不同意识形态的网民具有尽可能大的共同性。尤其是涉及社会民生、经济法律等敏感事件往往会成为国民关注的焦点，深刻而持久的影响着人们的价值观。

1. 网络舆论对个体价值观影响的年龄差异。很多学者认为，年轻人是最早接触和接受互联网的群体，高度开放的个性使得他们乐于追求新事物，尝试新体验。[4][5] 因此，与其他年龄群体相比，年轻人更容易接受网络舆论中的价值观影响。调查得到了类似的结论：当网络舆论中所表达的观点和自己的观点不一致时，25 岁以下的年轻人中有 73.9% 的人表示会适当调整自己的观点或完全顺应主流网络舆论；而 25 岁到 35 岁的成年人中，有 68.2% 的人表示会适当调整或完全顺应；但 35 岁以上的成年人中仅有 66.4% 的人会适当调整或完全顺应。卡方检验结果年龄差异也显著，$\chi^2 = 13$，$df = 4$，$p < 0.011$。以及当问及"您在现实生活中会按照网络舆论中所宣传的观点和方式去实践吗？"时，年龄的卡方检验结果仍显著 $\chi^2 = 22.194$，$df = 4$，$p < 0.001$。表明随着年龄的增长，个体固有的行为模式越难以改变，网络舆论对其行为的影响较小。从而间接说明随着年龄的增长，网络舆论对个体的价值观世界观的影响日益减弱。

---

① 彭兰：《关于中国网络舆论发展中几组关系的思考》，载《国际新闻界》2009 年第 12 期，第 75 ~ 80 页。

② 陈肖秋：《网络舆论与民意表达》，上海外国语大学 2009 年版。

③ 谭伟：《网络舆论及其对大学生"三观"的影响》，载《湖南科技大学学报（社会科学版）》2004 年第 1 期，第 125 ~ 128 页。

④ 丁琳：《网络舆论的引导与调控》，载《贵州民族学院学报（哲学社会科学版）》2008 年第 2 期，第 101 ~ 104 页。

⑤ 杨金铭：《网络文化对大学生心理健康的影响及应对策略》，载《佳木斯大学社会科学学报》2007 年第 3 期，第 121 ~ 122 页。

2. 网络舆论对青年价值观塑造的影响。正如前文所提到的，青年人更容易接受网络舆论所蕴含的价值取向，是形成其价值观世界观的重要来源。调查发现，25 岁以下的年轻人中，97.8% 的人认为网络上的互动与交流有助于提高对自身的认识。首先，网络舆论具有强大的意识形态教育功能，能提高自我认识，树立正确的价值观和人生观。其次，网络舆论本身反映了某些社会群体的政治立场、世界观、价值观等意识形态，因而对青年价值观的形成具有十分重要的导向作用。再者，网络舆论锤炼了价值观构建的强度。人们在接受网络海量信息的狂轰滥炸时也不得不强化自身价值观的复杂度和强度，以适应接纳各种不同甚至是截然相反的价值取向，从而建构出了更复杂而多样的价值观。

然而，青年的这种较强的可塑性也导致他们对隐含有错误价值观取向的信息辨别力较弱，抵抗力较差，易引发情绪化网络舆论。当问及"如果您在网上发表观点或评论时，您会宣泄个人情绪吗？"35 岁以上的成人中有 36.1% 表示自己不会宣泄，25 岁到 35 岁的成人有 20.9% 表示不会宣泄，而 25 岁以下的年轻人表示不会宣泄的比例更低，仅只有 16%。卡方检验 $\chi^2 = 50.919$，$df = 6$，$p < 0.001$，表明随着年龄的增长，民众更加内敛，能更为理智客观地看待世界，对网络信息的分辨能力更高，不容易受他人蛊惑，情绪性言论较少。

3. 网络舆论在社会控制的条件下对价值观的影响。监管力度不同，网络舆论对个体价值观的影响也不同。按所感知到的网络监管程度的不同将被试划分成为监管力度高中低三种，在问及"当网络舆论中所表达的观点和您的观点不一致的时候，您会因为舆论导向和舆论压力而改变自己原有的观点吗？"时，感知到监管力度高的人中有 68.1% 表示会适当调整或顺应网络舆论；而感知到监管力度低的人也有 64% 表示会适当调整或顺应网络舆论；但感知到中等监管力度的人中有 73.3% 表示会适当调整或顺应网络舆论。卡方检验的结果显著，$\chi^2 = 13.561$，$df = 4$，$p = 0.009$。以及当问及"您在现实生活中会按照网络舆论中所宣传的观点和方式去实践吗？"，也得到了相同的结果，卡方检验结果也显著，$\chi^2 = 31.987$，$df = 4$，$p < 0.001$。这些数据表明所感知到的监管力度对价值观的改变难易程度具有调节作用。不论是监管力度高还是低，都不利于网络舆论对个体价值观进行改造。只有适中的监管力度才能最大可能的塑造个体价值观，引导构建社会主义核心价值观，形成积极向上的网络舆论氛围。

（三）网络舆论对大众心理的影响

网络舆论对大众心理上的影响主要表现为选择心理、交流沟通心理、情绪宣泄、自我实现心理以及群体心理。

1. 选择心理。受众的选择心理认为，受众倾向于有选择地接触那些能够加强自己信念的信息，拒绝那些与自己固有观点相抵触的信息。[1] 网络受众的"选择心理"对"受众主导化"的发展有重要的作用。[2] 而这种选择性地获取信息方式逐步改变着受众的认知方式和知识结构。在调查中有90.7%的受调查者表示对点击率和跟帖数量高的热门话题会关注，其中8.3%的受调查者表示关注并参与讨论，82.4%的受调查者表示关注并注意浏览，只有9.3%的表示不太关注。

2. 交流沟通心理。人的交流沟通心理是一种原始的心理诉求。在这个时代，现代人的交流沟通心理更为迫切。网络舆论主体的开放性、隐匿性、网络舆论的快捷传播以及在线互动使个体间交流的自由度扩大，进一步推动了网络舆论的发展。

3. 情绪宣泄、寻求寄托心理。网络交往之所以吸引人，其最根本的心理动力机制是能够满足人们的各种欲望，是人们寻求寄托和宣泄情感的绝佳途径。

4. 自我实现心理。以面对面为主要特征的现实社会人际交往存在种种"认知偏差"，这就使得人们难以客观地判断人和了解人，因此一些先赋条件处于"劣势"的人由于自我表达有限，难以被现实社会客观看待。而网络则给他们提供了展现自我、实现自我的平台，通过在博客、空间、论坛等载体上的展示和交流，使他们能引起广大受众的关注，从而获得成就感。

5. 群体心理。"聚集成群的人，他们的感情和思想全部转到同一个方向，他们自觉的个性消失了，形成了一种集体心理"。[3] 在互联网上容易形成一个又一个群体，不受时间和地域的限制，只要志趣相同、观点接近就可以聚集到一起，形成心理趋同的群体。

群体的心理具有感染性、从众心理和情绪化三大基本特点。感染性是指群体成员之间的行动和语言容易相互感染，并在特定的氛围中忘记自我、情绪冲动，不自觉地融入到群体所营造的氛围之中。从众心理是指在网络群体中，网民之所以不畏惧失去自我，心甘情愿地服从群体。在本次问卷调查中，高达70.9%的网民表示在网络舆论导向和压力的情况下会完全顺应网络舆论或调整自己的原有观点。另外，网络群体中的情绪很容易由"舆论领袖"引导。互联网上的信息高度丰富，观点多种多样，只有极端的、奇特的、激烈的观点才会得到关注。这是一些人语不惊人誓不休的原因所在，于是在互联网这一高效舆论增倍器的作用下，非理性舆论更加凸显出来。[4] 调查发现不管是哪个年龄段，会发表带有个人

---

① 威尔伯·施拉姆、威廉·波特：《传播学概论》，新华出版社1984年版，第161页。
② 周丹丹：《网络受众心理行为研究》，载《南都学坛》2008年第3期，第86~87页。
③ ［法］古斯塔夫·勒庞，冯克利译：《乌合之众》，中央编译出版社2005年版，第10~12页。
④ 刘正荣：《从非理性网络舆论看网民群体心理》，载《现代传播》2007年第3期，第167~168页。

情绪的言论的人占绝大多数。

（四）网络舆论对大众行为的影响

网络行为是一种有意识、有目的的活动，是自身生理、心理和社会因素相互作用的产物和表现。网络舆论对网民的生活方式、工作学习、人际交往和兴趣爱好等方面都会产生很大的影响。

1. 网络舆论对网民生活方式影响的程度。关于网络舆论对网民生活方式影响程度的调查表明，有 3.4% 的网民表示在现实生活中肯定会按照网络舆论中所宣传的观点和方式去实践；70.6% 的网民表示有时会实践；只有 26.0% 的网民表示不会按照网络舆论中所宣传的方式去实践。这说明网络舆论对人们现实中的生活方式会产生了较大的影响。

2. 网络舆论影响网民日常生活的具体内容。关于网络舆论影响网民日常生活的调查表明，有 6.2% 的网民认为网络舆论对他们的家庭生活产生了较大影响；44.2% 的网民表示对其工作或学习产生较大影响；16.9% 的网民认为对其影响较大的是人际交往；11.9% 的网民表示对其个人消费产生较大影响；20.8% 的网民表示对其影响更大的是业余爱好。这说明网络舆论扩宽了网民的视野，增大网民的信息量，给人们工作学习带来了方便快捷。同时由于网络交往可以充分展示自我，宣泄情感，自主地扮演和转换角色以及归属心仪的群体等原因，所以其对大众的人际交往产生了较大影响。

三、网络舆论的社会压力

（一）网络舆论社会压力的形成

从心理学角度看，压力（stress）是个体对于压力源和压力反应的一种认知和行为体验，是真实存在的或人们知觉到的心理社会压力。

网络舆论造成的社会压力，不仅仅是言论自由汇集产生的群体心理压力的现实化，而且网络舆论的广泛性和匿名性，网民言论的理性与非理性，网络信息的不确定与更新迅速等特性，使其不像压力对个体作用那么具有单一破坏性，网络舆论压力可以促进事件向好的方向发展，同时也会给当事人产生诸多心理压力。网络舆论的社会压力作为网络自由言论的直接产物，是网民舆论群极化的无形约束力，也是网络舆论最具影响力的核心内容。它以网民意见为载体，通过互联网的传播，使流动的意见在短时间内形成舆论风暴，并对事件结果产生一定影响性的网络舆论压力。网络舆论压力可以促进事件想纵深发展，也可能会给当事人产生诸多心理压力。

（二）网络舆论的社会影响力

网络舆论的社会压力相比于舆论本身有更大的杀伤力和影响力，在每一个热点事件的背后，这种自由言论以势不可挡的趋势直接或间接地影响着事件结果。

1. 网络舆论社会压力的正效应。（1）加强舆论监督与司法公正。部分重大事件在舆论压力的道德审判下，无论是肇事者，还是煽动者，都受到了应有惩罚。网民虽然不能亲自通过司法渠道捍卫自己的知情权，但强大的舆论压力无疑让事件真相的揭露时间尽可能缩短。"杭州飙车案"在几天时间内引发了社会舆论的广泛关注，演变为一起社会公共事件，并对司法审判形成不同程度的舆论压力。（2）推进政治民主与反腐倡廉。就道德而言，大部分舆论压力都以某种价值观为指引，激发人们对社会公平、正义等价值观的诉求。网络舆论的压力像"星星之火，转瞬燎原"。原南京市江宁区房产局局长周久耕，2009 年 10 月因受贿 100 余万元，被南京市中级人民法院一审判处有期徒刑 11 年。正是网民通过"人肉搜索"揭出他抽"天价烟"、戴"天价表"。面对网民信息资源的铁证、百姓言论的道德审判，周久耕的落马不仅仅是网络舆论监督的结果，也使得"网络曝光"成为我国反腐倡廉的新手段。

2. 网络舆论社会压力的负效应。自发的网络舆论压力监督所产生的作用也并不完全可靠，信息过剩、真伪难辨等弊端也会造成一些不良的舆论导向。网络特殊的匿名保护功能使网民敢于利用网络自由、大胆地发表自己的意见和言论，尽管其中不乏理性分析和据实评论，但同时也给一些失去理性、企图发泄不满的人留下可乘之机，他们或在网上发布虚假信息，使网络成了谣言的发源地；或在网上进行讽刺挖苦、谩骂诽谤，使网络成为人身攻击的场所，进而侵害公民隐私权、名誉权；尤其是一些"人肉搜索"在打着反腐败和揭露社会丑恶现象的旗号下，使网络蜕变伪证的做法和言论，极大地干扰了普通群众的理性判断，使一些网络舆论严重偏离了舆论监督应有的客观公正轨道。[①]

（1）舆论压力对事件当事人造成困扰。2009 年，一位备受争议的"80 后"市长周森锋涉嫌论文抄袭遭到质疑和关注。如果说，公众最开始对于周森锋这么年轻就当选市长的质疑，是出于其背后扶持的惯性思维，当周森锋被披露没有任何特殊家庭背景后，有人还是不依不饶，进行网上"人肉搜索"。这种质疑已经

---

① 王军、李王颖：《互联网信息时代的舆论监督与司法——以"杭州飙车肇事案"为例》，载《现代传播——中国传媒大学学报》2009 年第 4 期，第 42～44 页。

变质，其动机令人怀疑。

（2）舆论压力对司法审判的无形干扰。近年来，民意审判，尤其是网络舆论审判，已经成为不争的事实。面对一个案件，各种各样的舆论巨浪哄然而起，不可能对检察官、法官的判断不产生影响，巨大的舆论压力必然会给司法体系中的相关部门、相关人员产生影响，妨碍其运用法律的专业理性进行判断。

四、网络舆论对国家安全稳定的影响

网络传播中传统媒介对社会舆论的相对垄断被打破，信息传播途径的多样化促进了信息获取能力的提高和言语表达机会的增加，因此网络媒介在很大程度上弥补了传统新闻媒介的缺陷，对当今中国发展产生了积极而深远的影响。

（一）网络舆论对公共安全与社会稳定的影响

本次调查的结果表明，53.5%的网民认为网络舆论对社会稳定有着积极影响，39.2%的网民认为说不清；54.5%的网民认为网络舆论对公共安全有积极影响，37.8%的网民认为说不清。以上数据说明网络舆论对社会稳定局面的形成有着促进作用，但同时也是一把双刃剑。

大众对公共安全的认识一般由以下三个指标构成：生产安全、交通安全、食品和药品安全①，而网络媒体的兴起为大众提供了一个了解、评论并参与社会公共事件的渠道，从而对公共安全和社会稳定产生或积极或消极的影响。这一影响过程大致如下图所示：

网络媒体传播事件—网友形成对事件的认知—网友留言—初步形成网络民意—形成大范围的网络舆论—网络媒体与传统媒体互动作用—形成实质性的社会影响。概括来说网络舆论形成公众影响的过程可分为两个主要环节：公共事件—网民认知；网络舆论—社会影响。

1. "公共事件—网民认知"环节。公共事件网络曝光的真实性是控制网民认知的重要因素。如果网络以公开、公正的态度曝光公共事件，可以给民众民主感和社会主人翁的体验，从而巩固和提高公共安全与社会稳定状况。真实的网络信息可以使公共事件的来龙去脉更加公开化和透明化，民众可以透过网络及时了解国家事务、政府机构的运作，并获取政治、经济、法律、行政等各方面的最新消息。网民不仅可以通过这些网络信息了解事件，同时网络的广泛性、即时性和开

---

① 《"十一五"规划将惠及百姓新色彩跃然眼前》，新华网，http://news.xinhuanet.com/society/2005-10/31/content_3706639_5.htm.

放性可以使消息发布本身形成对政府和社会职能部门工作的监督，因此网络存在本身便可以促使事件更为公开透明，这样在不借助行政力量和法律力量的情况下，公共安全和社会稳定就得到了巩固和提升。当然网络是开放性的媒体，管理起来较之传统媒体更为困难，这便为虚假信息和谣言的发布提供了可乘之机。当然，由于网络技术的不断提升和民众文明意识的不断增强，这些负面影响会不断减少。

2. "网络舆论—社会影响"环节。网络舆论对公共安全和社会稳定的影响主要还表现在"网络舆论—社会影响"环节。

首先，网络舆论打破了传统媒体对权威话语权的垄断，拓宽了民意表达渠道，成为了公众传达民意、参与民主政治、获取体现自身利益的公共政策的重要途径。[①] 由于网络舆论不受制于某种利益团体，因此可以更客观地反映事实真相。此外，互联网上信息的交互性、及时性和全球性的传播特点，打破了传统新闻媒体对权威话语权的垄断，使公众能在相对透明的信息环境下产生自己的分析判断，从而形成不同见解的舆论传播。正因如此，网络舆论成为实现民主政治的重要渠道。网络舆论通过评价公共政策或事件反映民意并提供公共政策改进或公共事件解决的方向和方案，从而可以帮助政府顺应民意，维护公共安全及社会稳定。

其次，网络舆论可以缓解社会压力、缓和社会矛盾。当前我国正处于社会转型期，由于下岗失业、贫富差距、腐败等大量社会问题在短时间内得不到有效解决，公众对社会难免会有不满和失望的情绪，通过网络舆论揭露问题、批判现实便成了释放不满情绪、缓解压力、减轻痛苦，进而疏导社会矛盾，使人们获得心理平衡的重要途径。因此，网络舆论在一定程度上可以缓和政府与公众之间的紧张关系，起到了社会问题"减压阀"的作用。

另外，对于执政人员来说，网络舆论是一副扩大视野的"眼镜"，使其能够了解民生并找到公共政策制定的方向和目标，及时出台相应政策改善人民生活。比如"孙志刚案"中，正是由于强大的网络舆论引起全国民众的极大关注，引起中央领导的高度重视，相应的法律《城市生活无着的流浪乞讨人员救助管理办法》才可能迅速出台，并废止《城市流浪乞讨人员收容遣送办法》，使我国的民生进程向前迈出了宝贵的一步。

（二）民族团结与国家安全

本次调查的结果表明，52.1%的网民认为网络舆论对国家安全有着积极影响，41.8%的网民认为说不清；54.5%的网民认为网络舆论对民族团结有积极影响，37.8%的网民认为说不清。网络舆论对民族团结和国家安全的影响过程和方

① 唐克超：《网络舆论对国家安全影响问题探析》，载《中国软科学》2008 年第 6 期，第 56～62 页。

式大致与其对公共安全与社会稳定的影响过程和方式相同。但是由于民族和国家安全事件波及面更广、后果更严重，因此在对网络舆论在民族团结和国家安全方面的影响进行研究时要考虑更多的影响因素。

对民族团结和国家安全影响程度评估的一个有效指标就是公众对相关突发危机事件的关注度，有研究表明公众对危机事件关注度主要受到三个方面因素的影响：①可能受到该事件影响的公众人数；②公共网络舆论导向；③媒体对突发危机事件的报道力度。此外报道的持续时间也在较小程度上影响着关注度的高低。[①] 而对于相关事件的关注度往往跟网民的认知改变和行为获得有着密切联系，因此，关于民族和国家安全事件的网络舆论可以通过网民的反应反作用于民族团结和国家安全的现状。

（三） 防灾救灾

本次调查结果显示，66.0%的网民认为网络舆论对防灾救灾方面有着积极影响，30.2%的网民认为说不清。可以看到网络舆论对于防灾救灾有正面影响的这一事实是不容置疑的。面对可能出现的和已经出现的灾情，网络舆论的正面影响主要来自三个方面：

首先，网络舆论可以利用其开放性和传播的快捷性等特点在灾难还没有来临时做好相关的预警工作，做好防灾教育。其次，网络舆论可以促进灾情报道的透明化，有助于民众了解灾情和支持防灾工作的进行。最后，网络舆论还可以增强公众的抗灾信心和爱国热情。网络舆论可以使灾情更加及时、准确地被披露，而灾情的公开化是危机管理机制中的重要一环。

第五节　我国网络舆论监测与管理的现状与效果

网络是一把"双刃剑"，在提供了下情上达的便捷方式的同时，也有可能会对国家安全构成威胁。为了维护网络信息安全，保障国家、社会、公民的合法权益免遭侵害，必须对网络舆论进行适当引导和及时调控。[②] 对我国网络舆论监测管理进行调查，调查内容包括网民对我国网络舆论监管的认知现状，我国网络舆

---

① 任轶群、魏玖长：《公共危机事件公众关注度的影响因素分析》，载《统计与决策》2010年第1期，第67～70页。

② 董烨：《网络舆论及其调控》，载《学术交流》2008年第4期，第191～192页。

论监管的主体，网络舆论监管的对象和方式，网络舆论监管的法律法规，对积极舆论如何引导与反应，如何处置与管理不良舆论，网络舆论监管的总体效果和存在的问题等方面。在数据分析的基础上，全面深入了解网络舆论的监管现状，有助于为政府相关部门有效监管网络舆论提供实践支持，并且有助于我国网络文化建设的健康发展。

一、网民对我国网络舆论监管的认知

（一）需不需要监管

在对 2 222 名网民的调查中，579 名网民（占总人数 26.1%）认为网络舆论非常需要监管，789 名网民（占 35.5%）认为网络舆论比较需要监管，466 名网民（占 21%）认为一般，277 名网民（占 12.5%）认为比较不需要监管，102 名网民（占 4.6%）认为非常不需要监管。可以看出，大多数的网民（即非常需要和比较需要总共占 61.9%）都认为需要对网络舆论进行监管，而只有少数的网民（即非常不需要和比较不需要只占 17.1%）认为不需要监管。这表明对网络舆论实行监测和管理是一项符合民意的重要举措。

（二）监管的力度

调查表明，238 名网民（占总人数 10.7%）认为我国目前对网络舆论的监管力度很强，495 名网民（占 22.3%）认为较强，859 名网民（占 38.7%）认为监管力度一般，469 名网民（占 21.1%）认为监管力度较弱，119 名网民（占 5.4%）认为很弱，还有 32 名（占 1.4%）认为没有。虽然我国目前网络舆论监管已取得一些成效，但仍然存在一些薄弱环节，有待于进一步改进加强。

二、我国网络舆论监管的主体

我国主要是谁在对网络舆论进行监管呢？具体负责的主要部门有哪些？针对这些网络舆论监管主体的问题，课题组分别对 2 222 名网民和 95 个单位进行了调查。

（一）网民调查

在对 2 222 名网民的网络舆论监管的调查中，让他们对"您认为我国目前主要是哪些部门或机构在对网络舆论实行监管"这一问题进行回答。结果发现，按选择频率多少的顺序来排列，1 342 名网民（占总人数 60.4%）认为文化管理部门主要在对网络舆论实行监管，1 331 名网民（占 60.0%）认为是门户网站管理部门，1 187 名网民（占 53.4%）认为是公安部门，779 名网民（占 35.1%）认为是媒体宣传机构，615 名网民（占 27.7%）认为是运营商（如电信，联通等），591 名网民（占 26.6%）认为是网站单位（如学校等），527 名网民（占 23.7%）认为是新闻出版机构。可以看出，大多数网民认为我国目前主要在对网络舆论实行监管的重要的三个部门是文化管理部门、门户网站管理部门和公安部门。

（二）单位调查

1. 单位基本情况。调查了分布于北京、广东、贵州、河北、河南、黑龙江、湖北、湖南、江苏、内蒙古、山西、陕西、上海、四川、天津、云南、浙江和重庆的 95 个单位。其中，文化管理单位 13 个，占 13.7%，宣传、新闻管理单位 15 个，占 15.8%，政法公安单位 11 个，占 11.6%，新闻媒体单位 18 个，占 18.9%，通讯运营商（如电信等）6 个，占 6.3%，教育学术单位（如学校、企业、研究机构和学会等）22 个，占 23.2%，门户网站 4 个，占 4.2%，其他单位 6 个，占 6.3%。

当问及 95 个调查单位"是否有专门的网络舆论监管部门"这一问题时，其中，有 45.3% 的单位有专门的网络舆论监管部门，而 54.7% 的单位则没有专门的网络舆论监管部门。在对"所在单位负责网络舆论监管的人员数量"这一问题进行调查时，共有 84 个有效数据。17 个单位（占 20.2%）填写为 0，表示没有监管人员；26 个单位（占 31.0%）表示有 1 名监管人员；12 个单位（占 14.3%）表示有 2 名；3 个单位（占 3.6%）表示有 3 名；6 个单位（占 7.1%）表示有 4 名；5 个单位（占 6.0%）表示有 5 名；3 个单位（占 3.6%）表示有 6 名；1 个单位（占 1.2%）表示有 8 名；3 个单位（占 3.6%）表示有 10 名；5 个单位（占 6.0%）表示有 20 名；1 个单位（占 1.2%）表示有 21 名；2 个单位（占 2.4%）表示有 38 名监管人员。所调查单位负责网络舆论监管人员的平均数量为 4.3。

2. 单位的观点。在对 95 个单位的调查中，让他们对"您认为网络舆论监管的第一负责单位"这一问题进行回答，除去 2 个缺失值，共有 93 个有效数据。结果发现，34.4% 的单位（共 32 个）认为文化管理部门为网络舆论监管的第一负责单位，28.0% 的单位（共 26 个）认为宣传新闻管理部门为监管的第一负责单位，15.1% 的单位（共 14 个）认为政法公安部门为第一负责单位，12.9%

（共 12 个）则认为网络运营商（如电信等）为第一负责单位，3.2%（共 3 个）分别认为新闻媒体单位和网站单位（如学校等）为第一负责单位，2.2%（共 2 个）认为门户网站为网络舆论监管的第一负责单位。可以看出，单位认为排在前三的网络舆论监管的第一负责单位分别是文化管理部门、宣传新闻管理部门和政法公安部门。

三、网络舆论监测的对象与方式

（一）监测的主要内容

在对 2 222 名网民的网络舆论监测的主要内容进行调查时，让他们回答"您认为需要监管的网络舆论内容的主要方面有哪些"这一问题，结果发现，1 714 名网民（占总数 77.1%）认为色情淫秽的网络舆论内容需要监管，1 653 名网民（占 74.4%）认为邪教的内容需要监管，1 495 名网民（占 67.3%）认为谣言需要监管，1 359 名（占 61.2%）认为谩骂攻击需要监管，1 320 名（占 59.4%）认为反动言论需要监管，1 048 名（占 47.2%）认为敌对势力需要监管，964 名（占 43.4%）网民认为政治攻击需要监管。可以看出，大多数的网民认为色情淫秽、邪教、谣言、谩骂攻击、反动言论等网络舆论内容都需要加以监管，也有不下于少数的网民认为敌对势力和政治攻击需要进行监管。此结果为网络舆论监管部门的监测对象提供了可靠有力的实证依据。

在问及 95 个单位所需要监管的网络舆论内容的主要方面时，结果发现，64.2% 的单位（共 61 个）认为反动言论需要监管，60% 的单位（共 57 个）认为暴力需要监管，58.9% 的单位（共 56 个）认为政治攻击需要监管，56.8% 的单位（共 54 个）认为敌对势力需要监管，54.7% 的单位（共 52 个）认为谣言需要监管，48.4% 的单位（共 46 个）选择色情淫秽，45.3% 的单位（共 43 个）选择谩骂攻击，26.3%（共 25 个）选择邪教，另有 33.7% 的单位（共 32 个）选择其他。

（二）监测的主要方式

46.3% 的单位（共 44 个）监测的时间幅度为随时跟踪，29.5% 的单位（共 28 个）监测的时间幅度为抽样监测，6.3% 的单位（共 6 个）监测的时间幅度为固定时间段监测，另有 9.5% 的单位（共 9 个）选择其他。可以看出，大多数单位监测的时间幅度为随时跟踪的方式。

在问及对网络舆论监管的主要方式时，40%的单位（共38个）采用人工监测与处理，33.7%的单位（共32个）采用人工与技术监测处理相结合，8.4%的单位（共8个）采用专门的技术监测与处理方式，另有9.5%的单位（共9个）选择其他。

总之，网络舆论监管的主体要进行有效的监测和管理，就不能放任网络舆论的绝对自由化传播，而是必须要对其进行监控和引导。政府和相关网络舆论监管组织必须认识到网络作为一种新媒体具有强大的传播能力和影响力；必须明确网络舆论传播的特点，掌握有效的监测管理技术和方法；建立网络舆论监测机制，能够有效引导网络舆论，从而促进网络舆论和网络文化的健康发展。

四、我国网络舆论监测与管理的依据

近年来，我国陆续颁行了数十部涉及网络传播的法规性文件。这些法律法规对网络媒体的设立条件及设立程序、网上知识产权的保护以及净化网络环境、维护网络秩序等一系列问题作出了较为明确规定，对于规范和管理国内网络传播的建设和运行，抵御网上有害信息的侵蚀，维护国家安全等起到了积极的作用，也给各级行政管理部门依法执政、依法管理提供了依据。具体法规性文件如下：

1. 计算机信息网络国际联网安全保护管理办法。早在1997年12月30日，公安部就颁布了《计算机信息网络国际联网安全保护管理办法》。

2. 互联网信息服务管理办法。2000年9月25日，国务院制定了《互联网信息服务管理办法》，此规定首次将互联网信息服务分为经营性和非经营性两类，从而进一步规范互联网信息服务活动，促进网络信息健康发展。

3. 互联网上网服务营业场所管理办法。2001年4月3日我国颁布了《互联网上网服务营业场所管理办法》。此规定主要是为了加强互联网上网服务营业场所的管理，促进互联网上网服务活动健康发展，保护上网用户的合法权益。

4. 互联网等信息网络传播视听节目管理办法。国家广播电影电视总局于2003年1月7日制定了《互联网等信息网络传播视听节目管理办法》。此规定适用于在互联网等信息网络中开办各种视听节目栏目，播放（含点播）影视作品和视频、音频新闻，转播、直播广播电视节目及以视听节目形式转播、直播体育比赛、文艺演出等各类活动。

5. 互联网文化管理暂行规定。为了加强对互联网文化的管理，保障互联网文化单位的合法权益，促进我国互联网文化健康、有序地发展，2003年3月4日文化部发布了《互联网文化管理暂行规定》。

6. 互联网新闻信息服务管理规定。自2005年9月25日起，国务院开始实施

《互联网新闻信息服务管理规定》，此规定从公众对互联网新闻信息的需求出发，兼顾国家安全和公共利益，进一步规范了互联网新闻信息服务，保护了互联网新闻信息服务单位的合法权利，有利于促进互联网信息服务健康有序发展。

7. 互联网视听节目服务管理规定。经国家广播电影电视总局、中华人民共和国信息产业部审议通过，于 2007 年 12 月 20 日发布《互联网视听节目服务管理规定》。此规定首次包含了移动互联网。将移动互联网的活动内容也纳入法律法规中。

五、不良网络舆论的处置与管理

网络舆论对社会既有积极的作用，也有消极的影响。一方面，网络舆论发挥积极的作用，作为表达民意和宣泄情绪的平台，在某种程度上推动了社会文明进步；另一方面，由于网络舆论的开放性和匿名性，其中难免混杂一些错误的、不良的信息，这些信息会混淆视听，甚至危害他人、公众和社会利益。因此，面对这种鱼龙混杂、泥沙俱下的局面，网络舆论监管的关键在于对不良言论的处置与引导。

调查发现，有 59.1% 的网民认为应该将此言论进行屏蔽过滤，34.1% 的网民认为应该追究法律责任，30.3% 的网民认为应将其账号删除，30.2% 的网民认为应该封其 IP，22.3% 的网民认为应该向公安部门报案；此外还有少数网友认为网络舆论具有自我净化的功能，对于不良舆论听之任之，不予进行处理。这在一定程度上说明大家对不良言论还是比较反感的。为了了解各单位对不良舆论的监管状况，对 95 家网络舆论监管单位进行的调查中发现，88.4% 的单位认为应该屏蔽过滤掉不良言论，69.5% 的认为应该删除账号，61.1% 的认为应该封 IP，45.3% 的认为应该向公安部门报案，38.9% 的认为应该追究法律责任。

在对单位负责人和网民的访谈中，发现几乎每个网站都制定有相关的工作规章制度，但是网民往往对其缺乏了解。因此，应加强网民对各种规章制度的认识，用以提醒其自觉遵守，比方说可将有关规章制度放在网页的醒目位置，或设置醒目的警示语的形式。同时，一旦发现网民有不文明的言论，除及时对其发布的信息进行屏蔽、过滤和删除，网站管理者还应对网民进行规劝、警告，如通过 E-mail、QQ 等各种方式；如果网民不予理会，则可禁止其再次发布信息，如删除其 ID，甚至封杀其 IP。

不良网络舆论导向是不少国家面临的共同挑战，其中发展中国家受到的威胁显然更为严重。因而在网络舆论安全领域面临着更大的挑战。仅就网络新闻来说，在网络上就很容易形成不良甚至虚假新闻，此时应当根据舆论后果的严重程度追究当事人的法律责任。[①]

随着网络技术的不断突破和网络舆论的一次次"胜利",越来越多的民间言论诉诸网络论坛,因而论坛成为最难管理的口头舆论场,也是诸多网民即时发布信息、发泄情绪、反映情况、举报问题的载体,被称为"容易脱缰的野马"。[②]初创于 2003 年的舟山网舟山论坛有自己的一套管理办法,具体来看,他们先将各种类型的帖子进行分类,如建议类、咨询类和投诉类等,然后针对不同类型的帖子,采取相应的处理措施,比方说,他们转发建议类的帖子到相关部门;督促相关部门认真回答咨询类的帖子;认真核实并妥善处理投诉类的帖子,充分利用网络这一平台释民疑、解民难、聚人心、促发展。

六、网络舆论监管的总体效果和存在的问题及建议

(一) 监管的总体效果

对网民的调查访谈发现,59.8% 的网民认为我国网络舆论的总体健康状况一般,22.5% 的认为比较满意,12.7% 的认为比较不满意,2.50% 的认为非常不满意,1.70% 的认为非常满意。从这些数据可以看出,网民对网络舆论的监管效果不是很满意。在访谈中,我们也发现,部分网民对当前网络舆论的现状存在不少抱怨:"该监管的内容不监管,不该监管的内容倒是管得很好呢!""不是没有监管,而是监管不恰当,很多言论内容,我们很难共享到"等。从这些数据中也可以看到,由于网民的身份各异,所以对网络舆论的监管有不同的要求和评价。

(二) 网络舆论监管存在的问题

目前网络舆论监管虽然取得了一定的成效,但是还存在一些不容忽视的问题。

1. 当前我国尚未出台专门性的法律对网络行为进行规范。虽然我国已颁行了数十部涉及网络的法规性文件,但目前还缺乏一部正式的专门性网络法律,这削弱了对网络舆论进行法制管理的执行力度。在调查中发现,有 66.7% 的网民认为我国网络舆论监管存在的主要问题是法制不健全,超过一半的网民认为国家监管力度不够,少数网民认为网络的开放性使其具有一种强大的自我纠错功能,

[①] 陈飞:《网络新闻造假所应承担的法律责任》,载《信息网络安全》2008 年第 6 期,第 25~27 页。
[②] 林上军、袁园:《从舟山网舟山论坛工作实践谈网络舆论的分类监管》,载《传媒》2009 年第 11 期,第 59~61 页。

不需要监管。①

2. 管理部门众多，管理权限交叉重复，削弱了管理力度。我国网络管理部门多达 20 余家，管理权限内容之间往往会出现交叉重复，降低了管理效率。

3. 我国当前表达民意的渠道建设存在滞后现象，从而增加了网络舆论的负担。从调查中可以发现，目前我国的网络承担着过多的宣泄情绪、表达民声的功能。由于这些本应由其他渠道承担的功能都转移到网络之上，所以导致网络舆论引导的超负荷运转。同时，监管人员对国内一些重要问题的回应上尚显得很被动，如各种突发公共事件和社会热点问题，导致权威舆论在信息链中处于防御状态，舆论引导效果不显著。

4. 信息技术和社交网络的快速发展，加大了网络舆论的引导难度。以人人网、新浪微博为代表的社交网络媒体近几年有着突飞猛进的发展，增加了舆论引导的难度。手机和网络等技术的结合，为公众提供了一个更加自主、互动和开放的平台，使得网络舆论能更加及时和大范围的传播。当敏感的社会问题在网络上形成讨论，便能迅速形成舆论焦点，引发社会关注。

（三）网络舆论监管的建议

1. 法律制度的完善是网络舆论监管的保证和基础。近年来中国互联网的发展十分迅速，相关法律规范的制定相对较为滞后，使得其中存在一个"真空"的状态。法律是社会关系的调节器，对于网络舆论的监管与引导提供可靠的依据。由于缺乏相应的法律法规，所以在有些情况下，网络舆论的监管出现"无据可依"的现象。所以，增加对网络的法律法规建设势在必行。

调查中发现，有 65.1% 的网民认为应该加强立法，因为法律对网民的网络行为提出了明确的规范和界限，可以促进网民对自己的自律。首先网络舆论监管对于网民而言，应当界定应保护的国家利益范围，以及公民自身的隐私范围等，严厉查处那些触犯国家和集体利益的行为，以及中伤及诽谤他人的行为等；而对网站，则应明文规定其监管的义务和具体责任范围，加强对网站的督促力度。另外，可制定一些相关的互联网监管制度，平衡公众的道德和自由。

2. 增强网络媒体的筛选和引导功能建设。在网络舆论的监管上，可以依靠高科技的力量来进行。如通过软件对信息的剪裁和归纳通过管理层的间接控制，使因特网的言论不会经常溢出被允许的限度。强大的信息源网站总比普通个人用户具有优势，用户的选择权实际上只是操作权。供应商（ISP）有权切断用户线路或封闭其账户，软件平台公司完全可以控制信息的显示方式，也可引导用户观

---

① 《网友热帖之网络舆论监管》，载《传媒》2008 年第 4 期，第 25 页。

看某种信息。BBS 虽然被称为自由论坛，但只要监管者感到存在威胁，就可以责令网站将其关闭。[①] 因此，对网络舆论的监控一方面需要培养网络意见领袖群体，帮助网民对舆论有更理性和明智的认识；另一方面也需要加强技术监控，提高主流媒体的舆论引导力度，从舆论的源头出发，保证各类信息及时公开。

3. 加强对网民网络行为责任意识的教育。网络舆论生成与演化的过程中，网民的素质起着重要作用。因此，进行网络舆论监管，提高网民的素质很关键。通过对网民的教育与宣传，使得他们能够健康地使用网络平台，将网络道德内化为自我规范，在充分发表自己意见的同时，能形成良好的网络舆论。只有这样，才能更好地控制虚假信息的传播，提高网络舆论的公信力和可信度。

在对网民的网络行为责任意识进行宣传和教育的同时，还要注重和网民的互动。当遇到网络热点话题时，不应在形成网络舆论后进行简单的回应，而应该主动与网民进行交流，及时公布最新信息，及时回应网民的困惑和关切。

---

① 孙春雨：《网络舆论需要正确引导与依法监管》，载《信息网络安全》2008 年第 6 期，第 23 ~ 25 页。

第四章

网络舆论及其风险演化机理研究

准确把握网络舆论的生成机理、传播机理、演变机理与网络舆论的风险演化机理，对于网络舆论的有效监测与风险控制具有重要意义。本章我们将运用传播学与社会学相关理论，通过实证分析归纳、总结引发网络舆论风险的诱因，寻找催化网络舆论风险的嬗变因子；通过模拟分析，探讨网络舆论风险传导的路径，从而为网络舆论的监测与风险控制提供相关理论依据。

第一节　网络舆论生成的渠道原因

网络舆论的演变及社会风险的演化，与网络媒介特殊的传播技术即特殊的传播渠道密切相关。本节将通过对网络媒介与传统媒介传播技术特征的比较与分析，从传播渠道的角度探讨网络舆论风险生成、演化的机理。

一、网络的技术特征

网络的技术特征为网络信息传播、发展提供了最初的可能性，直接影响和制约着信息传播、发展的方式和能力，是网络舆论生成的技术基础。我们在这里介绍几种主要的网络技术及其在网络舆论生成中所起到的作用。

（一）宽带技术

宽带不仅具有普通网络的浏览、收发电子邮件等功能，还可以满足语音、图像等大量信息传递的需求，实现 VOD 视频点播、远程教育等多种功能。宽带的技术实现方式一般有 XDSL 技术、HomePNA 技术、Cable 接入技术、光纤接入技术、无线接入技术几种。[①]

正是由于宽带技术的发展，网民们得以自由地在网络海洋里冲浪，他们可以浏览网页获取海量信息；可以利用搜索引擎第一时间猎取感兴趣的话题；可以随时在论坛、网站、个人空间发表言论或者上传视频、语音；可以利用网络电话跟千里之外的人聊天以及享受其他网上服务。随着光纤技术的接入，宽带的速度较以往又有了更大的提高，而无线接入技术的发展又将进一步解除网民上网的空间限制。

宽带技术的发展使得网络使用越来越大众化，并大大提高了网民发起话题、交流意见、凝聚情感的速度，是网络舆论赖以生成和发展的基础性技术。

（二）多媒体技术

所谓多媒体，就是在信息表现中综合使用了文字、声音、图像、动画和视频等多种媒体形式。多媒体技术就是以计算机技术为基础，综合处理图、文、声、像等多种信息媒体，并将它们整合成为具有交互性的有机整体。多媒体技术一般具有三个特性：集成性，是指以计算机为中心可以综合处理多种信息媒体；互动性，是指用户可以对计算机应用系统进行互动式操作，从而更加有效地控制和使用信息；实时性，多媒体技术要求具有存储容量大、速度快、频带宽、实时性、能处理多种媒体的硬软件环境。[②]

网络舆论的生成离不开多媒体技术的发展，采用文字、声音、图像和视频等多种方式交织进行传播已经成为网民之间信息传递的重要方式。由于多媒体技术的发展有利于还原事件真相，增加舆论客体的真实性和形象性，网友纷纷呼吁"无图无真相"，那些有"证据"支持的舆论客体明显更能激发出网友的讨论欲望，大大提高网络舆论生成的速度和质量。

排在人民网《2008 年网络舆情排行榜》第 12 位的香港"艳照门事件"就是因为"照片"这一证据确凿的图像传播方式才使得公众相信事件的真实性并对之持续讨论与关注；排在第 7 位的"华南虎伪照"事件也正是一张"虎照"

[①] 参见匡文波：《网络传播理论与技术》，中国人民大学出版社 2007 年版，第 256～265 页。
[②] 参见匡文波：《网络传播理论与技术》，中国人民大学出版社 2007 年版，第 246～254 页。

被网友发现蛛丝马迹，最终出卖了陕西省有关政府官员和周正龙的诚信；排在第6位的"北京奥运会开幕式"也是由于实时图文传播才更大程度地调动了网友的爱国热情和民族自豪感；2009年，土豆网发布了一段网民上传的视频《北京街头最痛心的一幕》，一名女子在协和医院门口被公交车蹭倒受伤流血，拨打120急救电话40分钟后仍未得到救护，视频一经播出，马上吸引众多网民的目光，形成讨论圈。

（三）多功能技术

互联网具有多种功能，它的典型功能一般为远程登录、文件传送协议、电子邮件和公告牌等功能。通过这些功能，人们不仅可以获得一个覆盖广泛的信息传播空间，还拥有了一个巨大、方便的数据库。[①]

多功能技术不仅赋予了互联网与大众分享信息的能力，而且还把很多现实活动复制到了互联网上。网络舆论的主要发散地网络虚拟社区就是依靠网络的远程登录、文件传送协议、电子邮件功能集合到不同地域、不同身份、不同年龄、不同背景的网民，并通过公告牌来集散舆论。例如国内浏览量比较大的天涯社区、强国论坛、凯迪社区、猫扑社区等。网民经过注册成为社区会员，就可以选择新的身份自由地发表话题、交换意见、聚合观点、发起舆论。

（四）超文本链接技术

WWW出现后，超文本链接成为网络发展的重要推动力，在超文本结构中，文本中每一个关键人名、地名、时间，甚至每一个词语、每一个句子都可以链接到相关的另一个文本、声音、图表或影像上。[②]

超文本链接技术被众多的网络媒体采用：在一些门户网站的新闻文本里有些人名、地名、时间或者特定词语用不同的颜色或字体标示，用鼠标点击它就会进入另外一个与它有关的页面；有的网站会直接在新闻下方设置一些与本条新闻有关的链接，直接点击就可以看到相关信息；在网络论坛上也经常会有网友链接的其他网址。

超文本链接技术的最大优点就是方便和快捷，大量减少网民寻找信息的时间。网民不需要在搜索引擎那里反复输入自己感兴趣的相关话题，而是可以根据新闻链接在第一时间捕捉自己想了解的信息。在网络论坛上，由于上传多媒体的速度比较慢，且会影响其他网民打开网页的时间，很多网友选择用超文本链接的方式告知其他网民事件发生和发展的始末以及有关信息。这种信息获取方式的便捷性

①②　参见郑超然等：《外国新闻传播史》，中国人民大学出版社2000年版，第41～43页。

有效提高了网民参与舆论活动的效率，并充分调动了网民参与舆论活动的热情。

（五）微博传播技术

微博，即"微博客"的简称，源自于英文单词 microblog。"作为 Web2.0 的产物，微博属于博客的一种形式，但单篇的文本内容通常限制在一定范围内（国内通常为 140 个汉字），使用户能够通过微博融合的多种渠道（包括网页、手机、即时通讯、博客、SNS 社区、论坛等）发布文字、图片、视频、音频等形式的信息，具有内容碎片化、使用方式便捷、传播迅速、交互性强等特点。"[1]

微博自 2010 年在中国以迅雷不及掩耳之势迅速兴起，势不可挡。"一种传播媒体普及到 5 000 万人，收音机用了 38 年，电视用了 13 年，互联网用了 4 年，而微博（特指新浪微博）只用了 15 个月。作为一种新兴的传播载体，微博不仅在中国社交网络中占据领先地位，更成为中国最具影响力的主流媒体之一。"[2] 因此，2010 年又被称为中国"微博元年"。

从技术层面上讲，不同的微博功能各异，但"发布、关注、评论和转发"为其四大基本功能。微博的兴起与普及，使中国迅速进入到"自媒体"阶段。每位"博主"既可以自主发布信息（即自由进行议程设置），又可随时关注他人发布的信息；既能对他人发布的信息进行评论，也可随时转发他人的信息。这样，"博主"与"粉丝"、"粉丝"与"粉丝"之间通过微博互动，就能在短时间内催生巨大的网络舆论。

二、网络的传播特征

网络的自由传播、平等传播、交互传播、实时传播、匿名传播[3]等传播特征使得网络信息的传播、发展从可能变为现实，这些传播优势互相交织，大大加速了网络舆论的生成速度，并扩大了网络舆论的社会影响力。

（一）自由传播

在古代希腊，自由是指人们的非奴役状态。希腊晚期，斯多葛派开始从哲学层面思考自由的本质，认识到主体对客体的依赖性越小，主体的自由度便越大；内在对外在的欲求越小，内在获得的自由度就越大。杰出的唯物主义思想家斯宾

---

[1][2] 谢耘耕、徐颖：《微博的历史、现状与发展趋势》，载《现代传播》2011 年第 4 期，第 75 页。

[3] 参见"网络舆论的监测与安全研究"课题组：《网络传播与网络舆论的生成及其特征》，载《华中师范大学学报》2010 年第 3 期，第 58～62 页。

诺莎认为必然是产生自由的原因。而英国早期启蒙思想家霍布斯认为："所谓自由是指主体不受阻碍的状况，而阻碍是指妨碍主体运动的外部障碍。"同时，他还睿智地指出：只有人才是自由的主体。而在洛克看来，人类的自由即"按照自己的理性行动的自由"。19世纪德国伟大的古典哲学家和辩证法大师黑格尔关于自由理论有两个重要贡献，一是他从"人既是自在的又是自为的"这一命题出发，得出"自由是心灵的最高的定性"的结论；二是他天才地指出"精神的本质即自由"。①

在政治与法律的层面上，大多数近代西方思想家都主张自由是人类不可转让的天赋权利，是对政治暴虐的有效防御。斯宾诺莎认为思想、言论和判断的自由是人类天赋的、不可转让的自然权利。"政治的真正目的是自由。"②卢梭是"自由是人类天赋权利"的热情讴歌者，他说："放弃自己的自由，就是放弃作人的资格，就是放弃人类的权利，甚至是放弃自己的责任。"③他甚至认为自由比生命、财产更为重要。近代西方著名思想家约翰·密尔在《论自由》中认为自由是"社会所能合法施用于个人的权力的性质和限度"。

无论是斯宾诺莎、霍布斯、黑格尔、卢梭、洛克还是密尔，无论是从哲学层面还是政治与法律的层面阐述自由，他们都没有忘记提醒"酷爱"自由的人们，世界上不存在绝对的自由，卢梭的名言"人是生而自由的，但却无往而不在枷锁之中"④似乎是对这一观点最精炼，也是最精彩的注释。

现在，全世界绝大多数国家在其法律中都明文规定公民享有言论、出版自由。但在互联网诞生以前，公民实现言论、出版自由的主要渠道——报纸、广播、电视等，大都为利益集团所掌控，这就意味着所有的言论只能通过这些"关口"才可能在更大范围内被传播。但信息与言论在通过"关口"时将无一例外地会遭到筛选，所谓公民言论自由的权限也就只能成为关在自家屋内"自说自话"的自由。在互联网诞生、普及后，每个公民的言论不经筛选、自由传播的可能性大为增加，舆论才回归其本来的功能——作为利益博弈的方式而不是社会控制的手段。

在网络时代，这种传播自由主要表现为以下四个方面：

---

① 马啸原：《西方政治思想史纲》，高等教育出版社1997年版，第287页。
② 斯宾诺莎：《神学政治论》，商务印书馆1982年版，第271页。转引自马啸原：《西方政治思想史纲》，高等教育出版社1997年版，第285页。
③ 卢梭：《社会契约论》，商务印书馆1982年版，第13页。转引自马啸原：《西方政治思想史纲》，高等教育出版社1997年版，第272页。
④ 卢梭：《社会契约论》，商务印书馆1982年版，第8页。转引自马啸原：《西方政治思想史纲》，高等教育出版社1997年版，第290页。

1. 传播主体的自由

在互联网诞生、普及之前，大众信息传播的主体主要为报社、电台、电视台等媒体的从业人员。受制于特定利益的束缚，传统媒体的从业人员既是信息的传播者，又是信息的职业"把关人"。在网络时代，传播主体扩大为所有网民，每个网民都可以在网络上自由地传播信息、激发话题，从而生成舆论。在"湖北巴东县邓玉娇案"中，有网民通过博客发布图片和文字消息，以第一手材料报道其在"凯迪社区"为邓玉娇募捐，亲赴巴东促成邓玉娇聘请律师，并在精神病院会见邓玉娇的相关情况。[①] 这名网民所扮演的实际上是"公民记者"的角色。所谓"公民记者"，实际上是指在网络时代任何社会成员都可以成为公共信息的传播者。

2. 传播内容的自由

在互联网诞生、普及之前，报社、电台、电视台等媒体的从业人员及幕后的利益集团充当"把关人"，根据自身利益对所要传播的信息进行"过滤"与"加工"。在网络时代，网民则各自根据自己的利益、情感与价值观来传播信息、发表言论，从而生成舆论。如果没有网络，陕西"华南虎伪照"事件可能不会被揭穿；如果没有网络，"许霆 ATM 取款案"可能不会被改判；如果没有网络，"杭州市飙车案"可能得不到公正解决。这些改变，从很大程度上是因为有了网络的自由传播，既包括传播主体的自由，也包括传播内容的自由。传播主体自由与传播内容自由是网络自由传播的根本所在。当然，传播自由也并非想传播什么就传播什么。在任何一个国家，信息传播的内容都应该受到法律与道德的约束。正如洛克说："自由并非像罗伯特·菲尔麦爵士所告诉我们的那样：'各人乐意怎样做就怎样做，高兴怎样生活就怎样生活，而不受任何法律束缚的那种自由'。"[②]

3. 传播时空的自由

报纸、广播、电视等传统媒体由于受到传播技术的限制，对于信息的传播在时间、地点上难以做到"随心所欲"。在网络时代，舆论主体借助网络，无论是传播信息还是接受信息均可不受时间和地点的限制，使得网民更易于表达观点、聚合思想、抒发情感，从而有利于舆论的生成。贵州"瓮安事件"发生后，当地政府为了封锁消息，不仅让当地的报纸、广播、电视台集体"失语"，还强行屏蔽当地的网络。但仍有网民连夜坐车到瓮安以外的地方，通过网络将"瓮安事件"的真相公告天下。在网络时代，想通过屏蔽的方式"封锁"信息几乎不

---

① 祝华新、单学刚、胡江春：《人民网舆情监测室发布 2009 年中国互联网舆情分析报告》，http://yq. people. com. cn/htmlArt/Art392. htm，2009 年 12 月 22 日。

② 洛克：《政府论（下篇）》，商务印书馆 1964 年版，第 16 页。

可能。

4. 传播方式的自由

在互联网诞生、普及之前，公众只能通过给媒体写信、打电话、登门拜访等方式进入到大众传播领域，而且所要传播的信息必须通过媒体"把关人"的认同才可能传播出去。在网络时代，网民闲坐家中，或在匆匆的旅途中，即可通过电脑、3G 手机等信息终端设备在各大网站的论坛上发帖、在 QQ 群上在线交流、在博客上写文章、在微博上发感慨等，无须通过媒介"把关人"的事先审核。这种自由的传播方式，对于网络舆论的迅速生成也发挥了巨大作用。

（二）平等传播

在人类社会的发展过程中，平等经历了"自然平等→氏族平等→公民平等→身份平等→网民身份平等"几个时期。在人类社会早期，也就是原始社会，人的意识并未完全觉醒，人与人之间的相处方式相对简单，关系处于自然平等状态。在金属器时代，生产力的发展使生产关系发生变化，私有制和阶级开始产生。人类社会的平等由自然平等进入到氏族平等阶段。但这种氏族平等事实上是以不平等为前提的。随着私有制的进一步发展，奴隶社会的平等也由"氏族平等"进入到"公民平等"阶段。但这里的"公民平等"其本质仍然是一种阶级的不平等。柏拉图在《理想国》一书中把人分属于三个不同的等级，平等只在各个等级内部存在，等级之间无平等可言。亚里士多德则明确地把奴隶定义为"会说话的工具"，认为奴隶制是天经地义、合乎自然的。不过他关于"人是理性的动物"这一命题，则对这种"公民平等"背后的极端不平等给予了修正。

中世纪末期，面对极端的不平等，产生了反对等级特权、要求权利平等的市民阶层。启蒙运动时期，卢梭提出人类社会应当解决的不平等问题是社会的或政治上的不平等，而不是自然的或生理上的不平等。他认为，私有制财产的存在正是人类社会和政治不平等产生的根源和基础。皮埃尔·勒鲁深受卢梭思想影响，他精确地提出了"原则平等"、"事实平等"的概念，并指出"原则平等"并不等于"事实平等"。①

20 世纪，经历两次世界大战的人类首先通过了《联合国宪章》，"重申基本人权，人格尊严与价值，以及男女与大小各国平等权利之信念"，随后制定了《世界人权宣言》、《公民权利和政治权利国际公约》等几个正式文本，强调人类社会成员在政治、经济、社会及文化等方面应当享有平等的权利，此举无疑是人类社会进步的标志，但在现实世界中身份平等的实现仍然道路崎岖。直到互联网

---

① 马啸原：《西方政治思想史纲》，高等教育出版社 1997 年版，第 287 页。

出现后，这种"身份平等→网民身份平等"得以实现，至少是网络平等的实现。

"因特网没有总统、总裁或中心首脑。"在互联网上，每个人的网名可以各异，你可能是"学术超男"易老师；可能是含泪劝告的"余含泪"；可能是才情万种的"老徐"；也可能是"牛刀"、"胡一刀"、"小李飞刀"，或者是"就不告诉你"；等等。但任何人都拥有相同的身份——网民，每个人都拥有相同的发言权，并承担相同的责任与义务。可能不同的网民在网络上的影响力有大小之别，但影响力的大小不等同于权力的大小，也不等同于责任与义务的增加或删减。

更为重要的是，这种建立在网络传播技术特征基础上的"网民身份平等"，并不只是虚拟的平等。虽然有一部分学者将网络称为"虚拟社会"，但笔者并不认同这一说法。笔者认为所谓互联网中的"虚拟社会"并不是人们头脑中虚拟的事物，互联网本身也是现实世界的一部分，它是以数字化、符号化的方式对现实社会进行呈现与传播。笔者认为，将网络社会称为"符号社会"可能更为准确。而且，互联网所呈现、传播的"符号社会"能极大地影响和干预现实社会的发展进程。同样，"网民身份平等"也不是可有可无的虚拟平等，它是借助网络实现的"身份平等"，这种平等必然会推动现实社会中人与人之间的平等化进程。

在互联网上，网民在发表意见时不受其身份、地位、学历、社会背景等因素的影响，不必服从于任何权威意见，其话语权得到最大程度的平等与尊重，他们无须因担心言论的质量、自我力量的弱小等因素而在舆论活动中持保守甚至退缩状态，而是勇于酣畅淋漓地表达自己的观点。这种平等传播对于网络舆论的生成影响是巨大的。

托克维尔认为，以"身份平等"为标志的民主运动是一场源远流长的运动，"它普遍而持久，每时每刻都在摆脱人力的阻挠，所有的人和所有的事都在帮助它前进，企图阻止民主就是抵制历史的潮流，抗拒上帝的意志。"[1] 它的发展是"事所必至，天意使然"。[2] 可以相信，由"原始自然平等"到"网民身份平等"，并最终实现现实社会中全体社会成员的身份平等，亦将是"事所必至，天意使然"。

（三）交互传播

在互联网诞生、普及以前，信息传播的通常模式是：信息产品被信息传播者选择、设计、定制后再传播给受众，即使受众对它有意见或建议，也只能在传者

---

[1] 马啸原：《西方政治思想史纲》，高等教育出版社1997年版，第398页。
[2] 托克维尔：《论美国的民主（上卷）》，商务印书馆1988年版，第7页。

设置的"议程"中进行有限的选择和反馈。因此,在传统媒介占主导地位的时代,传播的互动性很弱。[1]

报纸、广播、电视等传统媒体是环状网络,互联网则是星状网络,采用的是多点对多点的传播方式,也就是所有人对所有人的传播。在这个网络里,公众既是信息的接受者,同时又是信息的传播者,公众成为"传受一体"的信息传播主体。这使得舆论主体之间的交流和沟通更加便捷与顺畅,很容易促使网络舆论的生成。一般来说,这种交互传播主要表现为以下两种方式:

1. 受者与传者的交互传播

在互联网上,网民不仅有从传者那里"拉出"信息的权力,还有与传者进行沟通、交流甚至对其进行质疑的权力。如 2008 年四川"5·12"汶川特大地震发生后,红十字会某官员在采访中提及将捐赠灾区帐篷 1 000 多顶,价值1 300 万元。经计算,每顶帐篷价格达 1.3 万元左右。在网民强烈的质疑下,红十字会公布了援助地震灾区物资的明细表,此事在人民网《2008 年网络舆情排行榜》中名列第 17 位。[2] 又如"上海交通管理部门'钓鱼执法'"事件中,首先由当事人张晖到"天涯社区"发帖,然后由作家韩寒在其博客中转述并评论,从而引起众多网民关注。随后,传统媒体开始介入,并一举挖掘出上海大量的其他"钓鱼执法"案例。此事在人民网《2009 年度网络热点事件排行榜》中名列第 4 位。[3]

现在,有很多网络媒体为了方便受众"拉出"信息,满足受众个性化的需要,开始以读者点击量的大小来设置新闻或其他受众感兴趣的话题,如新浪设有"热门排行榜"、搜狐设有"热点新闻"的排行栏目等。

2. 受众之间的交互传播

在接收到传者所传播的信息后,作为"受者"的网民可以立即通过网络上的电子公告牌系统、邮件目录群、在线闲谈等交流信息的场地进行意见的交流、碰撞,这种交流使得网民可以迅速获知其他网民对此事件的看法、意见并作出回应,从而大大提高舆论生成的速度。如陕西"华南虎事件"中,由周正龙提供的"虎照"经当地政府部门确认后予以公布,网民对其真实性持怀疑态度。为辨别真假,有的网民上传老虎年画进行对比;有的网民从 PS 技术的角度提出质疑;有的网民从动物学、植物学等专业的角度进行专业鉴别。在网民彼此交互传

---

① 匡文波:《网络传播理论与技术》,中国人民大学出版社 2007 年版,第 53~54 页。

② 祝华新、单学刚、胡江春:《人民网舆情监测室推出 2008 年中国互联网舆情报告》,http://yq. people. com. cn/htmlArt/Art162. htm, 2008 年 12 月 27 日。

③ 祝华新、单学刚、胡江春:《人民网舆情监测室发布 2009 年中国互联网舆情分析报告》,http://yq. people. com. cn/htmlArt/Art392. htm, 2009 年 12 月 22 日。

播的过程中，质疑之声越来越大，最终使陕西"华南虎伪照事件"演变成一起公共舆论事件。在"许霆 ATM 取款案"中，不少网民认为许霆一审被判处无期徒刑量刑太重。有的网民自发去国外网站搜集相关信息，指出在很多国家同类情况不属犯罪；还有的网民甚至贴出了某国 ATM 机损坏公众通宵排队取钱的照片。这些信息又使广大网民形成倾向性较强的舆论，并最终促使法院在二审判决中予以改判。

（四） 实时传播

不同的媒体受到传播媒介的限制，其传播时效各有不同。作为传统媒体的报纸、杂志根本无法进行实时传播；广播、电视虽然能进行实时传播，但在进行实时传播时，"把关人"总是要对所报道的新闻进行"把关"。因此，实时传播在传统媒体主导的时代不可能成为常态传播行为。在网络时代，数字化的传播方式使新闻内容总是处在不断更新之中，网络新闻记者以及众多公民记者随时对各类事件进行现场直播。同时，"网络后台的编辑们还可以迅速调出与事件相关的背景图文资料，让社会公众更全面、更客观地了解事件真相、新闻后面的故事或细节。网络这种即时性的特点，缩短了信息传播的周期，拉近了受众与信息传播或某一事件的'距离'"。①

四川汶川"5·12"特大地震发生后，温家宝总理在第一时间赶赴灾区指挥抢险救援，网民"绮梦"用 QQ 实时报道了现场实况。② 在"湖北巴东县邓玉娇案"中，《新京报》和《南方人物周刊》记者在巴东县野三关被不明身份的人围困、殴打，并抢走相机，但记者仍然利用 QQ 进行实时播报，财经网在第一时间"挂出"记者被打的新闻。在湖北"石首事件"中，一位匿名网民在"饭否网"上实时播报石首街头的消息约 200 条。2009 年元宵节晚 9 时左右，中央电视台新址配楼发生大火，网民"加盐的手磨咖啡"9 时 4 分就在天涯社区发帖《CCTV 大楼元宵夜起大火了吗?》，并上传手机拍摄的火灾现场照片进行实时报道。③

显然，互联网的同步实时传输功能令所有传统媒体望尘莫及。在网民以最快捷的速度传播、获悉天下事的同时，这种动态、同步的信息传播方式又很快吸引更多的网民对其作出反应，新闻事件在网络上成为关注焦点的同时，也迅速成为

---

① 吴满意：《网络媒体导论》，国防工业出版社 2008 年版，第 133 页。

② 皇甫平：《喜看"新意见阶层"崛起》，http：//news. 163. com/09/0103/08/4UNK3KVE00012Q9L_2. html，2009 年 1 月 3 日。

③ 祝华新、单学刚、胡江春：《人民网舆情监测室发布 2009 年中国互联网舆情分析报告》，http：//hi. baidu. com/phosphors/blog/item/a2a74e0951565ac43ac76374. html，2009 年 12 月 22 日。

讨论的热点，从而完成"注意中心"向"讨论中心"的转化，这一过程也是网络舆论迅速形成的过程。①

（五）匿名传播

"匿名心理，在社会心理学中指的是在一种没有社会约束力的匿名状态下，人可能失去社会责任感和自我控制能力的心理状态。"② 这种心理状态对于网络舆论的生成所产生的作用也不容忽视。"研究人员在对一些街头破坏性骚乱中的越轨者进行调查时发现，他们并不都是劣迹斑斑的'打砸抢'分子，相反，其中不少人是平时循规蹈矩的常人。他们之所以做出越轨行为，是因为集合行为使他淹没在人群里，他处于一种没有社会约束力的'匿名'状态中，这种状态使他失去社会责任感和自我控制能力，在一种'法不责众'心理的支配下，做出种种宣泄原始本能冲动的行为。"③

在现实社会中，作为"社会关系总和"的人，由于身上都贴着各种各样的"身份标签"，个体的利益、价值观与情感表达往往被限制在"身份标签"的范围内。人们出于种种顾虑，往往无心也无力突破身上的固有"标签"。在网络社会中，由于网络的匿名性，使个体可以丢掉身上既有的"身份标签"，可以以形形色色的网名在网络上畅所欲言，表达内心真实的想法。

研究表明，在组织中对于某一事件或者某一个体做出评价时，当事人是否在场成为影响结果的重要因素。在网络舆论活动中，由于舆论主体真实的社会身份得以"隐匿"，因此他们更乐于表达自己的意见，而且这些意见更为真实、可靠。因而，匿名传播必然促使网络舆论以更大的数量、更快的速度生成，并影响现实社会中事件发展的进程。如 2009 年 5 月 19 日，工业和信息化部发出通知，要求从 2009 年 7 月 1 日开始，所有在中国大陆销售的个人电脑都要预装"绿坝"上网过滤软件。该软件据称可以通过技术手段为用户过滤掉不良互联网信息、控制上网时间、管理电脑游戏，还可以查看上网记录，方便父母了解子女的上网情况，防止不良影响。④ 此通知一出，引发网民热议。虽然官方的"新闻通稿"称，92% 的用户认为有必要由政府采购过滤软件，70% 以上的用户对软件表示满意。但事实上，一些门户网站的在线调查显示，在匿名状态下超过 80% 的网民反对强行安装这款软件。在强大的网络民意面前，工业和信息化部于 6 月

---

① 吕文凯：《舆论学简明教程》，郑州大学出版社 2008 年版，第 65 页。
② 匡文波：《网络传播理论与技术》，中国人民大学出版社 2007 年版，第 67 页。
③ 郭庆光：《传播学教程》，中国人民大学出版社 1999 年版，第 98 页。
④ 祝华新、单学刚、胡江春：《人民网舆情监测室发布 2009 年中国互联网舆情分析报告》，http://hi. baidu. com/phosphors/blog/item/a2a74e0951565ac43ac76374. html，2009 年 12 月 22 日。

30 日晚紧急宣布推迟预装，后又改称："绝不会出现在所有销售的计算机里一律强制安装的问题"，改进后的预装方案主要限制在学校、网吧等公共场合的计算机。[1]

有一种观点认为，网络匿名性导致网民的发言缺乏社会责任感和理性思考，并认为网民在不被追究责任的前提下只是把网络当做宣泄情绪的窗口，笔者对此不苟同。事实上，从技术层面上讲，网民在网上发表议论并非完全匿名（即使是完全匿名，网络也无法从根本上改变人性本身）。从表面上看，有些人在网络上的言行与现实社会的表现相比可谓"大相径庭"，但一个人在网络中变成什么样子，总有其现实基础。从某种意义上说，网络只不过是将人的某些特征夸大或者缩小了。[2]

三、网络传播的衍生效应

网络特有的传播技术特征与传播人际特征，在网络传播中还导致了一系列的衍生效应，这些效应相互作用，共同对网络舆论的生成与发展产生重要作用。

（一）"意见领袖"作用凸显

"在传播学中，活跃在人际传播网络中，经常为他人提供信息、观点或建议并对他人施加个人影响的人物，称为'意见领袖'"。[3] 一般来说，"意见领袖"对社会现象先知先觉，能够较早洞察人们共同关心的问题并善于用准确的语言概括这些问题，把局部意见聚合为社会知觉。

在传统媒体时代，大众媒体承担（或者垄断）了"意见领袖"的角色，报纸、广播、电视都拥有自己的评论员，并特邀相关专家及各领域的权威人士充当"意见领袖"，对舆论活动进行引导与调控。在网络时代，由于网络数字化传播、星状网络传播等特殊的传播技术，使网民的传播拥有了极大的自由性、平等性和交互性，网民不仅是被动的信息接受者，而是成为了"传受一体"的信息传播主体，这就使得"意见领袖"不再被传统媒体所掌控，任何网民都可能成为"意见领袖"。"意见领袖"的多元化甚至全民化，使其在舆论生成方面作用大为凸显。

---

① 财经网：《工信部推迟强制安装"绿坝"软件》，http://www.caijing.com.cn/2009-06-30/110191373.html，2009 年 6 月 30 日。

② 南宏师、张浩：《网络传播学》，国防工业出版社 2008 年版，第 169 页。

③ 郭庆光：《传播学教程》，中国人民大学出版社 1999 年版，第 209 页。

"意见领袖"的作用首先体现在他们对于舆论活动的发起能力上。某一社会现象最终是否能够演变为舆论客体，被大多数网民关注，很多时候有赖于"意见领袖"对于舆论的发动。在网络舆论事件中，不乏由于"意见领袖"率先振臂高呼而"一呼万从"的事例。如西藏"3·14"事件发生后，面对西方媒体大量的不实报道，一位名叫饶谨的年轻人迅速创办了一家域名为"Anti-CNN"的网站，大量网民在这个网站上用事实回击 CNN 等西方媒体的不实报道，在一个月的时间里，该网站的日点击率就达到 500 万次，注册会员达 10 万人。又如厦门"PX 事件"中，一位网民"创造性"地号召厦门市民上街"散步"，以反对兴建此项目，结果引起了网民的热烈回应。① 山西"黑砖窑事件"中的"中原老皮"、重庆"最牛钉子户事件"中的首个网上发帖者、陕西"华南虎伪照事件"中的打虎派领军人物傅德志、山西"娄烦矿难事件"中的新华社旗下周刊《瞭望东方》的记者孙春龙等，都是网络时代的"意见领袖"。这些"意见领袖"发表的话题由于具有一定针对性和代表性，很快被反复跟帖和转帖，最后引起"滚雪球"的效果，从而迅速生成网络舆论。

"意见领袖"作用凸显还表现在他们对于舆论活动的推动能力上。在舆论活动发展的进程中，"意见领袖"还可以运用他们广博的知识、深刻独到的见解影响其他网民的观点和行为，从而推动网络舆论进一步发展并影响事件的解决。如在"许霆 ATM 取款事件"中，一位匿名网民表示："原广州中院副院长肖平受贿 18 万元，判三年有期徒刑；原广东高院院长麦崇楷受贿 106 万元，判有期徒刑 15 年。而一个并无前科的良民，因一时贪欲侵占 17 万元，就被处以终身监禁，这样的法律适用显然不合适"。② 在类似言论的影响下，网民纷纷对这种不公平的审判提出质疑，最终推动了许霆案的改判。又如"范跑跑事件"中，网民"中正润之"认为："'范跑跑'在地震的时候跑路本无可厚非，但是他后来的言论不但挑战了伪善，同时也挑战了真善，他本人无道德也就罢了，但是他否定道德，这是他最可耻的地方。'范跑跑'这种犬儒主义者对社会风气的危害尤胜于道德败坏者。"③ 此观点得到众多网民的认同，从而使对于"范跑跑"现象的讨论未限于"口水战"，而是上升到社会核心价值观的建设与维护上，更为深刻，也引发更多的言论与思考。

---

① 皇甫平：《喜看"新意见阶层"崛起》，http://news.163.com/09/0103/08/4UNK3KVE00012Q9L_2.html，2009 年 1 月 3 日。

② 人民网：《许霆重审改判五年》，http://zcxx.people.com.cn/OpinionShow.aspx?id=39，2008 年 3 月 24 日。

③ 人民网：《范跑跑事件》，http://zcxx.people.com.cn/OpinionShow.aspx?id=122，2008 年 5 月 22 日。

（二）信息控制力弱化

卢因认为，"在群体传播过程中存在着一些把关人，只有符合群体规范或把关人价值标准的信息内容才能进入传播的渠道。"[①]

笔者认为，与"意见领袖"在信息传播过程中通过发散信息所扮演的"引导"角色不同，"把关人"扮演的是一种阻挡、筛选信息的"控制"角色。在传统媒体控制的大众传播中，宏观层面上的"把关人"主要是政府、政党及其背后的利益集团；微观层面上的"把关人"主要为记者、编辑、节目制作等传媒机构的工作人员。[②]在网络时代，学界较为认同的观点是"把关人"已经死亡或者"把关人"力量被严重削弱。笔者认为，上述观点没有从根本上指出问题症结所在。我们认为，互联网从技术的层面上消除了阻碍信息传播的障碍，这样，所谓的信息传播的"关口"也随之消失，原有的"把关人"已经"无关可把"。我们可以用一个形象的比喻来解释这一问题：在一个羊栏里，只要饲养者在羊栏的门口守住，就可以决定是否放羊出去（或者放哪只羊出去）。有一天，栅栏倒塌，羊栏之门当然不复存在。群羊从四面八方逃散，饲养者对羊群失去控制力。

从理论上讲，在网络时代任何信息的传播都是无法阻挡的。但是，现实生活中诸多利益集团出于维护自身利益的需要，正以各种理由与方式迫不及待地在网络上重竖"栅栏"、重建"关口"，以控制不利于自身利益的信息流传。所以，有些网站出于某种考虑，会在技术层面上对关键词进行"过滤"处理；会对发表在自己网站上的某些信息严防死守；会由于某种原因对于某一热点事件"失语"等。但是，互联网的重要技术特征就是"充分分散"和"反控制"，即扩散消息是其优势，控制消息却不是。这使得某些利益集团对"栅栏"和"关口"的重建显得力不从心，对信息的控制力也大为弱化，这就给网络舆论的生成提供了广阔的空间。如湖北"石首事件"中，当地政府为封锁消息在长达80个小时的时间里只发布了3条新闻，其中还包括一条石首街头举行多部门联合消防演习的新闻通稿。但在"百度贴吧·石首吧"里，出现了近500个与"石首事件"有关的主帖，追踪报道石首街头的真实情况。又如在杭州"飙车案"中，虽然百度连续几天对此事件"失语"，但事件发生当晚，杭州著名论坛"19楼"里就有网民发帖《富家子弟把马路当F1赛道，无辜路人被撞起5米高》，回帖达到14万条，杭州"飙车案"迅速成为全国关注的公共事件。[③]

---

① 郭庆光：《传播学教程》，中国人民大学出版社1999年版，第162页。
② 吕文凯：《舆论学简明教程》，郑州大学出版社2008年版，第101页。
③ 祝华新、单学刚、胡江：《2009年中国互联网舆情分析报告》，http://hi.baidu.com/phosphors/blog/item/a2a74e0951565ac43ac76374.html，2009年12月28日。

虽然有些网站会对"敏感"信息进行删除，但此举经常失效。因为一些有经验的网民经常会对"敏感"信息进行截图，以保留第一手资料。

（三）舆论场加速形成

"所谓舆论场，是指包含若干相互刺激因素，使许多人形成共同意见的时空环境。"① 刘建明认为，舆论场的构成包含三个要素：同一空间的人群密度与交往频率；舆论场的开放度，即舆论场和社会整体环境相互连接、相互作用的大小；舆论场的渲染物或渲染气氛。这三个要素为舆论产生聚合了大量外力作用，当它们刺激舆论主体时，容易使人们迅速萌发一种信念，并把人们的见解统一到相同方向。这时，信念和见解就会铸成坚不可摧的意志合力，舆论也就展现出来。②

互联网的自由性、平等性、实时性、交互性恰恰有利于从这三个方面加速舆论场的形成。

1. 借助网络，网民也就拥有了"千里眼"和"顺风耳"，可以在更大的空间、以更高的频率自由交往，可以跨越"千山万水"自由地对任何话题发表意见。即使是身处荒岛的鲁滨逊，只要给他电脑和网络，他就一样可以发动和参与舆论，人群密度和交往频率在网络时代已经不再成为影响舆论场形成的制约因素了。

2. 网络的自由性、平等性、交互性实际上使得舆论场具有更大的开放性。在网络时代，鲜有"养在深闺人不识"的话题了，任何一个网民都可以针对某一话题发表意见，所以重庆"出租车司机罢运事件"、"教师罢课事件"；湖北巴东"邓玉娇案"、昆明"小学生卖淫案"、重庆"打黑风暴"等地域性事件由于舆论场的高度开放性而迅速演变为全国甚至海外关注的公共事件。

3. 互联网的运用还使舆论场的渲染物更多，渲染气氛更强烈。在网络诞生前，公众采用乐器、彩旗、鞭炮、气球等渲染物来渲染舆论气氛；采用唱歌、吟诗作对、演讲等方式来渲染舆论气氛。在网络时代，除了上述渲染物和渲染方式外，在虚拟社区、BBS、贴吧等场所，公众能够采用数量更多、效果更好、成本更为低廉的渲染物，如视频影像、卡通符号、图片等。当大家对某一话题进行讨论时，可以随时选用开心、郁闷、羞涩、愤怒等卡通符号来表达自己的心声，形成情绪上的共鸣，从而加速舆论场的形成。

（四）议程设置全民化

传播学理论认为，"大众传播具有一种为公众设置'议事日程'的功能，传

---

① 刘建明：《舆论传播》，清华大学出版社 2001 年版，第 64 页。
② 刘建明：《舆论传播》，清华大学出版社 2001 年版，第 65~66 页。

媒的新闻报道和信息传达活动以赋予各种'议题'不同程度的显著性的方式，影响着人们对周围世界的'大事'及其重要性的判断。"[1]

由于报纸、广播、电视等传统大众传媒垄断了信息传播的渠道，所以它们完全有能力通过传播内容的选择来替大众设置"议程"。也就是说，我们所接触到的信息环境很有可能并非现实环境的真实反映，而是由大众媒体通过议程设置所营造出的一种"拟态环境"，拟态环境并不是现实环境"镜子"式的再现，而是传播媒介通过对象征性事件或信息进行选择、加工、重新加以结构化以后向人们提示的环境。由于这种加工、选择和结构化活动是在一般人看不见的地方进行的，所以人们通常意识不到这一点，而往往把拟态环境作为客观环境本身来看待。[2]

但是，互联网使得传统媒体逐步失去了"议程设置"的独有权，"议程设置全民化"的时代已然来临。我们知道，"大众传播形成的信息环境，不仅制约人的认知和行为，而且通过制约人的认知和行为来对客观的现实环境产生影响。"[3]在社会活动中，人们在很大程度上会将信息环境当作自己行为的指南，所以只有信息环境无限制接近真实环境时，它对人们行为的指示功能才越具有价值，从而支撑着社会向健康、可持续的方向发展。如果没有"议程设置全民化"，山西"黑砖窑事件"也许会永远湮没在漆黑的砖窑里；如果没有"议程设置"全民化，重庆"最牛钉子户"的房子可能早被"拔掉"；陕西"华南虎伪照事件"中的"纸老虎"也许在美滋滋地享用从国库里划拨的数百万或上千万元的"大餐"；如果没有"议程设置"全民化，即使是新华社旗下周刊《瞭望东方》的记者孙春龙也难以揭开山西矿难的黑幕。正是因为打破了传统媒体"议程设置"的垄断权，所以才有越来越多的原本被遮蔽的事件被公之于众，从而促使更多的网络舆论生成。

2007年，陕西绥德县县长将追着自己签字解决学生助学金的校长拘留，遭到广大网民和媒体的猛烈抨击。事后，该县委宣传部一名徐姓部长在接受《南方人物周刊》采访时说，这本来是件小事，没想到在网上会引起那么大的争议。他甚至感叹："以前没有网络的时候多好啊，想让他们怎么说就怎么说。"[4] 这名徐姓宣传部长的感叹意味深长。从某种意义上说，他感叹的是一个时代的结束——因为有了互联网和由此带来的"自由传播与平等传播"，使通过遮蔽信息、误导舆论来实施社会控制的时代走向"终结"，舆论也由统治阶级控制社会

---

① 郭庆光：《传播学教程》，中国人民大学出版社1999年版，第214页。
②③ 郭庆光：《传播学教程》，中国人民大学出版社1999年版，第127页。
④ 皇甫平：《喜看"新意见阶层"崛起》，http://news.163.com/09/0103/08/4UNK3KVE00012Q9L_2.html。

的手段回归成公众利益博弈的方式。这不仅仅是网络传播的胜利，也是人类社会文明进程的重大胜利。

第二节　风险社会中的网络舆论风险

在风险社会的大背景下，准确界定网络舆论风险的领域与范围，并研究网络舆论风险的表现对于我国网络舆论的监测与安全具有重要的基础性作用。

一、风险社会视域下的网络舆论

社会风险研究因其普适性、实用性、前瞻性、政策导向性和政治经济关联性等特征，不可避免地成为一个全球性学术议题，因为风险与发展是古今中外任何一个政权、民族都必须处理好的一对关系。在社会风险研究中，风险社会理论是开山之作、理论基石和发展动力。

风险社会理论起源于西方，代表人物主要有：乌尔里希·贝克（U. Beck）、安东尼·吉登斯（A. Giddens）和斯科特·拉什（S. Lash）。其中，贝克是风险社会理论的开创者，理论形成于对生态破坏和技术隐忧的反思，他在《风险社会及其超越》一书中提到：社会风险"触及了工业化胜利、科学发展和技术创新的阴暗面的深刻恐惧"[1]；吉登斯关注的是四个制度支柱所带来的风险，在《现代性的后果》一书中，吉登斯认为："现代性的四个制度支柱——世界民族国家体系、世界资本主义经济、国际劳动分工体系和军事极权主义——都可能带来严重的风险"[2]；拉什的研究重点是在现代性的反思上，关注的是社会结构隐藏着的风险，他在《风险社会与风险文化》一文中批判道："我们不能仅仅从自然风险来判断我们所面临的风险是否有所增加，而主要应该看到社会结构所面临的风险。从个人主义消长的意义上来看，从国家所面临的威胁的意义上来看，我们所面临的风险都大大增加了。"[3]

综合起来，以制度和文化为界，贝克、吉登斯一派属于前者，拉什一派属于

---

①　Barbara Adam，Ulrich Beck，Joostvan Loon. *The Risk Society and Beyond：Critical Issues for Social Theory* [M]. London：Sage Publications，2000：16.

②　Anthony Giddens. *The Consequences of Modernity* [M]. California：Stanford University Press，1990：4 – 9.

③　斯科特·拉什，王武龙编译：《风险社会与风险文化》，载《马克思主义与现实》2002 年第 4 期。

后者。双方的分歧在于："风险是因为客观条件变化而增长，还是因人们的主观感知而增长？"无论结果如何，他们都提出了三类风险，即社会政治风险、经济风险和自然风险。其中，政治风险属于制度层面，经济风险属于市场层面，自然风险属于群落层面。

20世纪40年代，塔尔科特·帕森斯（Talcott Parsons，1902－1979）提出结构功能主义，可以解释社会系统、子系统及各元素的功能。到了50年代，默顿（Robert King Merton）在此基础上，发展了结构功能的方法，提出"潜功能"和"负功能"两个重要概念，前者用以区别"显功能"，后者用以区别"正功能"。自此，社会学、行为学方面的学术研究，只要是分析社会系统各元素的功能及社会影响，都会不可避免地提到、运用结构功能主义的相关理论。

近些年来，国内不少学者论及网络舆论时就采用默顿的功能分析范式，提出网络舆论具有"正功能"和"负功能"之分。归纳起来，一方面，他们认为：网络舆论具有"反映民情民意的公共空间"和"促进政府决策透明化、公开化的'推进器'"两项正功能。具体而言就是：（1）政治上，一方面，网络舆论代表着民情民意，是民众意愿的及时反应，政府可以借此验证政策方针、法律法规是否合理以及是否得到落实；另一方面，网络舆论可以监督政府行为、公共人物以及公共事务，有利于对抗腐败。同时，还能降低民众参政议政的准入门槛和成本。（2）经济上，网络舆论可以帮助政府部门、相关机构在制定政策、法律法规时，确实考虑到公众的切身利益和民生需要。（3）文化上，网络舆论有助于抵制道德下滑，谴责道德败坏和不文明行为，促进公众道德自律，弘扬先进文化。（4）司法上，网络舆论有利于监督司法程序，促进司法公正，揭露黑幕和真相，为弱势群体伸张正义。（5）网络舆论还能促进社会公平和正义，推动体制改革，平衡各派力量，让社会各阶层朝着合理的方向发展。

另外，他们认为网络舆论具有"情绪型潜舆论弥漫"、"假新闻误导舆论走向"和"网络'话语权'的垄断"三项负功能。具体而言就是：（1）政治上，网络舆论有时会受敌对势力和反动分子操控，将反动言论、虚假消息、政治谣言无限扩散和放大，点燃公众的不满情绪，造成民族分裂和政局动荡。（2）经济上，网络舆论会将难以查证的谣言、传言、危言肆意传播，损害企业形象，连带对相关行业和产业造成打击，甚至放大一个国家的金融风险。（3）文化上，网络舆论会压制反对意见，沦为一些人的"宣言书"，导致话语权失衡。（4）司法上，网络舆论会干预司法公正，盲目抵制判决，甚至超越法庭程序给当事人定罪，侵犯当事人的人身权利等。

显然，这是对默顿的分析范式的具体运用。从社会学的角度来看，"负功能"就是一种"风险"；从社会学和传播学相结合的角度来看，风险社会视野下的网络舆论"负功能",就是一种"网络舆论风险"。

二、网络舆论风险的主要表现

按照作用领域的范围,本课题组主要从"政治风险"、"经济风险"和"司法风险"论述"网络舆论风险"。

(一) 政治风险

1. "多数暴政"

古今中外的学者大多以"多数统治少数"的标准来诠释民主,以"少数服从多数"的标尺来衡量民主。但由于真理最初总是掌握在少数人手中,多数的理性往往也是有限的,多数人也可能会滥用权力,所以,不少学者开始意识到,"多数统治少数"会演化为"多数暴政"。最早意识到这点的是美国学者麦迪逊和汉密尔顿。自两人伊始,无论在社会批判领域还是在社会科学方面,服从多数意见会带来暴政的问题始终是学术界热烈探讨的主题之一,直到 20 世纪 70 年代,德国女传播学者诺埃勒·诺伊曼提出了一种描述舆论形成的理论假设——"沉默的螺旋"(spiral of silence theory),再次从侧面证明了这一问题的严重性。然而,笔者以为,对于"多数暴政"担心最为强烈、论述最为透彻的当数法国学者托克维尔。[①]

托克维尔生活的年代是 19 世纪上半叶,那时传播学尚未诞生,但"舆论"这一概念早已成型[②]。舆论的概念在很大程度上是启蒙运动的产物。它与 17 世纪末到 18 世纪的自由政治哲学,特别是 19 世纪的民主理论关系密切。《论美国的民主》(上、下卷)是托克维尔的成名作和代表作,也是世界学术史上第一部专门论述民主制度的政治学著作,其中也对舆论问题作了深入的探讨,主要集中在"民主"与舆论的关系上,却又不仅限于此。该著作上下卷近百次提到"舆论"(上、下卷均出现 45 次以上),而且贯穿全书始终。

关于民主与舆论的关系,托克维尔是从民主的实现对公共理性的发展产生不利影响的角度来展开论述的。(1) 在托克维尔眼中,"民主"与"平等"是一对同义词,民主即为"社会的各个方面走向平等"[③]。(2) 在民主社会 (如美

---

① 黄一涛:《论西方多数暴政思想渊源与解决路径》,载《中共伊犁州委党校学报》2007 年第 2 期,第 66 ~ 67 页。

② [美] 普赖斯著,邵志择译:《传播概念·Public Opinion》,复旦大学出版社 2009 年版,第 6 页。

③ [法] 托克维尔,董果良译:《论美国的民主 (下)》,商务印书馆 2004 年版,第 514 页。

国），"平等"是舆论的根源，"它赋予舆论以一定的方向，法律以一定的方针，执政者以新的箴言，被治者以特定的习惯"，还能"制造舆论"。[1] 在民主社会，"统治者没有同被统治者大众的利益相反或不同的利益"，同时统治者又不"具有同全体被统治者的利益一致的利益"[2]；而个体民众的利益诉求也扩大化。这样一来，随着民主的推而广之以及涉及民众范围的扩大，公众的观点、需求和利益也不断分化，呈现多元化趋势，"公共舆论"的一致性遭到破坏，形成"多数派"和"少数派"：多数"只认为自己对，而其他皆非。（3）他们便完全陷入狭隘而又封闭的自私之中"；少数"有自我控制的能力，不会被一时的冲动所驱使"。[3] 并且，多数"不承认理性的王国"——舆论中的理性特征遭到破坏。而这多数又是舆论中的主导性力量，理性成分下降，感性成分必然相对攀升。另外，代表"理性"的"少数"与代表"感性"的"多数"之间缺乏意见交流和良性互动。于是，由多数主导的舆论就可能以社会领域的"少数服从多数"为原则和理由，压服个人或是少数人意见和观点，取得最低层次的"共同性"和"一致性"，进而拥有无上权威，即为托克维尔眼中的"多数暴政"（tyranny of majority），如图4-1所示。"在民主国家，公众拥有贵族制国家的人民无法想象的强大力量。公众不是用说服办法，而是以全体精神大力压服个人智力的办法，将公众的意见强加于和渗入于人们的头脑的。"[4] 由于感性往往是不可靠的，那么不符合理性要求却又拥有无上权威的舆论必然会成为"民主社会"的风险隐患。

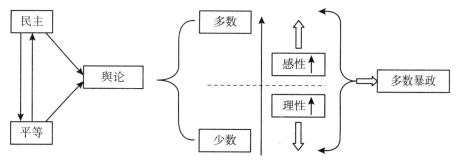

图4-1　托克维尔的"多数暴政"理论

现实生活中，网络舆论依然在演绎着"多数暴政"：随着"把关人"的弱化，网络平台给公众提供了平等的话语权，于是网络空间中每一个体都能够振振

① ［法］托克维尔，董果良译：《论美国的民主（下）》，商务印书馆2004年版，第4页。
② ［法］托克维尔，董果良译：《论美国的民主（下）》，商务印书馆2004年版，第256页。
③ ［法］托克维尔，董果良译：《论美国的民主（下）》，商务印书馆2004年版，第269页。
④ ［法］托克维尔，董果良译：《论美国的民主（下）》，商务印书馆2004年版，第526页。

有词地对一个话题发表看法，激烈，狂热，针尖对麦芒，似乎真理就要诞生……但是，经过仔细分析和归类之后，我们会发现观点和意见并非如想象那样"百花齐放"，相反，除去地域攻击和无聊的调侃之外，剩下有建设性的观点和意见往往集中在少数几种，而且总有一种在人气上占据绝对的优势。不仅如此，这些多数派还会通过"加关注"（如网易）、"顶帖"（如搜狐、网易）以及"支持"（如腾讯）来加强己方的观点，通过"盖楼"（如网易）、"回复"（腾讯）和"回帖"（如搜狐）来回击反方意见。这点在几个开通了网友新闻评论功能的门户网站中表现得尤为突出，很多 BBS 和微博也是如此。在论争和激辩中，感性成分如情绪等往往压倒理性，由此引发的"群起而攻之"、"地域攻击"和"人格辱骂"甚为普遍。

许多新闻事件的网络舆论正印验着托克维尔在 19 世纪就表达过的焦虑——"多数暴政"：当与占主导地位的多数派对立的时候，少数派中的个人或观点可能会被"孤立，并且得不到保护"。① 例如，前不久，由中国版协、中国发协、新华书店协会联合制定的第一个行规行约《图书公平交易规则》正式发布，其中规定"新书网售不得低于 85 折"。对此，指责政府"凡是对读者有利的事情都得禁止"，并称"读者从此买不起书了"的观点十分盛行，在网民中占据了压倒性的比例。与此同时，有人冷静地指出："目前网售图书存在恶性竞争和版权问题，利润极低，长此以往，将不再会有人愿意出书，届时读者的精神食粮真的会空窗。从长远来看，该规则还是有利于治理图书市场混乱局面的……"，却很快被批为"新华书店的托儿"，甚至有些网友还对之恶言相赠。由此，我们可以看出，网络舆论中"多数暴政"的风险隐患的确屡见不鲜。换个角度看，在面对绝对多数的时候，少数派尽管掌握着真理或是真正有价值的观点，但是得不到强有力的表达，甚至遭到无情扼杀。

2. "网络煽动"

日常生活中我们所说的"网络"，指的就是"互联网"。从计算机科学的角度来说，"互联网"是一个很大的概念和范畴，其中知名度最高、使用最广泛、服务最便捷、发展最完善的要数因特网。因特网提供的服务有很多，万维网（world wide web）是其中之一，另外还有电子邮件（E-mail）、文件传输（FTP）等。然而，无论是互联网、因特网还是万维网，其起源都是 1969 年投入使用的美国国防部高级研究计划局建立的"阿帕网"（ARPA net）。（1）美国国防部是个政治敏感性很高、军事威慑力很强的机构；（2）美国以及该机构既有资源设备优势，同时又掌握着核心技术；（3）美国一直奉行霸权主义政策，在网络领

---

① ［法］托克维尔，董果良译：《论美国的民主（下）》，商务印书馆 2004 年版。

域亦是如此。因而，40 多年来，"美国一直利用互联网发源地优势、掌控互联网主动脉优势、握有互联网核心技术优势，控制着全球互联网，成为互联网霸主。"① 美国利用互联网推行霸权主义主要表现在以下三个方面：

（1）主宰互联网管理与控制权。全世界总共有 13 个根服务器昼夜不停地支撑着整个互联网的运转，其中唯一的主根服务器设在美国弗吉尼亚州，另外 12 个副根服务器中有 9 个也在美国。这样一来，一旦代表某个国家的顶级域名被封锁或删除，那么这个国家就会在互联网世界消失。2004 年 4 月，".ly"（利比亚顶级域名）因域名管理权上的分歧而瘫痪，导致利比亚在互联网上消失了 3 天。

（2）组建网络战部队。早在 2002 年，人类历史上第一支网络黑客部队就在老布什总统的命令下成立，俗称"140 部队"。后来，又陆续成立了空军"网络司令部"、"网络战司令部"。如今，在全世界范围内，没有哪个国家的网络黑客足以与美国网络部队抗衡。

（3）利用号召力强的社交网站传送不实信息、串联示威、误导舆论，或是直接出资扶植"网络间谍"制造谣言，进行策反，煽动舆论，等等，我们称之为"网络煽动"。这类风险可直接导致人心的涣散、社会的动荡，甚至是政局的瓦解。对于我国而言，"网络煽动"主要来自于两股势力：一是国外的以美国为首的西方霸权主义；二是国内的以"藏独"、"疆独"等为主的民族分裂主义。

对于前者（国外而言），国际上类似的例子屡见不鲜。《纽约时报》曾称，社交网站这种 21 世纪的"新宠"在格鲁吉亚、埃及、冰岛的抗议示威活动中都起到了帮助作用。2009 年 4 月发生在摩尔多瓦的未成功的"颜色革命"因有美国社交网站 Twitter 参与鼓动，被称为"Twitter"革命。美国索罗斯开放社会研究所中还有专人负责研究利用互联网在"封闭社会"推动所谓"民主运动"。2009 年 6 月伊朗大选后局势一度动荡不稳。反对派利用 Twitter 等社交网站传送不实信息、发泄不满、串联示威，美国认为找到了对付伊朗的有效工具。当 6 月 15 日 Twitter 要按计划进行系统维护时，白宫竟下令要其推迟维护时间："伊朗正处于决定时刻，Twitter 显然在其中发挥重要作用，你们可以让它继续工作吗？"② Twitter 创始人见网站成为美国政府的"政治工具"兴奋不已。美国时任国防部长盖茨也说，Twitter 等社交媒体网络是美国"极为重要的战略资产"。对此，我们应该十分警惕。

"网络煽动"的另一主要方面往往来自某些宗教极端势力或打着宗教之名的

①② 劳江：《互联网成为美国霸权主义的又一武器》，http://opinion.huanqiu.com/roll/2010-01/696893.html，2010 年 1 月 22 日。

极端组织。这样的风险实际上已曾演化成为现实中的危机。自2008年"库车系列爆炸事件"和"炸机未遂事件"到2009年新疆"7·5事件",以"世维会"为主的分裂分子一直在国外通过境外网络来煽动网络舆论,激化民族主义情绪,最终将广东韶关旭日玩具厂"6·26群殴事件"通过网络舆论放大,演化为惨绝人寰的"7·5事件"。

相关研究表明,西方某些国家的情报机构每年出资数千万美元资助"网络汉奸"对中国网民进行思想渗透、策反。他们出没于各大中文论坛、门户网站,利用互联网对中国网民进行煽动、蛊惑、渗透、策反,制造谣言引发动乱并搜集中国情报。

无论是来自国外还是来自国内的网络舆论风险,其中,政治谣言都扮演着至关重要的角色,而这类谣言之所以得以传播,有四方面的原因:一是源自国际政治斗争中的政治宣传,二是产生于国内的社会矛盾和政治斗争,三是网民非理性的制造、传播谣言行为,四是网络媒体的匿名性、开放性、全球性以及守门员的缺失。其社会危害显而易见,一方面严重影响国家政治稳定,轻则破坏民族团结,加深民族对抗情绪,重则导致民族分裂,国家分崩离析;另一方面降低了网络政治信息的可信度,民众对于各种渠道中流传出来的信息都心存质疑,甚至一概不信,不利于政府部门权威的建立,也不利于真相的澄清和问题的解决。无怪乎美国著名未来学家托夫勒说:"谁掌握了信息,控制了网络,谁将拥有整个世界。"

(二) 经济风险

"以经济建设为中心"是我党长期以来的治国方略,发展经济在整个社会生活中的作用举足轻重,所以很多舆情的萌芽、形成、发展、汇集都与经济因素休戚相关,并能够对经济生活产生直接的影响,我们谓之"经济舆情"。从传播效果的角度,我们可以将"经济舆情"描述为"在社会群体中流传的、可能对经济运行与发展产生影响的信息与言论"。此类舆情因为涉及公众的切身利益及得失,所以是"焦点中的焦点","舆情中的舆情",因而在各类舆情中的比重较大、影响较强,需要政府及有关部门予以特别关注。不久前,人民网舆情频道的《舆情内刊》在一周内(2008年11月5日至11日)对东南沿海城市经济社会舆情所作的调查报告,舆情热点排行前十的事件中有七件属于经济与金融领域,主要集中在国家的重大经济政策、金融危机、股市、楼市和产品质量,甚至在舆论反响最激烈的前三名中有两个属于"经济舆情"(见表4-1)。另外,据人民网舆情频道的"论坛热帖排行榜"、"关键词排行",无论是月排行、周排行还是最具偶然性的日排行,经济生活领域的几乎总是跻身前列。

表 4 - 1 　　　2008 年 11 月 5 日 ~ 11 月 11 日东南沿海
城市经济社会舆情排行前 3 名①

总排名	地区	事件	中央媒体	市场媒体	地方媒体	论坛博客
1	全国	国务院十项措施扩大内需力促经济发展	83	173	159	40 300
		事件概述：国务院常务会议提出，当前要实行积极的财政政策和适度宽松的货币政策，出台更加有力的扩大国内需求的措施，加快民生工程、基础设施、生态环境和灾后重建。对此，有网民称利民又利国，是好举措。还有部分网民表示，希望不是"画饼"，能尽快落到实处。				
2	深圳	"11·7"深圳袭警事件平息后网民有不满情绪	3	43	17	10 710
		事件概述：11 月 7 日下午，深圳市警方交通整治时，当事人李国超无证驾驶摩托车冲过拦车点，执勤人员拦截时用手中对讲机砸向其头部，致其摩托车失控撞向路边使其身亡。死者家属召集人员到公安局石岩交警中队门前聚集，并引发数千人暴力袭警事件。政府平息事件后，仍有部分网民对此流露出不满情绪。				
3	上海	上海提出筹建国际金融中心引热议	2	35	48	23 000
		事件概述：据报道，目前，上海准备建设国际金融中心的目标和长期发展战略渐趋明朗，不会因为当前的金融危机而有所动摇。据悉，由上海市政府、部分中央和上海本地金融机构组成的"海外金融人才招聘团"即将开赴纽约、伦敦等地招揽人才。有网民称即使在华尔街危机的明鉴面前，一味地排斥和拒绝金融创新是非理性的，但上海应首先建成"安全港"。				

　　中国古代有"一言丧邦，一言兴邦"之说。在网络时代，则可能发生"一条短信、损失过亿"的"蝴蝶效应"，甚至使一个行业在短时间内遭受毁灭性的打击。以下便是近年来一些众所周知的事件：

　　——"北京病猪肉短信事件"。2007 年年初，"部分猪肉携带一种化脓性脑炎病毒，近期暂时不要食用猪肉"的消息通过 QQ 群、BBS、网络论坛、网络新闻、手机短信在北京地区广泛流传，引发全城"病猪肉恐慌"，使全市许多超市

---

　　① 据人民网舆情频道《舆情内刊》。该周舆情排行主要关注具有全国性影响的热点社区，重要新闻网站及博客群，主要论坛、博客等，对东南部沿海地区热度最高的舆情事件进行罗列，最终根据点击量、回复数及影响力等进行综合排行。

的猪肉一度完全滞销或是销量大减。

——"海南香蕉含有病毒事件"。2007年4月底，一条关于"青的或不熟的香蕉不但不能吃，而且还含有与SARS类似的病毒"的消息通过手机短信、QQ群、BBS、网络论坛、网络新闻在全国广泛流传，致使海南蕉价暴跌，北京、上海等大城市香蕉严重滞销。

——"温州企业倒闭潮事件"。2008年3月底，温州经济界某位人士在接受电视台采访时表示"温州30多万家中小企业，可能有20%左右的企业处于停工或半停工状况。"节目播出后，一些媒体纷纷对此进行转载或者再加工，刻意突出20%的概念，并以"倒闭"这个词替换"停工或半停工"，而实际实况并非如此。一时之间，温州中小企业的生存状况引起社会各界的普遍关注。温州曾经是市场经济的最前沿，温州的典型意义不仅在于温州模式，也是当下最具活力的民间投资的晴雨表。倘若温州制造面临危机，温州人该如何应对？

——"四川广元蛆橘事件"。2008年10月前后，一条关于四川广元蛆橘的传闻通过网络和短信在全国广为传播，致使我国一些柑橘主产区的柑橘严重滞销。仅产橘大省湖北，若不采取有效措施，其损失可能达到15亿元，四川、湖南、江西等地后果更是不堪设想。"上述'经济舆情'事件之所以会产生恶劣的负面影响，主要是由于诱发事件的舆情信息有的是：'谣言'——无中生有，凭空捏造，如北京'病猪肉短信事件'、'香蕉含有病毒事件'等；有的是'传言'——真假混杂，良莠难辨，传播时感性的成分多，且不考虑传播的社会后果，如'四川广元蛆橘事件'等；有的是'危言'——言过其实，夸大危险，如'温州企业倒闭潮事件'等。"[1] 无论是谣言、传言还是危言，此类网络舆情都可能对经济工作带来极大的负面影响，甚至对一个行业构成致命的打击，风险极高，我们谓之"网络经济舆情负效应"，应高度警惕。

（三）司法风险

托克维尔在《论美国的民主》中很无奈地说，在民主社会"王权的威严消失了，但未代之以法律的尊严"[2]，因为"任何法制都几乎不可能体现绝对的善"。在互联网上亦是如此，网络舆论的影响力是如此深入和强大，已然波及社会生活各个领域，显然也威胁到法律、司法的权威。"网络审判"（trial by inter-

---

① 喻发胜等：《重视对"经济舆情"的监控，警惕"极端信息"对经济工作造成的不利影响》，2008年12月13日新华社内参刊发。

② ［法］托克维尔著，董果良译：《论美国的民主（下）》，商务印书馆2004年版，第12页。

net）就是网络舆论与司法之间的矛盾关系之一。

"网络审判"由"媒体审判"（trial by media）演化而来。媒介审判，最初是西方新闻传播法中的一个概念，它的历史沿革是：法律审判实行陪审团制度，陪审团由普通公民组成，如果大众传媒在开庭审判前就对案件或涉案当事人做过多的报道和渲染，就会影响陪审团的公正投票，从而间接影响判决的公允。我国新闻法学界一般认为，[1]"媒介审判"是指新闻媒体超越司法程序抢先对案件作出判断，对涉案人员做出定性、定罪、定量刑及胜诉或败诉的结论。应该说，在当下中国社会，由于法制尚不健全，由网络舆论主导"媒介审判"在很大程度上反映了民意，有助于社会的公平正义的维护，如 2009 年的"杭州飙车案"、2010 年"我爸是李刚"交通肇事案等就是影响颇大的案例。正如我国新闻法专家魏永征教授在其著文中谈到的："媒介是不是会影响司法审判？这首先不是一个理论问题，而是一个事实问题。"[2] 但从长远看，"媒介审判"也存在干扰司法公正的可能，对这一潜在风险我们也应予以提防。

除"网络审判"外，另一值得关注的现象是"网络暴力"。从 2004 年的"木子美"事件，到 2005 年的"卖身救母"，再到 2006 年的"虐猫女"、"铜须门"、"韩白论战"，2007 年的"史上最毒后妈"、"假虎照事件"，2008 年的"die 豹"事件、"辽宁女"事件，一些网民的"人肉搜索"、"网络追杀令"以及"网络群体暴力事件"都在不同程度上损害了当事人的尊严、人格以及正常生活，还侵犯了当事人及其亲属的姓名权、隐私权、肖像权、名誉权等，被称为"网络暴民"，相关现象我们称为"网络暴力"。"网络暴民"是由国外媒体《国际先驱论坛报》、《纽约时报》冠名，缘由是中国网民在"铜须门"事件中的表现，其力量源泉是"人肉搜索"，为猫扑网首创。

表 4 - 2 部分 "网络暴力" 现象

典型事件		起因	经过及结果	侵权
2005 年	"卖身救母"	西南大学女生陈易在网上向网友求助，声称"卖身救母"。	遭网友质疑，其 QQ 聊天记录、电子邮件全部曝光，陈母在网友的一片质疑声中离世。	侵犯了隐私权、名誉权。

---

① 付松聚：《中国媒介审判分析及反思》，载《东南传播》2008 年第 1 期，第 30 页。
② 魏永征：《媒体审判何时休》，载《中国记者》2001 年第 5 期，第 25 页。

典型事件		起因	经过及结果	侵权
2006 年	"虐猫女"	一名女子穿高跟鞋踩在猫肚子上的视频被传到网上。	全国各地的网友对其予以讽刺、挖苦、咒骂、批判,关于她的信息很快被曝光,不少人还发出了"网络追杀令"。	侵犯了当事人的肖像权、隐私权,甚至是人身权利。
	"铜须门"	《魔兽世界》的一位玩家在网上发帖称其结婚六年的妻子因游戏与公会会长"铜须"有染,并致家庭破裂。	当事人不仅遭到谩骂,而且其家庭住址、照片、国外的女友姓名、手机和家里的电话被曝光,网友还在虚拟世界中以静坐、游行、谩骂、自杀等形式集体声讨铜须。最后真相是该事件子虚乌有,纯属虚构。	侵犯了当事人的姓名权、肖像权、隐私权,还威胁到其人身权利。其女友的姓名权、肖像权、隐私权也连带遭到侵犯。
2007 年	"史上最毒后妈"	网上出现了一篇名为《史上最恶毒后妈把女儿打得狂吐鲜血,现场千人哭成一片》的帖子,帖子里详细描述了江西省鄱阳县六岁女孩"丁香小慧"遭继母毒打后的惨状,还附上了孩子遍体鳞伤、口吐鲜血的照片。	网络上是一片愤怒的声讨。有说"这是我见过的最没人性的事",有骂"后妈禽兽不如"的,还有网友发出网络通缉令要严惩后妈的,各种最恶毒的语言更是铺天盖地而来。那位后妈就被骂得狗血淋头,甚至被众多正义之士威胁要索取性命。最终,事实的真相是帖子是个天大的谎言,完全是新闻炒作。	侵犯了当事人的隐私权、名誉权,还威胁到其人身权利。当事人还受到了肆意诽谤和侮辱。

续表

典型事件		起因	经过及结果	侵权
2008 年	"辽宁女"	在一个长约 40 秒的网络视频中，网吧电脑前有一女子用戏谑不屑的口吻，大谈自己对汶川地震以及灾民的鄙夷之情，措辞肮脏、激愤、不堪入耳，并对地震表示出幸灾乐祸的态度。所有网站一片灰白、电视节目中全是灾难报道和哀悼活动，这一切让她玩不成游戏，所以她才如此抱怨、愤怒。	视频一出，各地网民震怒，有人发起"搜索令"，"号召 13 亿人一起动手把她找出来"，"辽宁女"和"辽宁骂人女"成为该女子的网络代称，并很快占据各大网站的首页，一时成为网友点击率最高、评论回复最多的事件。很快，其 QQ 密码被人破获，接着，有匿名网友发帖"网晒"其详细信息，包括身份证号、家庭成员、详细住址、工作单位，甚至其亲朋好友的电话号码全被"挖"了出来。最后，沈阳市公安局苏家屯区分局依据网上提供的信息资料，将其抓捕，并予以拘留。	虽然"辽宁女"本身也存在过失，主要是言语之失，但网友的行为也侵犯到了当事人的姓名权、肖像权、隐私权。

　　暴民，顾名思义就是参与暴动或暴乱的民众。那么，"网络暴民"就是指网络上参与暴动或暴乱的网民。显然这个并不准确，毕竟网络是虚拟世界，与现实有着天壤之别。具体而言，"网络暴民"具有以下行为表现形式："网民对某一事件发表攻击性、煽动性和侮辱性言论，造成当事人名誉损害；网民在网上散布谣言歪曲事实真相；网民在网上公开当事人个人隐私等。"① 据《中国青年报》社会调查中心与腾讯网新闻中心联合开展的一项调查（共 3 226 人参与）显示，"网络暴民"具有以下行为特征：②

表 4-3　　　　　　　　　"网络暴民"调查结果

内容	比例（％）
主观上有恶意制裁别人的倾向	62.6
出口成"脏"	57.4

---

① 桃源、于多：《网络暴力当治》，载《瞭望》2008 年第 24 期，第 17 页。
② 陈豪磊：《"网络暴民"——虚拟世界中的暴徒》，载《网络天地》2009 年第 3 期，第 169 页。

内容	比例（%）
不经当事人允许就擅自公开其隐私	56.8
威胁当事人的人身安全	54.3
动不动就质疑当事人的道德品质	48.2
盲目跟随别人的意见	44.8

由调查结果我们可以看出，"网络暴民"在动机、行为方式和行为影响等方面均存在共同点：主观动机上，基本上是为了发泄现实中的不满、愤慨、压抑等情绪，迁怒到网上，倾向于恶意制裁、审判、攻击当事人，而不考虑现实后果；行为方式上，主要是不分青红皂白地肆意谩骂、侮辱甚至是诋毁当事人，不遗余力地搜索、追寻、传播当事人隐私，并殃及无辜的当事人的亲朋好友；行为影响上，严重危及当事人及亲朋好友的正常生活、学习和工作，侵犯了当事人的肖像权、隐私权、名誉权等诸多民事权利，有的甚至威胁到其人身安全。

此外，更让人痛定思痛的是，往往令网友怒不可遏、群起而攻之的事件其实是个弥天大谎，完全子虚乌有或是由别有用心的人凭空捏造。在"群体极化"的作用下，当事人百口莫辩，甚至越描越黑，最终沦为最大的伤害者。

第三节 网络舆论风险生成的诱因与根源

总结和归纳网络舆论的政治风险、经济风险、司法风险以及近年来的网络群体性事件，形成大规模网络舆论事件的爆点，主要集中在以下几个方面：一是涉及安全与事故；二是涉及公平与正义；三是涉及伦理与信仰；四是涉及民族与历史。按照马斯洛的需要层次理论，以上四大爆点分别属于人身安全、利益分配、个人价值与社会尊重。换言之，大凡关系到民众人身安全、利益分配、个人价值与社会尊重的信息、言论、行为、事件等，都可能会引爆强大的网络舆论场，也就具有构成网络舆论风险的可能性。通过实证分析，本课题组将从直接原因、根本原因（根源）两个方面予以论述。

一、网络舆论风险生成的直接原因

（一）网络放大——匿名效应与污名化

网络传播具有匿名性、开放性等特征，使用的准入门槛较低，发表言论随意轻松，个性化表达盛行，称得上是一种言论自由利器。然而，在"匿名心理"和"法不责众心态"的作用下，这种自由很容易被一些人滥用：言论偏激，揭人隐私，散布谣言，诽谤他人，挑拨离间，煽动闹事，等等，这些成为直接导致网络舆论产生、发展、扩大、混乱、失控的原因，尤其是匿名散布、传播谣言是很多网络舆论风险的导火索，这在经济领域表现得尤为突出。

网络舆论还有一种"一坏百坏"的污名化效应，一些与当事人相关的标签因为"有前科"都被打上负面形象和刻板印象的烙印，如"官"与"贪"、"富"与"奸"、"城管"与"残暴"、"富二代"与"飞扬跋扈"、"官二代"与"暗箱操作"、"香车美女"与"包养情妇"联系在一起……这样的污名化舆论很容易造成判断有失公允、难以保持理智、一边倒的局面，从而造成传播者的几何级增长和事态扩大化。

"匿名效应"和"污名化效应"对网络舆论的推动异曲同工，都是促进参与传播者数量急速增长，迅速凝聚网络舆论场，促使现实和网际中事态扩大，我们称之为"网络放大"。"匿名效应"是聚集网民，让更多网民无拘无束地参与其中，敢怒敢言；"污名化效应"是聚集舆论，让多种意见汇聚成少许甚至是一种，让多元化演变的可能丧失殆尽。两者结合起来，就是现实世界很难实现的"网络放大"，扩大主体基数，放大舆论场和舆论风险。

网络传播和网民参与的相互作用，导致对网络舆论的"放大"过程，主要体现在：舆论在传播过程中信息量陡增、危害性被夸大、信息内容失真、波及人群增多、波及领域扩大等方面。"容量较大的夸大信息甚至是失真信息，往往会激起人们对某种风险的潜在恐惧心理，唤起人们对之前灾难事件或风险事故的回忆和联想，从而诱发对所处风险事件的过分敏感和过激反应。"[1]

（二）网络谣言——恶意散播与信息不明

谣言，是未经证实的异化信息。网络谣言，就是通过互联网传播的未经证实

---

[1] 刘岩：《风险被谁放大？——"社会构建论"的回答》，载《绿叶》2009 年第 8 期，第 94 页。

的异化信息，其传授关系如图 4 - 4 所示。网络传播因其匿名性、开放性、及时性、互动性和全球化，为谣言提供了很好的温床，而且与基于传统媒体的谣言相比，有以下三个特征：一是更难以识别；二是影响面更广；三是可控性更小。另外，网络谣言具有隐蔽性、炒作性、攻击性、报复性、宣泄性、诱惑性、强迫性等特征。[①]

表 4 - 4　　　　　　　　网络媒介与传统媒介的空间比较[②]

	网络媒介	传统媒介
谣言传播的速度	快	慢
受众参与地域范围	大	小
受众间的交互性	佳	差
受众与媒体间的交互性	佳	差
媒体的掌控程度	无	大
受众提供意见的真实性	低	高
受众的言论自由度	大	无/小
受众发表意见的空间	大	小

奥尔波特说："从未有一场暴乱的发生不带有谣言的鼓动。"同样的，网络谣言造就了无数的网络舆论风险（如图 4 - 2 所示），主要体现在三个方面：一是成为事件发生的始作俑者和导火索；二是为事件的发展和扩大推波助澜；三是事件平息的重大障碍。网络谣言形成的原因：一是网民的利己主义和负面情绪的不当宣泄；二是相关部门信息不公开造成事件暧昧。这样一来，很容易造成以下风险：政治方面，增加社会动荡，甚至导致民族分裂；经济方面，影响企业正常的经营活动，导致产品的销售受阻，对企业决策造成影响，破坏企业的品牌形象，轻则给企业造成巨大经济损失，重则给一个行业造成重创；司法方面，会侵犯公民的名誉权、隐私权、人身权利，构成诽谤。

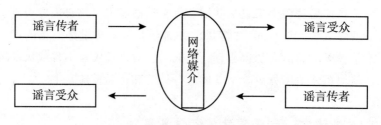

图 4 - 2　基于网络媒介的谣言传受关系

---

① 夏学鉴：《网络时代的谣言变局》，载《人民论坛》2009 年第 23 期。
② 唐国东：《突发事件中网际谣言传播特点及应对策略》，载《兰州学刊》2008 年第 8 期，第 470 页。

（三）群体极化——涟漪效应与雪崩效应

"群体极化"这一概念是美国芝加哥大学法学院讲座教授凯斯·桑斯坦提出的，用以描述网民群体的一种心理状态，同样也适合于现实世界中的团体和组织。他在《网络共和国——网络社会中的民主问题》一书中指出："群体极化的定义极其简单：团队成员一开始即有某种偏向，在商议之后，人们朝偏向的方向继续移动，最后形成极端的观点。"[①] 通过对美国 60 多个政治网站的随机调查研究，桑斯坦发现，网络上的圈内传播（如论坛、网络社区、QQ 群、微博等）很容易形成群体意见的极端化倾向，形成的过程为："刺激—反应—极化"或是"刺激—反应—再刺激（来自于谣言信息或网络推手）—极化"。

与传统传播（如大众传播）模式相比，网络传播更易出现"群体极化"现象。首先，依据传播学中的"选择性接触"理论，网络传播是一种大众化互动模式，在网络环境中聚集的网民群体，极易"形成高群内同质化、群际间异质化倾向，这样就极其容易导致群体认同的出现。同时，网络的超链接也是网络社会中舆论主体更容易出现'群体极化'的一个重要原因"。[②]

网络的超链接给广大网民提供了一种能够进行系统性信息过滤的传播环境，广大网民在选择性接触信息的同时，也不断强化一致或者相似的信息，获取的信息经过了网络环境（超链接）和网民自身（选择性接触）的"协同过滤"，于是，看似网民享用的是个性化信息定制，实际上被双重"窄化"，最终导致越来越多的网民听到的只是自己的回音，而网络上的互动也沦落为一种"回音壁式"的狭隘互动。

处于群体极化下的网民，其舆论、观点、意见呈"雪崩效应"，像滚雪球一样越滚越大，顺势而下，形成强大的势能，锐不可当，难以平息。这种情况下，持不同意见的网民很难发出呼声，其观点、意见很容易被巨大的需求淹没、粉碎。这就是网络舆论产生巨大风险的原因所在。强大的舆论潮很容易构成"多数暴政"，失去理性判断，从而导致真相埋没、黑白颠倒、舆论压力，甚至引发是现实社会的骚乱。

二、网络舆论风险生成的根本原因

社会风险是舆论风险之根，网络又是舆论的放大器。因而，网络舆论风险归

---

① 凯斯·桑斯坦：《网络共和国——网络社会中的民主问题》，上海人民出版社 2003 年版，第 47 页。
② 程亮亮：《丁香小慧事件与网民的"群体极化"倾向》，载《传媒观察》2007 年第 9 期，第 17 页。

根结底源于社会风险。换句话说，对于网络舆论风险而言，网络舆论是外因，社会风险是内因，是主导网络舆论风险的根源。归纳起来，"内因"主要是"体制性原因"、"阶层性原因"、"文化心理原因"，这三方面相互交织，相互促进，相互影响，共同构成"社会风险"及"舆论风险"的基础和根本，如图4－3所示。

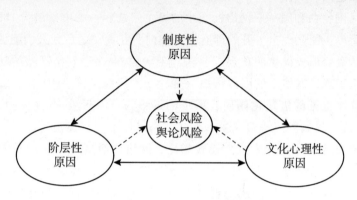

图4－3　风险并发性结构图

（一）体制性原因

在社会的发展和运行过程中，由于制度的缺失或不合理或混乱或失效导致矛盾与冲突频发、腐败与祸患滋生，从而引起风险泛滥。作为风险之源，核心的体制性原因是公平正义的缺失、贫富悬殊以及各类腐败。

2010年3月14日，温家宝总理在十一届全国人大三次会议上答记者问时说，"公平正义比太阳还要有光辉。"[①] 诚然，如果没有公平正义，经济发展得再好，社会财富总量再多，普通百姓也享受不到，必然会导致民众怨声载道，社会动荡不安。

孔子说："有国有家者，不患寡而患不均。"然而，中国贫富悬殊愈演愈烈，两极分化越来越严重，"基尼系数达到4.7"，[②] 城乡差别、东西差距越来越悬殊，利益分配格局畸形，已经超出了公民的可承受度，因而必定会激化社会矛盾，引发不满和敌对情绪，进而导致群体性事件频发。除此之外，政治、经济、司法、教育等各类腐败无处不在，几乎成为了当今中国的头号问题，已经严重破坏了社会风气，加剧了社会不公，引起人们的极度不满，也是诸多社会问题的源

---

① 温家宝会见中外记者：《公平正义比太阳还要有光辉》，http：//news. xinhuanet. com/politics/2010－03/14/content_13169432. htm，2010年3月14日。
② 新浪网：《中国的基尼系数》，http：//finance. sina. com. cn/roll/20060629/0856771485. shtml，2006年6月29日。

头。人民论坛《千人问卷》调查显示，96.11%的受调查者表示"由权力造成的不公平"是当前社会不公平现象最为突出的表现。[①]

据《瞭望新闻周刊》记者统计，2008年南京"天价烟事件"中，参与讨论表达的网民数达到100万。[②] 这100万人中，没有直接利益人，网民主要是声讨政府官员周久耕公款奢侈消费行为。另外，基于周久耕的房产局局长身份和当前高房价的现实，更能激起网民的愤怒。所以，这个看似非直接利益冲突背后，隐藏的是对高房价的不满、对官员腐败的痛恨。贫富不均，腐败不除，不满的社会情绪长期累积，一触即发，一发而不可收。

一般而言，许多网络舆论事件中，既有直接利益冲突对象，即当事人和受害人，也有数量上占绝对优势的非直接利益冲突对象，即广大网民。即使两个直接利益冲突双方之间是一起孤立事件，在网上却可能引起能量级很大的群体性表达。这两者之间的联系便是与每个人都息息相关的制度层面的问题。

（二）阶层性原因

目前，中国的社会结构及阶层分布严重失衡，这主要表现在：（1）当今社会的主要群体弱势化。占全国人口80%的农民、工人、城市无业人员以及失业、半失业人员，都是中低收入者；[③]（2）中间阶层发育缓慢。构成中国新中间阶层的私营企业主、经理人员、个体工商户、办事人员、专业技术人员等，"约占全国就业人口的15%"，且"每年的增长比例仅为1个百分点"；[④]（3）精英阶层结盟形成"精英循环"。仅占全国人口5%的政治、经济、文化精英们，通过相互结成利益联盟，形成垄断利益，社会资源、权力的流动性机会大大降低。

这样一来，形成的格局是，大多数人是弱势群体，占据中坚力量的人群增长缓慢，中下层群体又难以突破精英阶层的结盟封锁，依据"短板效应"理论，"一个社会的稳定与否并不取决于经济发展的增长速度和社会财富总量增加的状况，而是最终取决于社会底层群体的风险承受力和生活改善状况。"[⑤] 那些对经济状况、生活条件变化承受能力最为脆弱的庞大人群，极易产生消极、失望、不满和愤慨情绪，一旦受到鼓动或刺激，很容易引发较大的社会风险甚至是危机。

据第28次中国互联网络发展统计报告发布的数据，2010年网民中，月收入

---

① 姚亮：《从群体性事件看政府公信力的构建》，载《大连干部学刊》2009年第6期，第34页。

② 郭奔胜、季明等：《网络内外群体性事件有交织放大之势》，载《瞭望》2009年第22期。

③ 吴忠民：《走向公正的中国社会》，山东人民出版社2008年版，第268页。

④ 张宛丽、李炜等：《现阶段中国社会新中间阶层的构成特征》，载《江苏社会科学》2004年第6期，第106页。

⑤ 姚亮：《社会结构视野下的社会风险探析》，载《学习与实践》2009年第7期，第122页。

低于 2 000 元的占 66.8%，低于 1 500 元的占 52.3%，月收入 500 元以下的由 2009 年的 18.0% 增加至 19.4%，网络大军中，大部分都是低收入群体（见图 4-4）。① 随着互联网的进一步普及，弱势群体的利益诉求渠道通畅，基数大、诉求多的该阶层，更容易在网络事件中集结，没有来自其他阶层的舆论制衡，或者不同的声音很微弱，形成的网络舆论场大而广，带来的风险也会随之增加。

简言之，阶层分布畸形的问题必然会导致网络舆论风险愈演愈烈，基于以下三个方面的原因：（1）阶层分布不平衡带来的风险隐患多；（2）弱势群体的基数大、诉求多，容易一呼百应，形成的网络舆论场大而广；（3）没有制衡的阶层可以发出不同的声音来平衡舆论，容易偏激、非理性化，构成多数暴政，破坏力大。

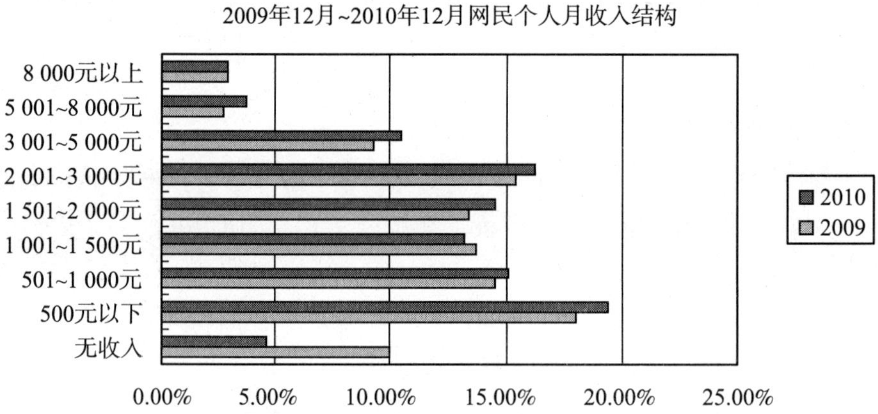

2009年12月~2010年12月网民个人月收入结构

图 4-4　2009 年 12 月 ~2010 年 12 月网民个人月收入结构

（三）文化心理原因

由于社会主义核心价值观的缺位、社会多元文化及价值观的冲突、拜金主义盛行等多重原因造成了信仰的迷失、文化的混乱、价值观的嬗变、心理的扭曲，从而形成了诸多文化心理方面的风险隐患。

1. 社会信任危机

2007 年的陕西"华南虎伪照事件"中出现这么一个怪现象：公众、科研机构、媒体、政府互不信任，彼此质疑，每个人都在打包票、作保证，可依旧是谁也不相信谁。这其实从侧面体现出了中国在转型期出现的社会信任危机。2009

① 中国互联网络信息中心（CNNIC）：《中国互联网络发展状况统计报告》，http：//www.cnnic.net，2011 年 1 月。

年 8 月 24 日，网易网站曾针对"杭州一位老人晚上骑车摔伤，20 分钟无人扶"的现象作了一个"扶还是不扶"的网络投票，共有 13 万网友参加，却只有 4.01% 的网友觉得应该扶，而超过六成的网民选择了"绝对不会，怕惹麻烦"。后来有学者认为，这充分说明了"中国社会正面临着严重的信任危机，不仅人与人之间互不信任（怕做好事惹上麻烦），民众对法律也不信任（怕法院错判自己的行为）"。① 这无疑是一个十分严重的社会问题，它不仅导致人与人之间关系紧张、冷漠，相互猜疑戒备，同情心丧失殆尽，降低了民众的生活安全感，还有损政府部门、司法部门、公共管理部门的威信、公信力及合法性。

2. 社会道德滑坡

当今中国，社会道德滑坡已经是一个无法否认的现实，物欲横流、拜金主义、奸商横行、腐败成风、诚信丧失，无一不在解构社会有机体，增加了不确定性的风险和危机。这主要体现在以下几个方面：

一是拜金主义甚嚣尘上。就连爱情、亲情也被金钱绑架，社会不稳定因素增多。江苏卫视相亲节目《非诚勿扰》女嘉宾马诺喊出"宁愿坐在宝马车里哭，也不愿在自行车上笑"，成为这个时代一部分女性求偶的典型心理。"二奶"、"小三"层出不穷，一方面，加深了人们对金钱、权力的崇拜，优秀传统价值观不复存在；另一方面，利欲熏心让人在追逐金钱时变得不择手段；再一方面，人们追求金钱、物质享受而不得之时，会加深对财富拥有者的仇恨，加深阶层性矛盾对抗。

二是诚信缺失。人们为达目的不择手段，甚至是欺诈、造谣、诽谤。这点在网络上尤为突出，许多网络事件中，谣言一直推波助澜，甚至是始作俑者，造成了很多冤假错案。发生在司法领域，则侵犯了当事人的人身权力；发生在政治领域，则对国家安全和社会稳定造成伤害；倘若发生在经济领域，轻则让一家企业陷入破产边缘，重则对一个行业造成无法挽回的损失和冲击。

三是社会焦虑加剧。现阶段，社会焦虑作为一种普遍现象困扰着为数众多的社会成员，且有不断加剧的趋势，整个社会弥漫着一种压抑、紧张、浮躁、焦虑不安的氛围。一份调查数据显示，目前 92% 的人认为自己焦虑，只有 8% 的人认为自己不焦虑。在这 92% 的人群中，有约 30% 是经常焦虑，60% 是偶尔焦虑。上层人的焦虑来自于对资产的不安全感，担心财富缩水，害怕自己破产；下层人的焦虑更多，涉及住房、医疗、教育、养老、婚恋等方面。

在这种氛围下，社会个体极易爆发非理性冲动和情绪，一旦出现特定事件或处于某种情境，这种焦虑就容易转化为狂热的躁动，且极易受周遭情绪的感染，

---

① 穆言：《社会信任危机将是社会之痛》，载《思想政治工作研究》2010 年第 2 期，第 62 页。

进而产生非理性行为和连锁反应，演化为群体性事件，造成大的社会危机和动荡。

第四节 网络舆论风险演化的机理

运用传播学与社会学相关理论，通过实证分析归纳、总结引发网络舆论风险的诱因，寻找催化网络舆论风险的嬗变因子；通过模拟分析，探讨网络舆论风险传导的路径，从而为网络舆论的监测与风险控制提供相关理论依据。

一、一般模型

"网络舆论风险"作为一个合成词，由"网络舆论"和"风险"两个语素组成，"风险"是其中心语，"网络舆论"是其限定词。"网络舆论"的概念在前文中已有详尽论述，此处不再赘述。前文对"风险"从词源学的角度进行了分析，作为一个具有现代性的核心概念，此处有必要对"风险"这一核心概念进行梳理。

20 世纪初，"风险"进入了经济学领域，成为经济学家热衷探讨的话题，最为典型的是 1921 年出版的《风险、不确定性和利润》。作者奈特在该书中首次明确提出风险与不确定性之间的关系："概率型随机事件的不确定性就是风险，非概率型随机事件就是不确定性。"[①] 而"风险"概念真正进入世界公共话语的中心地带，要归因于 1986 年贝克《风险社会》德文版的出版和苏联"切尔诺贝利事件"的爆发。正是由于"切尔诺贝利事件"有力地印证了贝克的"风险社会"理论，全世界尤其是西方学界纷纷掀起了"风险及风险社会"理论研究的热潮。以下是课题组统计的关于"风险"的定义：

1. "联合国为评估化学品毒害推荐了两种有分歧的'风险'定义：一是作为一个统计学概念，不涉及危害的程度；二是'R（risk）= P（probability）· H（hurt）'。"[②]

2. "风险总是指一种动态行为，指对经济主体的双重影响方式，即蒙受损

---

① 转引自赵其宏：《商业银行风险管理》，经济管理出版社 2001 年版，第 3 页。

② Mary Douglas. *Risk Acceptability According to the Social Science* [M]. London：Routledge&Kegan Paul，1986：20. 转引自张海波：《社会风险研究的范式》，载《南京大学学报（哲学·人文科学·社会科学版）》2007 年第 2 期，第 137 页。

失和获取收益的可能性"①

3. 韦伯词典（2003）将风险定义为："面临的伤害或损失的可能性。"

4. "风险在英文里是'risk'，本意是指冒险和危险，从字面意义上来理解，风险是具有一定危险的可能性，或者说是有可能发生危险、形成灾难。"②

5. "'风险'是危险、灾难的可能性，但毕竟不是危险、灾难本身。"③

6. "所谓风险，从字面的意义上来看，就是'可能发生的危险'。"④

纵观这些"风险"定义或是关于"风险"的论述，不外乎两个部分：（1）"损失"；（2）"可能性"，或是"不确定性"，简言之就是"损失的可能性"——正如韦伯词典中给出的定义一样。"风险"对应"risk"，"损失"即为"vulnerability"，"可能性"即为"probability"，"风险，即损失的可能性"从数理的角度来说，体现的是两变量的正比例关系。因而，我们可以将风险的这一定义抽象的概括为：

$$R = V \cdot P$$

当然，必须说明的是，这一公式并不意味"风险"是可测定的，只是体现了 R（风险）、V（损失）、P（可能性）三个因素之间的相互关系而已。由此可知，风险具有四种情况："损失严重/高概率"、"损失严重/低概率"、"损失轻微/高概率"、"损失轻微/低概率"。

在探讨了"风险"的定义之后，我们将其拓展到"网络舆论"的层面，那么对于"网络舆论风险"，顾名思义就是"网络舆论造成的损失的可能性"。由于"风险"具有很强的主体性，也就是说，我们必须明确给"谁"造成"损失"，所以对于"网络舆论风险"必须加入一个"主体"的概念。该"主体"是相对于"风险"而言，即"风险的主体"，也就是"网络舆论"的对象——"网络舆论"的客体。这样一来，我们就可以将"网络舆论风险"定义为"网络舆论对承担主体造成损失的可能性"，即是"风险"（risk）因"主体"（subject）而异，不同主体对应着不同的风险。也就是说，"网络舆论风险"（R）是关于"主体"（S）的一个函数：

$$R = f(S) = V(S) \cdot P(S)$$

它是关于风险承担主体的一个"因变量"概念。其中，风险承担主体，也就是网络舆论客体，是"自变量"。因而，我们提到网络舆论风险时，首先要考

---

① 赵其宏：《商业银行风险管理》，经济管理出版社 2001 年版，第 57 页。

② 周战超：《当代西方风险社会理论引述》，载《马克思主义与现实》2003 年第 3 期，第 53～59 页。

③ 肖巍：《风险社会中的协商机制》，载《学术界》2007 年第 2 期，第 35～42 页。

④ 何铮、朱良峰、庄智一：《城市突发公共事件的内涵、类型与风险识别研究》，载《中共福建省委党校学报（福州）》2008 年第 6 期，第 35～40 页。

虑的是，这里所说的风险是对谁而言，主体不同时，风险自然也不同。

例如，在 2009 年的"天价烟事件"中，网络舆论对南京江宁区房产管理局原局长周久耕"个人"而言，具有"形象"上的损毁、"精神"上的压力和"物质"上的冲击；对于周久耕的亲朋特别是家庭而言，网络舆论会带来一定的精神压力、谩骂谴责、物质损失；对于"南京江宁区房产管理局"这么一个政府机构而言，网络舆论会造成"威望"、"形象"和"声誉"等方面的损毁，甚至还会造成其他方面的潜在损失。但是，若是放眼整个社会，这种网络舆论是有助于惩贪罚恶、以儆效尤、保护国家财产资源的功能。既然不是一种损失，而是一种正面功能，那么也就无所谓风险了。

在上面这一个案例中，如果我们把"周久耕"这一个体看作是风险承担主体 S_1，对应的网络舆论风险为 R_1；把"周久耕的家庭或其他亲近的人群"看作是 S_2，对应的风险为 R_2；把"南京江宁区房产管理局"这一政府组织或群体看作是风险承担主体 S_3，风险为 R_3；把"整个社会"看作是 S_4，对应的风险为 R_4。显然，因着主体 S 的不同，风险 R 也不同：

$$R_1 = f(S_1) = V(S_1) \cdot P(S_1)$$
$$R_2 = f(S_2) = V(S_2) \cdot P(S_2)$$
$$R_3 = f(S_3) = V(S_3) \cdot P(S_3)$$
$$R_4 = f(S_4) = V(S_4) \cdot P(S_4)$$
$$\cdots\cdots$$

而且，我们考虑到在"天价烟事件"中，可能还会有其他的网络舆论对象，也即是其他的风险承担主体，其对应的风险也会不同。所以，对于任一主体 S_n 而言，对应的风险 R_n 为：

$$R_n = f(S_n) = V(S_n) \cdot P(S_n)$$

以上函数关系，就是网络舆论风险演化的一般模型，体现了"网络舆论风险"与"风险承担主体"（网络舆论的客体）、"网络舆论风险"与"损失"、"可能性"之间的关系。同样需要说明的是，虽为等号连接，但并不能表示确切的数量关系，只是一种对等关系。

由于同一网络舆论事件中，涉及的舆论对象纷繁芜杂，而且随着事件的发展也是变幻不定，所以承担风险的主体亦是变化无常。为了研究的方便和保证研究对象的明确性，笔者采用社会学及传播学一般的分类标准，把"承担风险的主体"分为"个人"、"群体"和"社会"三大类，即是：

1. 当我们研究网络舆论对个人所形成的风险时，即以个人为承担风险的主体，笔者谓之"微观层面"的网络舆论风险：$R_1 = f(S_1) = V_1 \times P_1$；

2. 当我们研究网络舆论对某一群体所形成的风险时，即以某一群体为承担风险的主体时，笔者谓之"中观层面"的网络舆论风险：$R_2 = f(S_2) = V_2 \cdot P_2$；

3. 当我们研究网络舆论对整个社会所形成的风险时，笔者谓之"宏观层面"的网络舆论风险 R_3，而这一层面的网络舆论是所有"微观层面"与"中观层面"风险的总和：$R_3 = \sum (R_1 + R_2)$。

二、微观层面——以"个人"为研究主体

绝大多数网络舆论事件因个人而起，导火索是某一个体，有的主旋律自始至终针对的也是一个人，该"个体"是承担风险的主体，因而网络舆论风险也是对该"个体"而言，例如 2005 年的"卖身救母事件"，2006 年的"虐猫女事件"，2007 年的"史上最毒后妈事件"，2008 年的"辽宁女事件"，2009 年的"天价烟事件"，等等。因而，研究以"个人"为主体的网络舆论风险显得尤为有意义。在公式 $R_1 = f(S_1) = V_1 \cdot P_1$ 中，网络舆论风险 R_1 与"网络舆论给个人造成的损失" V_1、"造成损失的可能性" P_1 有关。因而，我们可以分别从 V_1 和 P_1 两方面进行分步研究。

（一）V_1——网络舆论给个人造成的损失

损失，即是损毁丧失，最早见于《后汉书·和帝纪》："今年秋稼为蝗虫所伤，皆勿收租、更、刍槁；若有所损失，以实除之，馀当收租者亦半入。"又见于元朝戴表元《八月十六张园玩月得一字》："月行虚空中，万古无损失。"损失更为常用的意义是表示损毁丧失的东西，譬如人们常说："这次我们的损失太大了。"这里，就是取此义。一般而言，损失可分为以下几种类型：一为物质损失；二为精神损失。对于网络舆论而言，精神损失较为普遍，往往涉及个人的形象、声誉、姓名权、肖像权、隐私权等许多方面，同时也伴随着物质损失，如金钱、财产等，甚至是人身安全上的损失。

如 2006 年的"铜须门"事件中，当事人"铜须"不仅遭到谩骂，而且其家庭住址、照片、国外的女友姓名、手机和家里的电话被曝光，网友还在虚拟世界中以静坐、游行、谩骂、自杀等形式集体声讨"铜须"。最后，真相大白，该事件子虚乌有，纯属虚构。网络舆论侵犯了当事人的姓名权、肖像权、隐私权，属于"精神损失"类，还威胁到其人身安全权利，属于"物质损失"类。其女友的姓名权、肖像权、隐私权也连带遭到侵犯，亦属于"精神损失"类。

173

（二）P_1——网络舆论给个人造成损失的可能性

从统计学上讲，损失的可能性是一个概率概念，取值在区间（0，1）内，"0"表示"不可能"，"1"表示"必定"。从社会学角度来看，它是一个不确定性的概念，但也有大小强弱之分。网络舆论给个人造成损失的可能性大小与"话题的敏感度"、"舆论场的强度"、"当事人的态度"、"媒体的态度"、"相关人及部门的态度"等许多因素有关。互联网热点事件的舆论传播呈现出两种主要模式，例如，"邓玉娇案"、"天价烟"、"习水嫖幼案"、"杭州飙车案"等网上事件，涉官、涉贪、涉警、涉富，话题敏感；当事人态度恶劣；相关部门的态度差强人意；媒体态度强硬……一系列因素造成较为强大的舆论场，因而这些网络舆论给个人造成精神、物质损失的可能性较大，甚至是必定会给当事人造成某些损失。

三、中观层面——以"群体"为研究主体

（一）V_2——网络舆论给群体造成的损失

群体，是相对于个人而言的，并不是任何几个人都能构成群体，而是被某一相关利益联系起来的人群，其中也包括组织。组织中最具有代表性的就是政府、企业或其他典型机构。

以政府而言，网络舆论造成的损失有威信、公信力和社会形象等方面，还会给其中的成员造成精神压力等，甚至是物质财产和人身安全等方面，例如在"四川瓮安事件"和"石首事件"中，由网络舆论鼓动、演变而来的冲击公安机关、政府办公楼等行为，给政府部门造成了直接的财产损失和人身安全事故；以企业而言，网络舆论同样会造成声誉、公信力和社会形象等方面的损失，而更为直接的是经济利益上的损失，往往两者是一脉相承的，因为以营利为目的的企业一旦声誉扫地，利润下降甚至是亏损必然会随之而来，如2010年"霸王洗发水含致癌成分"事件中，网络舆论形成一定的强度后，导致该品牌形象受损，霸王股票也因此暴跌14%而停牌。

综上所述，网络舆论给群体和组织造成的损失也可分为"精神损失"和"物质损失"两类。"精神损失"以"声誉"、"形象"和"公信力"损失为主；"物质损失"以直接经济利益为主。而且，二者联系相当紧密。

（二）P_2——网络舆论给群体造成损失的可能性

与微观层面的网络舆论风险相似的是，网络舆论给群体和组织造成损失的可

能性同样与"话题的敏感度"、"舆论场的强度"、"媒体的态度"等众多因素有关，还与组织长期以来的"声誉"和"公信力"等相关，更为重要的是，它与"相关部分的态度和表现"、"传播信息的可信度"关系更大。如果备受网络舆论谴责的组织能够以务实的态度快速反应，讲真话、讲实话，主动承认失误、承担责任，就能在一定程度上减小损失。

如2003年"非典"危机中，在4月20日前，政府部门以封锁消息为主，相关媒体预警功能缺位，呈现"失明"、"失聪"、"失语"的现象，在很大程度上加剧了"非典"危机，是传媒预警功能严重缺位的典型案例。2003年4月3日下午，当"非典"病毒在中国大地肆虐时，时任卫生部长张文康却在国务院新闻办举行的记者招待会上数次重复，中国局部地区的非典型肺炎疫情"已得到有效控制"，"在中国工作、生活、旅游都是安全的。"中国内地几乎所有的媒体都转播、转发了这一消息，却没有哪一家传媒机构公开提出质疑。是解放军301医院（解放军总医院）72岁的老军医蒋彦永向世人揭穿了这一谎言，及时发出了预警的声音，从而使"非典"危机的处置出现重大转折。[1] 又如2008年湖北巴东"邓玉娇案"、贵州"瓮安事件"，2009年湖北省"石首事件"等，所引发的网络舆论都使政府的公信力受到较大损害，值得深思。

四、宏观层面——以"社会"为研究主体

当我们站在整个国家和社会的高度来探讨网络舆论风险，即以"社会"为研究主体时，就不能局限于某个个体或单个群体的利益得失，而是各种正负风险的总和，由于每个网络舆论事件涉及的风险承担者纷繁而复杂，不能一言以蔽之。但在宏观层面上，对任何一起网络舆论事件的最终评断标准只有一个，即是否有利于"社会进步"。

总的来说，大部分的网络舆论，作为信息时代民情民意的一种载体和象征，承载着言论自由，象征着民主开化，代表着人们参政议政的意愿，体现了民众的社会主人翁精神，有利于社会发展的进程，因而不仅没有风险，反而是一种进步。

但是，有些网络舆论也具有较大风险，并可能在现实生活中引发危害、造成损失。其主要特点是这些网络舆论概由谣言、传言、流言引起，或者是被某些别有用心的利益集团所煽动和控制，并通过网络媒介放大，最终演化成现实社会的危害。这类网络舆论对整个国家和社会造成的网络舆论风险主要有以下几类：

---

① 李菁：《人民利益高于一切——蒋彦永谈披露疫情真相内幕》，http://news.sohu.com/59/95/news210029559.shtml，载《三联生活周刊》2003年6月12日。

（1）政治上，网络舆论有时会受敌对势力和反动分子操控，将反动言论、虚假消息、政治谣言无限扩散和放大，点燃公众的不满情绪，造成民族分裂和政局动荡；（2）经济上，网络舆论会将难以查证的谣言、传言、危言肆意传播，损害企业形象，连带对相关行业和产业造成打击，甚至放大一个国家的金融风险；（3）文化上，网络舆论会压制反对意见，沦为一些人的"宣言书"，导致话语权失衡；（4）司法上，网络舆论会干预司法公正，盲目抵制判决，甚至超越法庭程序给当事人定罪，侵犯当事人的人身权利等。

第五节　网络舆论的建构流程

在甘惜分主编的《新闻学大辞典》中，舆论被定义为"社会或社会群体中对近期发生的、为人们所普遍关心的某一争议的社会问题的共同意见"，"是某种公共性的社会心理和社会思潮的公开表露"。在这里，舆论蕴含着两个方面的基本特征：一是其形态为意见的公开表达；二是其本质为"论"，没有与他人的互"论"、共"论"，也就不称其为舆论。[1] 网络舆论是由网民就一些特定的政治、经济或社会议题，在网络话语公共空间中进行公共讨论及辩论而形成的。网络空间中各种有争议的观点之间的相互竞争所增强的议题（事件/意见）的显著性，以及网民就某议题（或其延伸/变种）的讨论及辩论，是网络舆论形成的必不可少的条件。[2] 基于上述观点，下文将信息集散、公众辩论与政治活动的可公开访问的主题—回帖型网络讨论平台——网络论坛作为考察网络舆论建构及传播的主要对象。

一、网络舆论建构的特定机制——以网络论坛为例

网络论坛，也被称作以话题为中心的信息网，最早是从 1979 年美国杜克大学的研究生 Tom Truscott 和 Jim Ellis 二人共同开发的一款名为"用户网"（Usenet）的电子邮件系统流行起来的。Usenet 是 "USEr NETwork"（用户网络）

---

① 丁柏铨：《略论舆情——兼及它与舆论、新闻的关系》，载《新闻记者》2007 年第 6 期。

② Jin Qiu, *Resonance effects：Online public opinion and agenda-setting of traditional media in today China*, 2005, paper presented at the Digital Content and Technology Conference for the Graduate Students in Asia, College of Communication National Chengchi University（July1－2），（accessed March11, 2009），available at http：//comm. nccu. edu. tw/wp－content/digiconf05/part9/9－3. doc.

的缩写，这是一个全球性分布的电子布告栏（BBS），涵盖的主题有计算机、自然科学、人文科学和社会学等。Usenet 系统允许人们根据自己感兴趣的话题组建某个讨论组，在讨论组里粘贴讯息，其他用户可以阅读或回信、回帖、发表意见，直接进行交流。① 电子布告栏 BBS（bulletin-board system）比万维网早出现15 年，从一开始就以其对言论自由的承诺和自治的传统明显区别于其他网络沟通方式。Listservs、Usenet、BBS 等网络论坛形成的团体被称为"虚拟论坛"（virtual community）。② 在这一网络空间中，网络舆论的形成及其效果离不开两种机制的作用，且这两种机制间还有着逻辑上的关联：一是论坛建构的社会性，它决定并影响着网络舆论形成中公民讨论协商的数量与质量；二是论坛讯息的种类及其功能发挥，它反映了对论坛的社会性设计在多大程度上推动公民协商，并最终实现公民行动，从而达到网络舆论传播的最大效果。

不同的论坛类型对于信息提供、信息交换与网民互动合作等的衡量标准各有不同。从这一点来说，网民使用网络的方式，影响其获取信息和表达观点的各种要素，以及在这些过程中网民的参与程度等都将对网络舆论的传播及其效果产生影响。正如斯科特·赖特（Scott Wright）等人所认为的，网站的设计与政治选择直接关乎网络讨论的可能性、形式及其开展。③ 网络论坛围绕某一特定议题，在其公开性与互动性政治讨论两方面的建构（或称设计）是影响网民意见表达、网络舆论形成及其传播效果的关键。这里采取个案研究与文本分析的方法，选取由国家媒体《人民日报》主办的人民网强国论坛上的"深入讨论区"为研究对象，对其有关 2009 年 7 月 5 日在新疆乌鲁木齐发生的打砸抢烧暴力犯罪事件（简称"7·5 事件"）④ 的网络舆论及其传播效果进行深入分析。⑤

（一）网络论坛建构的社会性

在普里斯（Preece）看来，一个网络论坛的成功与否，取决于其社会性

---

① 斯蒂夫·琼斯，熊澄宇等译：《新媒体百科全书》，清华大学出版社 2007 年版，第 461、421 页。《财富杂志：从 1979 年开始 Web2.0 的社会化历程》，http://media.mindmeters.com/ar/5980。

② 斯蒂夫·琼斯，熊澄宇等译：《新媒体百科全书》，清华大学出版社 2007 年版，第 472 页。

③ Scott Wright, John Street, *Democracy, deliberation and design: the case of online discussion forums*, New Media Society；9；849；2007.

④ "7·5 事件"：在民族分裂分子热比娅为首的"世维会"的指挥煽动下，2009 年 7 月 5 日 19 时，一些人在乌鲁木齐市人民广场、解放路、大巴扎、新华南路、外环路等多处非法聚集、打砸抢烧。截至23 时，已造成 3 名无辜群众死亡，部分群众和武警受伤，多部车辆被烧毁。

⑤ 根据陈红梅的说法，"人民网强国论坛深入讨论区"只张贴 1000 字节以上的文章，适合对话题进行深入探讨和分析，因此，上帖量要小得多，便于分析；而且，由于该区所有内容都处于审核状态，因此，极少事后删帖，搜索能够较好地反映讨论的原始状态。参见陈红梅：《网络 BBS 里的宝马撞人案》，载《新闻与传播研究》2005 年第 2 期。

(sociability) 与可用性 （usability）。其中，社会性的决定性因素包括论坛参与者的人数，每一单位时间讯息的数量，参与者的满意度以及被置顶讯息的数量、可信性、互动量等。可用性的标准是错误的数目，发帖量等。概而观之，可用性主要与用户如何同技术打交道有关，其核心是用户与计算机界面（软件）之间的互动；而社会性则是关于一个论坛的成员如何通过支持性技术与其他人打交道，其核心是技术支持下人与人之间的互动。

普里斯指出，好的社会性必须具备以下几个关键性要素：（1）目标：即一个论坛对一种兴趣、需要、信息、服务或支持的共同注意，这是其个体成员归属于这个论坛的缘由；（2）人：即在论坛中相互作用、拥有个体的、社会的和组织的需要的人，他们在论坛中扮演不同的角色，如领导者、调停者等；（3）指导原则：即引导人们互动，并推动能够带来一种历史感与公认的社会规范的仪式与概念的发展的语言和草案，像一些注册须知，对论坛用户行为的管理条例等，[①] 如表 4 – 5 所示。

表 4 – 5　　　　　　　　　网络论坛的社会性标准

目标	讯息的数量：关乎人们的论坛参与度，即意味着论坛较好实现其目标的程度
	被置顶讨论的数量：关乎社会互动的质量
	互动性：评论的类型决定线索的深度，带情感的讨论 vs 实际信息/学术性的讨论
	互惠性：给予一个论坛的同时，也从论坛里得到，二者的比率比较，如提问 vs 回答
	贡献的质量
人	参与者的数量
	激烈、不文明的行为：调停者的效力；对不文明行为的分类和清点
指导原则	可信性：信用卡细节的安全性，医疗或其他私人信息。对论坛信赖对于情感支持的重要性

在普里斯的论述基础上，从便于操作的角度出发，我们可以将衡量网络论坛社会性的关键性要素归结为以下几种，对某一时间段内的日发帖情况进行考察：（1）主帖的总字数；（2）总发帖数；（3）情感型主帖数与现实型主帖数。从这三

①　Jenny Preece，Sociability and us ability in online communities：Determining and measuring success，Behaviour and Information Technology20（5）：347 – 56，2001.

个方面，我们可以大致了解网络舆论在这段时间内形成和传播的基本态势，例如，它经历了怎样几个阶段，每个阶段网民参与的程度和质量如何，以及其对论坛的贡献等，这些被量化的信息向我们清晰形象地勾勒了舆论传播中的公民辩论与协商。

为大致了解"7·5事件"在网络上的传播情况，便于我们对相关网络舆论的传播情况进行考察，本章通过 Google Trends（谷歌趋势）对 Google 上中国过去12个月内有关"7·5事件"的搜索量与资讯量进行显示，并与人民网从2009年7月5日~15日前后的网站流量统计进行比照，如图4-5、图4-6所示。[①]

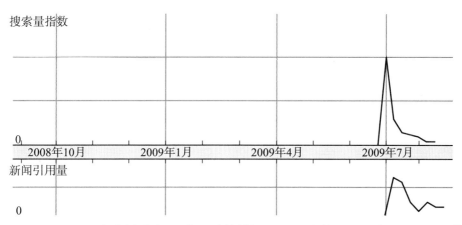

图4-5　Google 上中国过去12个月对关键词"7·5事件"的搜索量与资讯量[②]

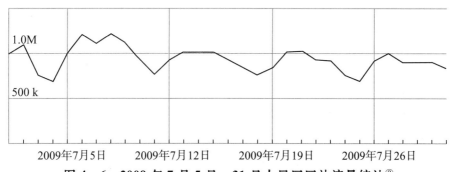

图4-6　2009年7月5日~31日人民网网站流量统计[③]

———————

① Google Trends（谷歌趋势）是通过分析 Google（谷歌）全球数以十亿计的搜索结果，告诉用户某一搜索关键词在 Google 被搜索的频率和相关统计数据。在 Google Trends 中的每一关键词的趋势记录图形显示分为搜索量和新闻引用量两部分，用户可直观的分别看到每一关键词在 Google 全球的搜索量和相关新闻的引用情况的变化走势。除了提供关键词的搜索趋势查询以外，Google Trends 还增加了网站流量查询的功能。材料引自：http：//www.google.cn/intl/zh-CN/trends/about.html#7，http：//www.kenengba.com/post/467.html。

② 资料来源：Google Trends："7·5事件"。

③ 资料来源：Google Trends for Websites：bbs1.people.com.cn。

可以看出，在这段时间内，Google 上对关键词"7·5事件"的搜索量与资讯量先是急遽爬升，后又逐渐呈下降趋势；而人民网的网站流量在 7 月 6 日和 7 月 8 日两天达到最高。

这里试将 7 月 6 日作为考察起点，通过前面论述中所建构的网络论坛的社会性标准及论坛讯息种类分类模型，对 7 月 6 日以后人民网强国论坛深入讨论区内所有与"7·5事件"相关的帖子（包括主帖和回帖）——进行分析，探讨这一时期强国论坛深入讨论区有关"7·5事件"的网络舆论及其传播效果。

1. 主帖总字数与总发帖数变化情况

图 4-7 反映了自 7 月 6 日以来深入讨论区中主帖总字数的变化情况，从这个图中大致可以看出，截至 7 月 19 日，有关"7·5事件"沸沸扬扬的网络大讨论已经渐渐冷却。从 7 月 6 日至 7 月 19 日这短短两周时间内，深入讨论区有关"7·5事件"的网络讨论已经经历了四个阶段：7 月 6 日为起始阶段，7 月 7 日~7 月 9 日为第二阶段，7 月 10 日~7 月 14 日为第三阶段，7 月 15 日~7 月 19 日为第四阶段。再将这四个阶段的总发帖数进行对比，如图 4-8 所示：

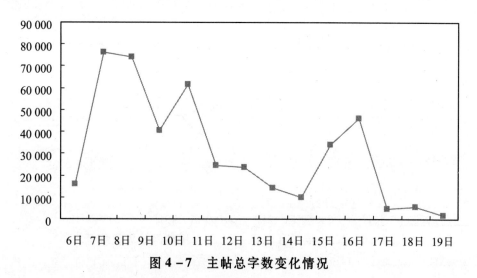

图 4-7 主帖总字数变化情况

2. 情感型主帖数与现实型主帖数的对比

在事件发生的第二天，深入讨论区里充满了网民对以热比娅为代表的分裂势力和暴徒的痛斥与讨伐，对被杀、被伤害平民百姓的痛心与同情，这一天情感型的帖子占了很大比重，许多人重新提起毛泽东思想及其民族政策。7 月 7 日起转

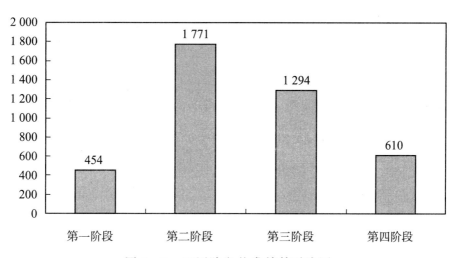

图4-8　不同阶段总发帖数对比图

向理性思考和冷静分析，现实型帖子逐渐居多，人们从国际政治环境、国内民族形势等多方面，对这次事件从宏观、微观的角度进行了原因分析和趋势预测，不仅出现了很多原创首发的帖子，且字数多、论述精到详细的高质量帖子比比皆是。到了第三、第四阶段，网民将目光集中在一些更为具体的问题上，例如西方媒体对"7·5事件"的报道中的偏见与不实，美国等国家对分裂势力的扶植等，尽管总的字数有所下降，但是对特定问题的陈述与讨论仍非常精彩。

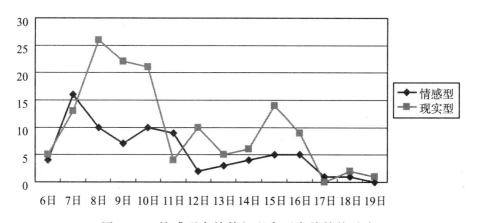

图4-9　情感型主帖数与现实型主帖数的对比

（二）网络论坛的讯息种类

菲什金（Fishkin）指出，协商发生的可能性受三方面条件的影响：一是政治讯息的实质内容最终得以相互交流；二是存在思考并进一步辩论这些讯息的机会；三是这些讯息在与其相对观点的交互争论中得到发展。随后他又进一步提出，一个协商过程的完成必须具备解释该主张的充分信息，公民有可能对其中每一条的理由进行评估，且他们的意见应该被聆听并予以回复。① 在菲什金的大思维框架下，威廉（Wilhelm）设计出了一套对公民协商中的讯息进行分类的模型，借此来衡量论坛的设计在多大程度上能够推动公民协商，如表4－6②所示。

表4－6　　　　　　　　　　　　**威廉的分类模型**

信息种类		全称和定义	备注	考察的角度
无互惠行动发生	提供	仅向论坛提供信息。	这一大类的信息关乎网络群体的参与者在多大程度上仅仅提供观点和信息，而不是从其他成员那里寻求信息。	每天发帖者的平均数量、一条信息的长度（字的数量）、每天信息的平均数量、一次连续讨论的持续时间、每天连续讨论的数量
	寻求	以询问、开放评论等方式寻求信息。		
	种子	提供一条新的线索或一场新的讨论，或一个新的话题。		
讨论的互动，信息的互惠	包容	信息是否包含来自论坛外的信息源的意见或观点。	这一大类的信息关乎网络群体的参与者在多大程度上交换观点、包容并回应其他人的观点。	
	回复	对先前发表的其他信息进行回应。		
	同质	信息的总量所显示出的群体归属感。		
由批判和理性的态度推动的合意（即共同的立场）	证实	提供批评与立论的表述，并依据这些表述的语义内容、所提供的能证明其合理性的原因进行评估。	这一大类的信息关乎一些实际的问题在多大程度上是被理性地辩论的（与从个人偏好出发的辩论相比）。	
	无效	既没有提出能证明其合理性的原因，也没有关于其真实性的表述，大多是基于个人的偏见、情感或审美判断。		

---

① Fishkin, J. S., 'Beyond Teledemocracy: "America on the Line"', The Responsive Community 2 (3): 13 - 19, 1992; Fishkin, J. S., The Voice of the People: Public Opinion and Democracy. New Haven, CT: Yale University Press, 1995. 转引自 Scott Wright and John Street, Democracy, deliberation and design: the case of online discussion forums, New Media Society 2007; 9; 849.

② Wilhelm, A., Democracy in the Digital Age: Challenges to Political Life in Cyberspace. London: Routledge, 2000. 转引自 Scott Wright and John Street, Democracy, deliberation and design: the case of online discussion forums, New Media Society 2007; 9; 849.

作为公共空间，网络提供了政治协商的论坛，作为公共领域，网络也能够推动促进观念与意见交换的民主讨论。威廉的模型便向我们充分展示了网络论坛中讯息交流、辩论以及进一步延伸、发展的全貌，在它的背后，是无数网民在网络强大的信息发布与动员能力的推动和感召下，打破传统媒体垄断的传播格局，自由而真实地发出自己的声音，甚至进行激烈辩论，开启一时思想之风暴。因此，对某一时间段内讯息的种类及内容进行详细归纳和分析，是我们真正了解并预测特定时期网络舆论的发展及其传播效果的根本。下文将通过对网络论坛讯息内容及种类的分析，对深入讨论区有关"7·5事件"的网络舆论每个阶段的发展及其传播效果的详细情况追溯探讨。

1. 情感倾向分析

表4－7　　　　　　　　　　情感倾向分析表

日期	拥有最高跟帖数的主帖篇名	跟贴数
7月6日	《高举毛泽东思想》	102
7月7日	《胸怀祖国，放眼世界》	90
7月8日	《痛心的60年来之最》	116
7月9日	《从西方主流社会对新疆7.5暴力犯罪事件的态度》	84
7月10日	《我们不能让中国掉入圈套》	197
7月11日	无跟帖	0
7月12日	《这才是民族团结的基础》	13
7月13日	《关于圈子问题、邓贵大问题及新疆问题》	153
7月14日	《为乌鲁木齐天山公安分局果断处置暴力案件叫好》	197
7月15日	《西方记者在乌鲁木齐街头煽动混乱》	110
7月16日	《切莫让新疆事件演变成民族"世仇"》	35
7月17日	无跟帖	0
7月18日	《当今俄罗斯对新疆暴乱看法》	26
7月19日	《坚持社会主义核心价值体系，战胜西方的和平演变战略》	96

使用ROST内容挖掘免费软件（ROST Content Mining）统计最高跟帖数主帖篇名，对这些发帖人的情感倾向进行分析，得到图4－10。

33.33%
41.67%
25.00%
积极情绪
中性情绪
消极情绪

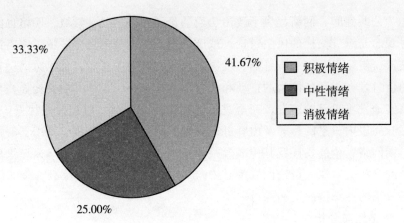

图 4－10　深入讨论区中网民关于“7·5 事件”的情感态度

2. 讯息文本分析

根据威廉的讯息分类模型，使用 ROST 内容挖掘免费软件统计论坛讯息种子的词频，手工处理去除部分无效词后，利用 ROST Content Mining 可视化功能，生成标签云图（见图 4－11），可以更直观地看到这段时间的网络舆论呈现的热点内容：

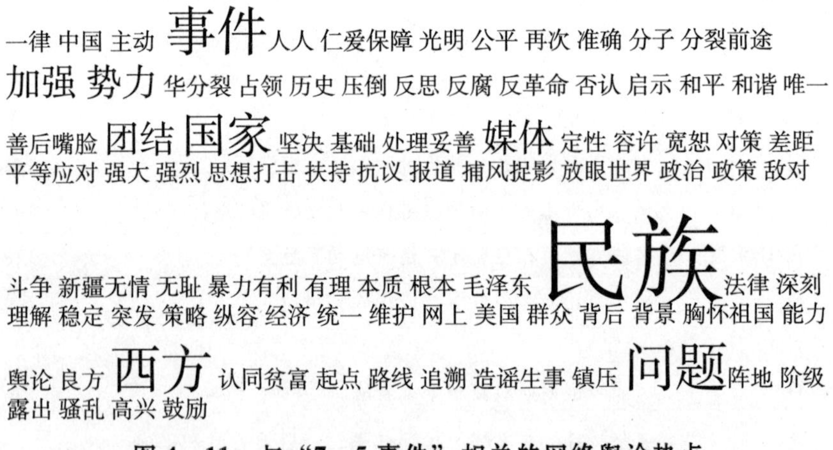

一律 中国 主动 事件 人人 仁爱保障 光明 公平 再次 准确 分子 分裂前途
加强 势力 华分裂 占领 历史 压倒 反思 反腐 反革命 否认 启示 和平 和谐 唯一
善后嘴脸 团结 国家 坚决 基础 处理妥善 媒体 定性 容许 宽恕 对策 差距
平等应对 强大 强烈 思想打击 扶持 抗议 报道 捕风捉影 放眼世界 政治 政策 敌对
斗争 新疆无情 无耻 暴力有利 有理 本质 根本 毛泽东 民族 法律 深刻
理解 稳定 突发 策略 纵容 经济 统一 维护 网上 美国 群众 背后 背景 胸怀祖国 能力
舆论 良方 西方 认同贫富 起点 路线 追溯 造谣生事 镇压 问题 阵地 阶级
露出 骚乱 高兴 鼓励

图 4－11　与“7·5 事件”相关的网络舆论热点

随后分别对这四个阶段中分属各信息种类的内容综合进行语义网络分析，手工处理去除部分无效词后，形成图 4－12～图 4－15，我们可以从中清楚看到每个阶段的舆论重点：

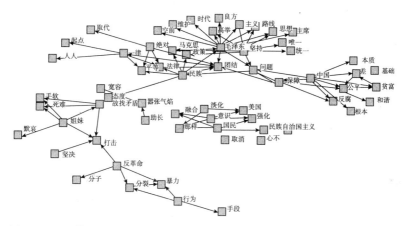

图 4 –12　第一阶段舆论重点——高举毛泽东思想，维护民族统一

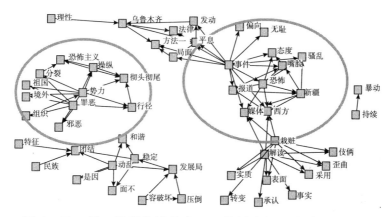

图 4 –13　第二阶段舆论重点——控诉和揭露境外分裂组织
操纵的分裂祖国的罪恶行径

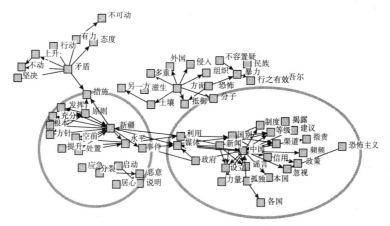

图 4 –14　第三阶段舆论重点——本国政府的维稳行动及能力要求

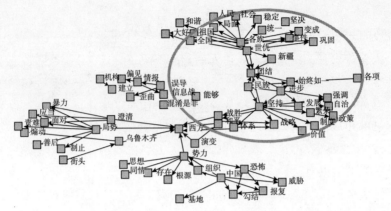

图 4 – 15　第四阶段舆论重点——强调民族团结，战胜西方的和平演变

二、网络舆论建构中的公民协商

现实世界中的公民协商也可称为面对面的公民协商，现阶段主要有两种表现形式：一种是由作为正式决策中心的公民代表进行的协商，例如我国每年的"两会"；另一种是由作为公共领域的社会团体或公民组织进行的协商，这是一种更为广泛的、更易被普通人所了解的对话方式。面对面协商看重的是决策者与普通公民之间的相互尊重、互动交流以及公民的平等参与，同时决策者应提供实施决策的理由。在这个过程中，公民需在其协商的议程上达成共识，协商所围绕的话题以及应遵守的规则在原则上是可以被质疑的，决策者所提供的实施决策的理由还应让所有关心的人都能了解。据此而言，协商有助于公民理性地对话，从而达成各方都可以接受的结果。值得注意的是，在公民协商的过程中，妥协与退让的能力是至关重要的。

协商发生的可能取决于三个方面：实质性的社会或政治信息能被充分地交换；存在着进一步深入思考与辩论的机会；信息能在互动的过程中得到处理（例如在辩论当中，相对立的观点均能被充分阐述）。若已存在能够充分解释所讨论话题的相关信息，公民对决策者所提供的理由进行了评估，决策者也听取了公民的意见并予以了回复，那么协商的过程便完成了。[①] 从这里来看，协商手段更适用于网络，网络传播所具备的异步和虚拟的特性更有利于人们的思考和

---

① Fishkin, J. S. , 'Beyond Teledemocracy："America on the Line"', The Responsive Community2（3）：13 – 19, 1992；Fishkin, J. S. , The Voice of the People：Public Opinion and Democracy. New Haven, CT：Yale University Press, 1995. 转引自 Scott Wright and John Street, Democracy, deliberation and design：the case of on-line discussion forums, New Media Society 2007；9；849.

表达。

从前文可看出，网络空间中的公民协商具备以下几个特点：（1）理性：相对于从个人偏好出发的辩论而言，协商的理性取决于对话中信息的可靠性，表现在其内容能够经得起质疑和批评。（2）包容：协商不仅仅包括信息的传递，也包括认可有关观点和想法，最终达成合意。前面这两点与现实世界中的公民协商有某种程度的相似性，只是其理性与包容的实现所依托的是网络平台。（3）连接：通过建立公民协商的论坛将不同时空中的人们连接动员起来，形成与强大政治利益相抗衡的公共性。正是通过这种由公共理性与合意达成所推动的动态机制，网络将个体的组织、协商、决策以及对自身社会生活的积极改变融入到一整套虚拟的民主决策的制度化过程中，最终将公民言论的政治影响力转化为政治权力，从而构成对政治体制的利益诉求。

纵观"深入讨论区"上"7·5事件"的整个公民协商过程，主要呈现了以下四种模式与效果：

1. 网民在网络上寻找各种与事件发生有关的信息，自己也提供相关观点和信息。在这个过程中提升意识、增加了解。

2. 在论坛中交换观点，并吸收和回应别人的观点，从而达到真正的互动，且扩展、不断完善自己的观点。

3. 发表相似观点和有着统一目标的网民结成群体网络，互相支持、互相合作，由此增强了成员相互间的团结（群体归属感）和群体的力量。

4. 提供维护某种主张的理由，论坛成员以其相互之间达成共识的主张作为自己的行动方向。

综合上述，网络公民协商的实质性效果在于公民在辩论协商的过程中得以赋权。所谓赋权（empowerment），是指将个体积极的行动力、独立自主的能力以及令这种能力得以实现的环境，与社会政策和社会变革联结起来的一种建构，其基本构成包括：与其他人一起实现目标，努力获得资源，对社会政治环境有一定的批判性理解。① 网络舆论传播中公民的被赋权主要体现在以下几个方面：（1）网络提供有关的数据和知识（如公共政策或政治议题），网民也有意识地获取他们所关心的相关信息，以备进行公共讨论和行动实践；（2）网络提供了公共讨论和协商的空间，网民在所获取的信息不断增多的情况下，再经过协商，平衡自己对事件价值、相关背景和政策结果的理解与态度，从而提升自己处理公共政策或社会议题的能力；（3）新媒介提供较为全面和平衡的背景知识与教育材

---

① Douglas D. Perkins，Marc A. Zimmerman，*Empowerment Theory，Research，and Application*，American Journal of Community Psychology，Oct1995；23，5；Research Library Core，569，571.

料，行动者可以在网络传播匿名机制的作用下，较为客观理性和自主地与对这些信息有着同样理解和兴趣的个体及群体结成关系网络，互相支持、互相合作。从"7·5事件"的网络舆论传播可以看出，从网民的角度来看，大而复杂的问题已经不完全由政府所掌控，网络的传播结构及其数字化和互动的本质推动了传播模式的转型，网络技术逐渐增强的渗透性能够使被病毒式复制的讯息跨越时空，从而进一步增强网络舆论传播的效果。[①]

三、网络舆论建构中的公民行动

如上所述，在网络舆论的形成过程中，网络空间里的公民协商发挥了很大的作用。公民协商的实质是公民围绕着社会热点，尤其是政治性的议题，严肃且平等地对话，试图以这种文明的方式改变一些个人层面的观点。在网络舆论的传播初期，公民协商的议题会在各种有争议的观点间的相互竞争中不断凸显。随着话题讨论的深入，公民协商将为后来在一定条件下所引发的、旨在发挥某种政治影响力的公民行动做好舆论准备，从而达到网络舆论传播的最大效果。从传播学的角度看，公民协商与公民行动作为公民互动的两种表现，展现了民主制度中公民的政治参与和沟通能力。对公民协商与公民行动的探讨，首先是建立在公民能够理性地进行政治参与这一认识基础上的。

基于上述内容，网络公民协商实现了新媒介对普通公民的赋权，而被赋权的公民行动者对新媒介手段的集中运用则可能导致跨现实与网络空间的公民行动的发生。现代的公民行动大多源于草根阶层希望能够通过实现自己的社会想象来获得其所期望的生活。为了拥有这种改变现实的权力，他们积极付诸各种政治行动，如对现有的社会政策提出异议，寻求社会结构和文化上的变革。在一个完整的社会动员过程中，传播技术是必不可少的要素。哈贝马斯在其《公共领域的结构转型》中就提到了18、19世纪作为"公共领域"的印刷媒介在当时民主化的社会动员中所起的作用。随着工业化进程的不断推进，电报、平版印刷和便宜的报纸均成为进步运动的有力武器。到了20世纪，广播、电视等媒介在各种争取民权、投票权的运动中大放异彩。互联网兴起以后，新的传播媒介成了传递信息与沟通的新方式。霍华德·莱恩格德（Howard Rheingold）曾指出，新媒介在三个关键领域为行动者提供机会：一是收集和散布一些可选择的以及更为民主的新闻；二是创立一些虚拟的公共领域，公民能够在其中讨论一些与民主社会相关

---

① W. Bennett Lance, *New Media Power: The Internet and Global Activism*, in Couldry Nick and Curran James (ed.) *Contesting Media Power*. Rowman and Littlefield, 2003.

的问题；三是组织集体性的政治行动。①

本章认为，公民在网络空间中能够获得较之现实世界中更多的、低成本的、便捷的政治参与手段，行动者通过这些渠道能够直接参与政策程序，从而进一步参与政治过程。2009 年的"番禺垃圾焚烧发电厂事件"就是行动者利用新媒介进行公民行动的典型。② 从这次事件可以看出，网络公民行动的真正魅力在于它为普通公民提供了可以在线决策的机会，一旦公民行动进入了公共政策的视野，也就意味着政府的公共议程将有可能考虑公民行动者的要求，其具体的政治决策的内容也将在某些方面采纳政治行动者的提议，甚至在其协作下制定和执行公共政策，让更多的普通人也能够决定自己生活的条件与未来。那么，公民在线决策将如何成为可能，需要什么样的条件基础，又如何对现实发生影响呢？

（一）公民在线决策的合意准备

在社会运动理论中，运动的参与者在多大程度上就其共同利益达成共识，决定了他们在社会网络中的抗争潜力能在多大程度上转化为行动。对于运动的组织者而言，由于人们参与运动的动机目标、行动的姿态及政治身份认同都是多样的，行动者之间的关系也会受到当时环境中所隐藏的机会与限制性因素的影响，因此，激发群体内部潜在的、深层的团结感或身份认同至关重要。这个过程被看成是寻找合意（consensus）的过程。③ 合意既包括参与者之间的共同性（如从属于同一个利益团体，有着相似的职业，或正经历着同样的苦楚，或有着共同的兴趣等），也包括他们可能达成的共识。行动者群体的作用就在于提供一个稳固的、合意的知识基础，以确保其行动网络的长期稳定与团结。在现实世界中，合意的准备包括合意形成与合意动员（consensus mobilization）两个阶段，往往体

---

① Howard Rheingold, *From the Screen to the Streets*, http：//www. inthesetimes. com/comments. php? id = 414_0_1_0_M.

② 在这次事件中，围绕广州市政府计划在番禺修建一座大型垃圾焚烧发电厂，番禺小区业主论坛上的在线讨论演变成了现实中的维权行动。2009 年 10 月 23 日，广州市环卫局每月例行的局长接待日，网民携带《反对兴建垃圾焚烧处理厂的意见书》和业主签名到场；还有网民分别向广州各大媒体和政协委员、人大代表，乃至中国环境科学研究院研究员赵章元打电话，呼吁他们关注此事。另有一些小区居民自发行动，戴着写有"拒绝毒气"的口罩签名反对修建垃圾焚烧发电厂，或在背后打出横幅"反对焚烧"、"反对二恶英"等行为艺术表达个人意见。

③ CraigJenkins, *Social Movements, Political Representation, and the State：An Agenda and Comparative Framework*, in Jenkins and Klandermans, eds., *Politics and Social Movements*, Minneapolis and St. Paul：University of Minnesota Press, pp. 14 – 25, 1995。转引自 Doug McAam, Sidney Tarrow and Charles Tilly, *To Map Contentious Politics*, http：//www. ciaonet. org/wps/mcd02/, 1995.

现在对群体价值观、资源及目标的分享等象征性行动中①。在网络公民行动中，行动者不仅仅看重能够带来信息迅速流通的各种先进传播技术，更懂得利用潜在的传播结构改进其组织行动的策略，最后将其行动的影响落实到现实层面。这个过程完成，其基础也在于行动者必须找到并积极利用行动参与者之间的共同性。公民在线决策的合意准备包括了以下三个方面：

（1）整合：目标理念的整合——网络公民行动的成功得益于群体的管理理念及群体内部成员身份认同的整合；传播方式的整合——功能性传播与情感性传播的整合；社会资本的整合——网络公民行动背后强大的支持者和拥护者资源是行动者群体源源不断地发挥其影响力的重要支撑。

（2）动员：以中国乙肝病毒携带者的网络维权运动为例，2003年以来，乙肝病毒携带者群体以非政府组织（NGO）等形式组织起来，通过游说全国人大代表和政协委员，不断进行有组织的理性维权，推动有关反乙肝歧视方面的立法工作。每年两会期间，乙肝网友们聚集在著名的乙肝网站——"肝胆相照"的论坛上进行网络请愿，利用网络聊天工具组织行动，并通过给全国人大代表和政协委员写信、打电话、发电子邮件甚至登门拜访等方式积极进行"院外游说"，有的还提交公民签名支持的反乙肝歧视的立法提案。不仅如此，他们还借助电视媒体的宣传力量，影响那些"有影响力的人"，政府也给予了积极回应。乙肝病毒携带者的维权运动最终取得了制度层面上的进步②。从乙肝病毒携带者的网络维权运动可以看出，行动者群体可以借助新媒介创造出一些有效的方式来帮助人们表达其政治热情，并将这种热情转化为赋权。互联网使每个人都能够与其社会网络中的所有人保持更为频繁的联系，但情感或权利要求是真正让互联网发挥作用的力量核心。

（3）教育：由于参与者必须有足够的经验才能拥有行动成功所必不可少的传播技能，因此，行动者群体可以通过电子邮件和网站发布做大量的知识传输工作。知识的汇集对于公民协商和行动而言是至关重要的。一方面更易于行动者群体协调其行动策略与行动开展；另一方面也使行动者在分享当前事件的新闻的同时，增强对社会的集体认知。

（二）公民在线决策的合意实践

从上文的论述中可以看出，合意准备是网络公民行动保持其团结与行动一致

---

① Hank Johnston, *A Methodology for Frame Analysis: From Discourse to Cognitive Schemata*, Hank Johnston and Bert Klandermans, editors, *Social Movement and Culture*, 1995, UCLPress, 217.

② 《乙肝维权群体积极游说推动立法》，载《南方周末》2007年8月23日。

的关键，在此基础上行动者开始致力于达成各种具体而合意的目标，即进行合意实践。合意实践中所运用的手段一般表现为以下几种：（1）尽可能多地纳入参与者；（2）公正评价支持者及他们的贡献；（3）寻求在任何决策或提议上的合意。詹妮·皮克里尔认为，实践合意手段的目标是为了使在线决策的结果能得到每个人的同意，并不是让大多数人来做决定。[①]

由于行动者的行为往往是片面的、非连续的，存在着一定的破坏性和不确定性，因此对合意手段的使用实际上是为了发展出一种新的组织形式，为公民协商搭建一个虚拟的舞台。在本章看来，这个舞台便是行动者在非正式接触的基础上通过网络建立起的连合结构（connective structures），这正是网络公民行动得以产生现实影响的根本。泰罗认为，这种组织结构能够将领导者与其追随者连接起来，既有利于行动内部各种力量自由、平等地协调与聚集，也在一定程度上起到组织作用，以确保群体力量不至过度分散。在他看来，这种模式既要足够坚固，使行动者群体能够与其反对者构建关系；又要足够灵活，能够连接人与人之间的非正式关系。行动者群体经由连合结构的连接和正式组织的协调，具有一定的自主性。[②] 在布拉德看来，互联网的双向传播结构使得与行动计划和意图相关的信息传播与反馈能够在完全不同的、独立的小型群体之间实现，这就最大限度地将这些群体的努力集中在合意实践上。[③] 本章认为，网络空间中的连合结构为网络公民行动中的合意实践提供了平衡机制，即便是当现实中的公民行动已经不再处于高潮期时，网络空间中的公民协商和行动还能保持活力，原因就在于新媒介在去中心化的网络公民行动中为公众的自主参与创造了空间，使他们能够一直处于行动的状态中。这种连合结构帮助那些即使是在群体组织最底层的行动者协调其行动，使得他们既能生活在日常生活的结构中，又能根据具体情境动员或解散。概而论之，在线决策的合意实践是建立在普通公民的"自由空间"基础上的，使之能够线上线下随时采取主动行动。

---

① Amory Starr, Global Revolt: *Aguide to the movements against globalisation*, Zed Books, 2005. 转引自 Jenny Pickerill, Radical Politicson the Net, *Parliamentary Affairs*Vol. 59 No. 2, 2006, 273.

② Sidney Tarrow, *Power in Movement: Social Movements and Contentious Politics*, Second Edition, Cambridge University Press, 1998, 3 – 5.

③ Robert Blood, *Activism and the Internet: Frome – mail to new political movement*, *Journal of Communication Management*, Henry Stewart Publications, Vol. 5, No. 2, 2000, pp. 160 – 169.

第五章

网络舆论风险监测技术体系研究

构建科学、高信度和全面的网络舆论风险监测指标体系，利用网络舆论监测技术，采集网络舆论风险信息，通过数据挖掘和信息处理，建立专门的网络舆论风险监测机制，识别并评估网络舆论风险发生的概率及可能的影响与危害，为政府部门采取相应的措施提供依据。

第一节　网络舆论监测的评价指标体系构建

如何把握舆情信息本质、合理地设计网络舆情监测指标体系，以加强对网络舆情的管理和引导，为协助政府部门把握民意、做出正确决策提供科学的依据，是网络舆论风险监测重点研究的内容。本节内容共分为七个部分：第一部分是关于我国网络舆情监测指标体系的研究综述；第二部分主要从指标体系的设计原则和框架两个方面研究网络舆情监测指标体系；后五部分则详述了该指标体系的五大指标群，即舆情发布者指标、舆情要素指标、舆情受众指标、舆情传播指标与区域和谐指标。

一、国内外研究综述

截至 2008 年 6 月底，我国网民数量达到 2.53 亿，特点是年轻化、高学历化。这些人绝大多数属于我国社会的精英阶层，构成了中国互联网强大的舆论平台。在互联网上，网民针对那些关系到自身利益或是自己所关心的各种公共事务，包括突发事件、社会热点问题、政府决策、公众人物言行等，比在现实世界中更加积极地发言，自由表达意见立场。

（一） 网络舆情监测指标体系研究的意义

网络舆情监测指标体系为进行监测分析网络舆情提供了有效的指导思路，直接影响网络舆情安全监测工作的价值。具体来说，建立完善的网络舆情指标体系，有以下三方面的现实意义。

1. 有利于指导网络舆情监控工作

根据指标可明确网络舆情信息采集的数据来源、地域范围和传播渠道，增强对网络舆情情况的掌握度，把握受众的态度倾向，及时判断网络舆情的潜在问题。

网络舆情有时会带来错误的信息引导，使政府的决策受到干扰和阻碍。例如个别政策的实施开始可能不被人们理解和支持，要取得认同需要一定的时间和过程。但由于互联网的即时性，会将公民开始这种不满情绪、认知表达出来，形成与大多数人意见相左的网络舆情，严重影响政府与公民的判断力，甚至会影响司法公正。加之网络的隐匿性及信息存储的海量性，使得信息的收集、分类、整理、分析工作难度加大，难以判断有多少人持反对意见、有多少人受到舆情的误导。最初只有极少数人宣泄的这种不满情绪可能会不断蔓延，甚至无限扩大，威胁着正常的社会秩序。

网络媒体在构建和谐社会中的监测作用常常在社会突发事件和热点问题上表现出来。互联网是对突发事件和热点问题反应最敏感的媒体，其反应速度之快，影响范围之广，令人不可小视。一旦有重大突发事件、社会冲突发生，网络舆情立即就会有反映。特别是当面对公共事件时，如"山西黑砖窑"、"SARS 疫情"等，更能体现出网络舆情预警功能的重要。关注网络舆情背后所反映的现实问题，采取及时有效的措施及时处理这些问题和矛盾，在萌芽阶段将矛盾大而化小、小而化了，避免产生严重的破坏性后果。

2. 有利于全面了解网络舆情的发展状况

舆情指标体系的建立，将使网络舆情信息判断更加客观，并通过定性定量相结合的方法，为及时采取预警、措施响应和决策应对提供判断依据，提高政府的执政能力。

网络媒体的兴起，为人们观察社会、发表言论提供了广阔的平台和机会。在"孙志刚事件"、"宝马肇事案"、"黄静案"等事件中，开始人们并不知其中的内情，随着事件在网络中逐步披露后，被网友广为转载流传，从而演变成全社会的"汹涌"网络舆情。公众的情绪、意见、建议和价值判断通过网络发挥了明显的作用，暴露了隐藏在事件背后的社会问题，迫于网络公众舆论的压力，使得事件发展得以发生改变。

对突发事件的网络舆论批评，以"河南灵宝市王帅案"为例，王帅案之所以在网上引发如此大的反响，主要原因就是他因发帖获罪，触犯了网民言论自由的底线，每一位对政府提出批评意见的网民都有可能成为王帅，被"跨省抓捕"，网民的愤怒和嘲讽也都集中在这一点上。在省领导率先认定此案为错案后，灵宝方面当晚才匆忙公布了对警方人员的处罚决定，但网民仍然质疑此前的抓捕决定和灵宝党政公众网的辩解——是由"业务不精"的警方造成，而没有经过更高层级的政府官员吗？河南灵宝王帅案是源于网络、最终又在网络推动下获得解决的典型案例。它表明，如何使执政能力与网络时代相适应，对各级政府而言，已是一个现实问题。①

3. 有助于维护网络正常秩序

网络舆情监测指标体系的建立有助于维护网络正常秩序，实现良好的沟通交流，指导和谐文化理念的形成，规范价值体系，引领公众追求美好的社会风尚。②

例如在 2004 年两会前夕，全国人大代表们掀起了联合媒体公开向社会征求议案的浪潮。无独有偶，在临近 2004 年两会期间，"肝胆相照"论坛的 3 万多名注册会员，发起了寻找全国人大代表或全国政协委员，提交"保护乙肝病毒携带者的合法权益"议案或提案的活动。网络舆情这种上情下达和下情上传功能使得政府和民意表达紧密互动，这与十六大报告中"健全民主制度，丰富民主形式，扩大公民有序的政治参与"的思路紧密契合。③

胡锦涛总书记 2008 年 6 月 20 日在考察人民日报和人民网时强调指出："互联网已成为思想文化信息的集散地和社会舆论的放大器，我们要充分认识以互联网为代表的新兴媒体的社会影响力"。现阶段，法律的不完善和技术的滞后导致无法有效地对网络传播进行监控，因此道德的作用显得尤为重要。所谓"科技以人为本"，无论网络具有怎样的隐匿性和虚拟性，电脑背后也只能是现实社会中真实的个人，个人道德素质的高低自律的程度决定其网络交往行为的文明程

---

① 天涯时空：《人民网发布地方舆情应对能力排行榜》，http：//www.tianya.cn/publicforum/content/news/1/135654.shtml，2009 年 7 月 24 日。

② 李菲：《和谐社会构建与网络舆情引导》，载《理论导刊》2009 年第 7 期，第 53 页。

③ 唐喜亮：《我国突发公共事件的网络舆情研究》，成都电子科技大学学位论文，2008 年 5 月，第 79 页。

度，在一定程度上也就决定了网络的文明程度。《南方周末》、中央电视台等强势媒体报道"卖身救母"事件之后，网络上的舆论明显趋向于理性化，现象分析和讨论的文章占据了大多数，而以往态度偏激、谩骂形式居多的网络舆论一锅粥式的情况得到改观。如果这些强势媒体的早些介入，也许会是另外一个结果。[①]

（二）网络舆情监测指标体系研究现状

我国对网络舆情的研究起步较晚，时至 2009 年才呈现出浓厚的研究气候。截至 2008 年 12 月，利用 CNKI 搜索工具搜索"网络舆情"，结果显示仅有 120 篇相关文章；截至 2009 年 12 月，在中国期刊全文数据库中检索关键词"网络舆情"，结果显示共有 223 条相关记录，其中 3 条是征文启事；在中国优秀硕士学位论文和博士学位论文全文数据库中检索关键词"网络舆情"，结果分别显示 19 条和 0 条相关记录。在著作方面，网络舆情研究的专著更是屈指可数，相对有影响力的著作主要有：刘毅著的《网络舆情研究概论》，王来华主编的《舆情研究概论——理论、方法和现实热点》，张克生著的《国家决策：机制与舆情》和陈月生著的《群体性突发事件与舆情》。

目前，我国对网络舆情的研究内容主要涉及网络舆情与思想政治教育、网络舆情监控管理引导、网络舆情分析技术研究、网络舆情传播影响及应急管理对策等。研究表明，众多学者对于网络舆情基本原理和研究方法的认识，是仁者见仁、智者见智，还没有达成共识。其中，网络舆情监测指标体系作为网络舆情监测机制不可或缺的一部分，是网络舆情研究的重要内容，关于网络舆情指标体系的构建方法、思路主要有三种。

1. 以舆情信息的传播渠道为出发点

在涉及网络舆情监测指标体系设计的文章中，基本上都把舆情信息的传播渠道作为舆情监测工作的突破口。《2008 年中国互联网舆情分析报告》指出网民发表意见的三种主要载体，新闻跟帖、网络论坛/BBS、博客/个人空间；此外，还有即时通讯群和移动电话短信。2009 年 7 月出炉的《网络舆情指标体系设计与分析》一文中指出："在网络舆情信息采集时，选择信息来源非常重要，因为某些站点会在报道内容或者转载内容上，有不同程度地迁就、迎合网民不健康需求的倾向。所以，在采集信息时需要对来源进行标记，以防止之后对舆情分析的片面化。"《网络舆情指标体系设计与分析》中采集信息的渠道分为四种：政府网站、新闻及网络媒体站点、论坛/博客/个人空间和主动报送来源（利用手机短

---

① 曹俊杰：《网络舆论形成及其控制研究》，华中科技大学出版社 2006 年版。

信、电子邮件等进行舆情上报）。把舆情的传播渠道分为门户网站（或称为新闻跟帖）、网络论坛/BBS、博客/个人空间以及短讯邮件四种是较为普遍的观点。

2. 以舆情信息的主题内容为出发点

监测舆情信息的主题内容，目的在于了解"社会民众关心的是什么，议论的是什么，满意的是什么，不满意的是什么"。祝华新、胡江春、孙文涛在《2007 中国互联网舆情分析报告》一文中把 2007 年网民集中关注的舆情事件/话题大致可以分为五类：经济民生类、政府管理类、立法司法类、道德失范类和科教文化娱乐类。

《基于网络舆情安全的信息挖掘及评估指标体系研究》一文引用了王来华的专著《舆情研究概论》的观点，提出六个网络舆情信息的发掘渠道：（1）中央重大政策和改革措施的出台所引发的舆情，主要以政府重点新闻网站为挖掘渠道；（2）与社会民众切身利益相关性较强的政策，容易引发群众思想波动和不满情绪从而引发出舆情，主要以权力部门的相应网站为挖掘渠道；（3）国内外要闻、重大事件的跟踪报道、热点评论等，主要以新闻网站为挖掘渠道；（4）社会热点问题以及突发事件，主要以虚拟社区的热门版块和 BBS 跟帖为挖掘渠道；（5）蕴含着倾向性、苗头性的舆情信息，并通过转载扩大影响，主要以个人网页为挖掘渠道；（6）社会思潮以及理论动态舆情，主要以学术类理论网站和社科类言论网站为挖掘渠道。

还有以民众的利益为出发点，突出"民众的关注度，民众的共鸣度，民众表达情绪的意愿"，把引发网络舆情的现实生活根源进行分类。《互联网络舆情预警机制研究》一文列出六种分类：（1）政治：国内外重大的政治事件，国内外敌对势力的策划，政治谣言；（2）行政：公共管理部门决策失误，滥用权力或不作为；（3）社会不公：严重的贪污或腐败，医疗、住房、就业、教育、社会保障等；（4）突发事件：突发公共卫生事件，突发自然灾害，突发经济安全事件，突发事故；（5）社会矛盾：社会贫富差距过大，特殊群体利益受损；（6）公共安全事件：重特大刑事案件、恐怖威胁，社会治安状况差。

总而言之，以舆情信息的主题内容为出发点的分类众说纷纭，其主要原因是各职能部门的关注对象不同，从而进行网络舆情监测的侧重点有所不同。比如，公安部门侧重于研究突发事件的监测预警和应急处理，以保障社会的安全与稳定；一些政府部门监测舆情信息，关注民众的社会政治态度，以确保公共决策的正确方向；高校强调做好网络舆情的监管工作，提高对大学生的思想政治工作等。

3. 以舆情信息的发展态势为出发点

从类型上看，网络舆情监测分为日常监测和突发事件监测两种。日常监测的意义在于随时了解舆论的动态、方向，一旦发现不利于社会稳定的、虚假言论，及时反馈到有关部门，为其提供决策支持；突发事件监测指发生群体性突发事件时对相关网络舆情的监测。①

突发事件从产生到消失有一个完整的生命周期，如图5-1所示，横向坐标为时间周期，表示突发事件需要经历的潜伏期、矛盾凸显期、高峰期、缓解期、消失期②；纵向坐标为突发事件关注度，强调观测舆情的发展过程及生命周期，特别关注其中某一时期，即关注者增加最快、网民发表意见次数最频繁、最活跃，或是网民情绪急速积聚时期。当一些帖子在访问和在线人数密集的论坛、社区以及博客等反复转载，或者通过即时聊天、电子邮件等方式传播，达到一定"点击量"就会如滚雪球一样引起广大网民的关注。

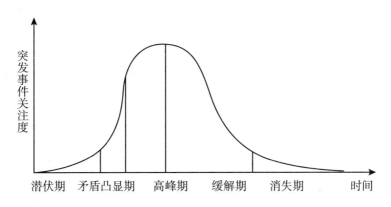

图5-1 突发性事件关注度变化

由于舆情的变化具有层次性和区域性，且经历从量变到质变的过程，因此必须高度关注舆情信息发生的初期；了解舆情的导火索，有助于追根溯源找到舆情爆发的原因；处于潜伏期且异常活跃的负面舆情信息一旦迅速爆发出来，便会给社会带来不良影响。高峰期是在整个数据统计周期内，网民发表意见次数最频繁、最活跃的时间段，反映着网民相对更加关注或集中关注的敏感的信息要点。

王来华把网络舆情的形成过程分为产生、阅览和转载三个阶段。③ 在产生阶段，即处于萌芽期，舆情信息相对隐蔽，无法判断它是否会带来舆情泛滥，还是会被海量的舆情信息迅速湮没；在阅览阶段，该舆情信息的点击率、浏览次数会不断上升；在转载阶段，该舆情信息会被感兴趣的民众广泛转载并加以评论和深

① 陶建杰：《网络舆情联动应急机制初探》，载《青年记者》2007年第8期，第72页。
② 张维平：《关于突发公共事件和预警机制》，载《兰州学刊》2006年第3期，第157页。
③ 戴媛、姚飞：《基于网络舆情安全的信息挖掘及评估指标体系研究》，载《情报理论与实践》2008年第6期，第847页。

入报道。根据网络舆情信息所处的不同阶段的特点有所不同，采取不同的信息处理方案。① 也有学者把舆情传播阶段分为三段：扩散阶段，标志为受众数量不断增加（可能导致的结果是预警等级上升）；稳定阶段，标志为受众数量基本稳定，关注重点在于监控是否有进一步刺激、激发舆情的事件出现；消退阶段，标志为受众数量逐步减少。②

网络舆情的发展有着必然的趋势和过程。刘毅总结出了舆情变动的四个规律，包括涨落规律、序变规律、冲突规律和衰变规律。③ 舆情的涨落主要体现在三个方面：时空上的涨落、舆情主体的涨落和舆情强度的涨落。不同的是舆情的发展过程中采取的信息分析方法和应对策略。网络舆情监测体系的建立主要依靠两方面保障：一是人力、资金等物质方面的保障；二是计算机软件系统等技术方面的保障。

从以上研究来看，专门论述网络舆情监测指标体系的设计方案并不多见，有关舆情监测指标体系的设计思想主要是出现在探讨网络舆情监控分析系统（见表5—1）、舆情信息汇集分析机制、④ 网络舆情监测与预警机制的文献中。因而有关网络舆情监测指标体系的研究不够深入，没有发挥指标体系在舆情监测工作中的指导功能，从而直接影响到网络舆情安全监测工作的质量。

表5－1　　　　　　　　　　网络舆情系统概述⑤

网络舆情系统	URL	功能模块
Autonomy 网络舆情聚成系统	http：//www.au-tonomy.com.cn	定向跟踪采集、跨语种和跨媒体的信息分析、舆情信息收集、预警信息处理、专题跟踪处理、专题趋势分析、信息分布分析、舆情信息挖掘、舆情报告整编等
方正智思舆情监测分析系统	http：//www.foundere.gov.Com	舆情的采集和存储、舆情的分析和处理以及舆情服务。通过系统数据以及历史舆情信息学习中获得的知识在内的各类知识管理；辅助决策支持平台则结合舆情检测分析实务提供系统支持服务

---

① 吴绍忠、李淑华：《互联网络舆情预警机制研究》，载《中国人民公安大学学报》（自然科学版）2008 年第 3 期。

② 张丽红：《舆情的基本机制研究综述》，载《前沿》2009 年第 9 期。吴绍忠、李淑华：《互联网络舆情预警机制研究》，载《中国人民公安大学学报》（自然科学版）2008 年第 3 期。

③ 张丽红：《舆情的基本机制研究综述》，载《前沿》2009 年第 9 期，第 156 页。

④ 中共中央宣传部舆情信息局：《舆情信息汇集分析机制研究》，学习出版社 2006 年版。

⑤ 许鑫、章成志、李雯静：《国内网络舆情研究的回顾与展望》，载《情报理论与实践》2009 年第 3 期，第 119 页。

续表

网络舆情系统	URL	功能模块
TRS 互联网舆情信息监控系统	http：//www. trs. com. Cn	网站和论坛等舆情信息源的采集和自动加工、舆情信息的自动分析和挖掘处理、数据的自动加工处理和增强的智能搜索服务
公安部高校校园舆情分析预警智能管理系统平台	—	各种网络信息来源数据进行收集、处理、分析，为决策支持提供多种数据分析手段

（三） 研究存在的问题与不足

网络舆情监测指标体系往往作为舆情信息汇集、监测与预警机制研究工作的子范畴，其研究深度与广度远远不够，主要表现为以下几个方面：

1. 对舆情的受众结构特征关注不够

关于网络舆情与受众（又称网民）的研究普遍集中为两点：网络是民众维护自身利益的重要渠道，"以往只有权势阶层和知识精英拥有话语权，而网络论坛这类互联网功能，则使普通公众包括弱势群体、边缘群体也拥有了某种话语权。"；[①] 网络与伦理问题，集中表现为网络语言失范、虚假"舆情"泛滥、黑客攻击行为和西方意识形态入侵等。面对同样的舆情，背景的差异会使受众做出不同的反应。从传播学的角度来看：传播受众的性别构成、教育程度、年龄结构和个人收入等因素对网络舆情的传播起着不可忽视的作用；高收入、高职位、高学历的受众往往拥有较强的理性判断力，冷静地看待媒体宣传报道的社会阴暗面，不会被网络上不真实、不适当甚至恶意歪曲事实的信息或者情绪化的、偏激的评论所误导。

虽然网络的匿名性和虚拟性使得受众的背景信息（受众的年龄、性别、教育程度、从事职业等）难以通过网络技术挖掘出来，但这并不意味着可以忽视受众结构，受众结构分析恰恰成为网络舆情监测工作的难点，也是网络舆情监测指标体系设计的难点。不少学者提出舆情信息发布者指标，但很少学者提及舆情受众指标。中国人民公安大学吴绍忠[②]设计的网络舆情预警等级指标体系中，舆情受众作为一级指标，包含四个二级指标：受众的数量，受众的心理，受众的倾向性，受众的结构。这里的受众结构指的是受众的背景信息，吴绍忠指出这些信

---

① 林楚方、赵凌：《网上舆论的光荣与梦想》，载《南方周末》，2003 年 6 月 5 日。
② 吴绍忠、李淑华：《互联网络舆情预警机制研究》，载《中国人民公安大学学报》（自然科学版）2008 年第 3 期，第 38～42 页。

息可以通过问卷调查得到。

2. 鲜有关注舆情发源地的地域特征

随着我国构建社会主义和谐社会工作的进步和深入，衡量各地区的和谐度指标体系和统计方法相继出现，有从全面小康社会出发的研究，有从社会矛盾出发的研究，有从六大特征（民主法治、公平正义、诚信友爱、充满活力、安定有序、人与自然和谐相处）出发的研究等。北京市统计局和谐社会指数课题组于2005年建立了反映社会和谐程度的指标体系，该指标体系分三个大类：反映社会冲突客观现状的指标、反映社会主体社会诉求的指标和反映社会冲突协调机制现状的指标。[①] 这对客观剖析问题成因、倾听民声，建立有效的社会管理机制，及时消解社会冲突、积极回应社会诉求，促进社会和谐、保持社会安定具有重要意义。但是，很少有学者把网络舆情与区域和谐度结合起来进行研究。

公共性事件是各种社会矛盾的综合反映，容易触发民众的不良情绪，并借助网络媒体传播。网络舆情伴随公共性事件发生、发展的过程，并已成为影响公共事件发展演变的一个关键性因素。不可否认，对于某一舆情，当地的民众的精神面貌和经济水平对网络舆情的发展起着不可忽视的作用。在网络舆情监测和分析过程中为了避免"头痛医头，脚痛医脚"，考察当地的社会矛盾因素势在必行。

考察区域和谐度，有助于更加客观全面地分析舆情，进一步化解矛盾纠纷，从而降低突发性群体事件的发生概率，减少对社会正常秩序所产生的消极影响，并且有助于转化和改变一些不良的社会政治态度，促进该地区长期保持社会和谐稳定。以"7·5"事件为例，这次新疆事件已经平息，此事件暴露出汉维之间存在着长期积累的因宗教冲突而产生的摩擦和误解。可见，宗教信仰应当成为衡量区域和谐度的指标之一。

3. 监测与预警的差异性

研究中还发现存着监测与预警概念混淆的问题，甚至把监测与预警混为一谈。网络舆情联动应急机制中，监测、预警、应对三个环节，既有先后顺序也有交叉混合。监测是常规工作和基础工作，耗费精力最多。预警其次，当通过监测发现有可能产生负面影响的舆情时，就开始进入预警阶段。就发生概率而言，应对的几率最小，只有当现实的危机发生后，才开始进入应对程序。预警机制设计是对可能引起危机的各种要素及其所呈现出来的危机信号和危机征兆随时进行严密的动态监控，对其发展趋势、可能发生的危机类型及其危害程度做出科学合理

---

① 王斌、杜娟：《半数居民认为北京社会是和谐的——北京市和谐社会实现程度评价报告》，载《调查》2006年第2期，第34页。

的评估，并用危机警度向有关部门发出危机警报的一套运行体系。① 华中科技大学的博导徐晓林和他的博士研究生曾润喜②指出网络舆情预警机制系统包括监测子系统、汇集子系统、分析子系统、警报子系统和预控子系统。

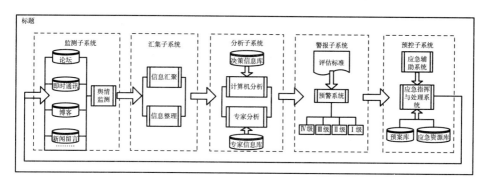

图 5 - 2　网络舆情预警机制系统示意图

二、指标体系框架设计

社会舆情是和谐社会的晴雨表，社会舆情的变化反映了社会公众对我们党建设和谐社会的态度和意见。社会舆情在构建和谐社会中除了具有晴雨表功能外，还发挥着社会化整合作用。网络舆情作为社会舆情的现实反映，具备了同样的功能。

当前，我国正处于机制转轨、社会转型的过程中，各类群体性事件不断发生，严重影响了社会稳定。在群体性事件发生、发展过程中，网络媒体有关群体性事件的报道、评论及相关信息传播，形成了较具社会影响力的网络舆情，使群体性事件进一步聚集、扩大，从而加大了预防与处置群体性事件的难度。准确把握群体性事件网络舆情的特征，加强网络舆情监控与引导，是预防与处置群体性事件工作中的一项重要内容。

由于舆情自身所体现的社会层面和区域不尽相同，使得网络舆情信息的提取分析尤为重要：通过对网络舆情信息进行采集、整理、分析和归纳，发现有价值的舆情点，捕捉和发现社会民众思想的动态性和政治的敏感性，使得该舆情点爆发前后对国家安全和社会稳定可能带来的安全隐患降到最低程度，并为党政领导

---

① 刘英茹、张怡梅：《论组织危机管理过程中的预警管理》，载《经济研究导刊》2005 年第 1 期，第 35 页。
② 曾润喜、徐晓林：《网络舆情突发事件预警系统、指标与机制》，载《情报杂志》2009 年第 11 期。

进行科学决策提供客观依据，提升社会预测力和科学决策力。① 这就体现了设立指标体系的价值。

(一) 指标体系的设计原则

网络舆情监测评价指标体系是以网络媒体技术为手段，展现舆情的地理分布、来源、传播渠道以及舆情内容的性质和群众的反映，为网络舆情监测机制的建设提供指导思想及评价指标集，旨在实现对非物化社会舆情现象的定量、定性分析。

指标是在评价某些研究对象时确定的评价依据和标准，包括指标名称和数值。指标体系是由一些相互联系、相互补充的指标组成的统一整体，反映了综合状况。指标体系以多指标、多层次的方式揭示事物之间的关联性和系统性，将一个复杂的问题分解成多个相联系的部分，通过研究各部分之间的关系，就能透彻认识整体，并准确定位关键制约因素。构建网络舆情监测指标体系的原则可以归纳为：

1. 目标性

对一则舆情信息而言，往往从多个维度来提取信息要素进行分析，以实现一系列的目标，满足多方面的需求。这就要求在采集、分析舆情信息的过程中协调多个指标，指标的内涵具有相对独立性，避免指标互相重叠。这些指标能够充分体现网络舆情信息的本质，反映网络舆情的典型特征，揭示网络舆情形成模式和变动规律，以便于网络舆情工作者对网络舆情进行引导和管理。

2. 科学性

舆情指标体系的设计应当满足定性与定量相结合的原则，即在定性分析的基础上，进行量化处理。只有坚持科学性的原则，获取的舆情信息才具有可靠性和客观性，评价的结果才具有可信性。评估指标特别是量化指标离不开网络舆情的相关数据资料，片面和错误的数据会导致评估结果出现偏差和误导①。

3. 系统性

网络舆情汇集和分析工作是一个十分复杂的过程，涉及许多方面，构建指标体系一定要全面、完整，各项指标彼此有机地形成一个整体，从而能够多层次、多角度将网络舆情的特点表现出来。网络舆情监测评价指标体系作为一个系统，应当满足相关性、层次性、整体性和综合性要求。②

---

① 戴媛、姚飞：《基于网络舆情安全的信息挖掘及评估指标体系研究》，载《情报理论与实践》2008 年第 6 期，第 874 页。

② 刘毅：《内容分析法在网络舆情信息分析中的应用》，载《天津大学学报》2006 年第 7 期。

4. 定量性

舆情指标的设计要求概念明确、定义清楚，能考虑现行科技水平较方便地采集数据，且有利于系统安全的改进。另外，指标的内容不应太繁太细，否则会给舆情评价工作带来不必要的麻烦。尽可能选取容易量化的指标，减少主观指标的数量。此外，舆情指标必须是客观的抽象描述，是舆情最重要、最有代表性和本质的东西。

5. 可操作性

构建指标体系是为了实际操作应用，应该尽可能做到简单、精练，方便检测、采集及评价。简单、精练的评价指标体系，能够在不影响评价结果的条件下缩短并简化计量、处理、评定等测评工作，减少评价工作的工作量，提高评价工作的工作效率。如果不能或不便操作，那么建立起来的指标体系也毫无意义，所以一定要考虑在可行的条件下取得数据资料，使采集和处理规范有可操作性。

（二）信息空间下的网络舆情要素构成分析

构建网络舆情监测指标体系，首先要分析网络舆情的要素构成，为此我们基于信息空间理论，探讨分析网络舆情要素的构成。

1. I–Space 概念

英国经济学家 Max. H. BoiSot 在研究知识资产的过程中建立了一个"信息空间"（或称"I 空间"，即"I–Space"）模型，可编码、可抽象和可扩散即构成 I 空间的三个维度。[①] 其中，编码程度反映知识在多大程度上可以被赋予形式；抽象程度则是简化法的一种形式，它是用少来表示多。编码赋予现象以形式，抽象赋予现象以结构。两者共同发挥作用，降低把潜在可用知识转化为知识资产的成本，使知识的可扩散性增强。

I–Space 是一个对信息特性进行表述的框架，在该框架下位于 I–Space 不同区域的信息有不同的特性和含义，其中最重要的四个区域分别是采邑、宗族、官僚和市场，见图 5–3。采邑区位于 I–Space 原点附近，这里包含的是非常原始态的消息，其环境也是个人化未处理的，难以分享。但是采邑区同时也是最富有创意的区域，大部分创意思想都是从采邑区诞生，然后逐步走向 I–Space 的其他区域。宗族区位于 I–Space 的右下方，宗族区内是小范围扩散的信息，信息扩散的条件是有共享的信息环境。官僚区位于 I–Space 左上方，这里的信息

---

① Max. H. BoiSot. *Knowledge Assets：Seeuring competitive advantage in the information economy*，Oxford University Press，1998.

具备了扩散（或称"参加交易"）的一切条件，但是受到人为的控制，可用作交易对象的信息产品如软件或商业机密等就是位于官僚区的信息。市场区位于 I – Space 右上方，这里是信息自由扩散的区域；信息不仅具备扩散的条件，而且可以不受控制地扩散甚至被鼓励扩散。信息从市场区向下移动参与学习与创造的新一轮循环。

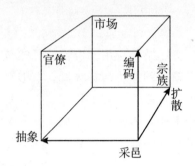

图 5 – 3　I – Space 空间结构

2. 网络舆情的三维空间构成

网络舆情实际上就是一种信息传播，因此符合 I – Space 的特征。下面分别从 I – Space 的三个坐标轴来讨论网络舆情的三维空间构成，以便了解网络舆情的内涵及其表达形式，为网络舆情监测指标体系设计提供理论依据。

（1）编码维空间。就互联网信息而言，编码的程度是用来衡量信息在多大程度上可以被计算机识别，它包括对视频、图像、文字、音乐等其他媒体信息进行编码。而本文对网络舆情监测指标体系的研究是针对文字信息设计的，主要考虑文字编码和语义编码，即识别舆情信息内容和网民的言论。由于网络舆情的发生、发展与传播是通过网民的参与实现的，他们的地域位置、参与程度、看法态度等信息也是可以编码的，具体反映为 IP 地址、点击率、支持/反对率等数据信息，这些数据信息往往直接反映了舆情的影响力和关注度。

（2）抽象维空间。对网络舆情触发源事件的概括与描述就是一个抽象过程，也是一个信息化的过程。抽象程度越高，越容易被网民理解，其影响程度也就越大。舆情的抽象程度与舆情发布者综合概括能力及文学水平有关。从监测方面看，就是要提取舆情信息，并通过对舆情信息主题的合理分类，明确哪种类型的社会危机或矛盾更容易引发群体事件。提取后的舆情信息也需要描述，描述越简单就越抽象，影响就越深远，如西藏"3·14"事件、"瓮安事件"如雷贯耳，家喻户晓。

（3）扩散维空间，用于衡量舆情的传播速度和覆盖面积，即被公众接触、了解和接受的程度。舆情的传播途径可以分为门户网站传播、论坛社区传播、个人空间传播和人际传播（通过实时聊天工具、邮件等传播）。在传播速度和权威度方面，门户网站新闻高于论坛社区，论坛社区高于人际传播；媒体权威度越高，消息的真实度就越大，对公众的影响力就越大。

3. 信息空间下不同位置的网络舆情要素特征分析

在三维信息空间下的网络舆情，在不同的区域也有不同的特性。

（1）采邑区。我们把这里的信息定义为舆情触发源区，它包含两方面的信息：一是引发舆情的社会因素，如贫富差距、社会安定、宗教信仰、社会各阶层和各群体的利益性冲突、由贫困导致的社会问题以及区域和谐程度等；二是舆情发布者发布的信息，具有不确定性，因为其主观因素往往会扭曲原始信息，并且如果发布者在网络中有相当的影响力，那么其个人主见要么具有煽动性，要么具有引导性或启发性。舆情从采邑区产生，然后逐步走向 I – Space 的其他区域。

（2）宗族区。这里是只能在小范围传播且具有共享性的信息，如 QQ 群聊、局域网内部信息。这些信息往往在一个特定群体内部消化掉了，因而不会引发社会舆论，造成社会危害。但是群体的意识形态和隐藏在背后的社会思潮是值得注意的。

（3）官僚区。这里是受到人为控制的信息，严禁对外传播，如个体的隐私账号信息等。这部分信息不会扩散，因而也不会引发社会舆论。

（4）市场区。这里是舆情自由扩散的区域，扩散速度快，分布广泛。网民针对某一舆情各抒己见（即进行信息交换、学习与创造），推动舆情进一步发展，这样新一轮信息循环产生了；回到采邑区，舆情背后隐藏的信息逐渐被挖掘出来，网民的态度观点也会随之发生变化，舆情的焦点也可能随之改变。最终形成强大的舆论压力从而改变整个事态的发展过程，如"河南王帅府事件"。

综上所述，可以得知：突发事件或公共事件引发舆情的信息过程是一个从采邑到市场的过程，即从事件发生到形成一个有多方参与（舆情信息发布者、受众和媒体）的社会舆论。在这个过程中，原始信息会发生变化，往往被放大或扭曲，少数人会恶意扭曲信息，激起广大群众的负面情绪，直接影响社会正常秩序乃至国家安全，如西方媒体对"3·14"的歪曲报道。由此可见，对于突发事件相关报道和相关信息，如果积极采取应对措施，控制信息的传播渠道，直到信息消失在采邑区，就可以在该舆情点爆发前后把安全隐患降到最低程度。

（三）指标体系设计

网络舆情信息是指社会民众通过互联网这一媒介所表达的情绪、态度、信念、意识、思想、意见、要求和行为方式等方面的综合表现，是对现代社会物质、政治、精神和社会四个文明建设活动的各种反映。[①] 通过对网络舆情信息进行监测分析，发现有价值的舆情点，捕捉和发现社会民众思想动态、心理倾向性和政治敏感性，使得该舆情点爆发前后对国家安全和社会稳定可能带来的安全隐患降到最低程度，并为党政领导进行科学决策提供客观依据，提升社会预测力和科学决策力。

网络舆情监测指标体系的构建不仅是网络舆情研究的难点和创新点所在，还是网络舆情安全的整体态势分析和预警的基础。网络舆情的产生始于舆情发布者，并通过媒体传播，对舆情受众产生影响，而对舆情受众产生影响力大小又与舆情要素的内容及区域的和谐程度有关。因此，我们给出五大网络舆论监测一级指标：即舆情发布者指标、舆情要素指标、舆情受众指标、舆情传播指标以及区域和谐度指标。每个一级指标又由若干二级指标组成，二级指标由叶节点指标（三级指标）构成，叶节点指标是指标体系中的颗粒度最小的指标单位，是二级指标的计算依据。网络舆情监测指标体系框架设计，如表 5 - 2 所示。

表 5 - 2　　　　　　　　网络舆论监测评价指标体系

一级指标	二级指标	叶节点指标
A 舆情发布者指标	舆情发布者影响力 A1	浏览次数
		发帖数
		回复数
		转载率
	活跃度 A2	发帖数
		回帖数
	价值观 A3	舆情发布语义信息
B 舆情要素指标	信息主题类别 B1	生存危机
		公共安全
		分配差距
		腐败现象
		时政
		法治
	关注度 B2	页面浏览数
	信息主题危害度 B3	舆情主题语义信息

---

① Qiang Xiao. "*The rising tide of Internet*", International Journalism NiemanReport, 2004.

一级指标	二级指标	叶节点指标
C 舆情受众指标	负面指数 C1	回帖总数
		负面回帖总数
		中性回帖总数
	受众影响力 C2	舆情回复语义信息
	参与频度 C3	点击、评论、回复某一舆情的总次数
	网络分布度 C4	点击者 IP
D 舆情传播指标	媒体影响力 D1	总流量
		日流量
		点击率
	传播方式 D2	门户网站
		网络论坛/BBS
		博客/个人空间
		短信息、邮件
	舆情扩散度 D3	报道次数
E 区域和谐度指标	贫富差距 E1	基尼系数
		农村城镇居民收入比
		财富集中度
	信息沟通 E2	电视覆盖率
		网络覆盖率
		广播综合人口覆盖率
	社会保障 E3	社会治安
		医疗保险覆盖率
		养老保险覆盖率
		工伤保险覆盖率
	宗教信仰 E4	邪教
		宗教冲突与民族矛盾

三、舆情信息发布者指标

由于网民发言的匿名性，使得他们的背景无从考察；网民数量有多少，并在多大程度上反映了真正的民意，某一部分网民的言论是否左右着广大群众看待某一问题的态度倾向，网民的言论是否全面反映了整体状况，网民是否与事件本身有利害关系，是否恶意攻击他人，是否保持清醒理智的头脑来看待问题等，这一切需要网络舆情工作者进行分析确认，以信息发布者指标为依据，采集信息发布者的关键信息，在分析阶段加以鉴别。网络舆情信息发布者指标，包括影响力、活跃度和价值观等指标。

（一）发布者影响力指标

影响力主要通过舆情发布者的总发帖数、帖子总浏览次数、回复数、转载率来衡量的，考虑到各叶节点指标的单位不一致，必须进行归一化处理，将信息影响力的值控制在（0，1）范围内容易进行指标值比较。

计算影响力的算法通常有归一化法和 Sigmoid 函数法两种。

1. 归一化法

归一化即函数在（$-\infty$，$+\infty$）的积分为 1，例如概率中的密度函数就满足归一化条件。常用的归一化算法为：

$$R_{ij} = \frac{F_{ij} - F_{\min}}{F_{\max} - F_{\min}} \tag{5-1}$$

显然可知，$0 \leqslant R_{ij} \leqslant 1$。其中，$R_{ij}$ 为第 i 种指标，被测对象 j 的归一化指标值；F_{ij} 为被测对象 j 的实际指标数值；$F_{\max}$（$F_{\min}$）为在指标 i 下，同类型被测对象中取得的最大（最小）数值。

在该网络舆论监测评价指标体系中，设对于舆情信息 i，在信息来源站点进行站内用户名搜索，得出信息发布者 j 的总发帖数为 F_{1j}，帖子总浏览次数为 F_{2j}，以及其文章的总回复数 F_{3j}，总转载率为 F_{4j}；发帖数、回复数和转载率分别赋予的权重是 $g1$，$g2$，$g3$，$g4$。

则在相对于网络舆情信息 i，网络信息发布者 j 的影响力记为：

$$P_1 = \frac{F_{1j} - F_{1\min}}{F_{1\max} - F_{1\min}} \cdot g1 + \frac{F_{2j} - F_{2\min}}{F_{2\max} - F_{2\min}} \cdot g2 + \frac{F_{3j} - F_{3\min}}{F_{3\max} - F_{3\min}} \cdot g3 + \frac{F_{4j} - F_{4\min}}{F_{4\max} - F_{4\min}} \cdot g4$$

$$\tag{5-2}$$

这种简单的归一算法适用于数据量较小的计算，因此不适合用于点击率上万的数据计算。华东师范大学李雯静、许鑫[①]给出了信息发布者影响力的算法，Sigmoid 函数。

[①] 李雯静、许鑫、陈正权：《网络舆情指标体系设计与分析》，载《情报科学》2009 年第 7 期，第 86~91 页。

2. Sigmoid 函数

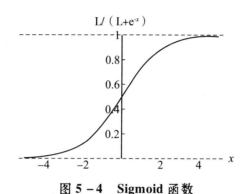

图 5 – 4　Sigmoid 函数

Sigmoid 函数（如图 5 – 4 所示）是一个良好的阈值函数，

$$f(x) = \frac{1}{1 + e^{-x}}, \qquad (5-3)$$

$$f(x) \in (0,1)$$

同样，在该网络舆论监测与预警评价指标体系中，设对于舆情信息 i，在信息来源站点进行站内用户名搜索，得出信息发布者 j 的总发帖数为 x_{1j}，帖子总浏览次数为 x_{2j}，以及其文章的总回复数 x_{3j}，总转载率为 x_{4j}；发帖数、回复数和转载率分别赋予的权重是 $g1$，$g2$，$g3$，$g4$。

则在相对于网络舆情信息 i，网络信息发布者 j 的影响力记为：

$$P_1 = f(x_{1j}) \cdot g1 + f(x_{2j}) \cdot g2 + f(x_{3j}) \cdot g3 + f(x_{4j}) \cdot g4 \qquad (5-4)$$

（二）活跃度指标

活跃度是根据发帖和回帖的频率来衡量的，其计算方法为：

对于舆情信息发布者，在信息来源站点进行站内用户名搜索，得出信息发布者的总发帖数 A_1，总回帖数（包括回复他人的帖子和自己的帖子）A_2，分别设权值 $g5$、$g6$；同时记录最初信息发布时间 T_1，最近更新时间 T_2。记平均每天发帖数为 10（或 ≥ 10）的活跃度为 1，则某主题下信息发布者活跃度 P_2 为：

$$P_2 = \frac{g5 \cdot A_1 + g6 \cdot A_2}{10 \cdot (T_2 - T_1)} \qquad (5-5)$$

（三）价值观指标

价值观是指在网络世界中，从舆情发布者发布的信息中反映出来的对事物的评价和态度取向，用来判断舆情发布者是否有反社会心理倾向。尽管网络信息发

209

布权平等，不存在权威和精英，但在网络信息发布者中却存在所谓的"意见领袖"，人人能说并不代表人人所说的都会产生影响。要抓住"三个重点"：有影响力的网站、有影响力的网民和重点工作对象。[①]

"意见领袖"是指在舆情传播网络中经常为他人提供信息、意见、评论，并对他人施加影响的"活跃分子"，是大众传播效果的形成过程的中介环节。由"意见领袖"将信息扩散给受众，形成信息传递的两级传播。作为两级传播中的重要角色，"意见领袖"是人群中首先或较多接触大众传媒信息，并经过自己再加工的信息传播给其他的人，具有影响他人态度的能力。他们介入大众传播，加快了传播速度并扩大了影响。

舆论领袖一般颇具人格魅力，具有较强综合能力和被认同感。在社交场合比较活跃，与受其影响者同处一个团体并有共同爱好，通晓特定问题并乐于接受和传播相关信息。有学者在对舆论领袖的研究中发现，决策过程中不同的媒介扮演不同角色，人际影响比其他媒介更为普遍和有效，能够保持基本群体中的内部意见和行动一致。

在舆论发布者发出某种价值判断之后，如果相关议题，内容或意见与老百姓的现实生活密切相关的话，就会引起他们的关注，而一般的社会成员对这个事情关注之后，就会出现大范围的事实和意见信息的传播。这同时也表明，该问题已经具有了一个涉及公共利益、公共观念和公共社会关系的"公共性"问题。因此，舆论的价值性判断就成为舆情分析的重要内容和难点所在。

1. 语义/文本倾向性的研究方法

价值观是通过分析发帖者所有的帖子的态度、立场和意见综合得出的。综合国内外的研究成果，研究语义/文本倾向性的方法主要有倾向性分析与意见挖掘理论。美国南加州大学 Kim 和 Hovy 对意见的定义是：意见由四个要素组成，即主题、持有者、陈述、情感。[②] 这四个元素之间存在着内在的联系，即意见的持有者针对某主题发表了具有情感的意见陈述。

意见挖掘技术主要用于对主观性文本进行分析和处理。[③] 主观性文本是相对于客观性文本而言的一种自然语言文本表达形式，文本类型主要是断言和评论。例如，个人、群体、组织等的意见、情感和态度等。意见挖掘的过程就是要在自然语言主观性文本中自动确定这些要素以及它们之间的关系。

[①] 中共中央宣传部舆情信息局：《舆情信息汇集分析机制研究》，学习出版社 2006 年版。

[②] Kms M., Hovy E. *Determining the Sentiment of Opinions*, The Conference on ComPutational Linguistics (COLING－2004)，2004. Aug.

[③] 姚天防、娄德成：《汉语语句主题语义倾向性分析方法的研究》，载《中文信息学报》2007 年第 9 期。

第一，词语语义倾向性判别。有学者采用计算极性成分在文章中出现的广度、密度和强度来对北京、上海、香港、台北 4 个城市的 600 篇新闻报道进行极性分析，得到几位著名政界领导人物的声誉褒贬。也有学者采用基于语义分析的文本过滤技术，考虑文本中的语义关系，达到高效识别和过滤倾向性文本信息的目的。他们采用了一种经过简化的基于格语法的语义分析方法，既满足了倾向性文本过滤的需要，又保证了在网络环境中的速度需求。①

第二，词语的上下文倾向性分析。② 一个词语的在评论中的倾向性通常并不是他的原始倾向性，还需要对评论所处的语境加以考虑，一般来说，词语的上下文极性可以出现在两种语境中：一是句子含有否定前缀，例如，"不好"；二是句子含有强调前缀，例如，"非常好"。如果采用简单的统计方法计算语义极性，忽略词语的上下文语境，就会出现两种后果：由于没有考虑否定前缀致使极性倾向判断错误；由于没有考虑强调前缀，虽极性倾向判断正确，但强度不够准确。

第三，段落文本倾向性分析③。根据当前学者们对汉语倾向性的研究情况，存在 3 种分析段落倾向性的方案：根据文章中倾向性词语分布的密度和强度计算；在分析句子依存关系的基础上确定评论的倾向性；根据评论文章向量空间模型抽取结果分析倾向性。

2. 舆论观点抽取的相关算法

网上的舆论与现实社会的许多方面能相互产生影响，分析和抽取网上大众观点不仅能评估出这些影响，而且对于保证政府及时准确地了解社情民意，作出科学决策也有十分重要的意义。所以需要一些新的算法能快速地获取并分析信息，从而抽取出人们的观点和舆论倾向。叶慧敏和唐三平③总结了用于网上舆论观点抽取的五种算法：简单分类器法、基于判别式的分类器法、矢量距离分类器法、贝叶斯分类器法、记分器法、基于向量空间模型的文本相似度计算方法。

基于向量空间模型（VSM）的文本相似度计算方法就是将文本表示为文本向量，最普遍的做法是将文本分成单个的词，然后词的集合来构成文本向量。基于这种做法，又有不同的计算的方式：欧氏距离、向量内积、向量夹角余弦、Jaccard 相似度④。

（1）文本向量化。要将两个文本 T_1，T_2 分别表示成文本向量 X，Y，步骤如下：

① Kms M. , Hovy E. *Determining the Sentiment of Opinions*, The Conference on Computational Linguistics（COLING－2004），2004. Aug.

② 姚天防、娄德成：《汉语语句主题语义倾向性分析方法的研究》，载《中文信息学报》2007 年第 9 期。

③ 叶慧敏、唐三平：《用于网上舆论观点抽取的几种方法》，载《计算机应用研究》2005 年第 5 期。

④ 张超：《文本倾向性分析在舆情监控系统中的应用研究》，北京邮电大学硕士学位论文，2008 年。

①将 T_1 和 T_2 分别分成单词序列（假设 T_1 由 l 个词组成，T_2 由 m 个词组成）：

$$T_1 = (W_1, W_2, W_3, W_4, \cdots, W_l)$$
$$T_2 = (W_1, W_2, W_3, W_4, \cdots, W_m)$$

②取出所有不同的词（假设有 n 个，按顺序排列）：

$$W_{all} = (W_1, W_2, W_3, W_4, \cdots, W_n)$$

③将两个文本按照第 2 步的 n 个词的排列顺序表示成向量，如果文本中包含词，则对应的向量位置上为词的个数，否则为 0，这样就将两个文本表示成了可以进行运算的向量了。

$$X = (W_1, W_2, W_3, W_4, \cdots, W_l)$$
$$Y = (W_1, W_2, W_3, W_4, \cdots, W_m)$$

（2）欧式距离。其计算公式如下：

$$Dis(X,Y) = |X - Y| = \sqrt{\sum_{k=1}^{n}(X_k - Y_k)^2} \qquad (5-6)$$

欧式距离其实就是计算两个向量的距离，使用两个向量的距离来计算两个文本向量的相似度，这只看到了表面的现象，计算的结果准确率比较低，这种计算方法在实际中很少使用。

（3）向量内积。其计算公式如下：

$$Sim(X,Y) = X \cdot Y = \sum_{k=1}^{n}(X_k \cdot Y_k) \qquad (5-7)$$

向量内积计算的实质是比较两个向量的相同的词的个数，根据相同的词的个数来判断两个文本的相似度。

（4）余弦相似度。其计算公式如下：

$$\cos(X,Y) = \frac{X \cdot Y}{|X| \cdot |Y|} = \frac{\sum_{k=1}^{n}(X_k \cdot Y_k)}{\sqrt{\sum_{k=1}^{n}X_k^2} \cdot \sqrt{\sum_{k=1}^{n}Y_k^2}} \qquad (5-8)$$

余弦相似度实际是对向量内积的一种改进，它相当于将每个向量进行了单位化之后再做内积，这样做的好处是将所有的计算的结果控制在区间（0，1）中，判断时有一个比较清楚的阈值，并且在大量计算的时候可以有效地降低计算量，提高计算效率。大量的相似度计算系统都用到了余弦相似度或者它的变体，是在实际中应用最为广泛的一种计算方法。

四、舆情要素指标

网络信息传播具有扁平、互动、虚拟的特点，未经鉴别的消息通过网络迅速被放大或扭曲，社会突发事件很容易形成社会舆论焦点和热点，突发事件引起的网络舆情直接关系到社会稳定，这就需要我们能够对突发事件相关报道和相关信息进行认真分析、判断和预测，发现有价值的舆情点，捕捉和发现网民思想的动态性和政治的敏感性，降低该舆情点爆发前后对国家安全和社会稳定可能带来的安全隐患。

舆情要素指标作为整个指标体系的重要环节，反映了舆情信息的本质、发展趋势以及公众对舆情的评价特性。它包含三个指标：信息主题类别、关注度和信息主题危害度。

（一）信息主题指标

分类主题目录是指根据备份资源的内容属性（即主题）对其进行分类而形成的一整套目录体系，主要包括信息分类系统以及内容概述规范。分类体系能够根据信息各方面（包括主题、生成机构、日期和体裁等）属性和特征，对公开信息进行标引和著录，达到对信息有效组织和管理的目的。[①]

目前，较为影响力的是 TRS 政府信息公开目录服务平台中参考分类体系中的主题分类。[②] 还有根据舆情信息内容或关键字进行分类的，就是要发现"社会民众关心的是什么，议论的是什么，满意的是什么，不满意的是什么"。这一点在前面的研究综述中已详述。不过，这些分类并不是针对社会舆情或群体性事件的，甚至有相当一部分信息主题无法传达民情、民意。另一方面，网络舆情热点的出现并不意味着就是公共危机事件爆发的征兆，比如"芙蓉姐姐"、"天仙妹妹"。网络宣泄的社会不满主要表现为对食品卫生事故、官员腐败、贫富不均、司法不公、社会诚信缺失等方面。面对这些民众所关心的社会问题，政府要有更快捷的反应能力和更高效的行政效率，对这些问题予以反馈，以消除民众的疑惑。这里，我们主要按照社会矛盾产生的根源进行分类。

舆情的触发源决定了舆情的性质，不同性质的舆情，民众的关注度，民众的共鸣度，民众表达情绪的意愿有很大差别。[③] 信息主题分类指标，旨在明确哪种社会危机更容易引发群体事件。引发网络舆情的现实生活根源包括如下几类：

1. 生存危机

生存危机包括：医疗、住房、就业、教育、社会保障、"三农"问题、特殊

---

① 郭英：《我国政府网上信息公开的分类主题目录研究》，载《信息化建设》2009 年第 9 期，第 20 页。

② 政府信息公开目录服务平台（www.trs.com.cn）。

③ 吴绍忠、李淑华：《互联网络舆情预警机制研究》，载《中国人民公安大学学报》2008 年第 3 期。

群体等。

例如，"2009 年 11 月 1 日，在广州市番禺区市桥医院，一名 6 个月大的男童因肺炎住院吊瓶，翌日早上死亡。昨天，悲痛交集的男童家属将男童所住楼层的病房全部砸烂，并围堵医院，目前事件仍在协商中"。①

2. 分配差距

分配差距包括：城乡差距、区域差距、行业差距、个人收入差距等。

例如，10 月 27 日中午 12：41，腾讯网率先报道"北京将首次立法规范同工同酬"。该消息引发媒体高度关注。至 30 日，共引发报道量 467 篇，涉及网站 179 家，新闻跟帖 2 752 条；相关博客文章 92 篇，相关回复 45 条；论坛主帖 154 个，论坛回复 895 条。②

3. 腐败现象

腐败现象包括贪污行贿、挥霍公款、形象工程、唯亲是任、官商勾结、徇私舞弊等。

例如，阜阳"白宫书记"倒了买官者却不伤，数十名向张治安行贿后买得官帽的人仍在任上。③

4. 公共安全

公共安全包括自然灾难、刑事案件、恐怖威胁、社会治安、种族冲突、国内外敌对势力的策划、黑势力等。

例如，7 月 5 日 20 时左右，乌鲁木齐市发生打砸抢烧严重暴力犯罪事件。新疆维吾尔自治区主席努尔·白克力指出，5 日晚乌鲁木齐发生的打砸抢烧严重暴力犯罪事件，是一起典型的境外指挥、境内行动，有预谋、有组织的打砸抢事件。④

5. 时事政治

时事政治包括贸易摩擦、政治谣言、党的政策方针等。

例如，2001 年 12 月 13 日，美国总统布什宣布美国决定退出美苏 1972 年签署的《反弹道导弹条约》。这一决定立即受到国际社会的强烈批评。俄罗斯总统普京认为这一决定是"错误的"，许多国家领导人认为：美国退出反导条约为美国研究发展国家导弹防御系统和进一步确立美国的核优势地位扫除了障碍，但将沉重打击国际裁军进程，引发新的军备竞赛，损害国际安全和战略稳定，给世界

---

① 网易新闻中心社会新闻，http：//news. 163. com/09/1103/01/5N5IIV1B00011229. html。
② IRI 网络舆情指数周刊第十期头条，http：//www. iricn. com。
③ 中国新闻网，http：//www. chinanews. com. cn/sh/news/2009/07－19/1781405. shtml。
④ 网易新闻中心社会新闻，http：//news. 163. com/09/1103/01/5N5IIV1B00011229. html。

秩序带来难以预料的影响。[①]

6. 法治

法治包括决策失误、工商、公检法、税务、城建等。

例如，长江商报 10 月 28 日报道一栋经济适用房获批建 12 层，但开发单位却违建至 20 层，并计划建到 23 层。昨日，600 余名执法人员开进汉口江汉北路 34 号，对违建的 8 层楼进行强拆。对此，规划局负责人回应说，从申请强拆到获批需要时间，赶不上违法建设的速度[②]。

（二）关注度

网络舆情如果没有一定数量的网民关注，信息的传递渠道、方式和速度都会有所限制，从而无法形成规模。在这里将页面浏览数定义为访问了某个特定信息采集页面的每天用户数之和，同一人、同一天、对同一页面的多次浏览只记一次，用来衡量网页内容的受欢迎程度和被关注情况。

考虑到将信息关注度的值控制在（0，1）范围内容易进行指标值比较，有学者采用对数 Sigmoid 函数对关注度进行定量计算，见公式（5－9）。

由于 x 的取值范围是 $[0，+∞)$，$f(x)$ 的取值范围是 $[0.5，1)$，这意味着当没有人点击或浏览该信息时（$x=0$），从计算结果来看该信息也具备相当的关注度 0.5，所以我们认为该算法存在明显的不足。结合回归系数方程 $f(x) = B + Ax$［回归方程式斜率 A 称为回归系数；x 每变动一单位，平均而言，$f(x)$ 将变动 A 单位］进行思考，我们提出以下算法：

$$f(x) = \frac{2}{(1 + e^{-x})} - 1 \qquad (5-9)$$

其中，x 表示某一信息的总浏览次数，x 取值范围是 $[0，+∞)$。

监测舆情关注度的变化，有助于分析解读舆情本身的性质和特点、舆情内在的深层结构和关系及舆情演化的规律和条件。谢海光和陈中润提出了互联网内容与舆情的热点（热度）、重点（重度）、焦点（焦度）、敏点（敏度）、频点（频度）、拐点（拐度）、难点（难度）、疑点（疑度）、粘点（粘度）和散点（散度）等十个分析模式。[③]

---

① 中国基础教育网，http：//www.cbe21.com/subject/politics/html/060504/20021/2002112_1625.html。

② 长江商报网，http：//www.changjiangtimes.com/2009/10/181925.html。

③ 谢海光、陈中润：《互联网内容及舆情深度分析模式》，载《中国青年政治学院学报》2006 年第 3 期，第 96 页。

（三）信息主题危害度指标

网上新闻信息鱼龙混杂，真假难辨，一条假新闻小则会引起一场诉讼官司，大则会引起经济震荡，政治不稳，其危害性令人深恶痛绝。例如，在瓮安"6·28"事件中，网上有关女学生死因和死亡事件处理的各种半真半假、似真似假的"口水"言论迅速成为社会舆论热点，并成为该事件演变成一起社会泄愤事件的关键因素。在"观点的自由市场"里，如果不当言论和负面舆论"先发制人"，则有正义感的网民的声音会常常淹没在"口水"中，正面引导的舆论相对显得苍白无力。①

此外，境内外敌对势力常利用各种社会矛盾制造事端，在网络上发布信息，煽动、蛊惑民众进行破坏社会稳定的活动。例如，河北省天主教事件经过政府、公安机关和正义宗教组织大量的说服教育工作，基本上已经完满地解决了。但是，一些对政府心存不满的教徒通过互联网与国外的天主教进行串联，在教民中挑拨与政府的矛盾，恶意丑化社会主义制度，使本来已经平息的事态又出现了死灰复燃的迹象。②

信息主题危害度指通过文本挖掘技术的智能分析，对舆情信息内容的褒贬义词进行分析，按照一定的标准，得出一个数值表示其危害程度的大小，判断其言论是否具有攻击性。信息主题危害度的算法与上述研究价值观的理论和算法如出一辙，这里不多赘述。

五、舆情受众指标

传播受众的性别构成、教育程度、年龄结构和个人收入等因素对网络舆情的传播起着不可忽视的作用。高收入、高职位、高学历的受众往往拥有较强的理性判断力，冷静地看待媒体宣传报道的社会阴暗面，不会被网络上不真实、不适当甚至恶意歪曲事实的信息或者情绪化的、偏激的评论所误导。

由于网络的匿名性和虚拟性削弱了信息发布者的责任感和受到社会惩戒的担心，使得现实世界中一些沉默、内向的人在网络世界中表现得十分活跃，敢于把这些意见充分发表出来。网络的这种匿名性使人获得了一种安全感，鼓励了公众在网上发言，也使得受众的背景信息（受众的年龄、性别、教育程度、从事职业等）难以通过网络技术挖掘出来。鉴此，我们把受众指标用三个指标来表示：

---

① 黄成军：《网络舆情与公共事件关系研究》，重庆大学学位论文，2009年，第10页。
② 黄成军：《网络舆情与公共事件关系研究》，重庆大学学位论文，2009年。

负面指数、影响力和参与频度。

（一）负面指数指标

负面指数描述的是舆情对网民思想冲击而产生的负面情绪的程度，是通过舆情挖掘技术的智能分析，对网民回帖的关键字、褒贬义词进行分析，按照一定的标准换算而得出的一个数值，其算法思路在这里就不重述了（参见舆情信息发布者指标之价值观）。

假设我们采用简单分类器，这种算法基于正面和反面含义特征词汇的统计个数。根据特征词汇库中的预设词，在一个消息中每个词都被赋予相应的值（-1，0，+1）表明正面、中立和反面。如果特征词汇的个数超过了一个给定的正面（或反面）阈值，则就将该消息划分为支持（反对），否则就是中立。[①]

记总回帖数为 N，取 -1 值的回帖总数为 N_1，取 0 值的回帖总数为 N_0。因为我们关注的是突发的网络舆情是否会引发公共危机，所以正面态度暂时不在考虑范围之内。

负面指数的计算公式为：$f = \dfrac{N_1}{N}$ （5-10）

显然，负面指数 f 的取值范围为 $[0,1]$。

负面指数的影响值为 f_0，

$$f_0 = \frac{N_0}{N} \qquad\qquad (5-11)$$

表示态度中立的发帖所占有的百分比。

设置影响值的原因是，趋向于中立的网民往往更容易受到恶意的煽动，转变为负面态度。另一方面，由于受各种因素的影响，一些网上发言缺乏理性。比较感性化和情绪化。甚至有些人把互联网作为发泄情绪的场所。例如，人们把在生活中经历或耳闻的有关官员腐败、渎职现象传播上网。在揭露问题的同时，可能会将个人局限性的认识经验与未经证实信息相联系，并使之绝对化。加之缺乏理性、负责任的舆论分析和疏导，会动摇很多人对社会公正的信心。[②]

（二）受众影响力指标

受众的影响力指标衡量的是网民的回帖（舆情回复语义信息）引发的共鸣

---

① 叶慧敏、唐三平：《用于网上舆论观点抽取的几种方法》，载《计算机应用研究》2005年第5期，第256页。

② 姜胜洪：《热点的形成与发展、现状及舆论引导》，载《理论月刊》2008年第4期，第35页。

的程度，通过该回帖的跟帖率（支持率和反对率）加权计算分析得出。记正面影响力数值为 k_1，负面影响力数值 k_0。（其算法请参照舆情发布者影响力指标）。[1]

网民习惯性地通过网络表达自己的观点和对现实社会的信息进行反馈，在此基础上形成一种具有普遍性的"网络心态"，在一定条件下通过网络传播引发更大规模的共鸣，这种舆情性的网络声音因为它的影响面以及所代表的群体，还有它在传播和发展过程中的不确定性必然会引起社会管理部门的高度关注。一些危害度较大的评论或者负面情绪的宣泄如果得不到及时的正确引导，则有可能增添社会不安定因素。

网上有一批"意见领袖"，他们热衷利用网络平台展示自己，以此来贴近和影响网民。但网上不少"意见领袖"的价值观与我们所倡导的主流价值观有一定距离。网上舆论倾向易受少数人控制，包括境外"疆独"、"藏独"、"法轮功"分子。当网络上出现大量虚假信息和极端言论，网民对于权威言论有较强的依赖感，需要"意见领袖"解疑释惑。我们在网上舆论引导和斗争中，要把培养和争夺"网上意见领袖"作为一项长期工作。

（三）参与频度指标

参与频度是指某一网民浏览或点击、评论、回复某一舆情的总次数。由于该指标体系中，所有可量化的指标都进行归一化计算，所以这里记每天 50 次为 1，即每点击、浏览或评论一次的参与频度值为 0.02；50 次以上记为 1。根据参与频度来记录格外关注该舆情信息的网民，监测少数可能企图通过网络传播来制造事端的网民。

"星星之火，可以燎原"。网络舆论的形成往往非常迅速，一个热点事件的存在加上一种情绪化的意见，就可以成为点燃一片舆论的导火索。当一个事件发生时，网民可以立即在网络中进行意见表达，网民个体意见可以迅速地汇聚起来形成公共意见。在中国，一些非法组织也通过因特网发布危害国家安全的信息，蛊惑人心；一些对我国主流意识形态心存不满的国内外敌对势力更是会利用互联网发泄他们的敌视。2008 年发生的"3·14 西藏拉萨打砸抢杀"事件，CNN 等西方媒体网站对其进行了大量失实的扭曲性报道，引来了如潮般的转载量，造成了极其恶劣的舆论影响。

---

① 姜胜洪：《热点的形成与发展、现状及舆论引导》，载《理论月刊》2008 年第 4 期。

（四）网络分布度指标

网络分布度指在某一时间段内，对于某一舆情信息点，追踪浏览/点击该信息的网民的 IP 地址，得出网民的分布范围和密集程度。此指标的定量计算方法是：在某一时间段内，筛选出网民 IP 地址总数 S，然后以城市为单位（亦可以区、县为单位）进行统计，设获取到城市 i 的 IP 地址总数为 N_i，则该城市的密集度为

$$\rho_i = \frac{N_i}{S} \times 100\% \qquad (5-12)$$

若某一城市的密集度明显高于其他地区，那么政府以及相关工作人员要对该舆情信息给予足够重视，把握潜在的问题矛盾，做到防患于未然。该指标侧重于监测对小道消息和流言（闲话性侵权性和恐慌性流言）信息的传播，协助在舆情的潜伏期或呈现期（见图 5-1 突发性事件关注度变化）迅速做出反应，以防止负面舆情大面积扩散，影响经济发展和扰乱社会秩序。

六、舆情传播指标

随着网络技术的推陈出新，网络舆情的传播途径呈现多样化，例如新闻跟帖、网络论坛/BBS、电子邮件、网上调查、网上签名、博客/个人空间等。此外，还有即时通讯群（主要是 QQ 群和 MSN 群）和移动电话短信，按照同学、同事、同乡和同好来组成，形成一个个小众文化圈。网民的意见、情绪与态度等，通过即时通讯方式所构成的庞大的人际传播网络迅速传播，从而产生强大的声势，对现实社会的影响日益加大。网络舆情信息借助互联网交流便捷、传播迅速的特征，使其覆盖面极为广泛。

在监督网络舆情信息时，选择信息来源非常重要，因为某些站点会在报道内容或者转载内容上，有不同程度地迁就、迎合网民不健康需求的倾向。而有些商业网站迫于盈利压力，放松内容管理，将色情、暴力、低级趣味的新闻、专题进行报道或转载，有的网站热衷于在论坛和新闻跟帖中连篇累牍地炒作负面报道。所以，在监督网络信息传播时必须准确找到其传播渠道和环节，着重分析网络舆情所处的传播和扩散阶段，以防止之后对舆情分析的片面化。舆情的传播媒体这一指标包括：媒体影响力、传播方式和舆情扩散度。

（一）媒体影响力指标

网络媒体在构建健康文明、安全有序的网络环境中发挥着不可替代的作用。

219

在第九届中国网络媒体论坛开幕式上，国务院新闻办主任王晨表示："要把提高网上舆论引导能力作为维护网络安全的重大举措。在当前形势下，网络媒体不断增强舆论引导的能力水平，在网上唱响主旋律、打好主动仗，自觉壮大主流舆论，积极引导网上热点、疏导公众情绪、化解社会矛盾，促进舆论和谐。目前，网络空间存在传播谣言、发布虚假信息、发表不负责任言论等失信行为，对社会和公众利益造成严重损害。"①

媒体影响力大小是通过总流量、日流量和点击率各自分配权重计算得出的。媒体影响力越大，网络舆情的影响面就越大，反之则越小；媒体权威度越高，消息的真实度就越大，对公众的吸引力就越大，反之越小。国内外要闻、重大事件的跟踪报道、热点评论、深度分析等主要来自可信度高、权威度高且拥有广泛的读者的新闻网站，如：凤凰、新浪、腾讯、南方周末等；社会热点问题以及突发事件，往往通过热门版块和BBS传播，如KDS宽带山、强国论坛、天涯、猫扑、高校BBS等；小道消息、谣传、各种议论的集散地，蕴含着倾向性、苗头性的舆情信息，主要来自个人网页，如博客、qq空间等。

（二）传播方式指标

所谓"网络舆论"是指：公众通过信息网络（有线和无线），针对公共事务和社会现象发表的意见。网民发表意见的四种主要载体，在2008年都十分活跃。

1. 新闻跟帖（官方/权威网站）。门户网站的热门新闻后面，跟帖经常多达数万、数十万。从2008年5月12日汶川地震后，到5月19日22时，人民网、新华网、央视网、中国网、新浪、搜狐、网易、腾讯等8家网站的地震相关新闻跟帖量达到1 063万条。

2. 网络论坛/BBS。帖文追踪新闻时事，畅所欲言，观点比较犀利。网民的访问率为38.8%，用户9 822万人。在汶川大地震发生后，天涯社区全站的日均发帖量比此前增加了66%，其中5月19日这一天的发帖量是平时的238倍。

3. 博客/个人空间。这是2008年增幅最大的言论载体，自全民用手机收发短信后，正在出现一个新的文化奇观，就是全民上网写博客。有42.3%的网民开设博客/个人空间，用户规模突破1亿大关，达到1.07亿人。其中，半年内更新过博客/个人空间内容的超过7 000万人。汶川地震后，从2008年5月12日到5月16日，仅新浪网博客就发表博文2 310万篇，表达了网友的震惊、悲恸和血浓于水的同胞情谊。

4. 还有即时通讯群和移动电话短信。即时通讯群主要是QQ群（全国2 237

---

① 王晨：《从六个方面加强网络媒体管理来源》，《光明日报》2009年12月2日。

万个）和 MSN 群，按照同学、同事、同乡和同好来组成，形成一个个小众文化
圈。"据工业和信息化部统计，截至 2008 年 9 月底，中国移动电话用户数达到
62 404.6 万户。海量的、快速扩散的手机和小灵通短信，幽默风趣，传递着人们
对社会现实的种种不同感受。"[①]

网络舆情的传播途径可以分为门户网站传播、论坛社区传播、个人空间传播
和人际传播（通过实时聊天工具、邮件等传播）。在评定舆情的真实度方面，显
然是门户网站新闻高于论坛社区，论坛社区高于人际传播。

由于网络信息发布的便利性以及网络信息审查与传统媒体的信息审查存在巨
大的差异，导致网络上虚假信息发布非常容易。这些虚假信息往往发源于网络社
区论坛、聊天室、帖吧、电子邮件、短信等，使一些地区无辜群众蒙受巨大经济
损失，像"高州事件"、"香蕉事件"、"海南红水西瓜"、"米猪肉"，等等。"网
络谣言"比"现实社会"中的谣言传播速度更快，社会影响范围更广，引起社
会"恐慌"程度也更大，往往会造成群体的盲从与冲动。因此，党和政府应在
第一时间多渠道地把信息传递给公众，防止小道消息满天飞舞、谣言铺天盖地的
局面出现，避免引起社会的不安定和大面积的公众心理恐慌。

（三）舆情扩散度指标

舆情扩散度指在某一时段内，舆情信息在不同的传播载体（上述四种载体）中
的传播速度；即针对某一舆情信息，以小时为单位，记录与该舆情相关的主题信息的
总发布次数。舆情扩散度越大，越应给予重视。舆情扩散度指标算法见公式（5-9）。

"从 2008 年 5 月 12 日汶川地震后，到 5 月 19 日 22 时，人民网、新华网、
央视网、中国网、新浪、搜狐、网易、腾讯等 8 家网站的地震相关新闻跟帖量达
到 1 063 万条。

在汶川大地震发生后，天涯社区全站的日均发帖量比此前增加了 66%，其
中 5 月 19 日这一天的发帖量是平时的 238 倍。

从 2008 年 5 月 12 日到 5 月 16 日，仅新浪网博客就发表博文 2 310 万篇，表
达了网友的震惊、悲恸和血浓于水的同胞情谊。"

七、区域和谐度指标

在过去的 30 年里，中国的社会冲突经历了从潜伏期、凸显期到频发期的变

[①] 祝华新、单学刚、胡江春：《2008 年中国互联网舆情分析报告》，中国网，www.china.com.cn，
2009 年 1 月 13 日。

迁过程。当前更是步入社会冲突的频繁发生时期，并呈现出由小规模、低强度向大规模、高强度发展的趋势，具有累积的长期性与爆发的突然性、形式多样性与原因同质性、直接利益诉求与非直接利益诉求共存等特征。尤其是近年来我国各类突发事件频频爆发，社会稳定性显著降低，且突发性事件呈现数量逐年增多、利益性矛盾突出、危害性更大、复杂多变等特点。

由于公共事件往往发端于社会的丑陋面和诸多的负面信息，而网络媒体不加过滤，有意或无意地放大渲染，过度宣传社会阴暗面，会对民众的思想形成强烈冲击，产生情绪低落、埋怨、激愤等负面舆情。这不仅直接导致社会经济生活的重大损失和人们财产安全受到威胁，导致各级政府行政管理的难度，而且极大地危害到社会的稳定与发展。社会稳定是发展的保障，我国构建社会主义和谐社会需要妥善协调社会各阶层和各群体的利益关系，切实解决民众反映的突出问题。

目前构建和谐社会中存在着人地关系压力增大、资源承载力堪忧、区域发展不公平、人地矛盾引发社会不稳定等一些根本性的矛盾。[①] 在此基础上，我们设计了区域和谐指标，从区域差异的视角来考察潜在的社会性矛盾爆发的可能性，为更加全面客观地分析某一地区舆情提供可靠的统计信息，以提高社会管理者的网络舆情危机处理能力。这是构建网络舆论监测的评价指标体系的一个重要方面，而且是目前研究中相对薄弱的环节。区域和谐度指标包括：贫富差距、信息沟通、社会保障和宗教信仰。

（一）贫富差距指标

贫富差距和社会安定是造成社会冲突和引发负面网络舆论的主要因素。改革开放以来，纵向比较，各地区经济都有很大发展。2002 年，上海市人均 GDP 是贵州省人均 GDP 的 11 倍。中国成为世界上地区差距最大的国家和地区之一[①]。贫富差距综合指标下设基尼系数、农村城镇居民收入比和财富集中度三个指标。

1. 基尼系数

基尼系数是一个用来描述收入整体差距程度的重要指标。国际上通常认为：当它处于 0.3 ~ 0.4 时表示收入分配比较合理，0.4 ~ 0.5 表示收入差距过大，超过 0.5 则意味着出现两极分化。从现实来看，世界各国对基尼系数的运用并不完全一致。很多国家都是把它与其他因素结合起来，综合判断收入差距。在不少国家，基尼系数都有不同的标准和界限。总的来说，基尼系数只可参考，不能绝对化。

根据国家统计局测算，我国 1990 年全国收入分配的基尼系数为 0.343，

---

① 明庆忠：《人地关系和谐·中国可持续发展的根本保证———一种地理学的视角》，载《清华大学学报》2007 年第 6 期。

1995 年为 0.389，2000 年为 0.417，已超出国际公认的警戒线 0.4 的标准，而且之后每年都在递增。[①]

2. 农村城镇居民收入比[②]

城乡居民收入比反映的是城乡收入差距的指标。[③] 若总的基尼系数相同，则可能会出现两种不同的社会结构：一个是城乡分割的二元结构，城市内部和农村内部居民的收入差距都很小，但是城乡居民间的收入差距很大，导致整体的收入差距很大；另一个是完成了城市化后的社会结构，无论是市民还是农民，面对的收入差距都是相同的。研究表明，我国较大的基尼系数主要是由城乡分割的二元结构决定的，所以引入城乡居民收入比来具体刻画贫富差距状况是可行的。当前我国提出"城乡一体化"的战略，目的在于逐步缩小直至消灭城乡间的收入差别，因此该指标值越接近于 1 则评价越高。

$$农村城镇居民收入比 = \frac{农村居民人均纯收入}{城镇居民人均可支配收入} \qquad (5-13)$$

3. 财富集中度

中国在社会财富增长加速的同时，出现了财富向少数人手中集中的倾向。在日前召开的政协十一届常委会上，中国财富的"集中度"正在受到政协常委和委员的热切关注。专家指出，目前中国已经成为全球财富最为高度集中的国家。中国财富向富人的集中度正在以年均 12.3% 的加速度在增长，是全球平均增速的 2 倍。[④]

而中国国内的一份报告，则清晰地表明了社会财富集中在什么人手上。据国务院研究室、中央党校研究室、中宣部研究室、中国社科院等部门一份联合调查报告的数据：[⑤] 截至 2006 年 3 月底，中国内地私人拥有财产（不含在境外、外国的财产）超过 5 000 万元以上的有 27 310 人，超过 1 亿元以上的有 3 220 人。在超过 1 亿元以上的富豪当中，有 2 932 人是高干子女。他们占据了亿元户的 91%，拥有资产 20 450 余亿元。而考证其资产来源，主要是依靠家庭背景的权力资本。"不患寡而患不均"，财富集中度更深层次地反映了社会资源的分配不公。

$$财富集中度 = \frac{收入最高 20\% 人口的收入份额}{收入最低 20\% 人口的收入份额} \qquad (5-14)$$

---

① 陈志强：《社会"矛盾凸显期"解读》，载《湖南社会科学》2007 年第 6 期，第 58 页。

② 白洁：《社会和谐度评价指标体系研究》，厦门大学出版社 2009 年版。

③ 陈志强：《社会"矛盾凸显期"解读》，载《湖南社会科学》2007 年第 6 期，第 58 页。

④⑤ 《0.4% 的人占有 70% 财富　财富集中度超美国》，MSN 中文网，http://msn.biz.smgbb.cn/MsnFinance/postPage/2009/06/25。

（二）信息沟通指标

社会信息传播交流系统承载着对发生的事实、存在的矛盾、社会心理进行描述、解释和传递的职能，是人与人、人与社会、普通民众与社会管理者之间了解彼此的观点、态度、决策的重要渠道。信息沟通指标包含 3 个子指标：电视覆盖率、网络覆盖率和广播综合人口覆盖率。

1. 电视覆盖率

电视覆盖率是指某个地区的电话机总数与该地区的人口总数之比，即平均每百人拥有的电话机数量。这里的电话机总数指的是接在公众电话网和专用通信网（包括用户交换机）上的电话机总数。它是衡量一个地区与外界进行有效的信息沟通水平的重要标志。电视覆盖率越低，该地区越闭塞落后，产生负面网络舆情的概率越低。

2. 网络覆盖率

这里网络覆盖率主要是针对电脑 IP 地址进行统计的，即某个地区的 IP 地址总数与该地区的人口总数之比，移动手机不在计算范围内。它是衡量一个地区的社会信息化程度的重要标志。网络覆盖率越高，意味着网民活动越频繁，越容易出现"雪崩效应"。

3. 广播综合人口覆盖率

广播综合人口覆盖率与电视综合人口覆盖率是指根据广电总局制定的《广播电视人口覆盖率统计技术标准和方法》，采用无线、有线等技术手段能够收听、收看到中央或省、地市、县级广播电视节目的人口比率。广播综合人口覆盖率越低，该地区越闭塞落后，产生负面网络舆情的概率越低。[①]

（三）社会保障指标

进入 21 世纪以来，在我国经济快速发展的同时，由于种种原因，农村弱势群体的生活状况并没有得到明显改善，贫富差距仍在不断增大，由此产生了一系列社会问题，其中最为突出的表现是农村低收入人群和贫困群体的犯罪高发态势。农村低收入者和贫困者大多为温饱边缘者、残疾人、长期患病者、居住在环境恶劣地区的人，在某种程度上更需要引起社会的关注。当这些社会问题借助互联网四面八方的传播时，一些人容易产生悲观消极的思想，动摇社会主义信念，

224

① 白洁：《社会和谐度评价指标体系研究》，厦门大学出版社 2009 年版。

否认改革开放的成果。[1]

2008 年 11 月 27 日《新京报》报道，19 岁的北京顺义农民李大伟，患有严重再生障碍性贫血，因无钱治病，他竟然故意犯罪，期望入狱免费治疗。第一次抢劫，他被判 7 年徒刑，可令他大失所望的是，法院只判他监外执行。几个月后，他因持枪再次抢劫，被加刑 11 年，法院考虑强制将他收监，李大伟入狱的"梦想"终于有望成真。

2008 年 11 月 29 日《海峡都市报》报道：福建一名 28 岁的安徽农民工王小喜，66 岁母亲猝死租房中，拮据不堪的他，含泪将遗体装在麻袋里，沉尸"水葬"。但该男子随即被以涉嫌侮辱尸体刑拘。

2008 年 11 月 30 日《羊城晚报》报道，曾因敲诈勒索，被广州萝岗区法院判处有期徒刑八个月的河南确山人张伟，今年 7 月 4 日出狱后，租住在萝岗区东区严田村某出租屋。今年 9 月，他因身患疾病，在广州萝岗无故滋事，目的竟是想重回监狱"享受免费医疗"。目前此案仍在进一步处理中。[2]

社会保障指标包含 4 个子指标：社会治安、医疗保险覆盖率、养老保险覆盖率和工伤保险覆盖率。

1. 社会治安

国际上一般用"暴力犯罪率"作为居民生活安全环境的指标。考虑到我国国情，这里选用万人公安机关刑事案件立案数作为反映社会治安状况的指标。该项指标值越小，表示社会治安状况越好。

刑事案件立案数包括公安机关直接立案管辖的刑事案件立案数、人民检察院和人民法院直接立案管辖的刑事案件立案数。

$$万人公安机关刑事案件立案数 = \frac{报告期公安机关立案的刑事案件数}{报告期平均人口}$$

$$(5-15)$$

其中，报告期平均人口是指报告初期与末期人口的简单算术平均数，报告期平均人口的单位为：万人。

2. 医疗保险覆盖率

为解决农民群众因病致贫、因病返贫问题，在全国建立了基本覆盖农村居民的新型农村合作医疗制度，这是由政府组织、支持、引导，农民自愿参加，个人和政府多方筹资，以大病统筹为主的农民医疗互助共济制度。这里采用每千农业人口乡村医生和卫生员数来代表农村当前的医疗状况，该数据可以在年鉴中直接

---

[1] 严浩仁、陈鹏忠、孔一：《中国农村低收入人群和贫困群体犯罪问题研究》，浙江工商大学出版社2009 年版。

[2] 《贫穷与犯罪》，凤凰博报，http://blog.ifeng.com/article/2008801.html，2009 年 1 月 7 日。

获得。

3. 养老保险覆盖率

养老保险是社会保险五大险种中最重要的险种之一，是国家和社会为解决劳动者在达到国家规定的解除劳动义务的劳动年龄界限，或因年老丧失劳动能力后的基本生活而建立的一种社会保险制度。目前，我国的农村社保覆盖率与城镇社保覆盖率存在着明显的差异[①]。

（1）城镇社会基本养老保险覆盖率。城镇社会基本养老保险应该覆盖城镇除公务员和事业单位雇员外的从业人员及离退休退职人员、城镇失业人员，以及纳入了城镇社会基本养老保险的乡镇企业的非农业人口。因此，城镇社会基本养老保险覆盖率等于报告期末参保人数占上述人口总和的比例，即

$$城镇基本养老保险率 = \frac{基本养老保险参保人数 - 离退休退职参保人数}{城镇从业人员 + 城镇登记失业人口 + 乡镇企业从业人员}$$

$$(5-16)$$

注：计算公式中用乡镇企业的从业人员代替乡镇企业的非农业人口数，是鉴于农村社会养老保险覆盖率有限，鲜见乡镇企业的农业人口被社会养老保险重复覆盖的情况，其后医疗、失业、工伤保险参保（与）率的计算中将乡镇企业的从业人员代入公式是基于同样的考虑；不是公务员或事业单位雇员但在机关和事业单位从业的人员数未见明确的统计数据，这里暂不考虑；除特殊说明外，本指标群的每个计算公式中的各项指标数据都是报告期末数据。本指标群中每个计算公式中的城镇从业人员均是指城镇除机关、事业单位从业人员以外的从业人员。

（2）农村社会养老保险覆盖率。农村社会养老保险的覆盖范围为乡村的从业人员和离退休退职人员等，而不包括在城镇从业的农业人口。但当前我国在城镇从业的农业人口的数据获得难度较大，且他们当中大部分人也未获得社会养老保险的保障，因此这里把乡村满足一定年龄的人口都纳入应享受农村社会养老保险的范围，用农村社会养老保险参保率代替农村社会养老保险覆盖率，计算方法为：

$$农村社会养老保险参保率 = \frac{农村社会保险参保人数}{乡村16岁以上人口} \qquad (5-17)$$

4. 工伤保险覆盖率

工伤保险是指国家和社会为在生产、工作中遭受事故伤害和患职业性疾病的劳动者及亲属提供医疗救治、生活保障、经济补偿、医疗和职业康复等物质帮助的一种社会保障制度[②]。

---

①②　白洁：《社会和谐度评价指标体系研究》，厦门大学出版社 2009 年版。

由于目前工伤保险仅在城镇开展，且我国农民工人数的数据无法从公开渠道获得，所以仅采用城镇工伤保险参保率。

$$\text{城镇工伤保险参保率} = \frac{\text{年末工伤保险参保人数}}{\text{城镇从业人员} + \text{城镇事业单位从业人员} + \text{城镇登记失业人口} + \text{乡镇企业从业人员}} \quad (5-18)$$

计算指标时，不是公务员但在机关从业的人员数未见明确的统计数据，这里暂不考虑；不是公务员但在机关从业的人员数未见明确的统计数据，这里暂不考虑。

（四）宗教信仰

宗教不仅是一种特殊的意识形态，而且是一种复杂的社会文化现象。在历史上，宗教既充当过文化的载体，又扮演过科学的仇敌。该项指标的衡量方法是：把矛盾系数值控制在 [0，1] 之间，划分为 6 个等级，每个等级的值是 0，0.2，0.4，0.6，0.8，1。数值越大，潜在的矛盾越大。运用德尔菲法（又称 Delphi 法，在下一节内容中介绍），通过专家评审小组来对不同地区进行赋值。

1. 邪教

在宗教存在和发展过程中，假冒宗教的名义，从事违法犯罪活动的现象屡见不鲜，人们把这种现象称为"邪教"。邪教的"教"不是宗教的"教"，宗教的"教"是指让信徒遵循的教规、教义，而邪教的"教"是歪理邪说。前者主要是一种规范，要求教徒应如何做人、如何生活、如何处理人际关系等，正因为如此，有些把宗教定为国教的国家，往往在宪法中规定教规是宗教法，要求教徒受教规、教义的约束。而后者则是一种说教，不带有规范性，通过宣传歪理邪说使受其影响的人走向歧途。包括聚众闹事、扰乱秩序、悲观厌世、自残自杀等，对社会没有任何积极意义。自 20 世纪六七十年代以来，邪教组织在一些国家不断出现，活动猖獗，制造了一系列震惊世界的事件，对社会构成严重危害。这些邪教组织不仅危及人们的生命财产安全，而且扰乱、破坏正常的社会生活秩序。[1] 1996 年，法国政府成立了全国邪教观察中心，其职责是监控和防范邪教的危害，向政府提出建议。我国对邪教也是严加惩治，《刑法》第三百条规定："组织和利用会道门、邪教组织或者利用迷信破坏国家法律、行政法规实施的，处三年以上七年以下有期徒刑；情节特别严重的，处七年以上有期徒刑。组织和利用会道门、邪教组织或者利用迷信蒙骗他人，致人死亡的，依照前款的规定处罚"。

我国宪法允许公民信仰自由，包括伊斯兰教、基督教、天主教、佛教等。近年来，出现了一些新兴宗教和邪教。有许多邪教组织利用贫困农民的心理特点，

---

① 贵立义：《论宗教信仰自由》，载《财经问题研究》2002 年第 2 期，第 81 页。

秘密发展自己的邪教势力。当地比较出名的邪教组织有东方闪电教（也叫世纪神）、灵灵教、哭教（也叫呼喊派）和天主教地下势力（归梵蒂冈领导）。当地宗教管理部门说，尤其东方闪电教，现在已经发展到暗杀我政府官员和公安干警的地步。[①]

2. 宗教信仰与民族矛盾

随着经济全球化和信息技术为核心的科学技术迅猛发展，网上的意识形态领域斗争变得非常复杂。西方反华势力大肆利用互联网对我国进行"西化"、"分化"，进行舆论渗透和文化入侵。"法轮功"、"台独"、"藏独"、"疆独"分子等将网络视为"封不住、禁不止、打不断"的反华渠道，传播虚假信息，散布反动言论。他们建立网站和专门机构，雇用网络写手，制造和利用网络谣言，对社会热点难点和敏感新闻进行炒作，恶毒攻击我国政治制度、歪曲领导人形象、抹杀社会主义建设成就，同时不遗余力地美化、渲染西方文明和制度，在意识形态、思想文化领域制造事端，形成了更大的舆论威胁。例如，在重庆"最牛钉子户"事件中，为了引起社会各界的重视，网民通过网络发言放大事件的政治意义，境外一些媒体故意炒作。一般问题政治化，国内问题国际化。引发"蝴蝶效应"，使得以往简单平常的民事纠纷案发酵膨胀为世界瞩目的重大事件。

这次新疆事件虽然已经平息，也尽管热比娅"疆独"不足以成事，但是我们应该从中得以重新认识：此事件确实暴露出汉维之间存在着长期积累的摩擦、误解乃至不信任。若这个问题处理不好的话，才是真正的心腹之患。更何况它又是在金融危机下经济影响的时候发生。而新疆地区存在的许多问题，其实也是中国现有社会问题的折射。如中国近年来比较严重的贫富差距、就业困难、贪官腐败、社会不公等问题。另外，汉族与维吾尔族之间，存在不同的文化、历史、宗教信仰。在中国经济快速发展的今天，在移民、就业等经济方面的摩擦更是在所难免，只不过这些问题一旦与民族问题交错联系，其破坏力就会迅速升级，后果不堪设想。所以，我们要民族融合，文明交流，化解汉维两族间存在的心结；我们要相互尊重、和谐共处，不能再种下仇恨的种子。

第二节　网络舆论监测评价指标重要程度分析

权重系数是指在确定了一个系统的若干测评指标（因素）后，用来表示每

---

① 曾强：《冲突与适应：对当代农村宗教信仰的社会学思考——以鲁西南张庄村为例》，中共中央党校学位论文，2004 年。

个因素在测评整体中所占比重大小的数。权重系数简称为权数。权集合即权重系数集合，简称权集，是描述各指标重要程度的关系集。权重系数是分项评分综合合成时的重要参数，它表明了各指标与评价结果之间的确定关系，说明各指标在测评中的重要程度。因此在确定指标权重系数时，要慎重选择科学的分析方法，分析各指标在目标中的地位，合理分配权数，这样才能使综合评价结果客观、科学。

一、常用的指标权重确定方法

常用的指标权重确定方法包括德尔菲法、层次分析法、内容分析法等，本部分主要介绍这三种常用的方法。

（一）德尔菲法

德尔菲法（Delphi 法）是一种主观、定性的方法，不仅可以用于预测领域，而且被广泛应用于各种评价指标体系的建立和具体指标的确定。

德尔菲法采用匿名发表意见的方式，专家之间不能互相讨论，不能横向联系，只能与调查人员联系，通过多轮次询问专家对问卷所提问题的看法，经反复征询、归纳和修改，最后汇总成专家基本一致的意见，作为预测的结果。这种方法具有广泛的代表性，较为可靠。德尔菲法的具体实施步骤为：

（1）组成专家小组。按照课题所需确定专家及专家的人数，专家人数一般不超过 20 人。

（2）向所有专家提出所要解决的问题及有关要求，并附上有关这个问题的所有背景资料，然后由专家做书面答复。

（3）各个专家根据所收到的资料，提出自己的意见和看法，并说明自己提出这些预测值的依据。

（4）将各位专家第一次判断意见汇总，列表对比处理后反馈给各位专家，供专家了解他人的不同意见，看是否修改自己的意见和判断。

（5）将所有专家的修改意见收集起来，汇总比较，再次反馈给各位专家，进行第二次修改。收集意见和信息反馈一般要经过三四轮。在向专家进行信息反馈时，只给出其他专家的各种意见，而不说明发表不同意见专家的姓名。这一过程重复进行，直到每一个专家不再改变自己的意见为止。

（二）层次分析法

层次分析法（Analytic Hierarchy Process，AHP）是对一些较为复杂、较为模

糊的问题做出决策的简易方法，它特别适用于那些难以完全定量分析的问题。它是美国运筹学家 T. L. Saaty 教授于 70 年代初期提出的一种简便、灵活而又实用的多准则决策方法。

人们在进行社会的、经济的以及科学管理领域问题的系统分析中，面临的常常是一个由相互关联、相互制约的众多因素构成的复杂而往往缺少定量数据的系统。层次分析法为这类问题的决策和排序提供了一种新的、简洁而实用的建模方法。

运用层次分析法建模，大体上可按下面四个步骤进行：建立递阶层次结构模型；构造出各层次中的所有判断矩阵；层次单排序及一致性检验；层次总排序及一致性检验。

1. 递阶层次结构的建立与特点

应用 AHP 分析决策问题时，首先要把问题条理化、层次化，构造出一个有层次的结构模型。把复杂问题被分解为元素的组成部分，这些元素又按其属性及关系形成若干层次，上一层次的元素作为准则对下一层次有关元素起支配作用。这些层次可以分为三类：最高层，这一层次中只有一个元素，是分析问题的预定目标或理想结果，因此也称为目标层；中间层，这一层次中包含了为实现目标所涉及的中间环节，它可以由若干个层次组成，包括所需考虑的准则、子准则，因此也称为准则层；最底层，这一层次包括了为实现目标可供选择的各种措施、决策方案等，因此也称为措施层或方案层。

2. 构造判断矩阵

层次结构反映了各因素间的关系，但准则层中的各准则在目标衡量中所占的比重并不一定相同，在决策者的心目中，它们各占有一定的比例。

在确定影响某因素的诸因子在该因素中所占的比重时，遇到的主要困难是这些比重常常不易定量化。特别是当影响某因素的因子较多时，直接考虑各因子对该因素有多大程度的影响时，常常会因考虑不周全、顾此失彼而使决策者提出与他实际认为的重要性程度不相一致的数据，导致给出一组隐含矛盾的数据。

设现在要比较 n 个因子：

$$X = \{x_1, \cdots, x_n\} \tag{5-19}$$

对某因素 Z 的影响大小，怎样比较才能提供可信的数据呢？Saaty 等人建议可以采取对因子进行两两比较建立成对比较矩阵的办法。即每次取两个因子 x_i 和 x_j，以 a_{ij} 表示 x_i 和 x_j 对 Z 的影响大小之比，全部比较结果用下列矩阵表示：

$$A(a_{ij})_{n \times n} \tag{5-20}$$

称 A 为 $Z-X$ 之间的成对比较判断矩阵（简称判断矩阵）。

容易看出，若 x_i 与 x_j 对 Z 的影响之比为 a_{ij}，则 x_j 与 x_i 对 Z 的影响之比应为：

$$a_{ji} = \frac{1}{a_{ij}} \qquad (5-21)$$

关于如何确定 a_{ij} 的值，Saaty 等建议引用数字 1～9 及其倒数作为标度。下表列出了 1～9 标度的含义：

标度	含　义
1	表示两个因素相比，具有相同重要性
3	表示两个因素相比，前者比后者稍重要
5	表示两个因素相比，前者比后者明显重要
7	表示两个因素相比，前者比后者强烈重要
9	表示两个因素相比，前者比后者极端重要
2，4，6，8	表示上述相邻判断的中间值
倒数	若因素 i 与因素 j 的重要性之比为 a_{ij}，那么因素 j 与因素 i 重要性之比为 $a_{ji} = \frac{1}{a_{ij}}$。

从心理学观点来看，分级太多会超越人们的判断能力，既增加了作判断的难度，又容易因此而提供虚假数据。实验表明，采用 1～9 标度最为合适。

3. 层次单排序及一致性检验

判断矩阵 A 对应于最大特征值 $\lambda_{\max}$ 的特征向量 W，经归一化后即为同一层次相应因素对于上一层次某因素相对重要性的排序权值，这一过程称为层次单排序。

上述构造成对比较判断矩阵的办法虽能减少其他因素的干扰，能客观地反映出一对因子影响力的差别。但综合全部比较结果时，难免会出现一定程度的非一致性。如果比较结果是前后完全一致的，则矩阵 A 的元素还应当满足：

$$a_{ij}a_{jk} = a_{ik}, \forall\, i,j,k = 1,2,\cdots,n \qquad (5-22)$$

4. 层次总排序及一致性检验

上面我们得到的是一组元素对其上一层中某元素的权重向量。我们最终要得到各元素，特别是最低层中各方案对于目标的排序权重，从而进行方案选择。总排序权重要自上而下地将单准则下的权重进行合成。

设上一层次（A 层）包含 A_1，$\cdots$，A_m 共 m 个因素，它们的层次总排序权重分别为 a_1，$\cdots$，a_m。又设其后的下一层次（B 层）包含 n 个因素 B_1，$\cdots$，B_n，它们关于 A_j 的层次单排序权重分别为 b_{1j}，$\cdots$，b_{nj}（当 B_i 与 A_j 无关联时，$b_{ij} =$

0）。现求 B 层中各因素关于总目标的权重，即求 B 层各因素的层次总排序权重 b_1，…，b_n，计算按下表所示方式进行，即

$$b_i = \sum_{j=1}^{m} b_{ij}a_j, i = 1, \cdots, n \tag{5-23}$$

层次分析法的特点是在对复杂决策问题的本质、影响因素以及内在关系进行深入分析之后，构建一个层次结构模型，然后利用较少的定量信息，把决策的思维过程数学化，从而为求解多目标、多准则或无结构特性的复杂决策问题提供一种简便的方法。

（三） 内容分析法

1952 年，美国传播学家伯纳德·贝雷尔森（Bernard Berelson）在其著作《传播研究中的内容分析》中，对内容分析作了经典的解释："内容分析法，是一种对具有明确（manifest）特性的传播内容进行的客观（objective）、系统（systematic）和定量（quantitative）的描述的研究技术"。

在图文情报学领域，内容分析法被定义为一种对文献内容做客观系统的定量分析的专门方法，其目的是弄清或测验文献中本质性的事实和趋势，揭示文献所含有的隐性情报内容，对事物发展作情报预测。它实际上是一种半定量研究方法，其基本做法是把媒介上的文字、非量化的有交流价值的信息转化为定量的数据，建立有意义的类目分解交流内容，并以此来分析信息的某些特征。

二、问卷设计与权重确定

本研究是针对事先已经制定好的网络舆论监测评价指标体系，通过 AHP 法对各指标赋予权重。

（一） 问卷设计

为了评价各指标的重要性，我们设计了一套调查问卷，该问卷包括三部分：第一部分是"问卷说明"，向被调查者说明调查的目的以及评分的方法。第二部分是对二级指标（舆情发布者指标、舆情要素指标、舆情受众指标、舆情传播指标以及区域和谐度指标）的重要性进行测量，要求被调查者为每一个评价指标打分，判断该指标在整个体系中的重要性。在计分方法上，使用 Saaty 等建议引用数字 1~9 及其倒数作为标度。其中 9 代表该评价指标至关重要，1 则代表该评价指标是可有可无。第三部分是测量二级指标下的各指标的重要性，要求被

调查者评价每个指标在它所属的上一级指标中的重要性，打分方式同上。第四部分是测量三级指标下的叶节点指标的重要性，打分方式同上。

表5-3是调查问卷中两两指标重要程度关系判定，其中数值越大表示 A 比 B 越重要，反之，B 比 A 更重要。由于在问卷数据收集的过程中，6、7、8、9 这四个数字使用率很低，所以我们把原先要求数值填写的矩阵改为 9 个单选项：5、4、3、2、1、1/2、1/3、1/4、1/5。

因为该问卷调查涉及的都是专业问题，为了保证调查结果的真实准确，我们组织了本领域的 18 位专家填写问卷。针对此研究问题，共发出问卷 18 份，回收 16 份问卷，有效问卷为 14 份。

表5-3　　　　　　　　　调查问卷中指标重要程度判定

重要程度	非常+	明显+	——+	稍微+	同等	稍微-	——-	明显-	非常-
A/B	5	4	3	2	1	1/2	1/3	1/4	1/5

（二）计算各级指标权重

一级指标权重记为 Wa、Wb、Wc、Wd、We；二级指标权重记为 Wai、Wbi、Wci、Wdi、Wei；三级指标权重记为 $Waij$、$Wbij$、$Wcij$、$Wdij$、$Weij$；i、j 为自然数。然后运用层次分析法软件 Yaahp5.2 协助计算，从而最终确定评价指标体系中的各指标权重。再对 16 份有效数据进行聚类分析，使用的统计分析软件 SPSS16.0，得到的聚类分析图（见图5-5），图中开除数据02、12，将有效的 14 分数据分为两组，第一组为05、10、16、01、11；第二组为04、07、15、03、16、08、14、06、09。专家组经过讨论，第一组权重系数设为 0.4，第二组权重系数设为 0.6。最终确定的权重为

$$W = 0.4 \times (W_5 + W_{10} + W_{16} + W_1 + W_{11}) + 0.6 \times$$
$$(W_4 + W_7 + W_{15} + W_3 + W_{16} + W_8 + W_{14} + W_6 + W_9) \qquad (5-24)$$

计算结果，见表5-4。各项一级指标中，权重系数突出了引发突发事件的概率大小，数值显示可能性最大的是"区域和谐度指标"，其权重最大，为 0.2311。二级指标是对一级指标评价维度的说明，权重系数依次显示了各项维度的重要性，"区域和谐度指标"下，最能引发矛盾冲突的是"贫富差距" 0.2746。叶节点指标进一步指出了二级指标的评价维度，如体现"贫富差距" 的依次是财富集中度 0.3668、基尼系数 0.3546 和农村城镇居民收入比 0.2787。

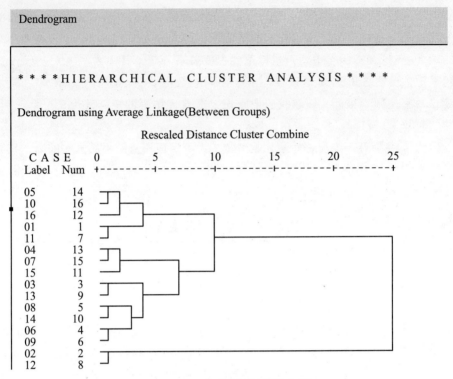

图 5 – 5 有效数据聚类分析

表 5 – 4　　　　　　　　网络舆情监测评价指标体系

一级指标	二级指标	叶节点指标
A 舆情发布者指标 0. 1759	舆情发布者影响力 0. 3485	浏览次数 0. 2278；发帖数 0. 2126；回复数 0. 2521；转载率 0. 3075
	活跃度 0. 3200	发帖数 0. 4920；回帖数 0. 5080
	价值观 0. 3315	舆情发布语义信息 1. 0000
B 舆情要素指标 0. 2265	信息主题类别 0. 2791	生存危机 0. 1858；公共安全 0. 1611；分配差距 0. 1679；腐败现象 0. 1968；时政 0. 1441；法治 0. 1443
	关注度 0. 3350	页面浏览数 1. 0000
	信息主题危害度 0. 3859	舆情主题语义信息 1. 0000

续表

一级指标	二级指标	叶节点指标
C 舆情受众指标 0.1636	负面指数 0.2609	回帖总数 0.3394；负面回帖总数 0.3718 中性回帖总数 0.2888
	受众影响力 0.2486	支持率 0.5004；反对率 0.4996
	参与频度 0.2562	点击、评论、回复某一舆情的总次数 1.0000
	网络分布度 0.2343	点击者 IP 1.0000
D 舆情传播指标 0.2030	媒体影响力 0.3373	总流量 0.2862；日流量 0.3101； 点击率 0.4037
	传播方式 0.2812	门户网站 0.3133；短信、邮件 0.2095； 网络论坛/BBS 0.2686； 博客/个人空间 0.2086
	舆情扩散度 0.3814	报道次数 1.0000
E 区域和谐度指标 0.2311	贫富差距 0.2746	基尼系数 0.3546；财富集中度 0.3668； 农村城镇居民收入比 0.2787
	信息沟通 0.2367	电视覆盖率 0.3342；网络覆盖率 0.3757； 广播综合人口覆盖率 0.2902
	社会保障 0.2670	社会治安 0.2880； 医疗保险覆盖率 0.2664； 养老保险覆盖率 0.2402； 工伤保险覆盖率 0.2054
	宗教信仰 0.2218	邪教 0.4549；宗教冲突与民族矛盾 0.5451

三、指标权重的实证分析

在五项一级指标中，最为重要的三项是：区域和谐度指标权重为 0.2311；舆情要素指标权重为 0.2265；舆情传播指标权重为 0.2030。下面结合"新疆 7·5 暴力事件"、"广西梧州城管车被推翻"、"7·23 动车相撞事件"、"农夫山泉砒霜门"和"湖南'邵氏弃儿'"等社会热点事件来解析这些指标。

（一）区域和谐度指标

区域和谐度指标是从区域差异的视角来考察潜在的社会矛盾，该地区社会矛盾越突出，越容易刺激网民的情绪，指标权重为：贫富差距 0.2746、信息沟通 0.2367、社会保障 0.2670 和宗教信仰 0.2218。其中权重最大的是贫富差距，其次是社会保障、就业、收入分配、教育、医疗、住房、安全生产、社会治安等方面关系群众切身利益的问题。

改革开放 30 多年的今天，贫富差距已成为一个严峻的问题。贫富差距的扩大损害了社会心理的和谐，各个社会阶层、群体在心理上的相互抵触、排斥甚至是敌视、仇视，将会造成社会心理的失和，乃至被破坏性解构，不仅会损害一个社会应有的团结和谐，而且可能引起大规模的非暴力或者暴力的族群冲突。另外，我国农业人口占大多数，他们丧失社会保障权利后生活面临诸多困难，会进一步激发社会矛盾，严重影响了农村基层的稳定和发展。在少数民族地区，贫富差距往往被民族问题和宗教问题所掩饰；伴随着文化差异，宗教矛盾更容易引起社会动乱。

1. 新疆"7·5"暴力事件

南疆维吾尔族聚居地一直比较落后，贫富差距、汉维之间差距也大。事实也证明如此：南北疆发展差距一直在扩大。2006 年，南疆人口比重比北疆高近 2 个百分点，但地区 GDP 所占比重却比北疆低 37.4 个百分点。人均 GDP 高于全区平均水平的 6 个地州市中南疆只占 1 个，最高的克拉玛依市是最低的和田地区的 32 倍。2006 年，特别是全疆 80 个县市中有 30 个贫困县，南疆地区 42 个县市中 17 个县市农民人均纯收入不足 2 000 元，明显呈现出贫困面大，分布区域相对集中，且贫困程度深的特点。加上北疆特别是乌鲁木齐等大城市以汉族人为主，而南疆则以维吾尔、哈萨克等少数民族为主，宗教信仰的不同也是地区性民族冲突发生的重要因素。

在贫富悬殊、社会保障落后并且存在文化（宗教信仰）冲突的地区，一件看似平常的事件就能够引发难以预想的社会骚乱。就新疆"7·5"暴力事件而言——"世维会"便是利用了广东韶关群殴事件，主要涉及新疆劳务人员；广东受众和新疆受众是舆论的核心人群，而舆论事件最容易发生于核心人群中。新疆受众作为核心人群之一，当地网络媒体没有及时报道"6·26"群殴事件发生及处理结果，放弃了引导舆论的主动权，从而导致了事件的发生。

"7·5"事件后，胡锦涛总书记两次针对新疆的发展和稳定问题发表重要讲话，强调要大力支持新疆发展，深入调研和谋划已经出台和即将出台的优惠政策；乌鲁木齐市各社区在开展社会稳控和群众宣传教育工作的同时，还针对居民反映比较集中的问题，着力解决民生问题。2009 年到 2010 年，新疆地区综合经济实力迈上新台阶，其城镇居民人均可支配收入及增速、农村居民人均收入及增速得到稳步提高，民生得到持续改善。

2. 其他骚乱事件

最近，中国发生多起民众泄愤事件，有的甚至演变为骚乱，造成无辜人员伤亡。比如"6·28"瓮安骚乱、陇南骚乱、石首事件、湖北利川骚乱、潮州市古巷骚乱、上海九亭骚乱等。任何群体性事件的发生，其成因都不是单一的，也不限于某一方面，作为群体性事件中的一个类别的群体性骚乱，其成因也是如此。我国现实中的群体性骚乱事件的发生，主要根源于社会变革与变迁过程中社会成员长期积压对贫富悬殊、社会保障落后等引起的不满情绪和地方政府怠慢的管治能力。综合来看，这些事件可以划分成三类：一是当地贫富悬殊、社会保障差；二是外来人口社会保障得不到保障，主要发生在发达或较发达地区；三是对公权力的不满引起的官民矛盾。

第一类事件的代表是"瓮安事件"，瓮安骚乱是由一起单纯的民事案件最终发展演变为一起打、砸、抢、烧群体性社会骚乱事件。但一起单纯的民事案件酿成一起严重的打、砸、抢、烧群体性社会骚乱事件，上万抗议民众放火焚烧警车与政府的大楼泄恨，其中必有深层次的因素。最值得关注的就是事件的参与者，他们与诱发事件并"无直接利益关系"，主要是一种"泄愤冲突"。从深层次来看，瓮安"6·28"事件的爆发有多方面的原因。一是群众的一些合法利益诉求没有得到根本解决。瓮安在移民搬迁后期扶持、违章建筑拆除、矿权纠纷处理、国企改革改制中出现了各种矛盾，没有引起重视沉积的有影响的重点信访案件就有20多起，干部群众关系紧张，各种矛盾纠纷没有得到及时化解[①]。二是侵犯群众利益的事情屡屡发生。在处置这些矛盾纠纷和群体事件过程中，工作不作为、不到位。一些干部作风粗暴，工作方法简单，甚至随意动用警力，把公安机关推向矛盾第一线。瓮安骚乱事件从本质上说是大量社会矛盾积聚造成的最终结果。

第二类事件的代表主要有潮州古巷骚乱和上海九亭骚乱。潮州古巷骚乱一方面反映出当地拖欠民工工资情况严重，政府存在着普遍的官商勾结；另一方面，潮州地区治安环境不乐观，大多偷窃打劫犯罪事件由外地人所为，外地人在潮州地区名声较坏，双方关系一直紧张。上海九亭骚乱是由城管暴打一对安徽籍打工夫妇引起的，一方面反映出城管的形象亟待改善；另一方面反映出在城市化进程中，农民工的生存状况不容乐观，国民待遇严重缺失，经济、文化、社会等各种权利均受到侵害，在城市更容易受到歧视，进而引起他们的不满甚至仇恨。

第三类事件的代表主要有陇南骚乱、石首事件和利川骚乱等。陇南骚乱是由30人上访迅速转变为数千人的聚集抗议事件，这短时间内的形势逆转折射出尖锐的官民矛盾和不信任，如果官方能够解决无田可种、无房可住的现状（因拆迁带来的问题），又有诚意倾听上访群众意见，又怎么会演变成一场形同流血冲

[①] 童星、张海波等：《中国转型期的社会风险及识别——理论探讨与经验研究》，南京大学出版社2007年版。

突的群体骚乱？石首引出了当地的吸毒问题——赌场多、毒蟊子多、街头扒手多、盗劫案件多、没破的命案多、参与娱乐场所经营或为娱乐场所作保护伞的多、交通罚款和违规收费的多，以及干群之间、警民之间、贫富之间的矛盾——很多媒体在总结已经发生的其他公共突发事件的社会背景时所说的那种社会上蔓延的仇富仇官仇警心理[①]。利川骚乱反映出官民之间的对立，也折射出地方官员的不作为和不公平执法。

（二）舆情要素指标

舆情要素指标强调观测舆情的发展过程及生命周期，特别是网民发表意见次数最频繁、最活跃的时期，这也是网民情绪急速积聚的时期，其权重为：信息主题危害度0.3859、关注度0.3350、信息主题类别0.2791。其中信息主题类别有六个子指标：腐败现象0.1968、生存危机0.1858、分配差距0.1679、公共安全0.1611、法治0.1443、时政0.1441。从上可以看出，在众多话题中，牵涉腐败的事件最容易触动人们的情绪。

腐败事件往往是由权力不公滋生起来的，导致收入分配失衡和拉大贫富差距，进而造成社会不公，激发民众的不满情绪。生存危机关系民众生活的方方面面，如自然灾害、医疗、教育、住房、治安等社会保障，涉及社会不同利益群体，敏感性、连带性很强，处理不好可能严重影响人民群众身体健康并造成社会混乱，以致影响社会的经济发展和国家的长治久安。而公共安全涉及由人为因素引起的社会风险事件，辐射范围大，影响范围广，容易引发社会恐慌和社会秩序紊乱，容易导致社会资本流失。频繁发生的事故灾难往往导致公众对安全事故处理政策措施和机构的认同度降低，甚至导致公共权力的合法性危机。比如震撼人心的"7·23动车相撞事件"和"农夫山泉砒霜门"。

2009年11月23日，海南省出入境检验检疫局检验检测技术中心的产品检测报告显示，农夫山泉、统一品牌饮料食品总砷含量超标。消息随即为网络媒体广泛转载，农夫山泉和统一集团身陷"砒霜门"。12月1日晚，海口工商局宣布，经中国检验检疫科学研究院综合检测中心复检，农夫山泉和统一的抽检产品全部合格。从媒体报道走势看，11月24~26日为事件的潜伏期。其实在此期间，国家权威检测部门完全可以积极采取措施，依照科学规范的管理方法和手段严密检测市场，防患于未然，把这场口水仗扼杀于摇篮之中，从而避免在市场引发了阵阵恐慌。

（三）舆情传播指标

舆情传播指标旨在监督网络信息传播时必须准确找到其传播渠道和环节，着

[①] 陈远章：《转型期中国突发事件社会风险管理研究》，中南大学出版社2009年版。

重分析网络舆情所处的传播和扩散阶段。其二级指标的权重为：舆情扩散度0.3814、媒体影响力0.3373和传播方式0.2812。舆情扩散度越大，传播速度越快，它的影响面就越大；网络信息无论是真还是假，都会对受众的心理和情绪产生不可预测的影响；如果传播媒体的影响力和权威度都很高，那么信息的真实度也会很高，受众的反应必然十分强烈，或者愤慨陈词，或者引起共鸣。

1. "湖南'邵氏弃儿'事件"

2011年5月8日，由中国（海南）改革发展研究院主办的《新世纪》周刊刊登文章"邵氏'弃儿'"，曝光湖南省邵阳市隆回县高平镇计生干部为征收社会抚养费，强行抱走部分村民婴儿，然后送至当地福利院，并在涉外领养过程中牟利的事件。自2011年5月8日至5月16日，该事件共引发相关新闻报道804篇，网民跟帖评论225 824条；涉及网站多达173家；相关论坛主帖405个，论坛回复9 515条；相关博客1 175篇，回复49 166条。[①] 试想，如果"邵氏弃儿"只是来自空间博客，凤凰、新民、网易、搜狐等权威媒体会在如此短时间内转载报道吗？

2. 广州增城"新塘事件"

从2011年6月11日开始，大敦村里汽车被点燃后那奔腾的火苗，成为当时围聚人群的"狂欢"篝火。尽管广州警力一直努力"控制"局面，火苗却如同打游击般此消彼长，直至6月13日方才彻底熄灭。"新塘事件"是长期积怨的一次发泄。其实广州增城新塘等事件，都是因为镇、村自己乱执法而造成的。应该说，这只是以"罚"代"法"中的冰山一角，当前村镇乱执法、乱罚款的现象并没有得到遏制，还呈蔓延之势。这种现象如果得不到遏制和规范，还可能成为群体事件的导火索，影响社会的稳定。

但是新塘事件并没有像"邵氏弃儿"事件那样被跟踪报道和深度报道，主要原因有二：（1）在相关消息在早期就被大量屏蔽了，政府掌握了控制舆论的最佳时机——各大媒体并没有连续跟踪报道此事（在增城市发生了大规模抗议活动后，在中国内地的新浪微博上，相关的信息及关键词皆遭到了新浪主动屏蔽）。毕竟，如果造成人民生命财产的严重损失和巨大的社会恐慌，对相关网站的事后惩戒已经没有太多的现实意义。（2）"邵氏弃儿"有明确的合法的利益诉求，是计生办胡作非为造成的；而新塘事件的起事者主要是发泄积压已久的社会不满，攻击目标是执法不正的基层公权机关。

对突发公共事件网络舆情监测指标体系进行了定量研究和实证分析，用事实和数据论证了最能影响突发事件舆情传播的三个重要因素：区域和谐度指标、舆情要素指标和舆情传播指标。反思近年来各地的骚乱事件，如贵州"瓮安"事

---

① 李漠.《邵氏"弃儿"》，载《新世纪周刊》2011年第18期，2011年5月9日。

件、湖北利川事件等，这些突发事件的爆发都折射出基层人民群众的利益没有得到合法的维护，骚乱是他们使用不合理的手段来维护权利的一种手段；不应该被单纯地认为是聚众滋事事件，应当引起高度关注，有效控制事件舆论的形成只是控制矛盾发展的第一步，并不能够消除矛盾，发泄民众心中的怨恨。

综上所述，本课题的研究避免了网络舆情监测工作研究的理论化，从而在一定程度上解决了国家监管部门在舆情监控方面的实际需求，协助他们预测潜伏的舆情信息，并结合社会保障体系等地域和谐指标来引导他们分析舆情，追根溯源，进而采取合理的疏导机制，以促进我国网络舆情向着和谐、稳健的方向发展。

第三节　网络舆论风险监测技术平台设计

互联网已成为信息传播与交流的主要媒体之一，其特点包括使用面广、影响力大、不受时空限制等。互联网上散布着各种不良的舆论信息，它们极易被成倍放大并一夕之间成为极具社会影响力的热点话题。复杂多变的网络环境及信息传播方式给政府机构的监管带来了巨大的考验，仅依靠人工难以应对网上海量的舆论信息采集、分析和处理。如何通过现代信息技术手段构造网络舆论风险监测技术平台，在第一时间掌握互联网上的舆论动态、及时应对网络舆情、由被动防堵化为主动引导是当前需要迫切解决的问题。

一、网络舆论风险监测技术平台概述

本研究旨在设计适合中国国情的网络舆论风险监测技术平台。平台的构建将综合利用网络媒体监测技术、自然语言处理技术、文本内容管理与服务技术、搜索引擎技术等，以实现对监管网源的实时监测，帮助舆情监管人员随时把握网络舆论动态。

该平台采用四层体系架构，通过信息采集卡或网络爬虫从各监测源（如新闻门户、BBS、博客、微博客）中自动扫描并采集舆论信息，从中抽取正文内容及其他元数据建立网络舆论监测信息库。然后，通过自动分词、术语抽取、全文检索、文本分类与聚类、主题分析、自动文摘等关键技术并结合知识库实现对信息库中网络舆论的内容理解与语义计算，并在此基础上分析舆论的倾向性、自动识别一段时间内的热点事件、流行语或突发事件、新词等舆论焦点信息，最终自

动生成网络舆情统计分析报告。

本研究拟构建的网络舆论风险监测技术平台的体系结构，如图 5-6 所示。

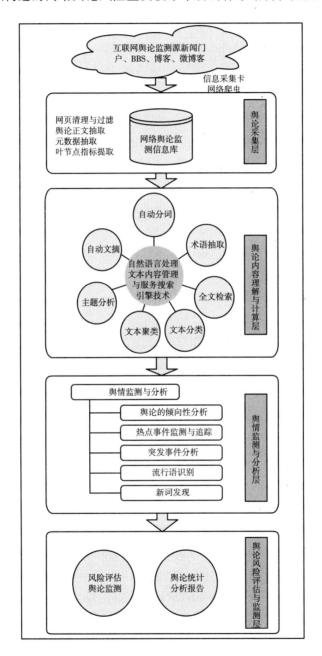

图 5-6　网络舆论风险监测技术平台体系结构

1. 舆论采集层：针对舆情监测指标体系中叶节点指标，实时定向地采集互联网新闻站点、BBS、博客、微博客等舆论源的信息，对采集到的信息进行预处理，如数据清理，过滤无关信息，抽取舆论信息的标题、正文、来源、发布时间、点击次数、评论人、评论内容、回帖正文、回帖量等舆情信息要素，并基于此建立舆论监测信息库。

2. 舆论内容理解与计算层：对已获取的舆论监测信息库中的舆论信息进行必要的文本理解与内容计算。

3. 舆情监测与分析层：自动监测并分析网络舆论传播者所蕴含的感情、态度、观点、立场等，并对不良舆论研判。识别出给定时间段内的热点事件和流行语，获知事件发生的全貌并预测事件发展的趋势。对突发事件或新词进行跨时空的综合分析，发现某一时期的网络舆论焦点。

4. 舆论风险评估与监测层：对热点事件、突发事件等可能涉及敏感话题的舆论一经监测到，将根据舆情监测指标体系总量评估舆论风险并自动给出预警信号以辅助决策。此外，将根据舆情监测与分析的结果生成舆情统计分析报告，提供相关的检索浏览功能，可按照设定条件对热点事件、流行语、事件的倾向性等舆情信息进行查询。

二、网络舆论风险监测技术平台的关键技术

（一）信息采集技术

信息采集技术用于对互联网网页中包含的舆论信息进行抓取。面向网络舆论风险监测的信息采集技术需要具备："快速、全面、准确、大范围"等特点；需要支持高强度的下载压力和良好的下载控制和优化机制。

互联网的发展使得网络信息以几何倍数的速度激增，如何有效地从海量信息中自动采集舆论相关信息成为网络舆论风险监测的基础。面对数量众多的网络信息，使用人工方法处理已杯水车薪，因此需要利用有效的自动信息采集技术。根据监测范围及用户权限的不同要求，网络舆论风险监测技术平台拟提供三种信息采集模式。

（1）直接从后台数据库中提取信息。

（2）利用网络分流器截获信息，对于局域网的监控，可以在局域网的网关处加设一个网络分流器，截获并解析所有经过网关的数据流，得到相关的网页信息。使用语义分析技术，判断网页主题，从而有效地屏蔽无关信息。

（3）使用网络采集器获取网络信息。网络采集器又名网络爬虫、蜘蛛或网络机器人，是一种自动提取网页的程序。其工作原理是：从一个初始的 URLs 集

（种子 URLs 集）出发，从中获取一个 URL，下载该网页，然后抽取出其中的 URLs 链接，并将新的 URL 存入 URLs 队列。然后从 URLs 集中取出一个 URL，重复上述过程，直到网络采集器达到停止标准。对 URLs 队列进行过滤处理，剔除无效链接和重复链接，并按要求对链接分类、下载和存储网页内容。

到目前为止，国内外对网络采集器做了大量的研究，也取得了不少的成果，其中根据使用对象和方法可以分为基于整个 Web 的信息采集、面向主题的 Web 信息采集、增量式 Web 信息采集和分布式 Web 信息采集等。

美国 Stanford 大学开发完成的 Google Crawler 是一个基于整个 Web 信息环境的分布式采集器。Google 设计了一个 URL 服务器为并行的多个采集器维护其 URL 队列，每个采集器单独运行在一台机器上，采用单线程异步 I/O 方式，一次维持 300 个连接并行爬行。同时 Google Crawler 将待采的 URL 根据其所在站点服务器 IP 地址进行哈希函数计算以后，放入设计好的 500 个待采集队列中。那么同一站点服务器的所有 URL 将被分配到同一个队列中，所以当采集器按一定的顺序从每个队列的队首读出一个 URL 时，从同一站点服务器读出的两个 URL 之间至少隔 499 个其他地址的 URL。这样可以有效避免对目标服务器的集中访问所导致的负载过大或速度过慢等问题。

Internet Archive 使用异步 I/O 技术并行采集模式，定期收录并永久保存全球网站上可以抓取的信息。其设计如下，每个采集器被分配 64 个站点，每个站点的所有页面都被分配给同一个采集器。在提取链接时，如果提取出的链接仍属于这个采集器，就将这个链接放入相应的待采集队列里，否则将它存在磁盘文件中，并周期性地将链接合并后按所属站点的链接存入相应的采集器的队列。

IBM 设计的信息采集器 Web Fountain 是一个典型的增量式系统。采集器在需要的时候仅对新产生的或者已经发生变化的页面进行采集，而对于没有改变的页面不再重新采集，与周期性信息采集相比，它具有采集量小、系统开销时间短等特点。

康柏系统研究中心研究开发了 Mercator WebCrawler，它采用 Java 的多线程同步方式实现并行处理，每个采集器可以同时启动数百个线程。Mercator 采用了模块化设计的思想，允许用户根据采集信息的需要，简单地增减模块以实现各种功能。

北大天网是我国高性能网络爬虫的先驱，其架构经历了从集中式向分布式的转变，可以承担 10 亿级的网页爬取，其基于站点的两阶段哈希机制有效解决了搜索过程中采集器动态加入和退出的问题。同时该系统加入了很多优化策略如 DNS 缓冲（避免频繁地查询 DNS 服务器而造成类似于拒绝服务攻击的副作用）、IP 范围控制等提升爬行器运行效率。

除此之外，网络中还存在许多使用各种编程语言开发的开源 Web 爬虫项目，例如 Heritrix、WebLech URL Spider、Nutch、WebSPHINX 等使用 Java 编写；Py-Solitaire、SpiderPy 等采用 Python 编写；还有一些开源爬虫项目使用 PHP、XML、Perl 等语言编写。而每个爬虫项目都具有各自不同的特点，方便用户根据系统要求学习使用。

尽管现在网络中开源爬虫项目如此众多，但是并不完全符合面向网络舆论风险监测系统的需要，所以在设计网络采集器时应考虑如下几个方面。

（1）分布式，它是利用网络中闲置的计算能力解决大型计算问题的一门学科。今天互联网中规模庞大的数据已经不是集中式架构网络采集器能够完成的，因此网络采集器要使用分布式设计，它的各个模块可以分别运行于多台计算机，各计算机之间相互交互，有效利用共享资源和平衡负载。

（2）多线程是通过同步运行多个任务来提高资源利用率以达到提升系统效率的一种方法。面向网络舆论风险监测系统要求单位时间内快速更新、处理信息，因此网络采集器在爬取网页链接或下载网页内容等操作过程中使用多线程技术可以有效地加快采集速度和扩大采集范围。

（3）网络搜索策略，它是指采集器遍历链接所依照的顺序或方法，决定了采集器的工作效率。网页搜索策略可以大致分为深度优先、广度优先策略，深度优先策略主要是对一些链接的深入搜索，但可能导致搜索的局部陷入，无法大范围获取网页链接；而广度优先策略是对整个信息环境的遍历，有遍历范围广等优点。所以我们要根据需要，灵活选择搜索策略。同时不论采用什么策略，都应该具有一定的收敛性，我们采用的方法是将包含某些域名关键字作为所要遍历链接的评判标准，在遍历过程中，对链接进行检查，看是否包含关键字，若是则加入遍历队列，否则予以忽略。

（4）链接分类和无效链接剔除。网络采集器单位时间段会采集数量庞杂的链接，我们有时需要对链接进行绝对地址处理，自动排重，按地址或类型等特征对链接进行分类，剔除其中的广告链接、图片链接或页面已经被删除的无效链接等一系列工作，最后进行页面下载、存储和分析。

（5）页面下载。采集器遍历网络得到 URLs 队列，根据队列中的链接下载网页内容。同时下载过程中应注意以下两个方面：一是考虑信息的综合利用，需要收集网页 IP 等众多附加信息；二是下载过程中应该特别注意网页的编码方式，使用对应编码方式准确下载并存储网页信息。

（6）"文明"下载。为了不影响普通用户的访问，大多数的网站不允许某个用户在短时间内集中访问同一个主机的网页，否则该用户会被限制访问。因此需要采取类似于 Google Crawler 建立多个 URLs 队列或随机休眠等方法进行"文明"

下载。

（7）可定制性，面向网络舆论风险监测系统要求能够快速、全面地得到所需要的信息，所以我们面对纷繁复杂的网络，就要求采集器具有一定的可定制性，可以支持多种方式及多个方面的采集要求。

信息采集技术主要解决的是网络数据的收集问题，这包含数据的覆盖率、信息抽取的准确性、新信息发现的及时性等方面的问题。在采集器技术的推动下，中文信息处理的能力会越来越大，精确度会越来越高，同时也会更加智能化，网络舆论监测也会更有效果。

（二）信息抽取技术

信息抽取是一种文本处理技术，其目的在于是从文本中抽取出特定的事实信息。比如，从网络论坛的某个帖子中抽取出以下详细信息：标题、来源、发帖者、发帖时间、正文、回贴、帖子的浏览数、点击量等。

信息抽取帮助人们方便地找到所需信息，信息的内容经过分析和组织，可以进行后续信息处理。网络舆论风险监测技术平台每天从新闻门户、博客、论坛上下载大量的信息，这些信息经过信息抽取，结构化地存储为网络信息监测信息库中的元数据，以满足后续多维度的舆论信息挖掘和理解的需求。

信息抽取处理的对象从广义上说，除电子文本外，还可以是声音、视频、图像等数据。电子文本又主要可以分为自由文本、结构化文本和半结构化文本三种主要类别。网络舆论监测的主要对象是 Web 网页，大部分网页是有一定格式的（如 HTML 格式），并具有丰富的标记信息，如标题、正文、相关链接、时间等；但网页内容往往又是动态的、千差万别的，没有固定的结构，因此，网页主要是一种半结构化的文本信息。本课题组的研究主要关注 Web 网页信息抽取，它对应着半结构化的文本信息抽取技术。

从 20 世纪 80 年代末开始，信息抽取研究蓬勃开展起来，其中标志性会议包括由美国国防高级研究计划委员会资助的 MUC 系列会议和由美国国家标准技术研究所组织的自动内容抽取评测会议 ACE。随着互联网的繁荣发展，信息抽取研究逐渐转移到基于 Web 的信息抽取上，其中最知名的项目是卡耐基－梅隆大学提出的"Web 挖掘"项目。该项目能自动地抽取 Web 中的关键信息来构建数据库。[①]

本课题组已提出了一种网页噪音自动过滤和基于 DOM 树解析的网页内容提取方法。该方法根据 Web 页面的特征，从分析其结构的角度入手，去除网页中

---

① 周盛强：《半结构化 Web 信息抽取研究》，哈尔滨工程大学硕士论文，2009 年 2 月，第 2 页。

的 Tag 标签、广告、版权信息，并有效地剔除与网页主题无关的内容，保留网页正文及相关信息。本课题组还提出了一种从大量的文本集合中自动抽取命名实体间关系的方法，找出出现在同一句子内词语之间的距离在一定范围之内的命名实体对，把它们的上下文转化成向量，手工选取少量具有抽取关系的命名实体对，把它们作为初始关系的种子集合，通过自学习使得关系种子集合不断扩展。通过计算命名实体对和关系种子之间的上下文相似度来得到所要抽取的命名实体对。通过扩展关系种子集合的方法，信息抽取的召回率和准确率都得到了提高。

（三）自动分词技术

自动分词技术是中文信息处理的基础，也是分析网络舆论的关键支撑技术之一。目前主流的分词方法有以下几种。

1. 基于词典的分词方法

这种方法亦称为基于字符串匹配的分词方法、机械分词法。其原理是按照某种策略将待分的汉字串与事先准备好的词典进行匹配。按照策略的不同，主要有最大匹配法、逆向最大匹配法、双向匹配法、逐词匹配法、部件词典法、词频统计法、切分标志法、正向最佳匹配法、逆向最佳匹配法、联想匹配法等。以下分别介绍几种常用的方法。

最大匹配法（Maximum Matching Method，MM 法），其基本思想是设定一最大长度 max。每次从左至右取 max 个字与后备词库进行匹配。若识词成功，则切词且继续往后读取 max 个字，循环此过程直到末尾。否则串长逐次减一直至匹配成功。MM 法思想简单，易于实现，且时间空间复杂度均很低。但其参数 max 不易确定，词库不易完善，算法查准率不高。

逆向最大匹配法（Reverse Maximum Matching Method，RMM 法），其基本思想与最大匹配法思想一样，但是从右至左扫描词串进行匹配。实践证明，RMM 法的切分精度略高于 MM 法，且出现的歧义问题较少。

双向匹配法，是将 MM 法与 RMM 法有效结合起来的方法。实践表明，双向匹配法的切分精度略高于前两者，但其所耗时间却提高了一倍，且其参数设置问题仍然存在。

最少切分法，则是每次均选择最小长度的匹配词进行切分，直到词串末尾。这种方法思想较片面，切分精度仍然达不到实际要求。

全二分最大匹配法，它是一种基于 Hash 表的快速分词法。其采用二分法进行匹配分词，并且可以记忆每次操作，大大减少了迭代过程，切分精度也大大提高。

切分标志法，基本思想是首先在待分析的词串中识别出带有明显特征的词，且视这些词作为新的断点，将原词串切分成多个新子串，然后再以同样的策略分析子串直至结束。此种策略在切分精度上有较大的改善。

2. 基于统计的分词方法

这种方法也称无词典分词方法、最大概率分词法。它是将词视为一个稳定的组合，根据事先统计的情况得出各个字之间组成词的概率，概率越高则越有可能是一个词。目前常用的统计分词法有以下几种。

互信息的概率统计法：互信息是度量两个不同字符串间相关性的统计数值，互信息的取值反映了字符串间的紧密程度。

N - Gram 模型算法：其思想是采用一定的数值来表示字间的结合程度，该方法的原理是找出所有可能的切分情况，将其中概率最大的作为分词结果。

组合度的决策分词算法：该方法根据组合度的计算公式来判别待组合词是否为一个词组。显然数值越高则越有可能是一个词组。

基于统计的分词方法的优点在于它是从大量有效的实例中进行归纳总结，较客观地分析语言间的内在关联信息，将其加以运用建立分词模型，且它可以自动排歧、识别新词等，避免了基于词典的分词方法的弊端。但统计分词法有其自身的局限性，对常用词的识别精度没有基于词典的分词方法高。可采取两种方法相结合的方式，充分发挥两者的优势。

3. 基于规则的分词方法

这种方法也称为基于理解的方法，其基本思想是在分词的同时进行句法分析、语义分析，利用得到的句法语义等信息来辅助分词过程，一般可在歧义消解时起到很大的作用。

实际上这也是一种计算机模拟人思维的分词方案。此种分词模型包含三个部分，分词子系统，句法语义分析子系统，总控系统。在总控系统的协调下，分词子系统与句法语义分析子系统共同完成分词过程。基于规则的分词方法需要大量的语言知识信息支持。

4. 基于人工智能的分词方法

这种方法也称为理解分词法，是一种对信息进行智能化处理的模式。目前基于人工智能的分词方法主要分为以下两种。

基于心理学的方法，也称为专家系统分词法。其基本思想是从模拟人脑功能出发，将分词看做是知识推导过程，构建神经推导网络，将分词过程中所需要的各种信息抽取出来，经过符号转换，从而进行解释性处理。该方法的优点在于知识信息库易于维护和管理，但没有自主学习的能力，从而对外界信息不够灵敏。

基于生理学的方法，也称为神经网络分词法。不同于上一种方法，它旨在模仿人脑神经网络的过程来实现分词。其基本思想是建立一种神经网络模型，将分词过程中需要的各种信息导入模型内部，然后通过学习和训练来提高它的可用性，以进行较高效率的分词过程。神经网络分词法弥补了专家系统分词法的不足，具有自组织、自学习的功能，对外界信息灵敏，反应迅速。但它对自有的语言知识库维护困难，模型建立较难，且所需训练时间较长。

基于人工智能的方法在理论上是理想的分词方法，但该方法在实现上有很大的困难，所以目前还是处于起步探索阶段。

众所周知，衡量一个分词算法的优劣指标在于速度与准确率，其中，准确率尤为重要。虽然到目前为止有了众多的分词方法，但由于中文自身的特殊性，使得影响中文分词准确率的并不在于词条的匹配，而是在于歧义的消解以及未登录词的识别。

中文自动分词是指计算机将汉字序列单纯切分成词的过程。但正是由于汉语本身的多义性、复杂性，使得切分歧义现象成为中文分词中不可避免的现象。目前较为常见的消歧义方法有以下几类：基于词典的消歧方法、基于规则的消歧方法、基于语料库的消歧方法、基于知识库的消歧方法。

未登录词即后来出现的、没有收录至词典的新词，它也是直接影响中文分词准确率的因素。目前较多采用的解决方法有三种：规则方法，即使用"特征用字"、"限制性成分"两种信息进行未登录词的识别；统计方法，即针对各种类别的未登录词语料库来进行训练，从而得出某个字作为某一类未登录词组成部分的概率，并且用得到的数值来计算某个字段作为未登录词的概率。这种方法一般设定一阈值，当其概率大于此阈值则该字段识别为未登录词；规则和统计相结合的方法，这种方式结合了两种方法的优点，既通过规则的使用来降低统计方法对语料库的依赖性，又通过概率计算来减少规则方法的复杂性。

（四）术语抽取技术

术语抽取旨在从文本中抽取具有特定意义的完整字串。这里，术语表示由两个或两个以上的字组成的具有一定语法关系，并且有确定意思的语言单元。如"全球卫星定位系统"，这就是一个术语，它由"全球"、"卫星"、"定位"、"系统"这四个词复合而成。

到目前为止，术语抽取的主流技术大致可以分为三类。统计学方法，其基本思想是根据某种策略来统计出各个词语搭配在语料中出现的次数，进而分析出该词在语料库中的领域特性，识别策略主要用到参数频率、假设检验（T检验、卡方检验）、似然比（LR）、相对比（RFR）、互信息等；语言学方法，其基本思想是研究术语的上下文关系和术语的内部组成结构，这里我们分别称为术语的外部信息和内部信息；统计学和语言学相结合的方法，统计学方法与语言学方法各有优缺点，在实际使用中，往往将这两种方法相结合，取长补短。

近年来大部分的研究工作结合了统计学和语言学的方法。术语抽取工作通常分两步进行，第一要获得候选术语，也就是我们认为是术语的字串。第二对这些字串进行筛选，过滤掉其中的杂质。前者可以使用统计学的方法得到，后者可以使用语言学方法得到。

由于中文本身的特殊性，西方较成熟的术语抽取方法很难完全高效地应用于中文。近年来国内也在中文术语抽取方面做了不少研究工作。2003年，王强军等提出了术语领域性特点，采用"领域相减"的术语提取方法，根据术语在不同领域内的流通程度不同这一理论来提取术语，阐述了术语与特定领域的紧密关系。刘建舟使用纯统计学方法基于 Web 网络对新词识别进行了研究，算法思想是从语料库中抽取待扩展的二字串种子，然后在种子的基础上进行扩展以抽取多字词。2004年山西大学白妙青、郑家恒通过对真实文本的统计分析，并结合统计模型，抽取出所选语料中的动词搭配。2005年北京语言大学邢红兵分析了术语常用字和术语专用字以及术语在信息技术领域中的使用情况。国内外学者对命名实体的识别也做了大量的工作，如对人名、地名的识别等。这些都属于中文术语抽取的研究范畴，为中文术语抽取的发展打下了坚实的基础。目前，面向开放语料的中文术语抽取技术开始被广泛地研究。

本课题组根据中文术语的结构特点，总结了术语在统计学和语言学上所呈现的特性，并提出基于质子串分解的中文术语抽取模型。我们借鉴 C-value 参数并结合点互信息原理，构造了一个新的术语度量参数 F – MI，用来度量一个串是术语的可能性。该参数以字符串分解为基础，将 C-value 参数对术语单元性的描述和点互信息对术语内部联合强度的描述进行了综合。

（五）主题分析技术

主题分析技术又称主题检测与跟踪（Topic Detection and Tracking，TDT），是一种针对新闻报道流的信息处理技术，主要研究报道信息主题的自动识别技术、已识别主题的锁定技术以及针对突发性新闻主题的收集、跟踪技术等。主题分析技术对从网络中持续得到的文本流进行实时处理，及时得到新闻事件，并对新发现的事件进行监视，将所有事件分成不同的组以进一步讨论是否属于新主题。

伴随着如今飞速膨胀的网络信息，主题分析技术的研究发展成为信息处理领域的热点。它研究对网络舆论中新主题的自动识别以及已知主题的持续跟踪，实现按主题组织各种事件及其相应的报道，用户可以通过浏览关于主题的信息，从而了解主题的整个发展历程。其目的一方面可以使人们能快速了解某段时间内的社会聚焦的事件；另一方面，可以及时地发现网络上的各种舆情信息，为相关部门正确及时提出应对策略提供数据支持等。

主题检测与跟踪的任务及评测体系是美国国防高级研究计划署 1996 年提出并开始研究的，研究的最初目的是开发出一种能对新闻报道流中主题进行自动发现的新技术，后来伴随着主题发现与跟踪的一系列国际评测会议的召开大大推进了这一研究的进行。TDT 是一项综合的技术，其评测会议把主题检测与跟踪分成了五个子任务。

（1）报道的切分（Story Segmentation）：找出所有的报道边界，把输入的源数据流分割成各个独立的报道。

（2）主题检测（Topic Detection）：发现以前未知的新主题。

（3）新事件的检测（New Event Detection）：在数据流中检测或发现首次讨论某个主题的报道。与主题检测本质相同，区别只在于结果输出的形式不同。

（4）关联检测（Link Detection）：判断两则报道是否讨论的是同一个主题。

（5）主题跟踪（Topic Tracking）：给出某主题的一则或多则报道，把后输入进来的相关报道和该主题联系起来。它实际上包括两步，首先给出一组样本报道，训练得到主题模型，然后在后续报道中找出所有讨论目标主题的报道。

国外关于 TDT 及其应用的研究开展得较早，技术也相对比较成熟。1999 年 F. Walls 等，2000 年 T. Leek 等就提出了一些比较好的算法；Bruno Pouliquen 等选择了利用对数似然检验来计算词条的权重，用以处理不同语种、不同大小、不同来源的文档；IBM 公司在这方面也开展了研究，利用对称的 Okapi 公式来计算两篇报道的相似性，并开发了一种基于两层聚类策略的主题发现系统。在此期间，很多比较成功的商业服务系统也出现在互联网上。例如 2001 年密西根大学研制的 NewsInEssence 系统，该系统利用摘要生成器 MEAD 生成摘要，并且利用基于质心的方法对句子进行排序。另外，2002 年哥伦比亚大学开发的新闻推荐系统 Newsblaster，它将 TDT 和 DUC（Document Understanding Conference）相结合，内容包括主题发现部分和摘要生成部分。在应用较广的商业方面，搜索引擎巨头 Google 推出的 Google News 实时监测全球 4500 个新闻站点，将所有的新闻报道按照其相似程度进行聚合，并依照用户的兴趣爱好主动将用户关注的热点事件及其所有相关报道所组成的文档集合推荐给用户。

与国外相比，国内的相关研究更侧重于基于 TDT 本身的特点。贾自艳在国内较早将命名实体融入 TDT 系统进行研究，其将文本内的特征标记为人名、地名和主题信息等类别，并预先指定每种特征类别的价值系数，特征的最终权重为词频和其所属类别价值系数的乘积。骆卫华和张阔尝试研究建立层次化主题模型，前者首先将报道基于时序关系分组，然后组内进行自底向上的层次聚类，最后按时间顺序采用单路径聚类策略合并相关类；后者则是面向报道全集建立层次化的索引树，树中第一层的根节点对应特定主题，而其子树则描述了对应该主题的层次体系，其树的建立过程是基于输入的报道相对于树中各层次节点是否为新事件而进行组织。上述两种策略不仅改进了检测性，同时对于系统效率也有所提高，但在如何基于层次关系描述主题语义及其发展趋势方面的研究仍需要更深入的探索。

本课题在主题检测和主题跟踪方面已开展了一些研究，由于 TDT 评测采用的是小规模、静态的语料，而我们研究的是基于互联网的海量的新闻流的事件发现，故提出了基于两层聚类的事件发现算法。第一层，利用凝聚聚类算法对每天的语料进行聚类得到每天的微类；第二层，采用 Single-pass 聚类算法对用户选择的某一段时间内的所有天的微类，按其时间顺序进行聚类，得到事件列表。在热点事件判别上，利用事件热度计算公式，并结合事件的发展曲线图过滤不符合热点事件发展规律的事件，得到候选热点事件列表。

（六）文本分类技术

面对海量的不断递增的网络文本信息，对于一篇未知类别的文本，如何进行快速准确的类别判断是网络舆论风险监测以及预警机制的重要问题。为了把握住网络信息的实时性以及它不断变化发展的特点，人工进行文本分类决策已经很难满足要求，为了解决好这一问题，人们研究利用机器自动地进行文本分类决策。

目前文本分类方法主要分为以下三大类：

第一类是基于规则的方法，比如关键词、关联规则等。这种方法分类速度快，在规则选用得当的情况下分类精度良好，但是它的缺点也很明显，即词表和规则的制定很难满足日益变化的网络文本信息特征。

第二类是基于统计模型的方法，比如中心向量法、朴素贝叶斯分类算法、最大熵算法、支持向量机（SVM）等。这种方法是基于统计学特征的方法，它利用机器学习的方法去表示文本信息，并且利用一些数学模型比如向量空间模型、概率模型去计算文本之间的相似度，通过相似度的大小对文本进行类别判断。这类的方法是传统的分类模型中最常用的，分类准确性较好，但是也存在着不足，即分类的精度受到训练语料选取好坏的影响。

第三类是基于知识库的方法。知识库的来源一般有两种，人工构建的知识库（HowNet 等）和真实语料知识库（维基百科等）。基于知识库的方法主要思想是对文本表示方法进行改进，基于知识库对文本信息进行扩展，从而提高分类精度。这类方法是目前研究的热点，并且已经有一些的研究成果说明该方法的分类精度确实要高于前两类。

　　我国的自动分类工作始于 20 世纪 80 年代初期，我国早期的分类方法主要是结合主题词表进行分类决策，也就是我们之前提到过的基于规则的分类方法，比如新叶明在《基于〈中图法〉的中文文献自动分类》一文中提出了适应于中文文献自动分类的自动分词算法，该算法通过建立词表，以《中图法》作为分类标准，对中文文献实现了自动分类。苏新宁等在《档案自动分类算法研究》一文中提出了采用聚类加权、判别归类以及责任者认定等多种手段构建词典进行自动分类。王成坤等在《中文文献自动分类研究》一文中提出大多数的文献主题相关度与其包含的关键词相关度密切相关，并且同类文献的大部分关键词比较接近，因此作者提出了对每一类专业文献构建关键词词典进行文本的自动分类。

　　随着研究的不断推进，人们后来将统计学的方法运用到文本分类这一领域并取得了很不错的分类效果，比如吴军等在《汉语语料的自动分类》一文中，提出了综合考虑文本的字频、词频以及词的常用搭配频率这些统计信息，并将其进行单位化表示，用它们的内积的平方来衡量它们的相似程度，依赖这个相似程度进行分类。蒋宗礼等在《文本分类中基于词条聚合的特征抽取》一文中，针对原始特征空间的高维性和稀疏性给分类算法带来"维度灾难"的问题，提出了一种基于词条聚合的特征抽取方法，并根据聚合的特征的特点，提出了一种新的权重计算方法，最后利用决策树算法进行分类。张宇等在《基于改进贝叶斯模型的问题分类》文中，针对问题分类的特殊之处，结合文本分类的思想，首先把所有的问题分为人物、地点、数字、时间、实体、描述、未知 7 大类，这 7 大类细分为 65 小类。然后对问题句运用 TF/IDF 方法进行特征词抽取，最后通过改进的贝叶斯模型计算问题句和问题集的相似度。

　　目前国内文本分类研究的热点也是依赖于知识库的方法对文本信息进行扩展并分类，孙宏刚等在《基于 HowNet 的 VSM 模型扩展在文本分类中的应用研究》提出了以 HowNet 语义词典作为依据对特征向量进行扩展，对高维和低维的特征向量采用不同的扩展策略。使得特征向量的维数差距缩小，从而改善分类效果。

　　目前在文本分类领域，本课题组的研究重点是基于维基百科构建知识库，对文本进行知识化表示，文本的信息以知识展现，知识之间存在着互相联系，通过这种联系的紧密程度进行知识选择对文本信息进行扩充，这种方法比以前所提出的基于概念库的方法更加精确，主要提高之处在于对概念之间的贡献度有一个量化的表示，扩充后的文本信息更加准确。

（七）文本聚类技术

　　文本聚类技术常常应用于文本挖掘中。聚类的目的是为了将相似度高的对象归为一类，不同类中的对象差别较大。在网络舆论分析研究中，也常常涉及从大量文本中挖掘、分析出舆论的主题与事件，这就需要用到文本聚类技术。

分类算法是有监督的学习过程，需要对其标注数据集合进行大量的机器学习和训练。聚类算法则是一个无指导的学习过程，它根据样本之间的距离在无监督条件下进行聚簇。目的是把一组对象区分成若干类别：相似样本同组、相异样本不同组。总而言之，聚类算法一方面不需要"老师"的指导，另一方面也不需要提供训练数据，因此被称为无监督性学习或自动性学习。

虽然聚类算法繁多，但其基本算法可以归结为层次聚类（hierarchical clustering）和非层次聚类（non-hierarchical clustering）两大类。

层次聚类中，每个节点都是其父类的一个类（根结点除外），这样聚类可以表现为树图的形式，其中树节点代表了初始的样本，树的内部节点代表了所聚的类，所有的子节点都是所聚类别中的元素。

非层次聚类中类别结构相对简单，通常类别之间的关系没有层级聚类清晰、明了，其优点在于高效率的算法结构。非层次聚类的方法主要包括：基于划分的方法、基于密度的算法、基于网格的方法和基于模型的方法。多数算法都有一个迭代过程：首先是初始聚类，然后通过不断地迭代、重新划分样本数据的种类。通常非层级聚类都假定了一个初始划分，然后通过多次迭代，每次迭代的目的都是将样本数据重新分配，但是不能无限制迭代，这样就需要定义迭代过程的停止函数，定义该函数是为了确保每次迭代过程都能达到改善聚类效果的目的，当其改善的幅度减缓到一定程度时就退出迭代。

聚类算法根据其方法不同，又可以将其分为"硬"聚类（hard clustering）和"软"聚类（soft clustering）。"硬"聚类是指每个样本只能归于一个聚类集合，"软"聚类是指一个样本能同时属于多个聚类集合，不再限于一个聚类集合，只是所属类别及其概率不同而已。通常我们用 $P(X_i | C_j)$ 表示样本对象 X_i 属于类别 C_j 的概率，例如某样本属于类别 A 的概率是 0.85，属于类别 B 的概率是 0.15，则样本最有可能属于类别 A。

经典的文本聚类算法如 K-means 算法是基于划分的原理，实现方法简单、算法效率较高，一般用来处理大规模样本数据，例如文本集合、语料库等。但它同时也存在着不足之处：对初始聚类中心的选取非常敏感，聚类结果容易局部最优化。

本课题已有研究包括综合考虑和分析了各种聚类方法的适用范围和特点，同时归纳总结出网络舆情话题发现中用到的聚类算法的一些特定要求，在舆情话题发现研究中采用增量多层聚类算法来自动识别话题。增量的目的是降低算法的复杂性，提高发现话题的效率。多层聚类是指根据需要进行两次聚类，初次聚类得到一些微类，获得子话题；二次聚类采用凝聚聚类合并相似子话题，为舆情发现提供话题来源。[①]

本课题组还提出一种基于混合并行遗传算法的文本聚类方法，该方法提高了文本聚类的精确度和全局优化能力。它首先将文本集合表示成向量空间模型，并在文本向量中随机选择初始聚类中心形成染色体，再结合 K-means 算法的高效性和并行遗传算法的全局优化性，再经过种群内的遗传、变异和种群间的并行优化、联姻，有效地避免了局部最优解的出现。

（八） 自动文摘技术

通过信息采集工具采集到的关于某一主题下的所有舆论信息量大，迫切需要一个能够解决人们快速浏览信息需求的技术，该技术不仅提供直接的文档信息，而且还对信息进行加工整理，提供包含这些内容的精练、全面的信息。

自动文摘技术可以将采集到的大量相关舆论信息浓缩为一个包含该主题下的全面内容，并且内容简练、组织良好、冗余低的摘要，以服务于快速浏览与检索、适应不同用户对信息的需求，从而提高用户获取和检索信息的效率、提高信息的使用率。

自动文摘技术的研究工作最早可以追溯到 20 世纪 80 年代，当时的研究主要是面向科技论文的摘要，而真正的面向开放域的多文档自动文摘研究是从 1997 年开始的。国际上多文档自动文摘研究主要是针对英文处理，代表性的系统包括：Newsblaster、Web In Essence、NeATS 等。国内，复旦大学开发了一个基于统计的文本自动综述系统；哈工大的王晓龙教授领导的课题组开发了基于概念文档主题聚类和逻辑回归模型的多文档文摘系统，刘挺、秦兵等也提出了多文档局部主题的判定与抽取技术等。目前在多文档自动文摘领域较有影响的大规模评测会议包括 TAC（Text Analyses Conference）、MSE（Multilingual Summarization Evaluation）以及 TSC（Text Summarization Challenge）等。[②]

TAC 的任务是支持自然语言处理（Natural Language Processing，NLP）的研究，为 NLP 方法学的大规模评估提供必要的基础设施。它的目的不是竞争，而是强调通过对结果的评估来推进技术发展水平。另外，其他一些大型的评测会议，例如 TREC、TDT 等也都涉及与多文档自动文摘，尤其是面向查询的多文档自动文摘有关的内容。

本课题组提出了利用复杂网络理论和技术生成多文档自动文摘的方法。提出使用复杂网络中的抱团发现方法（如 GN 算法）来聚类发现子主题，基于子主题

---

① 龚海军：《网络热点话题自动发现技术研究》，华中师范大学硕士论文，2008 年 5 月，第 25 页。
② 桂卓民：《基于事件的多文档自动文摘系统的研究》，北京邮电大学硕士论文，2010 年 5 月，第 3 页。

生成自动文摘的策略。首先要将段落集合构造成网络结构，网络上的每个节点对应于一个段落，加权边表示段落之间的语义关联性。通过不断去掉介数最大的边来实现对网络的分割。每次将网络分割成更小的子网后，都需要进行模块性分析，以确定何时停止对网络的分割操作。当停止网络分割时，每个子网称作一个抱团，将对应于一个潜在子主题，该抱团中所包含的段落均属于该子主题，最后生成文摘。

（九）全文检索技术

如今，网络舆论信息亦进入了一个"信息爆炸"的时代，面对这纷繁复杂、变幻莫测的信息海洋，如何更有效地表示、存储、组织和访问这些海量数据，防止网络中虚假、不健康、不理智的信息对社会公共安全可能产生的不良影响，已成为相关学科和监管部门所必须迎接的挑战。

全文检索技术是一种面向全文、提供全文的新型检索技术，具有包含信息的原始性、信息检索的彻底性、所用检索语言的自然性等特点。全文检索的一般过程是：首先按照一定的规则方式将全文信息组织和存储起来，形成索引数据库文件；当用户提交查询请求时，分析用户查询用意，对索引数据库文件进行查找，并把查找结果返回给用户。一般来说，全文检索系统主要包含两个核心的功能模块，一个是索引引擎，另一个是检索引擎。索引引擎模块负责构建和维护索引数据库文件，具有建立索引、增加删除索引、优化索引等功能。检索引擎模块则提供快速准确的检索机制，具有分析用户查询请求、查找索引文件、结果排序及返回等功能。一个完整的全文检索系统，除了包含核心功能模块外，还应具有数据信息获取模块、方便的用户接口等。全文检索系统的整体结构，如图5－7所示。

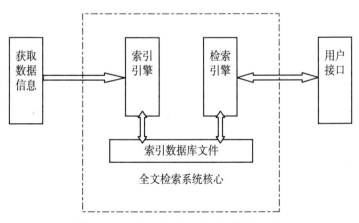

图5－7　全文检索系统的整体结构

索引引擎是一个全文检索系统实现的基础，选择不同的索引模型将会从时间复杂度、空间复杂度、查询完备性、查询方式等方面影响一个全文检索系统的性能。检索引擎作为全文检索系统的另外一个核心功能，它可以融合众多的自然语言处理技术，使得全文检索更智能高效。其中，仅用户查询分析模块就可以融入查询纠错、语义消歧、查询扩展等基础技术，而每种基础技术又有许多的方法来实现，如查询扩展又分为基于语义的查询扩展、基于语料库统计信息的查询扩展、基于相关反馈的查询扩展等。查找索引文件，取得返回结果的过程又可涉及多种检索模型，如布尔模型、向量空间模型、概率模型、语言模型、潜在语义模型等。每种模型都有其各自的优缺点，针对不同的检索需求，选择不同的检索模型也非常重要。结果排序模块是按特定的方法，对检索结果进行打分，尽可能地把与查询条件相关度高的信息返回给用户，最为有名的技术莫过于 Google 的 PageRank 机制。

我们课题组在全文检索技术研究中也开展了相关研究工作，通过考察已有的查询扩展技术在中文信息检索中的有效性，提出了一种基于相关术语群的查询扩展技术，还提出了多种词义消歧算法，包括基于带词义标注语料库的多分类器决策词义消歧方法、基于义类的无导词义消歧方法和基于指示词的词义消歧方法等。此外，我们还提出了基于 Wikipedia 的语义知识平滑方法以改善传统语言模型的检索效果。

（十）舆论的倾向性分析技术

网络舆论的倾向性分析技术是一种挖掘作者个人（或群体、组织等）对网络舆论中的主题、事件等的态度及意见的技术。由于网络舆论本身具有传播的动态性及不确定性，因此针对舆论的倾向性分析技术需要从多方面出发，挖掘出网络舆论的参与主体（意见的持有者）和舆论评价的客体（评价对象），并判断出舆论的发起者对评价对象的态度和立场。

目前，国内外面向网络舆论的倾向性分析技术的研究重点主要集中在评价对象的抽取、意见持有者的挖掘、文本多颗粒度（词汇、句子、篇章）的倾向性识别等方面上。这些技术主要是采用数据挖掘和语义分析的方法，即利用数据挖掘的技术挖掘出舆论主体和评价对象，再利用语义分析或者统计的方法分析出舆论的情感倾向，然后将两者关联起来得到评价对象及其倾向性指标。

近年来，陆续出现了一些利用语义倾向分析技术开发的商业智能系统，例如，NEC 公司的 Kusha 等人所开发的 ReviewSeer，通过对评论性文章的语义倾向分析，为商品的受欢迎程度进行打分评价，该评价结果是极具价值的商业信息；而商用产品信息反馈系统 Opinion Observer，利用网络上丰富的顾客评论资源，进行商品的市场反馈分析，为生产商和消费者提供了直观的针对商品各个特性的网络评价报告。

本课题组在对舆论的倾向性分析技术上采用了一种多特征多粒度的文本情感计算方法。首先确定一个主观性文本的特定领域，然后基于自然语言文本处理的相关方法来分析该领域中的评价主题、情感词特征等。最后通过主客观句分析技术来确定整个舆论文本的倾向性。

1. 情感词识别。情感词语的识别是舆论倾向性分析技术中的非常重要的部分。一般来讲，仅有少数词语带有强烈的褒贬极性，而大部分词语的极性不是特别的明显，并且往往会由于出现的场景、领域、描述的对象不同而具有不同的倾向性。

我们提出了一种自动识别情感词，并判断其褒贬极性的方法。该方法能找出特定领域中带有情感倾向性的词语并构成特定领域的情感词词典。此外，我们还对得到的情感词进行了极性强弱判别，包括绝对褒义词、绝对贬义词、相对褒义词、相对贬义词、两性词等。

2. 评价对象抽取。评价对象抽取的任务就是发现文本中的多个评论特征，通过对基本特征的发现，进而确定所需要的特征集合。目前的方法主要是基于情感词来实现的。首先确定情感词，然后作浅层句法分析，找到情感词描述的对象，即评价对象。本项目在已完成的实验的基础上，提出了通过依存关系判定并结合人工筛选的评价对象抽取方法来发现文本中所含有的多个对象，从而进行归类，得到若干个对象集。

3. 主客观句分析。在文本中，评论者会对某一对象做出客观的陈述，显然评述中可能带有情感词，但却并不属于评论者的主观观点。那么，如果从文本中区分出句子到底是主观的还是客观的就显得尤为重要了。主客观分析就是对文本中的句子进行一个简单的二类分类。分类的方法是先对建立标注语料库，然后使用常规的分类方法进行主客观判别。考虑到建立通用语料库的难度，可以针对某一特定领域来构建标注语料，然后再对特定领域文本进行主客观分析。

4. 情感倾向性分析。在获取了舆情文本之后，根据其文本的倾向性，每隔一段时间给事件进行舆情倾向打分，并在时间轴上表示出来。为了判定事件的倾向，需要处理该事件中的文本，即计算其中所包含词汇的褒贬程度。因此，对词汇的语义倾向计算是此类研究中的关键工作，也是本课题组的研究重点。

（十一）流行语识别与新词发现技术

流行语是指一段时间内，在互联网上广泛流传、迅速传播的词语。它具有较高社会关注度，能够反映社会焦点和热点，映透社会心理，是社会生活中热点事件的真实反映，是网络舆情的即时表现。流行语识别技术可用于识别网络信息中的流行语。面对网络舆情信息变化快、表达不规范的特点，网络流行语识别技术需要具备："即时、准确、客观"等特点。

流行语识别技术主要有以下三种方法。第一种是语言学的方法。该方法首先通过调查问卷或者网络评选的方法进行候选流行语评选，然后利用语言学权威专家的经验和语感对候选流行语进行评选，最后给出流行语评选结果。这种方法的局限性在于，工作量大，存在主观因素的干扰。第二种是统计学的方法。该方法利用互信息、卡方检验、隐马尔科夫统计模型等统计模型对语料中的字符串根据流行语的特征进行评分，然后对字符串排序，根据阈值获取流行语。该方法速度较快，但是由于网络语言的不规则性，这样获取的流行语中绝大部分不是词、不满足语法规则，而且如何选择流行语的特征，如何准确地用计算机能理解的方式表示流行语的特征也存在很大的困难。第三种是语言学和统计学相结合的方法。该方法首先利用统计学方法获取候选流行语，然后利用语言学的方法过滤掉由统计学方法所获得的不合语法规则、没有意义的词串，最后进行人工评估。该方法能够一定程度上避免了前述两种方法的不足。

本课题组提出了一种语言学和统计学相结合的流行语识别方法，该方法首先得到语料中所有可能出现的词串；然后利用语言学知识的规则文法，过滤掉不可能成为词语的字符串；利用垃圾串过滤规则过滤掉一些满足文法规则却存在断字并且上下文的前后字符密不可分的词串，如"高存款储备金"它是满足文法规则的，但是它的上下文是"提高存款储备金"，则应将其过滤掉，除此之外，还将那些满足文法结构却在搜索引擎中搜索结果为零的词串过滤掉，因为它们不可能具有流行的特点；最后利用 TF/IDF 过滤方法来过滤掉出现频率较低的、不具有流行特点的词串；接着根据流行语的特征，对剩下的词串进行流行语属性量化，在这里我们采用的流行语特征有：词语的常用度属性，它很好地描述词语的被关注程度，词语的关注度越高，则该词语越有可能成为流行词；词语的时间属性，它描述了该词语被关注的起止时间和终止时间，即该词语的流行周期；词语的变迁属性，它描述了一段时间内词语的被关注程度和活跃能力。根据量化值的阈值，进一步删除一些不可能成为流行语的词语，剩下一些活动能力强且能够达到稳定状态的词语。最后对这些剩下的词语进行流行语特征评分，根据评分排序，获取候选流行语。

随着新鲜事物的不断涌现，网络上不断出现新词语。目前新词还没有一个很确切的定义，但是可以从以下两个方面进行把握：（1）从词典参照的角度来说，新词语是以往词典中不存在的词条，或者已有词条出现了新的词性、词义和用法；（2）从时间参照的角度来说，新词是指某一个时间段以后首次出现的具有新词形、新语义或新语用的词汇。新词可以是新造的词语，可以是旧词新用，可以是方言、外来词、简略词、字母词等。由于新词语定义的模糊性、词语构成的复杂性及无规律性，新词语的识别有很大的困难。

新词的识别技术主要有两种：基于规则的方法和基于统计的方法。基于规则的方法就是根据语言学原理和知识制定一系列的规则，以处理分析中所遇到的各种语言现象。由于新词往往只是普通的名词、动词等，因而并没有构建更为丰富的规则信息，现有的研究主要是针对构词法进行规则的构建。基于统计的方法把新词发现看做一般模式识别中的分类问题，首先对新词进行特征抽取，然后利用所选用的机器学习方法对训练语料进行训练，最后利用训练好的机器学习模型对测试语料进行测试。在新词发现中选用的特征主要是一些基于语言学的特征，如独立词概率、成词概率、词频、语素生成率、互信息和熵等。机器学习的方法有很多，目前在新词发现中用得比较多的有支持向量机、条件随机场、最大熵等。基于统计的方法速度快，不受领域限制，比较容易实现，然而完全基于统计的方法效果不是很理想，因为它与具体语言之间是独立的。大多数新词发现研究中，都是把语言规则和统计特征结合在一起来进行。基于规则和统计相结合的识别策略是融合两种方法实现新词语的识别：首先以快速的统计方法为工具，自动获取特定领域中可能的新词语、新概念；再在此基础上通过一系列的规则进行过滤。这样既有统计方法的快速，又可保证所发现的新词的质量。

第六章

网络舆论风险与危机管理研究

随着网络媒体的迅速发展，网络舆论已成为强大的舆论力量，影响着社会生活的多个方面。网络舆论是基于互联网的发展而产生的一种人文与技术结合的文化，它的产生是与网络作为一种舆论载体日渐深入人们的生活相伴而生的，并对社会的总体文化产生巨大的影响。由于网络舆论的互动性、匿名性、兼容性、平等性、开放性、超越时空性等特征，互联网在为我们提供前所未有的便利与自由的同时，也潜藏着巨大的舆论风险，对社会既定的法律法规、道德规范带来了极大冲击，从而导致公共管理弱化，并极有可能演化为公共管理危机。因此，如何增强网络舆论的正面效应，削弱其负面影响，扬长避短、趋利避害，步入良性发展的快车道，是当前网络舆论风险与公共管理危机研究的重点所在。

第一节　网络舆论风险与公共危机管理的目标与原则

对网络舆论风险与公共危机的管理，既体现对网络舆论风险与公共危机的预防，也表明对其进行的控制，有目的的预防与控制是实现网络舆论与公共危机管理的第一步，因此首先要确立网络舆论风险与公共危机管理的目标和原则。目标清晰、原则明确，才能实现有效与高效的管理。同时，在目标层次清晰，细化各主体原则的基础上，才能进一步实现网络舆论风险与公共危机管理的组织体系建设和保障体系建设，实现多元化传播与交流、净化网络社会环境、促进我国互联网事业的发展和我国经济、文化事业的繁荣。

一、网络舆论风险与公共危机管理的目标

网络舆论的自主式传播对社会信息的沟通、公众舆论的形成、政府决策的完善、社会力量的整合确实也起到了巨大的作用，但由于网络的虚拟性和匿名性，使得网络舆论对政府的管理和人民的正常生活也产生了很大的副作用。因此，网络舆论作为一把双刃剑，带给我们巨大的正功能的同时，也潜藏着巨大的舆论风险，如果这些风险防范不成功，就会引发后果严重的网络舆论危机。这就需要及时进行危机管理，发挥网络舆论的正功能。为维护网络舆论的安全需要在制度、技术和道德建设三方面共同推进，达到化风险为安全的管理目标。

（一）制度目标

在网络舆论管理的过程中，制度目标是从宏观上确立的管理目标。主要依赖政府发挥其主导作用，政府要加快立法，建立健全网络舆论的法律法规，从制度上保证网络舆论管理有法可依，同时还要加强文化建设，为网民和网络管理人员创造良好的网络舆论环境。

1. 建立健全网络舆论的法律法规，形成规范有序的网络舆论环境

近些年来，我国政府为规范网络管理，颁布了一系列的法律法规，但现行的法律法规尚存在一些不完善之处，不能适应网络舆论安全的需要，使得网民可以在互联网上随意发表自己的看法而不受任何约束，严重威胁到社会的稳定和有序运行。这就需要政府部门在以下方面加强网络舆论安全的法律保护：完善健全的网络舆论安全保护法制，包括综合整理现有的法律资源、强化法律规范的韧性和明确网络舆论安全的法律责任；建立完备的网络舆论安全监管机制，包括设置统一的网络舆论安全监管机构和鼓励民间网络舆论安全监管机制的发展。通过上述方面健全网络舆论的法律法规，形成规范有序的网络舆论环境，在遵循社会主义法律法规的约束下，在依法治国的理念指导下，使网络舆论朝着健康的方向发展，成为公民发表积极意见和监督政府的平台，尽量减少甚至消除它的负面功能。

2. 加强网络文化建设与管理，营造良好网络环境

网络文化是建设社会主义先进文化和推动社会主义和谐社会建设的重要力量，但由于网络的虚拟性和匿名性，使得各种反动言论、淫秽与暴力等不良内容仍充斥其间，鱼目混杂，网络舆论暴力频繁出现。这些消极的网络文化严重地破

坏了网络环境的健康发展，将对国民经济的健康持续、又好又快的发展产生极为不利的影响。这就要求我们必须以积极的态度、创新的精神大力发展和传播健康向上的网络文化，切实把互联网建设好、利用好、管理好。为了保障国家政权与文化安全，必须采取有力措施手段，对网络舆论实施监管与监控，防止不良网络舆论对人们的误导，保证党和国家对人民群众思想观念的正确引导，保证社会主义文化及其价值观对干部和群众的正确引导与教育。在全社会营造网民文明上网，网站文明办网的和谐氛围。

（二）技术目标

网络舆论管理需要技术支撑，网络技术的提高包括两方面内容：一是要提高网络管理人员的业务素质；二是更新网络管理技术。这两方面是相辅相成的，网络技术的更新有助于网络管理人员业务素质的提高，网络管理人员业务素质的提高对网络技术的更新起促进作用，两者相互推动从根本上为网络舆论安全提供了技术保证。因此在技术层面要做到提升网络管理人员的业务素质和更新网络管理技术。

1. 提升网络管理人员业务素质

众所周知，网站是由网络技术人员进行管理的，因此网络管理人员的技术就显得尤为重要。为了确保网络舆论发挥正功能，迫切需要提高网络管理人员的业务素质，可以从如下方面着手：定期对网络管理人员进行技术培训，最重要的是网络监控技术的培训，帮助他们学习最新的计算机监控和管理技术；通过职业水平考试等形式来竞争上岗，以提高从业人员的素质；网站根据网络管理人员的技术水平来对他们进行奖励，从而激发他们改进技术的积极性和创造性等。网站通过采取这些措施提升网络管理人员的业务素质，阻止消极的网络舆论的传播，从源头上遏制网络舆论的负面影响。

2. 更新网络管理技术

随着科学技术的发展，我国的网络管理技术得到了很大的提高，但就目前来说，还存在一些不足之处有待改善，特别是网络技术监控方面的研究急切需要改进，针对网络技术监控可以加强网络舆论内容的过滤研究。网络内容过滤目标的实现，依赖于相关的网络监控技术和相应的多媒体内容识别技术。目前国内外有关网络内容过滤技术的研究可分为两个方向：（1）静态过滤技术，也就是基于网址的过滤技术，是将欲访问的地址与数据库中已经分类好的地址进行比较，包括黑名单和白名单。（2）动态过滤技术，即实时的检测网页中的内容，根据特定的规则进行判断，以确定相关的网页内容（文本、图片、视频等）是否不正当，其主要的研究焦点就是网络内容（特别是多媒体内容）的识别技术方面，识别网络舆论中危害国家安全和损害人民利益的信息，发现后马上去除。网络内容过滤技术的运用，可以大大地改善我国网络技术监控的现状，从根本上确保网络舆论安全。

（三）道德目标

在网络舆论的管理过程中，提高网民和网络管理人员的道德素质是灵魂。网民和网络管理人员的行为是在道德观的指导下进行的，正确的、积极的道德观有助于他们发布信息和参与网络舆论。因此，在道德目标层面要做到提高网络管理人员以及网民的社会责任感和法律道德意识。

1. 提高网络管理人员的社会责任感和法律道德意识

在网络的管理过程中，网络管理人员的素质高低对于网络舆论的安全具有至关重要的作用，拥有较高的社会责任感和法律意识的管理人员可以减少网络舆论的负面影响的产生，创造和谐的网络环境。首先，网络舆论安全是建设社会主义和谐社会的重要方面，网络管理人员应在《公民道德建设实施纲要》的"爱岗敬业、明礼诚信、办事公道、服务群众、奉献社会"二十字方针的指导下，认真贯彻方针，增强自身的社会责任感，明确自己的行为应不损害他人的利益，做一个对社会负责任的管理人员，努力使自身的素质向实施纲要的要求靠近。其次，政府应加强互联网管理的法律法规的制定和宣传，网络管理人员应遵循有关网络管理的法律法规，使自己的行为符合法律准则的要求，对威胁国家安全和人民利益的信息坚决予以清除，从源头上阻止负面舆论的传播，在做一个合格的社会公民的同时，力争做一个合格的网络管理人员。

2. 提高网民的社会责任感和法律道德意识

改革开放 30 多年来，我国人民的生活水平得到了很大的提高，网络随之走进了千家万户。伴随网络的普及，网民成为网络舆论的主体，是网络舆论的主要发布者和参与者。网民对网络舆论的发布和参与，为我国政府了解民情，完善政府决策以及公民对政府行为的监督发挥着重要的作用。但是由于网民的素质高低不同，导致了网络舆论存在一些风险。网络舆论存在的风险：一是谣言增多的倾向，二是谩骂与攻击的困境，三是网络色情问题，四是有被敌对势力利用的危险。[①] 所以，需要政府和社会部门加强对网民的引导，可以从如下方面提高网民的素质：首先，在依法治国的理念的指导下，政府应在全社会加大公民遵纪守法的宣传力度，使政府对网络舆论的管理有法可依和对网民在网络上发布的破坏社会稳定的网络舆论进行惩罚，同时使网民认识到遵纪守法的重要性，努力

---

① 李琼瑶：《网络舆论的现状及引导》，载《湖南行政学院学报》2006 年第 2 期，第 79～80 页。

使自己的行为符合法律的准则。其次，以德治国也是党和政府管理国家的一种重要手段和途径，政府加强网民的道德建设和社会主义核心价值体系建设，为网民树立正确的价值观提供参照标准。再次，网民自身也要努力学习科学文化知识，提高自己的素质，在党和政府依法治国和以德治国的理念下，用法律和道德来武装自己的头脑，树立正确的价值观和道德观，做到不发表不利于国家安全、社会稳定和人民幸福的网络舆论，为网络舆论的健康发展创造良好的道德环境。

二、网络舆论风险和公共危机管理的原则

网络舆论风险和公共危机管理涉及的管理主体有政府、网络平台和网民，在这三方的协同有效管理下，才能做到预防和降低风险，达到网络舆论风险与公共危机管理的目标。政府作为最重要的主体，用其自身的行政职能发挥在网络舆论风险和公共危机管理中的作用；网络作为网络舆论平台的提供者，用其自身的技术和信息为网络舆论风险的存在提供生存空间，同时又为平息和制止网络舆论的扩散做出努力；网民作为在网络平台上发表自己见解与意见的群体，用其自身的知识与道德理念为网络舆论的发起与发展推波助澜，同时也因其自身素质和缺乏自律性对网络舆论风险和公共危机的产生埋下隐患。因此，在网络舆论风险与公共危机管理中，政府的作为、网络平台的技术更新与网络管理人员的自律、网民积极表达个人意见并加强监督是这三方主体应该遵循的原则。

（一）政府管理原则

按照德国社会学家贝克的社会风险理论，现代社会已经进入风险社会，政府作为风险社会中承担风险的主要主体，有责任和义务为规避风险和预防风险作出表率。在风险无时不有，无时不在的社会，政府要做的不仅仅是在风险发生后的修补与建设，更要做到预防风险和建立社会风险预警机制。政府在政策制定中要制定完备的网络舆论风险制度，完善风险社会预警机制、建立社会预警组织机构、搭建社会预警机制的运行平台、完善社会预警指标体系，以此应对网络风险的发生和问题的解决。风险发生中的具体方案的制订和及时对信息的处理与作为是政府面对风险的首要表现。因此，在网络舆论风险和公共危机管理中政府要坚持以下原则：（1）保护公民合法权益；（2）及时发布信息正确引导舆论；（3）文化、信息、公安各部门权责明确。

1. 保护公民合法权益原则

网络舆论风险随着网络技术的进步与日益进入人们的日常生活而变得越来

越普遍，由于其后果直接影响到公民的发展权和名誉权等公民权利，所以政府有必要做到公民权利的保护原则。对严重侵犯公民权益的行为，要予以法律处罚。

2. 及时发布信息正确引导舆论原则

舆论的特性在于它的无限扩大性，好的可能会被说得更好而不好的则会被说得更不好，澄清真实信息是最好的方法，尤其是在网络社会，这种舆论方式的传播会更加迅速和立竿见影。政府要做到及时发布和更新信息，让民众了解危机事件发生和发展的过程，让民众知晓真实的信息，以此来引导正确的舆论导向。

3. 文化、信息、公安各部门权责明确原则

文化部门、信息部门和公安部门要明确自身的部门职责与义务。文化部门要做到在网络平台上传播主流文化，促进主流文化与非主流文化的共同发展与繁荣，营造安全网络文化环境；信息部门要做到及时发布信息，对民众的各种要求及时回应与反馈。另外，还要做到信息部门内部和其他部门保持信息沟通渠道的畅通；公安部门对于网络上出现威胁和有侵犯他人人格及人身攻击的语言与行为要采取行动以保护公民的合法权益和人身安全。

（二）网络管理原则

在网络舆论风险的产生过程中，网络是一个关键环节。网络为网民提供了便利的交流和发表意见的平台，同时也增加了网络舆论风险的发生。在这个虚拟社会中人们尽可以自由发表言论、发泄不满情绪，如果网络技术的支持力度弱化，网络管理人员的行业自律性差，网络舆论风险的系数将会升高。网络技术更新速度慢，没有及时消除侵犯公民和组织的不良信息，网络管理人员也因自身从业技术、法律道德意识和行业自律意识差，为网络舆论风险的滋生提供了适宜的土壤，这种风险的后果不仅给舆论对象带来伤害、破坏良性社会风气的形成、损害政府形象，而且有碍形成优化的网络环境来促进社会的和谐稳定发展。对此，网络舆论风险和公共危机的管理对网络也提出了很高的要求，体现在网络管理人员和网络技术两方面。

1. 网络管理人员自觉遵守行业规范原则

网络管理人员要做到遵守行业规范与法律规范，删除侵犯他人隐私，侮辱、诽谤、谩骂、亵渎他人的言论，保护公民的合法权益。另外，网络管理人员作为网络管理的安全卫士，更应该做到自身不会发布对他人合法权益有害的信息，这不仅是网络管理人员职业道德素质的体现也是作为公民的基本道德和社会公德的体现。

2. 网络技术更新原则

网络技术方面，要运用高超有效的网络技术系统对网民发布的信息进行有效地过滤与筛选，获取在法律和制度允许范围之内的信息。因此，网络技术的更新要求则体现在：要加强网络技术性控制，开发出智能型自动控制系统；加强对言论的检查监控，能够第一时间剔除不健康的信息及言论；成立相应的监测机构，建立完整的网络舆论监控体系。

当然，网络技术如何取得进步是当下最关键的问题，对于尖端计算机人才的培养是最重要的方法，另外我们也不排除引进国外的先进技术弥补国内计算机领域软件开发人才和力量的不足。网络管理人员也是不可忽视的重要方面，网络管理人员的知识和技术素养、职业道德素质、社会公德心和法制意识同样影响网络舆论的发生、发展导向。

（三）网民管理原则

网络为网民提供了一个自由发表个人意见和获取有效信息的平台，互动和谐的网络环境中网民是重要的互动方面。网络信息传递的快速性和影响范围的广阔性，使得网民一旦发布负面信息就会发生难以预测的后果，尤其是网络社会中的"群体极化"现象出现更能激发一部分网民在失去理性的情况下引发舆论风险。所谓"群体极化"，是指群体讨论往往会使群体成员的观点朝着某个极端的方向转移，而这个方向是他们一开始已经倾向的方向，在更多的情况下，这个方向是朝着激进冒险的一端。这严重影响了公民及其他组织的合法权益和网络环境的优化。另外，由于网民作为庞大的互联网上的一个个节点，且各个节点之间由于网络的传播速度快而使信息只需鼠标轻轻一点瞬间更扩散到网络社会中的每一个节点处，这种传播的速度和方式是惊人的，一旦其中一个网民发布负面信息，瞬间网络社会的网民人尽皆知，这无形中会将网络舆论风险的系数提高数倍。因此，网络舆论风险和公共危机管理对网民的要求体现在网民知情并发表意见的原则和网民自主监督原则。

1. 网民知情并发表意见原则

网络舆论风险和公共危机的管理中，在人们利用网络的高速和便捷性获取信息、发表自由言论，互动交流以及发挥监督作用的同时，网民也要保持理性，明确判断，促进良好网络环境的形成。对此，网民要做到：发表积极正面的观点，在理性和法律的指导之下发表自己的见解和意见，自觉维护网络环境，避免用污言秽语对他人和组织进行攻击与诽谤；利用网络的有效环境通过合法手段获取需要的信息，避免运用非法和侵犯他人隐私与名誉的方式获取信息；在理性正义和规范的约束下发表自己的意见和建议，避免"群体极化"现象的出现。

2. 网民自主监督原则

网民要发布能够促进社会良性发展和和谐稳定的信息，自觉遵守社会公德和公民道德规范，形成良好的舆论环境与氛围；对于危及自身合法权益和切身利益的事件，网民要运用法律武器予以保护，以使自身的合法权益不受侵害；对危及和阻碍社会稳定和和谐发展的集体行为以及对影响社会发展的政府不作为行为，网民都有监督的权利。

在网络舆论风险和公共危机管理的原则中，政府、网络和网民这三方主体各自在管理中发挥自身作用，在很大程度上为整个社会的发展和进步作出了重大贡献。但是，我们也应该看到，任何一个单一的主体在发挥其作用时的单薄性，尤其是在错综复杂的网络社会中，由于各个节点相互交织和网络语言的层出不穷性，单方管理网络舆论和公共危机显得势单力薄。所以我们主张政府、网络和网民的协同一致，这样，才能在网络舆论风险和公共危机管理中做到真正的预防风险、降低风险的发生率、减少风险的危害性，以及反思和建设具有高效管理性的社会预警机制，达到危机管理的目标，实现社会的稳步发展。因此，我们就需要有为的政府，尖端成熟的网络技术，技术娴熟、社会公德至上的网络管理人员，自律自制的网民，促进良好网络环境的形成，以此来推动中国互联网的进步与发展，为整个社会的进步与发展作出努力。

第二节 网络舆论风险与公共危机管理的组织体系建设

管理活动中的组织体系是实现管理目标的基础，要实现网络舆论风险与公共危机管理在制度、技术以及道德建设三个方面的目标，就必须要有一个规划良好的管理组织体系。由于网络舆论风险与公共危机管理有其自身的独特性，所以参与网络舆论风险与公共危机管理的主体应该是多元主体。各个主体依据其自身的职能及权限，参与到网络舆论风险与公共危机管理的组织体系中去，明确分工、协调联动，切实落实管理任务。

一、网络舆论风险与公共危机管理的独特性

著名学者乌尔里希·贝克曾经作出这样的判断：人类社会已进入"风险社会"。风险可分为"硬"风险和"软"风险。"硬"风险是一种实体性风险，像

战争、生态环境恶化、经济风险、自然灾害、公共卫生事件、贫富分化、利益冲突等方面的威胁和危险，都属于"硬"风险。而"软"风险则是一种弹性风险，往往由人和社会系统中的主观性因素造成，诸如社会认同、文化观念、社会舆论、信仰、意识形态等方面的威胁、危险，即属于"软"风险。"硬"风险比较显见，而"软"风险可能会隐蔽一些。因此，人们对"硬"风险往往比较敏感、重视，而对"软"风险可能会不大关注。实际上，在全球化与媒介化时代，"软"风险已经成为人类社会生产和发展的巨大威胁。[①]

舆论是社会的"皮肤"，如今的媒体高度发达，致使媒体发现风险、反映风险的机会空前增多，它对社会风险的感应往往最敏感。当前中国社会正处在一个改革、发展的关键时期，在这一时期，舆论易燃点增多，利益和价值、观念冲突加剧，舆论环境复杂、多变。近年来，突发性事件激增，特别是群体性事件多发，这些"硬"风险都有可能引发舆论风险。我们处在"硬"风险高发时期，同时也可能是舆论风险的易发、高发期。舆论风险作为一种次生性风险，如果没有得到重视，它可能会反过来引发、加剧实体性风险。舆论风险一方面与风险源有关，另一方面也与舆论场有关，在网络媒体和手机媒体高度发达的今天，信息传播的渠道更加多元化，使得风险传播具有更大的不可测性。在传统媒体时代，受众仅仅是一个被动的、有限的信息接受者，其信息接受和传播范围比较有限。而在网络媒体时代，传统意义上的传播格局已被彻底打破，信息主体就拥有了更多的信息选择，虚拟世界的舆论力量空前强大，这就更增加了风险传播的变数。[②] 与传统媒体舆论相比，网络舆论所具有的个性特征使得网络舆论风险更容易形成。

一旦风险进入公共领域，社会多元主体卷入对风险的感知和表达，并采取行动，风险就转化为危机了。[③] 舆论危机可理解为由于不利的或负面的舆论占领了舆论阵地的主导地位，从而使政府、企业或个人处于困难关头。这里根据危机责任主体不同，将舆论危机划分为政府、企业和个人的舆论危机，但无论是何种类型的危机，舆论危机的进一步蔓延都可以使得隐性的舆论压力转变成为真实生活中行为抗争的显性行为，甚至造成危机事件，威胁社会稳定，引起社会震荡，阻碍社会发展。舆论风险与社会危机之间的关系转化如图6－1所示：

---

①② 张涛甫：《风险社会中的环境污染问题及舆论风险》，载《西南民族大学学报（人文社科版）》2008 年第 4 期，第 97～101 页。

③ 复旦大学新闻文化网，《"张涛甫：作为一种'软'风险的舆论风险"》，http：//news. fudan. edu. cn/2009/1009/22444. html，2009 年 10 月 9 日。

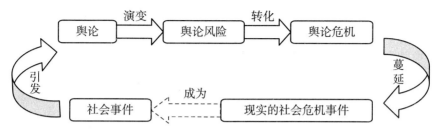

图 6 - 1　舆论风险与社会危机的关系转化

相比起普遍意义上的公共危机，网络舆论危机是公共危机的一种新的表现形式。

从潜在风险因素来看，网络舆论的参与性与交互性以及叛逆性使得涉及民族大义、伦理道德、公平正义以及群众切身利益等的任何大小社会事件都有可能成为引发网络舆论危机的导火线，而在网络媒体出现之前，传统媒体舆论危机的"燃点"远没有如此低。

从影响范围来看，公共事件危机大多影响事件本身所危害到的区域，具有一定的区域性，而互联网的信息串联机制可以使关于某个时点的负面舆论在短时间内传遍任何一个网络所能延伸到的地方。

从预知情况来看，网络舆论发展方向比其他传统媒介更难预测。传统媒介对舆论的影响主要由这一媒介本身的权威性所决定，而且一般都与政府之间有着或多或少的联系，因而可以在一定程度上对舆论的方向进行引导，网络舆论的难控性超越了权威机构对其的引导和控制，在网络的世界里，权力总是分散的，没有谁可以永远充当意见的领袖。

从危害形式上看，网络舆论危机一般牵涉道德、法律和政府公信力三个层次，其中尤以对政府公信力的威胁最为严重，"在遭到公共舆论强有力的反对时，任何政府都是脆弱的。"[①] 公众舆论不仅涉及政府形象，而且会导致合法性危机，甚至使政府丧失执政地位。

由此可见，对网络舆论风险进行有效的危机管理非常必要，网络舆论危机的独特性也决定了网络舆论风险与危机管理具有的独特性，与传统意义上的公共危机管理相比，参与网络舆论风险与危机管理的主体应更加多元化，其组织体系的构建应适应网络舆论危机形成发展的规律，具有更高的敏锐度和反应能力，危机的应对应以处理社会事件和舆论引导并重。

---

① 谢金林：《网络空间政府舆论危机及其治理原则》，载《社会科学》2008 年第 11 期，第 28 ~ 35 页。

二、网络舆论风险与公共危机管理的主体

如上文所述，网络舆论风险属于"软风险"，具有一定的隐蔽性，容易被忽视，网络舆论风险的责任主体是多元的，主要有政府、企业和个人。网络舆论风险的影响比一般风险影响范围广，具有一定的区域性，难以预测，并且其危害的层面比较深。因此针对网络舆论风险与公共危机管理的主体要多元化。本文试图借鉴一般公共危机管理的多元主体参与模式来说明网络舆论风险与公共危机管理的多元参与主体模式。

（一）多元主体参与网络舆论风险与公共危机管理的理论基础

公共危机管理多元参与是指在公共危机的预警、公共危机的处理、公共危机的善后等一系列危机管理过程中，打破了政府是公共危机管理的唯一合法力量的传统观念，提升其他参与主体的地位和功能，并使之合法化，实现由"一元"向"多元"的转变。由于公共危机爆发的突发性、破坏性等特征使得政府在处理公共危机时显得力不从心，并没有做到将公共危机带来的损失降低到最小的程度，同时耗费了大量的时间和行政成本。为此，政府智囊团和学者们在总结现实的基础上，提出了公共危机多元参与模式。王乐芝提出："非政府组织、新闻媒体、企业、人民群众作为管理主体而广泛参与到公共危机管理中来，是我国公共危机管理多元参与的网络治理模式的必由之路。"① 而网络舆论风险与一般的公共危机有许多相同之处，本文借鉴在这方面有较大影响的理论：治理理论、第三部门理论和协同学理论来分析说明针对网络舆论风险与公共危机管理的多元参与模式。

1. 治理理论

治理就是对合作网络的管理，指的是为了实现与增进公众利益，政府部门和非政府部门（私营部门、第三部门和公民个人）等众多公共行动主体彼此合作，在相互依存的环境中分享公共权力，共同管理公共事务的过程。② 治理理论认为，政府"垄断"一切公共事务是不切实际的，公共事物的管理权限和责任应当由社会各单元（包括政府、企业、社会组织、个人乃至国际社会等）共同拥有和承担，而非维持政府一力承担的传统局面。该理论还强调应根据公共事务的

---

① 王乐芝、柏琳木：《治理理论视角下中国公共危机管理主体多元化》，载《吉林广播电视大学学报》2007 年第 5 期，第 12～15 页。

② 陈振明：《公共管理学》，中国人民大学出版社 2003 年版，第 5 页。

性质来探讨公共事务治理的多样性，认为民主和参与是社会利益主体多元化发展的必然要求，在社会管理方式上就应当由集权向分权，由集中管理向由政府组织、市场组织、非营利组织和公民参与的多元治理转变。

2. 第三部门理论

第三部门理论认为，在政府与市场之外还存在着第三个领域，可称作"第三部门"，是指各种非政府组织、非营利组织、民间慈善组织、志愿者组织、社区组织以及公民自治组织等。它们不仅与政府和市场有着千丝万缕的联系，在公共和私人事务上都发挥着重要的作用，而且还具有政府和市场都无法具备的诸如贴近民众、行动灵活、专业性、创新性、广泛性等方面的自身优势，因而是政府和市场的有益补充。在公共事务的管理中，第三部门代表着政府和市场之外的力量，发挥着独特的功能，已逐步成为提供社会公共服务、维护社会稳定、促进社会资本积累、推动经济发展和推进民主政治进程的重要力量。

3. 协同学理论

协同学是由德国学者赫尔曼·哈肯于 20 世纪 70 年代创立的。哈肯认为："协同学是研究由不同性质的子系统所构成的大系统，从而寻找与子系统性质无关的支配着自组织的过程。"[1] 产生于自然科学领域的协同学为我国公共危机管理的研究提供了理论基础，也为人们认识和分析公共危机管理系统提供了有效的理论工具。传统的公共危机处理系统都是将政府作为唯一危机管理主体，忽视其他参与主体的作用与地位，而且我国传统的政府组织结构多数是属于"直线职能制"，使得各个部门之间通力合作、共同应对公共危机的阻力比较大。协同学认为系统内各子系统的力量之和大于整个系统的力量。公共危机协同处理旨在实现子系统间的协同效应，在公共危机处理中改善各子系统的地位和运作方式，使系统向控制有序的方向发展，形成一个公共危机协调处理模式。

（二）网络舆论风险与公共危机管理中不同主体的地位和作用

网络舆论危机管理多元主体应该不仅包括作为核心主体的政府（不同层级政府、同一层级政府的不同部门、不同行政区域政府），而且还包括非政府组织、直接参与公共生活的公民、新闻媒体、企业和国际组织。由于拥有的资源不同，它们在网络舆论危机管理中的地位和作用也不相同，如图 6-2 所示。

---

[1] ［德］赫尔曼·哈肯，凌复华译：《协同学——大自然构成的奥秘》，上海译文出版社 2005 年版，第 12 页。

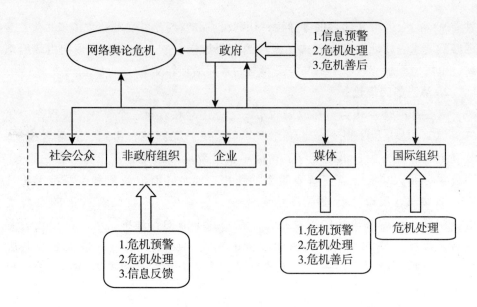

图 6 - 2　网络舆论风险与公共危机管理主体结构

1. 政府在网络舆论风险与公共危机管理中的地位和作用

政府在网络舆论危机管理中的角色定位因为政府的特殊地位，手中拥有着强大的组织协调和干预能力，以及它拥有的无与伦比的社会资源，使得政府在网络舆论危机处理过程中占据绝对的主体地位，发挥着主导作用。政府的主导作用主要体现在网络舆论危机管理的以下几个阶段：

（1）政府在网络舆论危机预警阶段的作用。在网络舆论危机管理的预防和筹备阶段，针对不同的网络舆论危机，政府所发挥的作用也是不同的：第一，针对政府舆论危机，政府应做到信息公开、透明，能够满足并维护公众的知情权，防止舆论危机发生；第二，针对非政府事件的舆论危机，使民众树立良好的预警意识和危机应对必要的技能，建立完备和准确的预警机制和危机管理机制。

（2）政府在网络舆论危机处理阶段的作用。在网络舆论危机处理阶段，需要建立危机管理的核心机构，与危机的日常管理机构合作，来确定科学高效的危机应对方案，将危机管理纳入到科学、规范、有序、有效的轨道上来。加强与社会公众、媒体、企业、非政府组织、国际组织等力量的沟通与合作，构建社会共治模式，集中全力应对危机，防止危机演变升级。

（3）政府在网络舆论危机恢复阶段的作用。在网络舆论危机善后阶段，政府应积极组织进行危机评估，对危机是否可以避免，政府对危机的处理是否妥当等进行反思。总结该次危机应对正反两方面的经验，对应对危机尚存缺陷的方面进行及时弥补和更新，担当好网络舆论危机管理中的主导角色。

2. 社会公众在网络舆论风险与公共危机管理中的地位和作用

据 2011 年 7 月 19 日中国互联网络信息中心发布的《第 28 次中国互联网络发展状况统计报告》显示，截至 2011 年 6 月底，中国网民规模达到 4.85 亿。[①]由此可见，网民已是社会公众的重要组成部分。所以，针对网民引发的网络舆论危机，没有社会公众的参加是不可想象的。只有社会公众重要组成部分——网民的言论走向正确道路，网络舆论危机才算得到了有效管理。因此，由网络舆论危机不同于其他一般危机的独特性可知，社会公众在网络舆论危机管理中起着终局性的、决定性的作用。

（1）公众是网络舆论危机防范和预警系统的重要组成部分。公众参与网络舆论危机防范和预警系统有其天然的优势：人数众多，覆盖社会各个层面，其中不乏各行业、各领域的专家学者，对于网络舆论危机防范和预警中的技术支持十分有利；公众更是网络舆论危机的直接作用对象，对网络舆论危机具有天然的敏感性，这对于便捷、迅速地发现危机的根源和苗头，从而呼吁并引起整个社会的重视具有重要意义。

（2）公众在网络舆论危机处理过程中发挥着无可替代的作用。公众既是危机信息的接收方，又是危机信息的传播方，如果公众在发表评论时能够理性、公正、客观、谨慎，做到不发布、不轻信、不传播没有正式消息来源的网络言论和可能侵犯他人合法权益的帖子，那么这无疑将是危机处理的巨大胜利。

（3）公众在网络危机后发挥的作用。公众是网络舆论危机的直接受害者，那么网络舆论危机管理评估重要的一个组成部分就是对公众在网络行为和心理方面的评估。鼓励公众积极参与到网络舆论危机管理评估的过程中，无疑对保证网络舆论危机管理评估的成效发挥着重要作用。

3. 企业在网络舆论风险与公共危机管理中的地位和作用

随着互联网的飞速发展，网络舆论在社会舆论形成和传播格局中发挥着越来越重要的作用。目前中国四大商业性门户网站——新浪、腾讯、搜狐、网易异军突起，开始全面涉足新闻传播，纷纷打出新闻牌，新浪、搜狐等门户网站更提出以新闻为其特色。另外，其提供的网上论坛、媒体言论、新闻跟帖等内容丰富、异彩纷呈，无不体现出其在网络舆论中发挥的作用。因此，在对网络舆论危机的管理中，企业必定发挥着其独特的作用。

（1）企业为网络舆论危机管理提供智力支持。作为专业的商业性门户网站，其自身有着丰富的具有较高知识和能力的网络人才，如网络管理人员，作为虚拟

[①] 中国互联网络信息中心：《第 28 次中国互联网络发展状况统计报告》，http：//www.cnnic.net.cn/index.htm，2011 年 7 月 19 日。

世界的"把关人",他们的责任意识、调控意识及方式方法直接影响网络舆论的导向。网络宣传人员一方面通过发布权威消息,消除恐慌和不实言论;另一方面又通过对网民关心的问题进行解答并与网民互动交流,对网民言论做出积极有效地回应,对消除舆论危机起着重要的作用。

(2)企业为网络舆论危机管理提供技术支持。商业性门户网站其本身作为网络舆论的主要平台,在对网络安全技术的研究、开发和推广过程中发挥着主要的作用。如目前主流的网络舆论管理办法:舆论监测技术、信息过滤技术、防火墙技术等,企业在其研究过程中发挥着不可估量的作用,加快了这些技术的开发和推广。不可忽视的是,这些技术在应用过程中尚存在弊端和缺陷,依然不能很好地应对网络舆论危机,因此,企业作为网络安全技术研发的主体,应该利用其自身的优势,加快技术研发,不断促进网络舆论管理技术的进步。

4. 非政府组织在网络舆论风险与公共危机管理中的地位和作用

非政府组织(Non-Government Organization)简称 NGO,亦称为民间组织、社会中介组织或"第三部门"等,它是与政府、营利组织相对应的社会组织,是社会成员之间基于共同志趣或爱好组成的社会组织,是联系组织各自的成员以及广大的社会成员,参与和支持社会公益事业的社会团体。它们主要致力于社会公益服务,其基本宗旨是满足社会民众的需要,致力于各种社会性问题的解决,比如开展互助、互益性生产、救济等公益性活动。它具有非政府性、非营利性、自治性、志愿性、公益性等基本特征。[①] 非政府组织参与网络舆论危机管理具有必然性和可能性。目前,公民社会的发展、治理理念的深入、网络舆论危机管理客体的复杂化、危机治理多元主体的参与为其提供了客观必然性;非政府组织的民间性、专业性、灵活性、社会性等专业技术、组织机制上的特有优势为其提供了主观可能性。非政府组织已是网络舆论危机管理过程中不可忽视的生力军,已成为当前学者们的共识,并且在实践中也得到了充分的证明,非政府组织在提供自治机制和专业技术方面有着极大的优势,在网络舆论危机管理领域发挥着越来越重要的作用。

(1)非政府组织在危机预警阶段的作用。危机预警是危机管理的第一步,主要作用是监测危机的存在,为防范危机提供准备和依据。在危机预警阶段,非政府组织的主要作用有:①通过新闻媒介、文艺演出等多种形式广泛开展宣传、教育、增强广大民众的危机意识;②利用其上接政府,下连基层群众的中介地位,在危机潜伏时期,一方面通过广泛的社会触角和群众基础收集大量的信息,

---

① [美]莱斯特·M·萨拉蒙,贾西津、魏玉译:《全球公民社会——非营利部门世界》,中国社会出版社 2003 年版,第 18 页。

及早发现危机的苗头和根源，为危机预警提供及时信息；另一方面在第一时间向政府提出政策建议和应对措施；③运用自身技术优势监测、收集各种危机前信息，并进行分析、加工和做出科学判断，据此向政府和公众提出预警。引发危机的原因多种多样，政府职能范围有限，具有专业技术优势的非政府组织应担负起对相应危机监测、预警的责任。特别是非政府组织中大量的科研机构和一些专业协会，在其发展领域和活动范围中有极强的敏感性并熟知业务，完全有能力实现检测、预警功能。

（2）非政府组织在危机处理阶段的作用。危机管理阶段是公共危机管理的核心，又是整个危机管理过程中最困难、最复杂的阶段。在此阶段，非政府组织的作用主要有：①非政府组织中大量的科研机构和一些专业协会可以为危机处理提供专业人才和先进技术；②非政府组织积极配合政府使各种正确信息公开化、明朗化，切断谣言的传播，稳定公众心理；③非政府组织作为一种社会自治机制，能够通过灵活多样的组织结构和独立自主的决策与行动能力进行社会动员，起到舆论引导作用。

（3）非政府组织在危机恢复阶段的作用。在危机管理的恢复阶段，非政府组织的作用主要表现在：①充分收集和整合各种信息，全面总结经验教训，并就如何构建中国危机管理体系提出政策建议。②参与危机管理的评估工作，协助政府评估各类资源的利用效率如何，评估在危机管理中采取的各项措施的成效如何等。

5. 新闻媒体在网络舆论风险与危机管理中的地位和作用

在现代法治社会，新闻媒体被当作除了行政、立法、司法三大权力之外的"第四权力"。随着信息技术的发展，在民主社会中，新闻媒体作为一种新崛起的社会政治因素和独立的社会政治势力，其作用更是渗透到政治、经济、文化等各个领域，发挥着至关重要的作用。网络舆论危机事件本身就是一件新闻，媒体必定无法缺席。另外，无论是作为社会的"第四权力"还是作为社会的"守望者"，参与网络舆论危机管理也是其监督政府、引导舆论、稳定社会的职责所在。因而在网络舆论危机管理过程中，政府不应该也不能忽视新闻媒体的作用。

（1）新闻媒体在网络舆论危机预警阶段的作用。网络舆论危机的爆发一般需要较长的时间，这就为网络舆论危机的预警提供了充足的时间保障，在预警阶段网络舆论危机尚处于量变中，是解决网络舆论危机的最佳时机，当然也是最容易被忽视的时期，这时新闻媒体就要充分利用其较高的敏感性，及时发现网络舆论危机存在的前兆并向政府传递潜在危机的信息，引起有关部门的注意，把潜在的网络舆论危机消除在萌芽状态之中，就会防范网络舆论危机的爆发。

（2）新闻媒体在网络舆论危机处理阶段的作用。网络舆论危机发生后，不同组织及个人由于在危机处理中所处的地位不同，其发挥的作用也就不同。在网络舆论危机的处理阶段，新闻媒体发挥的主要作用有：①新闻媒体作为信息的传递者，是网络舆论危机信息上传下达的平台，既要及时将网络舆论危机信息传递给人民群众，也要对危机信息进行筛选提供给决策层，使得公众及决策机构能够根据所传递的信息作出较科学的决策；②当网络上出现大量虚假信息和极端言论时，受众无所适从，这时如果新闻媒体能够及时针对事件科学准确、客观冷静地向全社会通报实情，就能够压缩流言的产生和扩散空间，协助政府缓解民众紧张情绪，减少由不确定性带来的公众恐慌，并能够起到引导网络舆论的走向作用。

（3）新闻媒体在网络舆论危机恢复阶段的作用。在网络舆论危机恢复阶段，新闻媒体的作用主要表现在参与政府危机管理的评估工作，协助政府搜集社会各方面对危机事件处理效果的反映，依此总结经验教训，避免类似事件再次发生。

6. 国际组织在网络舆论风险与危机管理中的地位和作用

在当今社会中，互联网在飞速发展的同时也加快了全球化和信息化的进程，国家、地区相互之间的交往、联系日益紧密，相互影响和依赖也日益加强，资源和信息交流也日益频繁、迅速，这使得网络舆论危机很容易跨越地理界限而迅速扩散，当一个地方的政府面对网络舆论危机时，如果处理不当，就很可能演化为区域性，甚至全球性的危机。因此，国际组织在应对网络舆论危机时也成为一支不可忽视的社会力量。

国际组织在网络舆论危机管理中的作用主要表现在：（1）国际组织可以为网络舆论危机管理提供专业人才和先进技术，从而弥补本国在应对网络舆论危机方面的不足，提高网络舆论危机管理的效度；（2）国际组织可以为网络舆论危机管理提供先进经验，例如国际组织介入网络舆论危机管理的模式、介入程度、介入领域等。在对国际组织参与网络危机管理进行系统分析的基础上，推进我国的网络舆论危机管理研究，总结适合我国国情的网络舆论危机处理方案，为以后的网络舆论危机管理提供理论支持。

三、网络舆论风险与公共危机管理组织体系的构建

在明确网络舆论风险与公共危机管理主体的基础上，构建网络舆论危机管理的组织体系应该从两个方面着手：一是参照一般公共危机管理的构建框架；二是把握网络舆论危机发生、发展的演化规律，构建出有效管理网络舆论危机的组织体系。

（一）网络舆论风险与公共危机管理组织体系的构建逻辑

当前在国内有关公共危机管理的理论研究中，比较有影响力的是以张成福为代表的全面整合的公共危机管理模式。张成福指出，所谓全面整合的危机管理体系，是指在高层政治领导者的直接领导和参与下，通过法律的、制度的、政策的作用，在各种资源支持系统的支持下，通过整合组织和社会协作，通过全程的危机管理，提升政府危机管理的能力，以期有效预防、回应、化解和消弭各种危机，从而保障公共利益以及人民的生命财产安全，实现社会的正常运转和可持续发展。[①]组织整合理论把组织看成一个系统，只有各个子系统达到适度整合才能发挥组织的整体效益。

在众多的危机管理的阶段分析方法中，有三种最为学界所认同的模型：[②]

1. 芬克（Fink）的四阶段生命周期模型，芬克从医学角度，将危机管理的生命周期分为如下四个阶段：征兆期（Prodromal）、发作期（Breakout or Acute）、延续期（Chronic）和痊愈期（Resolution）。

2. 米特罗夫（Mitroff）的五阶段模型：信号侦测、探测和预防、控制损害、恢复阶段和学习阶段。

3. 伯奇（Birch）和古斯（Guth）等诸多危机管理专家推崇三阶段模型，把危机管理分成危机前（Precrisis）、危机中（Crisis）和危机后（Postcrisis）三个大阶段。每一阶段可以再分成不同的子阶段。

其中危机管理三阶段模型这种宏观的划分不仅可以兼容其他模型的特点又有利于对子阶段进行精细的划分，网络舆论危机的发展可被划分为危机前的征兆阶段、危机中的爆发和危机后的恢复阶段，根据此模型，可以制定各个阶段相应的管理流程，并在此基础上在既定的管理目标下开发相应的危机管理系统。由此形成基于危机发展阶段的网络舆论危机管理模式，如图6－3所示。

在网络舆论危机前的征兆阶段，管理以舆情监测、防范为主，有效的监测可以掌握第一手舆情资料，及时发现潜在的舆论风险并发出警报，采取相应的防范行动最大限度地减少或消除危机带来的危害。在网络舆论危机爆发的阶段，管理以积极应对和舆论引导为主，管理主体通过多方控制给予公众理性的指导，采取相应措施，减轻公众对于外在舆论冲击的感受，防止负面情绪的大幅度社会感染，促使情绪性舆论强度的弱化；政府和媒介借助自身信誉，用明确的言论给予

---

① 张成福：《公共危机管理：全面整合的模式与中国的战略选择》，载《中国行政管理》2003年第7期，第6～11页。

② 王玲：《突发公共卫生事件危机管理体系构建与评测研究》，天津大学2004年博士学位论文，第7～8页。

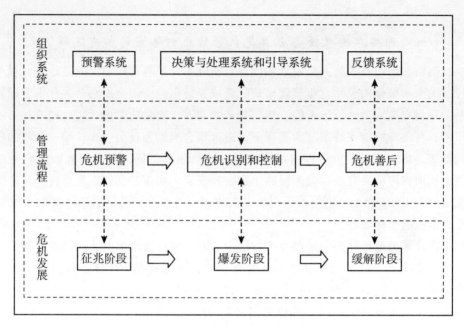

图 6 - 3　网络舆论危机管理模式

舆论引导，转移公众的负面情绪，使其适应网络舆论新环境。在网络舆论危机的缓解时期，管理以监测反馈信息为主，实时了解舆情发展趋向，是此时预警系统的主要职能。

网络舆论预警系统、网络舆论危机处理系统和引导系统分别对应前两个阶段的管理职能，而反馈系统渗透在舆论平台和预警系统的动态运作关系当中。网络舆论平台是网络舆论存在和爆发的依托，所以将其包括在内，按照网络舆论危机发生、发展的过程，构建的网络舆论危机管理的组织体系，如图 6 - 4 所示。

（二）网络舆论风险与公共危机管理组织体系的构成

网络舆论危机管理的组织体系主要包括网络舆论平台、网络舆论预警系统以及网络舆论危机处理系统和网络舆论引导系统四大部分，下面具体介绍每个部分的结构和功能。

1. 网络舆论平台

2007 年第 21 次中国互联网舆情分析报告首次指出，互联网正成为舆论形成的新型重要大众媒介，也成为民意表达的新的重要平台。2011 年 7 月 19 日中国互联网络信息中心发布的《第 28 次中国互联网络发展状况报告》显示，截至2011 年 6 月底，中国网民规模达到 4.85 亿，与 2007 年末相比增加了 3.23 亿人，增长率为 199.4%，中国网民人数规模的快速增长，使其舆论能量不断达到新的

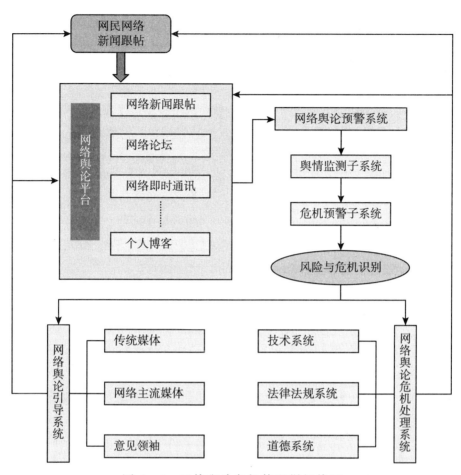

图6-4　网络舆论危机管理组织体系

水平。社会大事件的频繁发生和互联网所具有的互动性、匿名性、海量信息以及跨媒体平台的特性，使其已成为当前中国民间舆论表达最活跃的平台，网络舆论平台十分发达。网络舆论平台是网民发表舆论的渠道，当前我国的网络舆论平台主要包括网络新闻跟帖、网络论坛（BBS）、网络即时通讯（IM）、博客（Blog）。

（1）网络新闻跟帖。网络新闻跟帖是指网民借助网络对网络新闻进行评论或针对其他网民的评论发表自己的意见或看法。它为广大网民提供了一个交流意见的自由场所，有别于传统媒体的评论、编者按等媒体观点，新闻跟帖充分体现了个人意见的表达。网络新闻跟帖在媒体与受众加强联系和互动方面也体现出了非凡的能力，从传播学反馈理论的角度来看网络新闻跟帖，就是网站作为传播者，以一定的形式，比如文字、图片视频等，将新闻呈现给受众，受众在接受新闻后再将自己对新闻的感受外在化地表现出来，以跟帖的形式展现给广大的网络受众，同时也不可避免地反馈给传播者。① 很多网民围绕所关注的某条新闻持续发表自己的意见，随着关注程度的加深和焦点的聚焦，自然而然会就特定议题形成一个讨论空间，于是网络舆论影响力就形成了。网络新闻跟帖和传统媒体的介入能够产生较快的反馈，使民意表达得丰富和多元化。

近年来，各类社会大事件频频发生，使得网络新闻快速发展，网络新闻使用率大幅攀升，根据 2011 年《中国互联网发展状况报告》的统计数字显示，截至 2011 年 7 月，我国网络新闻用户达到 3.62 亿人，网络新闻的使用率为 74.7%，半年增长率 2.6%。以中国三大门户网站之一的网易为例，2008 年网易总共发布了 2 397 339 条新闻，跟帖量达到 41 658 635 条，而网易新闻跟帖的每日独立访问量已经超过 100 万。新闻跟帖狂潮已成为网络舆论表达的一道亮丽风景。

（2）网络论坛。网络论坛又称为 BBS（Bulletin Board System），是一个有多人参加的讨论系统，浏览者可以在此浏览其他访问者发布的文章，回复他人，也可以自行发表话题，是广大网民进行信息发布与交流的重要集散地，言论自由度高、交互性强以及发表方式方便快捷是网络论坛最显著的特点。2011 年《中国互联网发展状况报告》的统计数字显示，截至 2011 年 7 月，网络论坛的使用率为 29.7%，论坛用户达 14 405 万人，网络论坛的开放性形成的巨大力量使各种言论聚集成为网络舆论，从各个方面影响着社会事件的发生发展。

2009 年 11 月 1 日，首届广东网民论坛正式开坛，在这场被誉为草根网民高峰论坛的现场，150 多名平日在网络论坛上"拍砖灌水"的知名网友第一次有组织地聚在一起发出自己的声音，② 该论坛宣言当前网络已经崛起为主流的力量，要通过网络见证来自民间的力量，把握时代脉搏，论坛意在聚合网络问政的智慧，提供一部分民间的看法和建议，促进政府施政与网络参政的互动。广东网民论坛的成立充分肯定了来自网络论坛舆论的巨大影响力，具有标志性的意义。

（3）网络即时通讯。即时通讯来自英文 Instant Messenger，通常简称 IM，是一种能够即时发送和接受互联网消息等的实时通讯系统。目前我国使用最为广泛的即时通讯工具是腾讯 QQ、阿里旺旺、飞信和 MSN，近年来即时通讯技术不断融合互联网的其他技术，其功能从最初单纯的文字信息沟通交流发展到多媒体信息传递、文件传输、个人空间、网络游戏、新闻浏览等多种主流服务和功能，在信息传播方式上从私密的人际传播逐渐融合为群体传播甚至大众传播，随着新的应用和服务的不断加入，用户的在线生活圈逐步形成，即时通讯媒介已经深入人

---

① 王兆华：《从传播学视角看网络新闻跟帖的功能》，载《东南传播》2007 年第 1 期，第 64～65 页。

② 《首届广东网民论坛举行，上百知名网友"拍砖灌水"议民生》，http://news.xinhuanet.com/politics/2009 - 11/02/content_12370544.htm，2009 年 11 月 2 日。

们生活的方方面面。2011 年《中国互联网发展状况报告》的统计数字显示，截至 2011 年 7 月，即时通讯软件覆盖人数为 38 509 万人，仅次于浏览器软件的覆盖人数。

通过即时通讯工具，每一个人都可以向自己的联系人自由地发布信息，而且没有把关人对信息进行把关。这样的自由使信息传播可以无限制地在小群体内进行，并进而达到由点及面的威力。以"艳照门"事件为例，由于香港特别行政区政府在事件的中期对传播行为属性的界定很清楚：公开的大众传播犯法，朋友之间传播不犯法，因此从 2008 年 2 月 5 日始，很多网民就不通过 BBS，而是通过 MSN 进行小群体传播，其威力也并不亚于大众传播。即时通讯工具的传播特性可能使世界变得更小。快速与方便使它的传播力更为强大，联系人之间通过复制、粘贴就能在几秒钟内完成一个信息的传递。而且，从众心理也会使一个人在收到多个人的相同信息时，自动觉得自己也需要加入到这个事件的传播中来。[①]

（4）博客。博客来自英文 Blog，也称为网络日志，是一种表达个人思想，按照时间顺序排列，并且不断更新的出版方式，是网民们通过互联网发表各种思想的虚拟场所。[②] 博客作为一种新型的网络媒体形式出现之后得到迅速的发展，它在充分体现个人自主性的基础上集成了其他网络传播方式的优点：简捷、开放性、共享性以及交互性，博主可以按个人意愿以任何形式发布任何内容的信息，表达自己的思想感情、价值取向，成为真正意义上的个人媒体。同时，博客中包含其他网站的链接构成网络社区，实现多对多的交流方式，形成一种颠覆传统传播模式的非线性的互动传播模式。

而近两年来异军突起的新型个人博客——微博已经成为当前发展势头最为猛烈的网络舆论平台，微博即微型博客（Microblog）的简称，它是一个基于用户关系的信息分享、传播以及获取平台，用户可通过 WEB、WAP 以及各种客户端组件发布简短文字信息并实现即时分享。从内容和发布目的来看，微博已和最初的博客已有了很大的变化，当前，微博作为新兴的自媒体平台，以其实时、便捷、分享等特性深受网民的追捧，用户数呈现出"爆发"式增长。2011 年《中国互联网发展状况报告》的统计数字显示，2011 年上半年，我国微博用户数量从 6 311 万快速增长到 1.95 亿，半年增幅高达 208.9%，在网民中的使用率从 13.8% 提升到 40.2%，而此时距 2009 年 8 月中国最大的门户网站新浪网推出"新浪微博"内测版使得微博正式进入中国网民视野仅两年时间。

2. 网络舆论预警系统

危机预警及危机管理的准备是整个危机管理过程的第一阶段，目的是有效地

---

① 施嵘：《即时通讯工具的负面影响》，载《青年记者》，2009 年第 4 期。

② 百度百科，"网络日志"，http://baike.baidu.com/view/162.htm? fr = ala0。

预防和避免危机的发生、发展。最高明的危机管理不在于危机爆发后的处理，而是危机预防和警报，这个阶段也是成本最低的阶段。网络舆论危机预警的重要意义在于在危机发生之前及早地察觉危机的苗头，及早地判断危机可能的走向与规模，及早地通知各相关部门做好应对危机的准备。在网络舆论危机管理中，网络舆论预警系统是整个公共危机管理组织体系中最重要的一个部分。预警实际上是通过分析各种可能触发危机的信息，及时发出危机警报的过程。网络舆论预警系统包括舆情监测子系统和危机预警子系统。

（1）舆情监测子系统。一般来说，网络舆情监测体系的建立主要依赖于三个方面的保障：人力、资金等物质方面的保障，法律、法规等管理方面的保障，以及计算机软件系统等技术方面的保障。

就物质保障而言，政府应组织专人成立专业的舆情监测机构或部门，持续对各类网络舆论平台进行监测，目前，我国的"中国舆情网"、"中国社会舆论网"等在一定程度上发挥着对国内舆情进行监测的作用。另外，政府下属职能单位和部门，尤其是教育、卫生、医疗等与老百姓日常生活密切相关的部门，也应在不同程度上由一定的人力承担与本部门相关的网络舆情监测任务，及时广泛地反映最新舆论动向。这样由不同层次和领域联合组建起来的组织结构奠定了网络舆情监测体系建立的基础。①

就管理保障而言，政府部门一方面应在实践中不断完善已出台的关于互联网管理的各项法律法规，另一方面应通过强有力的行政手段来保障这些法律法规的严格执行，控制网络媒体的准入许可，监督管理不良网络信息的滋生与传播。如在对 ISP（网络运营商）的管理中，对他们在经营服务器、出租虚拟空间等管理盲点上要特别加以明确限制，对违规者要严格按处罚条例办事，在管理层面一开始就对不良舆情的滋生实现提前戒备。②在制度上形成网络舆情监测体系的重要保证。

就技术保障而言，要监测网络上浩如烟海的舆论信息，必须有高效的计算机技术系统，实现信息搜集、处理和判断等功能。这就需要强大的技术支持系统从网络新闻跟帖、网络论坛、即时通讯、个人博客等舆论平台中提取与舆论中心相关的舆情信息，对信息在以量化分析为主的基础上判断整个舆论情况的动向以及特征。

（2）危机预警子系统。网络舆论危机预警子系统主要承担的是继舆情监测和分析之后向管理主体发出危机警报以及向公众传递危机信息的功能，在第一时

① 林利：《网络舆论危机管理的政府职责及其防控体系研究》，湖南大学硕士学位论文，2008 年。

② 梁保国：《网络舆情的监测、疏导及预警》，载《电脑知识与技术》2009 年第 29 期，第 21～24 页。

间提醒风险或危机的出现，进行紧急处理，以消除、减缓或者积极应对危机。预警子系统在进行危机预警时，最重要的是做好管理主体与舆论受众之间有效的信息沟通。

中国人民公安大学的吴绍忠对网络舆情预警等级进行了设定，其研究在综合考虑国际惯例、我国相关机构管理规定及网络舆情发展趋势的前提下，将网络舆情的预警等级划分为：轻警情（Ⅳ级，非常态）、中度警情（Ⅲ级，警示级）、重警情（Ⅱ级，危险级）和特重警情（Ⅰ级，极度危险级）四个等级，并依次采用蓝色、黄色、橙色和红色来加以表示。同时还设计了 11 个预警指标体系，即（1）舆情：舆情的触发源、舆情的发展、舆情的控制；（2）舆情的传播：舆情的传播媒体、舆情的传播方式、舆情的传播速度、舆情的传播阶段；（3）舆情的受众：受众的数量、受众的心理状况、受众的倾向性、受众的结构等。[①]

发出警报的同时，对于危机信息的控制至关重要，一方面通过技术手段阻止不良舆情的继续传播，另一方面及时发布权威信息，通告舆论焦点事件的具体情形，防止受众的负面情绪的扩散。但同时应注意的是对于信息的过度控制容易适得其反，使得舆论危机进一步的扩大。

3. 网络舆论危机处理系统

危机处理主要针对危机事件发生后的管理，强调危机管理的主体采用各种手段和方式来处理危机，尽量减少其危害性。即当一国突发某一危机事件（包括自然灾害、人为的或社会的事件），波及或影响了较大范围内公共生活的情况下，各种主体如何以最有效的方法控制危机事件的影响与蔓延，迅速恢复正常状态。这里讲的危机处理主要是针对网络舆论危机，网络舆论危机的处理系统主要包括：控制网络舆论的技术系统、监督网络舆论的法律系统、规范网络舆论的道德系统。

（1）控制网络舆论的技术体系。现代网络技术既是网络舆论危机产生的媒介，又是控制网络舆论危机的有效手段。就网络舆论的技术控制而言，要不断完善网络管理技术，以保证网络舆论技术的科学性和有效性，从而建立一个功能齐全、全局协调的安全技术平台，为我国网络舆论监督提供更加强有力的支持和保证。从技术层面上来实现对网络舆论的控制是一个十分重要的环节，主要包括以下两个方面：

①自动的信息过滤技术，主要包括单机的信息过滤，局域网网络过滤和广域

[①] 吴绍忠、李淑华：《互联网络舆情预警机制研究》，载《中国人民公安大学学报（自然科学版）》2008 年第 3 期，第 38～42 页。

网的网络过滤。其中，单机的信息过滤主要由浏览器自带的信息过滤工具对网上站点和信息进行简单过滤；局域网网络过滤根据连接方式不同可以分别从路由器、代理服务器以及应用防火墙着手，以不同的设置和权限调节和控制网络信息的流通；广域网网络过滤主要采取在入口网关将不允许访问的站点进行封锁过滤的方式进行。

②主动的信息过滤技术，主要包括"把关人"的信息过滤和实施网络准入制度。作为虚拟世界的现实"把关人"——网络管理人员是实现网络舆论有效控制的直接参与者和执行者。他们的责任意识、调控意识和方式方法直接影响网络舆论的控制效果。网络管理人员的组成按照职能可以大致分为监管（主要是网络论坛版主和网络评议人员）、执法（网络警察）和宣传（一般包括决策层发言人和专家学者）三类。而网络准入制度主要指在实行实名制上网的公共场所，通过启用智能型网吧准入监控系统对网路舆论主体的言论进行约束，最终实现自觉、自律、文明上网的目的。

由上可知，对于网络舆论的控制技术不仅包括硬件技术的不断发展同样还需要管理技术的同步提高，因此，积极开发网络信息监测技术，加强对网络民众和网络管理人员的技术培训是实现有效网络舆论控制的强大技术后盾。

（2）监督网络舆论的法律体系。在互联网飞速发展的今天，网络舆论更成为一把无比锋利的"双刃剑"，随时左右着社会舆论的动向，要规范网络行为，引导网络媒体舆论朝向有益的方向发展，政府应当以"以法治网"为根本，用有效的制度安排规范网络舆论的表达。事实也证明，调控舆论的最根本保障是网络立法，政府必须通过国家制定的法律法规等明文规定来实施宏观层面的调控，来实现党中央提出的"互联网要成为传播先进文化的重要阵地"的目标。

但从我国现有的关于互联网舆论控制的法律法规来看，其中大部分法律规定属于管理型的行政规定，立法层次较低，法律效力不强，并且欠缺在实际管理中的可操作性。虽然许多法律法规有着详细齐全的明文规定，但实际上对于各网络传播媒体并无实质约束力，使得许多法律规范悬空，其主要原因还在于当前的网络技术的发展与网络控制规范的设置存在明显的脱节，也即现有网络技术的发展程度还无法实现根据法律的规定使所有违规行为得到惩处。因此，相关立法者除了应适当提高相关法律法规的立法层次，保障执行力外，还应该结合网络技术的当前发展程度，制定出符合网络技术特点的法律法规。如此二者并驾齐驱才能最终促进网络舆论的良性传播和健康发展。

（3）规范网络舆论的道德体系。随着网络的快速发展，加强网络法制建设刻不容缓，但是从网民到网络服务的提供者，从搜索引擎到网络论坛、博客等，如此庞大而快捷的信息系统，仅仅靠技术、法律法规来约束网络舆论行为是不能从根本上解决问题的，强化网络媒体、网民和网络行业间的自律就显得非常重要。

①网络媒体自律。在市场经济条件下，我国普通商业网络媒体往往承担着难以统一于一个目标的双重任务，一方面这些商业网络媒体必须通过盈利谋求自身的发展，另一方面它们又必然承担着不可推卸的社会责任。从事实看来，很多商业网站视利益高于责任，为提高网站的浏览量和点击率背弃作为社会公民基本的原则和立场，不作为或者乱作为，对负面舆论的泛滥起到了推波助澜的作用，破坏了舆论监督环境。

2006 年 3 月 26 日我国正式公布了《中国互联网行业自律公约》，将"爱国、守法、公平、诚信"视为互联网行业自律的基本准则。这条自律公约是我国互联网发展进程中的里程碑，对我国互联网的健康发展、实施网络舆论监督起到了一定的推动作用。这种通过调动整个网络媒体自觉性来维护网络舆论真实性和正确导向的做法具有无可替代的价值。因为避免虚假错误报道与维护网络媒体行业的声誉、捍卫网络媒体的基本价值是一致的，也与网民对媒体的期待是一致的，虚假错误的网络舆论在本质上是与整个网络媒体行业的自身利益格格不入的。网络媒体自律在保护网络舆论真实性和正确性方面能够起到技术、法律法规起不到的作用。所以，加强行业自律和行业监管往往能起到事半功倍的效果。

②网民自律。与现实社会相比，身处网络社会中的人际交往更具有虚拟性和隐匿性，网民作为网络舆论的主体，对网络舆论的管理归根到底仍是对人的管理，而除了必要的正式法律法规的约束外，对人的管理最终还是要落到传统的道德约束即个人的自律上来。在网络社会，每一个网民行为的高度自律成为网络社会对网民的基本道德要求，发表评论应当理性、公正、客观、谨慎，做到不发布、不轻信、不传播没有可靠消息来源的网络传言和侵犯他人合法权益的帖子。

③网络行业间的自律。行业间的自律是网络媒体得以迅速健康发展的必然要求和重要手段，也是全行业自我教育、自我完善的重要途径。在"5·12"汶川大地震中，网络中谣言众多，谣言给人们的心理和生活带来了恐慌，5 月 20 日，由荆楚网发起的"千家网络媒体联合抵制地震谣言倡议"活动启动，人民网、新华网、新浪网、腾讯网、大河网等百余家网站积极加入，表示"共同抵御谣言，从我做起，不转载、不传播、不炒作！"但是这种活动仅属于少数经营者的自发行为，尚未形成行业内的统一规范和约束，它的出现表明了部分网络经营者对于行业自律的更高要求，所以应建立相应的执行机构，对网络媒体进行社会舆

论和社会组织的广泛监督，完善网络行业经营者的社会形象。

4. 网络舆论引导系统

网络舆论引导是指在网络传播中促进、推动健康而理性的正向网络舆论的形成和扩散，抑制负向舆论在网络中的形成和影响，引导公众从谬误中摆脱出来。[①] 要做好对网络舆论的引导首先加强传统媒体与网络媒体的互动，控制网络舆论的态势；其次加强主流网络媒体建设，形成网络舆论的主流声音；最后加强培养"意见领袖"，引导网络舆论的走向。

（1）与传统媒体互动，控制网络舆论的态势。传统媒体通常是指平面媒体，是相对于日渐兴起的网络媒体而言的，它以传统的大众传播方式向社会公众发布信息并且进行互动交流，主要包括电视、报刊、广播三种。网络媒体作为一种新兴的媒体，发展虽然迅速，但依然不够成熟和稳定。网络媒体以其特有的包容性和开放性为人们发表自己的观点提供了平台，但是由于网络媒体舆论的虚拟性、匿名性及非理性等特征很容易被一些人利用，在网上散布虚假信息，引起社会骚动，给社会管理造成困扰。因此，对网络舆论的控制和引导，打造一个良好的网络舆论环境显得尤为重要。

与网络媒体相比，电视、报刊、广播等传统媒体存在的时间更为长久，人们对于传统媒体的依赖与信任仍占据主要地位。当关于某个焦点新闻的信息在网络上以各种姿态纷繁而至时，人们总习惯首先将目光投向传统媒体特别是比较权威的传统媒体来分辨信息的真实面目，新闻手段无疑成为引导网络舆论的最佳途径。当前很多引起政府高度重视和社会广泛关注的事件都是传统媒体和网络媒体结合的产物，传统媒体只要始终保持自身的权威性，在网络舆论兴起时适时介入事件当中，就可以在很大程度上控制舆论发展的态势，起到为网络舆论导航的作用。

（2）加强主流网络媒体建设，形成网络舆论的主流声音。主流网络媒体是指国家和地方重点扶植的网站以及传统新闻媒体的网站。虽然网络信息的传播主体众多，但由于主流媒体对于信息权威性的继承，使得人们对主流媒体的信赖感依然不减，而国家及地方主流媒体网站无疑具有引导舆论的绝佳优势。

德国学者诺依曼的"沉默的螺旋"理论认为，舆论的形成与大众传播媒介营造的意见气候有着直接的关系。当网络上大量真假难辨的信息和言论冲击网民时，如果主流媒体的声音微弱，传闻和猜测就有可能占领网络舆论空间，甚至会引发网络舆论危机。如果主流网络媒体能够把握网络舆论主动权，发出及时、可信的正面声音，就会让负面声音式微，从而起到对网络舆论的引导作用。如成立

---

① 杜骏飞：《中国网络新闻事业管理》，中国人民大学出版社 2004 年版，第 225 页。

于 1997 年 1 月 1 日，由人民日报网络版发展而来的人民网，每天 24 小时滚动发布新闻，日更新信息量 3 000 余条，以新闻报道的权威性、及时性、多样性和评论性以及网民的高度参与性等特色，在网民中树立了"权威媒体、大众网站"的形象。

（3）加强培养"意见领袖"，引导网络舆论的走向。"意见领袖"（opinion leader）又称舆论领袖，通常指在信息传递和人际互动过程中少数具有影响力、活动力，既非选举产生又无名号的人。网络中的意见领袖主要有两种：一种是在某些领域很有知名度的名人，包括各类专家、学者或行业的先进人物、成功人士，他们被称为是天然的"意见领袖"。另一种并不是公众人物，而是在网络中较为活跃，能够利用网络成为某一领域具有影响力的人，他们维持着网络的秩序与和谐，引导着社会的舆论朝着正确的方向运行。

根据传播学者拉扎斯菲尔德的"二级传播"理论，大众传播中的信息和舆论并不是直接"流"向一般受众，而要经过"意见领袖"这个中间环节，即经过一个从"大众传播—意见领袖——一般受众"的过程。由于有"意见领袖"的存在，当信息流过这个中间环节时，信息传播的方式更加灵活并且往往更有针对性，因此与直接的亲身传播相比，"二级传播"在传播效果上更有说服力和影响力，也更容易被受众接受，这就为"意见领袖"的产生和存在提供了理论基础。当网络上大量真假难辨的信息和言论冲击网民时，他们往往依赖于"意见领袖"的权威评论，辅助自身作出明确的判断，这就为"意见领袖"的产生和存在提供了现实基础。

第三节　网络舆论风险与公共危机管理的保障体系建设

21 世纪以来，随着日新月异的网络技术和互联网等新兴媒体的高速发展，2008 年中国的网民数量已跃居世界第一；以网络媒体为代表的第四代媒体逐渐走向前台，正日益成为一种主流的舆论阵地，其中网络舆论渐渐凸显成为一种重要的话语力量。网络舆论起着双刃剑作用，一方面网络舆论的发表使得网络成了新闻集散地、观点集散地和关注民生集散地，也使得公民可以更好地行使自身的言论自由权、知情权和话语权；但是另一方面，网络舆论的发表也使得网络谣言、网络暴力、网络侵权、网络犯罪等行为屡见不鲜，这不利于社会的稳定与和谐。政府、网络媒体、网民作为网络中的三方主角，良好的网络环境的营造需要三方的共同参与，三方有责任也有义务构筑一套预防和处置网络舆论风险和公共危机管理的保障体系。

一、网络舆论风险与公共危机管理保障体系建设的必要性

舆论是社会的皮肤，网络媒体作为一种新兴的传播媒介，二者的相互结合，很可能就形成一股强大的话语力量，彰显出巨大的话语权力，改变事件发展的轨迹。在虚拟的网络环境下，要达到化解网络舆论风险与消除公共危机的目标，这需要政府及时了解民意和解决社会问题，网络媒体正确发挥舆论平台作用，网民理性发表信息与评论。这是维护正常网络秩序的需要，是营造健康网络文化的需要，也是构建良好网络舆论环境的需要，更是构建社会主义和谐社会的需要。这一目标的实现在当前社会遭遇到诸多不利因素的影响，为引导与规范网络舆论，有必要构建出一套网络舆论风险与公共危机管理的保障体系，这源于以下两个方面的需要。

（一）网络舆论的消极影响

依据唯物辩证法的观点，事物具有两面性。由于网络所特有的匿名性、开放性、交互性与虚拟性特征，不论是网民、网络媒体还是政府部门都可以进行信息的传播，使得网络信息的传播也具有言论多元化的特质。一方面积极的网络信息及网络舆论具有巨大的正义力量，这有助于形成网络合力，加强网络监督，检举社会不法行为，推动政府科学决策，促进社会公正和谐与社会主义民主建设；另一方面，多元化的网络信息自然也就包括其他非理性、虚假的信息，偏激、谩骂攻击型言论及其他不文明的行为，破坏正常的网络舆论环境，带来诸多负面影响：

第一，传播谣言，散布虚假信息，误导舆论走向。误导民众，煽动网民情绪，给民众带来紧张不安心理，加剧社会恐慌感，增加社会的不和谐因素，给相关事件的顺利解决设置障碍，浪费不必要的社会资源，威胁社会的稳定。

第二，导致大量侵权行为的出现。网络舆论侵权行为包括侵犯名誉权、隐私权、肖像权、著作权、信息网络传播权等，以及在网上未经当事人同意就擅自公布他人的姓名、电话、地址等个人信息，如知名人物的联系方式，对知名人物的私生活大公开，引起社会轰动效应，严重干扰他人正常生活。在网络上随意公布他人的照片，甚至进行恶搞，侵犯了他人的肖像权，也干扰了正常的社会秩序。

第三，促生"网络暴力"、"网络暴民"的出现。由于网络舆论的巨大能量，经由恶性网络舆论的煽动和蛊惑很容易演变为"网络暴力"，受舆论误导的网民很可能成为施行"网络暴力"的"网络暴民"，实际上"网络暴力"与现实生活中的暴力行为只有一线之隔，如任其发展，必然给社会带来巨大的危害，网民自己也可能沦为"网络暴力"的受害者。

第四，消极的网络舆论可能干预正常政府职能的实现。一般来说，网络舆论对公共议题进行讨论、批评与质疑都是合理行为，但是若在网络空间，让感情代替了理性，辱骂代替了探讨，霸权代替了协商，网络审判代替了国家法律，那么网络舆论就有从公共事务领域堕落为"非理性舆论场"的危险①。

（二） 政府、网络媒体、网民责任与义务的缺位

构建网络舆论风险和公共危机管理的保障体系是有利于改善当前网络中各相关主体的不足。对网络舆论风险的处理不力，很有可能致使公共危机的发生，而这主要源于在网络中政府、网络媒体、网民三方各自责任与义务的缺位，三者不能相互协作，导致在网络及网络舆论迅速发展的今天，也潜藏着巨大的网络舆论风险。政府的政策、法规、制度的不到位，网络媒体自身引导网络舆论及把关能力不足，网民的道德素质、社会责任感、法制意识不强，导致网络负面影响增大化，突发事件扩大化，加剧社会紧张程度，激化社会矛盾，致使爆发公共危机的可能性增大。

二、 网络舆论风险与公共危机管理保障体系的建构

对网络舆论的有效引导和控制，减少甚至消除网络舆论的负面影响，降低网络舆论演变为公共危机的可能性，是政府义不容辞的责任，也是政府行使职能的重要体现。但是仅靠政府一己之力完成这个任务还略显单薄，也不一定取得良好的处理效果，这就离不开传统媒体、网络媒体以及广大网民的积极参与。

（一） 政府保障

由于政府的地位与作用，这就决定了其在保障体系中的主导地位。政府在整个保障体系过程中，主要是通过信息长效机制的建立、相关制度的建立（健全法律调控手段与行政手段的配合）和技术支持作用于网络媒体和网民，发挥政府

---

① 曾小明：《网络舆论及其导向管理》，国防科技大学 2008 年硕士学位论文，第 46~47 页。

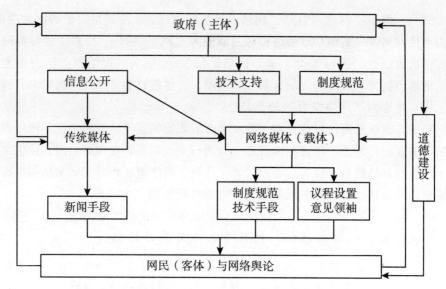

图 6 - 5　网络舆论风险与公共管理危机保障体系结构

引导和控制网络舆论的目的。

1. 完善信息通报的长效机制

完善信息通报的长效机制，主要是为了进一步保障公众的知情权，也使得政府更好地掌握舆论的主动权，有效引导舆论的走向。知情权被视为现代法制社会中公民理应享有的一项基本权利，以及保护公民自身利益的重要手段。同时，知情权是社会民主的基石，要求政府必须做到行政公开，这不仅是政府义不容辞的法定职责，也是对公民民主参与社会公共事务的法律保障。① 具体来说，这就包括重大信息第一时间通报制度，信息定期报告制度的完善。

2007 年 11 月 1 日起施行《中华人民共和国突发事件应对法》规定在重大突发事件发生时相关机构应"定时向社会发布与公众有关的突发事件预测信息和分析评估结果，并对相关信息的报道工作进行管理；及时向社会发布有关采取特定措施避免或者减轻危害的建议、劝告"，并对"编造并传播虚假信息"进行相应惩罚。这为公众的知情权、参与权、表达权和监督权的实现提供了法律上的保障；2008 年 5 月 1 日施行的《中华人民共和国政府信息公开条例》要求各级政府应该在第一时间以公开透明的方式告知公众关于社会突发事件的真相或相关调查结果，不断完善政府信息公开制度，真正做到信息公开。现在各级政府，多个政府部门已经建立了信息公开制度，但是信息公开的方式和效果如何，是否存在漏报、瞒报事件，这都值得政府和社会去反思。2009 年 11 月 17 日法制网率先

---

① 林喆：《公民基本人权法律制度研究》，北京大学出版社 2006 年版，第 323 ~ 325 页。

爆料"济源煤业又出现矿工死亡瞒报事件，数年间累积瞒报 12 起 17 人死亡事故"，"陕西咸阳渭城区雪灾瞒报 3 死 1 伤重大事故"……瞒报事件与地方政府及部门避免事件扩大化及领导干部的政绩观有很大的关系，他们没明白"谣言止于真相，恐慌止于公开"的道理。这就需要加强信息通报机制的建设。

（1）政府应该完善信息搜集机制，严厉打击信息瞒报、漏报事件。①树立有情必报、逐级上报、规范运作、快速反应、安全保密的原则，重大事件可以直接越级汇报，及时有效处理各种信息，掌握信息源。②建立部门信息联动机制，设立信息应急管理部门，面对由突发性刺激性事件所引发的网络舆论，及时整合处理各部门的收集各类信息，因为舆论信息一般涉及政府的多个部门，这就为信息的处理提出了更高的要求。③严厉打击事故瞒报漏报事件，坚决查处，追究部门负责人和政府主管领导的责任，运用党纪国法对类似行为进行约束。

（2）政府完善信息发布制度。这包括设立政府发言人制度，与大众媒体建立良好的关系，定期召开新闻发布会等措施。网络舆论危机的出现正是在民众对突发性事件的具体情况、最新处理进展及后续工作不知情的情况下发生，从而出现网络谣言，激化网络舆论。在掌握事件信息后，应通过召开新闻发布会的形式，第一时间向包括网络媒体在内的大众传媒进行全面、准确的信息披露与解读，澄清事件真相，以达到减弱或消除网络谣言影响，消除舆论的负面效应，争取媒体和公众的支持，掌握舆论的主动权。同时通过大众媒体报道，传递公众事实，安抚网民的愤怒情绪。发生重大事件，可以邀请包括政府要员，权威专家及时解答媒体记者和民众的提问，就突发事件的原因，解决措施等作出回答，进一步引导舆论动向。

（3）加强电子政务建设，构建政府与网民的新型沟通渠道。政府网站日益成为政府提供公共服务的主要平台和网民了解政府信息的一扇窗口，政府网站有着信息公开、在线服务、交流互动的功能。当前全国范围内大部分县级及以上政府网站实现了覆盖，网站也设置了很多在线便民窗口，但网站的新闻内容得不到及时更新、民生问题新闻投放量少、网民的留言评论得不到及时回复等问题而使得政府网站陷入点击率低、浏览量少、参与热情不够的困境。这就需要各级政府明确网站的功能定位，加大对电子政务建设的财政支持力度，设置专门机构对网站进行管理，完善相关人员配备，提高网上服务质量，实现政府与公众互动平台的对接。通过设立领导人电子邮箱，网上投诉系统，使得公众可以更加便利地表达意见和建议，行使网民的监督的权利，使得政府也能及时倾听公众的呼声，获取公众的反馈，及时改进服务解决问题，实现网民与政府的"双赢"。

2. 制度建设

加强规范和制度建设是经济社会发展的必然要求。制度与规范是政府行使公共服务与管理的重要手段，也是对公民权益的重要保障。制度为政府管理网络舆论提供操作的策略与方法，也为政府明确自身责任与义务提供依据。制度建设主要包括法制建设和行政调控手段的多元化。

（1）健全法制手段。当前网络蓬勃发展，网络舆论愈来愈成为一股重要的话语力量，它表达着网民群体的呼声，发挥网络监督功能，但是网络舆论也产生了许多负面影响。依法治国是治国的基本方略，法治国家是我国民主政治建设的重要目标，因此政府有必要把网络及网络舆论纳入法制化的轨道。从 1994 年制定第一部《中华人民共和国信息系统安全保护条例》至今，针对互联网管理与规范的法律我国先后制定了将近 100 部，这些法律虽然也覆盖了包括网络犯罪、网络信息安全等方面，但这些法律的保障措施难以跟上网络发展的趋势，不能有效解决包括散发传播负面网络舆论在内的一些网络问题。为了保障我国网络正常的社会秩序，我国亟须制定一部完整、科学权威的网络舆论法律，利用法律的强制性和权威性，来约束非法、虚假的网络舆论的产生和蔓延。进行法制保障需要我国立法机构、法学专家学者的共同努力，从以下方面进行：

①明确网络舆论立法的真实目的。网络立法不是为了限制网络的发展，而是要通过制定法律规范网络行为，确保网络能够朝有利于引导人民群众精神文化生活积极向上的方向发展。网络立法不在于"堵"，而在于"疏"，在于控制和引导，加强以引导性网络立法为主的法制建设。

②制定网络立法的总体规划，加强《网络舆论法》等专项法律建设。包括界定网民的正当权利与义务，界定正常舆论与非法舆论，界定网络媒体传播信息的合法性与非法性，以及法律制裁措施，使各部分组成一个有机的体系。在制定法律的过程中，我国的立法机构、法学专家可以集思广益，在引进学习国外先进立法经验的基础上进行探讨。而网络舆论法律制定的第一要务乃是法律层面上对网络信息的明确界定和分类，区分合法与非法之别。例如，加拿大以立法的形式，把网络有害信息分为非法信息（illegal content）和攻击性信息（offensive content）。法律禁止在任何公共场所传播仇恨性信息，ISP 如果传输了仇恨性信息要承担相应的责任，攻击性信息是指没有违反加拿大现行法律，但为社会公共道德和公共利益所不允许的网络行为。对攻击性信息主要靠行业和网民的自律与自治。①

③明确政府、网络媒体、网民三方各自的权力与义务，对网络舆论主体发表的信息及舆论进行严格审查制度。例如韩国在 1995 年颁布实施了《电子通讯业

---

① 曾白凌：《网络政治表达的法律规制——兼论网络政治表达中的匿名权》，中共中央党校 2009 年博士学位论文，第 56 页。

务法》，又在 2001 年推出了《互联网内容过滤法令》，成为世界上第一个针对网络内容审查立法的国家。条例要点如下："要求 ISP 屏蔽政府黑名单中的所有网址，该名单包括超过 120 000 个网址。要求与青年人相关的互联网接入场所，如网吧、公共图书馆、学校安装过滤软件，引入互联网内容评级系统，各网站必须屏蔽被 ICEC（信息和通讯伦理委员会）规定的违禁内容。"[①]

④重视对公民合法权益和网络正常秩序的保障，用明确的法律条文界定言论自由权与个人合法隐私权不受侵害的区别，对随意发布虚假信息甚至是恶意散播谣言的网民及网络媒体进行法律上的制裁。

⑤整合以往制定的针对互联网管理的政策、条令、部门规章，提升立法的层次与水平，提高法律效力。消除以往法律规章中的交叉点及盲点，比如对网络暴民的处理，加大对网络舆论违法违规行为的处罚力度和处罚的可操作性，加强网络媒体从业人员及网民的法律意识，建立互联网相关主体的连带责任法律制度。

（2）健全政府的行政调控手段。政府行使职能不仅有法律调控手段，还有行政调控手段。行政调控手段作为对法律调控的必要补充，对我国的网络舆论进行引导和控制、公共危机的管理也起着举足轻重的作用。而当前我国对网络监管力量比较薄弱，许多地方还没有一个机构来负责对本地的各种网络实行正常的行政监管，因此加强对网络舆论风险和公共危机管理的保障体系建设也离不开政府行政调控手段的支持。

对网络舆论的过度放纵可能导致无政府主义的盛行，然而对网络舆论的过度监管则可能扼杀其优越性。应该运用多样化、灵活化的方法对网络舆论进行引导和控制。

①加快网络监管人才建设，培养一支高业务素质的网络监管人才，提高网络监管能力。网络舆论的健康发展离不开成立一支高水平的网络监管队伍，无论是是对网络媒体的建设和完善，还是对网络舆论的引导与控制最后的着力点还是在于人，因此和谐网络环境的构建的根本还是在于网络人才的培养上，提高网络管理人员的自身素质，尤其对于监管人员。当前在政府机构中，网络舆论监管的主体是公安系统的网络警察，他们具备懂法律、懂信息技术的能力，然而缺乏对网络舆论的敏感性，对于网络舆论这一新兴事物，监管能力显得力不从心，不能及时把握网络舆论的问题，不能起到预防作用。这就需要政府一方面要多渠道吸纳既具备良好的网络技术又具备舆论敏感性的复合人员，优化网络监管队伍结构；另一方面，对当前网络监管队伍进行培训和继续教育，与高等院校进行合作，提高其业务素质能力，形成一支强有力的网络舆论引导与监管

---

① 燕金武：《网络信息政策研究》，北京图书馆出版社 2006 年版，第 113 页。

队伍。

②支持网络主流媒体建设，政府可以在政策、资金等方面对网络主流媒体进行倾斜，进一步发挥主流网络媒体的舆论引导作用。同时政府作为各类媒体的监管人，可以发挥作为网络主流媒体与传统媒体之间的"牵线人"作用，形成一个政府管得住、网民信得过的场域，构筑和谐舆论场。网络主流媒体包括重点新闻网站、大型门户网站和视频网站、大型网络论坛等，网络主流媒体因其信息时效性强、传播速度快、信息渠道多的优势而受到广大网民的青睐，而传统媒体信息真实性强、影响大的优势对网民也发挥着重大作用。因此应加强对网络主流媒体，尤其是重点新闻网站的扶持力度，加大资金投入，利用传统新闻媒体人才和现代网络技术的优势，整合网络资源，实现不同网络媒体之间、网络媒体与传统媒体之间的信息共享，增强各类网站的异质性和互动功能，做强主流网站，以吸引更多网民，引导和控制网络舆论。

③对网站进行有效管理，实行属地化管理与网站备案制。政府可以通过自上而下的管理体制及特别的监督部门对网络进行行政规制。国家承担着社会稳定与发展的责任，有义务规范和管理网络舆论，以调整网络空间的社会关系和社会秩序，保证其健康协调发展。不论是网络基础设施和建设规划还是内容提供都不可避免地要求政府的行政参与和支持。政府对网络舆论的行政管理主要体现在对互联网服务供应商的有效行政规制上，互联网服务供应商、内容提供商连接着有形和虚拟的世界，他们了解客户端位于什么地方，并向客户收费。政府应要求供应商提供各种真实资料备案，监督其合法经营，网络中出现的很多问题可以在互联网服务供应这个环节和层面上得到解决。

④政府加快"网络半实名制"的推行。网络半实名制在我国处于有效探索阶段，在高校 BB 论坛实行，目前仍处于试行阶段。网络半实名制即是网民进行发帖、跟帖、评论时，首先需要在 BBS、网络媒体、各类论坛等网络平台上提交自己的真实姓名、有效身份进行后台验证注册，但在前台可以使用自己喜欢的网名，进行匿名互动的一种制度。网民如果没有做危害公众利益、违反国家法律的事，真实姓名属于隐私，而一旦触犯了法律，隐私将不能在成为隐私，会受到监管。[①] 通过网络半实名制的推行，既可以保障网名合法的言论自由权、话语权、监督权的实现，也可以使网民为网络非法言论、网络侵权行为承担责任，对网络舆论的秩序起到规范和稳定的作用。

⑤加强网络道德建设，不断提高网民及其网络媒体的责任意识与约束能力，

---

① 刘育英：《新网络实名制欲出　后台实名前台匿名》，http：tech. qq. com/a/20061129/000007. html，2006 年 11 月 29 日。

增强自身素质。良好的公民素质是实现社会善治的必要条件，党的十七大报告明确提出，加强公民意识教育，树立社会主义民主法治、自由平等、公平正义理念，这无疑是党和国家对公民素质的深层次关注。① 道德水平是公民素质的一个重要方面，道德作为一种规制人们行为的方式，网民道德水平的提高与网络舆论的正负面作用息息相关，道德水平的提高也离不开社会环境的影响。因此政府可以从以下方面着手，加强网络道德建设。

首先，培育和壮大社会公益组织，支持公益网网站建设。公益组织及网站因为其特有的社会责任感和草根性、使命感，对整个社会风气及道德水平发挥着巨大的影响作用，运用公益组织的社会责任感和感召力去感化和教育网络媒体和网民，以约束自己的不实行为。政府应该对社会公益组织的审批及监管进行便利化处理，在必要的条件下与公益组织进行合作，为其配置相关公益资源，实现"双赢"。其次，政府应综合利用报纸、电视、广播等传统媒体和网络媒体、深入学校、社区、公共场所进行宣传教育，提倡文明上网、文明办网、自觉抵制负面和非法网络舆论，提高网民及网络从业人员的素质和责任意识，通过塑造网络文明风气，营造良好的舆论环境。因为网络文明并不取决于网络技术，而受制于网络应用者的思维方式、价值取向和道德法律水准。② 再次，政府应该加强网络思想政治教育的平台和基地建设，通过上传新时期先进事迹、典型案例等内容的视频，开设网络课堂，丰富网络信息资源的方式，对网民和网络管理人员进行思想政治教育。思想政治教育一直是培育我国民众人生观、世界观、价值观的重要保障，也是形成民众道德水平的重要方式。在当前网络信息时代，各种世界观、人生观和不同文化都在网络中进行博弈，政府也应该与时俱进，改进和创新思想政治教育的手段，以适应新形势。在教育内容上，坚持民族性与世界性相结合，保持文化的多样性，从而保持网站的先进性。

3. 技术支持

重视对网络舆论监控，发挥技术支持作用。网络作为一种沟通平台的出现，可以为不同人群和组织所应用，民众和网络媒体既可以利用网络来收集信息，也可以用网络来传播信息，使得信息传播的主体角色愈加模糊，加上网络上充斥着海量信息，很可能出现大量的虚假信息淹没少量的真实信息，混淆视听，致使民众认知模糊。特别是一旦爆发突发事件，网络上杂乱的信息会严重干扰民众对于事件的认识以及引起社会恐慌心理，甚至威胁社会秩序的稳定。因此，为防范和处理不良和非法网络信息，政府有必要提供资金，组织科研机构、高校等单位去

---

① 《网络舆论缺乏现实基础——专家忧虑催生"网络暴民"》，http：//www.chinanews.com.cn/gn/news/2009/07 - 28/1793954.shtml，2009 年 7 月 28 日。

② 汤啸天：《计算机网络安全与文明建设的基本对策》，http//：www.ccet.com/。

开发信息过滤软件和网络舆论监控系统。在科技日新月异的背景下，政府应该利用最新的技术手段实现对网络舆论的监控，严格把关网络信息的来源渠道和内容，改善网络媒体在重大信息传播过程中混乱无序的局面。例如，信息过滤软件就可以在庞杂的互联网的各个端口起到"一夫当关"的作用，信息过滤软件是一种自动化的过滤技术，可以免去人为操作的时间差，过滤掉一切不利于危机解决的负面信息。① 尤其是在突发事件的信息传播中，政府可利用该技术对明显煽动危机、破坏社会稳定的不良信息进行过滤或屏蔽。通过先进技术的研发与应用，有助于政府对网络舆论信息进行有效地把关，对改善网络媒体管理人员的人为监管能力与范围的局限，实现全方位的更有效和更具力度的信息监管。

（二）网络媒体保障

网络媒体是网络舆论传播的载体，是联结政府与网民的桥梁。为构建和谐的舆论场，引导和控制网络舆论，化解舆论风险，消除公共危机，网络媒体于其中也起着举足轻重的作用。在网络舆论风险与公共危机管理的保障体系建设中，网络媒体可以从提高网络舆论监控引导能力与强化信息"把关人"角色两方面进行努力，实现网络媒体的自我完善，促进网络媒体的健康发展，更好地实现社会功能。

1. 信息"把关人"角色的强化

"把关人"理论指出：传播过程中存在一些把关人，只有符合群体规范或把关人价值标准的信息内容才能进入传播渠道。② "把关人"的定位就是有效传播高质量的舆论信息。网络媒体与传统媒体相比，网民可以更加自由地进行信息的发表和看法意见的表达，"把关人"角色相对弱化，甚至在某种程度上消失，但这并不是说"把关人"毫无作用或者能力的丧失，而是对"把关人"的能力和素质等方面提出了更高的要求。而"把关人"素质能力的高低与网络技术运用水平、网络媒体行业规范及自律建设有很大关系。

（1）强化网络"把关人"作用，提高其舆论敏感性及信息处理能力。网络"把关人"包括网站编辑、网管、网络论坛版主等角色，自身的定位应当是信息的提供者、信息引路人、信息规范者和监督人。强化网络"把关人"作用的发挥需要两方面的支持：自身素质的提高与技术保障支持。重视人才和技术对规制

---

① 钱裙：《危机传播中的新媒体研究》，南京师范大学 2007 年硕士学位论文。

② 1947 年，美国社会心理学家库尔特·卢因在《群体生活的渠道》文中首次提出"把关人"概念，认为在群体传播过程中存在一些把关人，只有符合群体规范或把关人价值标准的信息内容才能进入传播渠道。

网络舆论的作用，是网络媒体自身责任的体现，也是保障体系建设的重要内容。

首先，对网络把关人进行系统培训，增强传播舆论信息的信度和效度。信息的发布方式通常有三种，网络媒体事先报道、传统媒体报道后网络媒体进行转载、网友先于媒体发布。在当今社会，通常是网民先于媒体发布舆论信息的风险更大。任何信息的传播，都是信息选择的过程，网友发布的信息，通常需要经过后台网站管理人员的审核，审核通过后，才允许其发布。但是在网络中，网络把关人面临的是海量的信息，特别是突发事件发生后，信息呈几何倍数增长，亟待传播扩散，这对于把关人的技术保障支持和在特殊事件中快速反应和信息处理的能力提出了更高的要求。在网络上充斥着各类信息，把关人应及时对信息的来源和真实性进行核实，向其他受众提供权威信息。网络把关人对信息的选择和传播，在很大程度上决定着网络媒体传播的主要内容。根据陈少华的调查研究，现今在一百多万从事网络编辑与内容管理的人员中，80%的编辑人员从事编辑相关工作年数不足三年，一部分人员来自新闻、信息传播与编辑出版领域，但是大多数来自其他专业，并且在从业期间没有经过系统的编辑专业培训。① 对于网络舆论风险和公共危机管理的保障体系建设中，网络媒体有必要对"把关人"进行系统的职业技能的培训，结合心理学、编辑技术、新闻与广播电视学、计算机学、传播学、社会学、风险社会等多学科知识的专业培训，提升其专业技能，强化其基本的政治素质、文化素质，增强对舆论信息的鉴别能力和把关技能，提高传播信息的信度和效度。

其次，提升技术保障水平。为控制网络舆论，规避公共危机，网络把关人除了自身能力的拓展外，更离不开技术的支持。在目前过滤互联网中违法与有害信息的最全面、最有效的技术手段是采用"互联网内容选择平台"和"中性标签"系统。② 通过这样的技术手段，对网络舆论信息来源渠道进行筛选和过滤，乃至屏蔽和组织发言，从服务器上删除含有非法信息的文档，利用过滤软件阻挡垃圾、虚假、煽动信息的传播，以控制网络舆论朝负面方向发展。

以腾讯处理低俗色情图片信息为例，其采取了多种措施不断强化监管队伍，优化监管流程，加大对各种低俗有害信息的清理整治工作，不断加强技术手段，屏蔽非法信息。通过设置关键字和过滤图片系统，每天审核处理千万级以上的图片信息，尽最大努力有效防止有害信息传播，做到及时发现、及时反馈、及时处理；腾讯成立了专门的信息安全执行委员会，配备了超过200名工作人员的信息安全审核团队进行24小时不间断的内容审核，目前每天所处理审核的图片信息

---

① 陈少华：《试论网络编辑及其专业化教育》，载《中国编辑》2007年第2期，第64~68页。
② 王敬红、陈燕：《网络的有效管理方式》，载《网络传播》2005年第2期，第19~21页。

数量超过几十万条。① 最后达到的效果十分显著，有害网络信息、图片的传播数量明显大幅度减少。

（2）加强网络媒体行业自律建设，正确处理经济效益与社会效益的关系，强化社会责任意识。人在环境中生存，把关人的能力与责任意识同整个互联网行业的环境息息相关。世界上大多数国家的网络管理实践中，行业自律这种自我管理方式长期占据着最主导的地位，较为著名的是美国计算机伦理协会所制定的伦理道德和职业行为规范的十条戒律。国外一些著名网站也对网络互动空间出台了各自的自律规范办法，其主要有：制定发帖规则，网民依规自律；网站行使权利，删除违规信息；接受网民举报，制止违规行为。② 当前国内互联网业也比较重视自我约束、互相监督、公平竞争、健康发展的行业自律建设和网络职业道德规范建设。先后成立了中国互联网信息管理中心机构，组建了中国互联网协会、中国互联网协会新闻信息服务工作委员会等行业协会、相继签署了《中国新闻界网络媒体公约》、《中国互联网行业自律公约》、《互联网新闻信息服务自律公约》、《文明上网自律公约》、《博客服务自律公约》。号召全行业网络媒体自觉遵守国家相关法律和国家签署的国际条约的规定，坚决抵制有害信息的网上传播，提供的新闻信息内容导向正确、客观真实、来源合法，自觉履行互联网信息服务的自律义务，尊重和保护知识产权，接受公众和政府的监督，正确引导与控制网络舆论，承担相应的社会责任。这就需要网络媒体自觉落实各种公约赋予自身的责任和义务，强化社会责任意识，正确调节经济效益与社会效益的关系，不能为了过分追求点击率、网站浏览量而导致忽视对网络舆论的监控与引导，忽视国家和集体的利益，忽视自身的社会责任。

2. 网络舆论监控引导能力的升华

正确控制和引导网络舆论策略应该是疏堵结合。网络媒体"把关人"角色的强化主要是发挥其对网络舆论的"堵塞"作用，可以强化对网络舆论的监管，取得的效果可能差强人意，而为了有效引导与调控网络舆论，除了要强化"把关人"角色外，更重要的是对网络舆论进行梳理引导，趋利避害，这关系到网络舆论能否真正健康和良性地发展。为了加强网络舆论风险和公共危机管理的保障体系建设，网络媒体应注重加强意见领袖的培养，加强与传统媒体的联系，用权威的话语声音对民众的意见看法进行引导，因势利导地引导舆论走向。

（1）意见领袖的培养。美国传播学家拉姆斯菲尔德提出了传播的二级理论：

---

① 腾讯声明，"将配合公安机关严厉打击网络色情"，http://net.china.cn/ywdt/txt/2009-07/15/content_3017700.htm。

② 张海鹰：《网络传播概论》，复旦大学出版社 2001 年版，第 226 页。

即"观念常常是从大众媒介流向意见领袖，然后由意见领袖告诉公众中不太活跃的那部分"，[1] 在传播的过程中，意见领袖充当着信息传递的中间者和过渡者。这种传播模式也不例外的存在于网络舆论的传播过程中，这种状况在突发事件爆发后，网络上出现各种真实或虚假的信息难以辨认时效果更加明显。由于民众自身获取真实信息的渠道的限制，对于那些学识渊博、信息掌握充分、见解深刻的人所发表的意见和看法更加依赖，受他们的影响也更大，需要意见领袖为自己解惑。信息社会中，这种意见领袖主要有各种权威专家、论坛版主等。

首先，发挥专家队伍的舆论引导作用，强化正面导向力。着力于专家库队伍建设，这一队伍包括不同领域的权威专家、学者和政府官员，加强同他们的沟通联系，形塑权威观点的正面影响力。俗话说："内行看门道，外行看热闹"，在重大突发事件发生时，开设专题版面进行报道，是大型网络媒体的一般做法，在网页内容的充实过程中，除了报道突发事件的背景、最新事件处理进展、相关主体的应对举措、其他媒体评论外，不可或缺的一部分就是及时联系相关专家学者或政府官员就这一事件进行访谈，邀请专家对事件进行分析，参与网民中的讨论或在线回答网民提出的问题，增强对事件解读的权威性，形成有助于朝好方向发展的主流舆论，使社会形成相一致的认识。这一群体因其拥有扎实的专业知识的积累，对突发事件有自己的真知灼见和理性判断，及时地介入易于树立媒体在话语权中的权威性，再结合民众信赖权威管理的心理，对网民的舆论进行及时的引导，减少或消除网民对事件的疑惑和不确定性，弱化负面舆论对网民的影响。

其次，发挥网络社区领袖的舆论引导作用，即培养"舆论领袖"。凭借一定的标准划分出某一群体，给他们授予论坛版主、论坛管理员的职位，有条件的网络媒体甚至可以给"舆论领袖"一定的经济报酬，增强他们引导舆论的积极性。由于信息本身包含内容的局限性，大多数网民对于信息的意见倾向更多地取决于"舆论领袖"的言论而非信息自身。因为在大型论坛和门户网站等各类网络社区中，有一群具有特殊身份的网络社区领袖，他们是网络媒体的积极活跃分子，具有丰富的网络经验、威信和感召力，以及自己独到的见解，时常发表积极的意见与看法，而在与民众进行平等对话的过程中，通过自己良好的文字功底和精辟的评论看法增强观点的传播效果与话语权，对"默默无闻"的网民产生积极影响，进行舆论的效引导。同时，网络媒体积极配合，将舆论领袖的见解和代表性评论、意见置于首页或其他最突出的位置，并用醒

---

① 邵培仁：《传播学》，高等教育出版社 2000 年版，第 228 页。

目的字号和颜色加以强调、突出效果，以便网友更方便地浏览到，增强舆论引导功能。

（2）加强网络媒体与传统媒体相互之间沟通交流机制建设，提升相互议题设置水平，对网络舆论进行有效引导。通过机制的建立，在认同舆论导向理念的基础上，有意识地整合不同媒体的资源，形成舆论宣传合力，增强舆论导向管理的效果。[1] 社会舆论的形成是个人言论汇聚的结果，其中离不开大众媒体的参与，舆论的形成与大众媒体营造的意见气氛休戚相关。在传媒领域，也存在着"群聚效应"这种现象，如果媒体报道同类内容，社会舆论会随着报道的主流气候，形成大范围的共鸣效果，甚至形成一致性的意见。

在主流舆论的作用下，受从众心理影响采取趋同的行动。这就需要构建网络媒体与传统媒体的联动机制，共同为网民设置议程，吸引网民的注意力，引导到可以控制的方向，帮助网民提高对舆论环境的认识，达到有效引导舆论的目的。议程设置具体是指媒体在进行信息报道时，网络媒体的强时效性和高度互动性是传统媒体所缺乏的，而传统媒体的信息权威性、品牌优势、受众广泛性是网络媒体不可以比拟的，通过在议题设置中进行合作，实现优势互补，共同引导网络舆论乃至社会舆论的方向，使舆论具有可控性。

在传媒领域存在两种信息交流机制：在图6-6沟通机制一中，网络信息由于信息来源渠道的多元化和信息的时效性强，可能导致各种信息风起云涌，信息的真实性难以把握，需要对这一缺陷进行弥补，网络媒体借助传统媒体的力量，发挥各自的议程设置作用，引导网络舆论乃至社会舆论的导向。在议程设置的过程中，传统媒体应对网络媒体的每日议程进行适时的关注，对网络舆论平台中关注度较高的、讨论程度较为激烈的、新闻价值比较高的议题进行及时深入采访、调查，对网上出现的信息进行证实，为公众带来真实可靠的信息来源，因为传统媒体在舆论传播过程中经常充当"意见领袖"的角色。在沟通机制二中，从传统媒体反映社会舆论的各类话题中，经过网络媒体进行转载，凭借网络媒体信息承载量大、反应及时的特点，从传统媒体的相关报道中获取有关线索和丰富的信息，全面分析不同的观点与立场，疏导社会的认知、价值、态度和行为，以友好的界面、鲜明的个性化特色进行话题的设置，对公众关心的"公共议题"进行分解、综合并进行轮换设置，设置子议题，吸引网民积极参与讨论，引导网民以及公众的舆论，通过"议题设置"，把社会的注意力引导到特定的方向，做到有效引导。

---

[1] 曾小明：《网络舆论及其导向管理》，国防科技大学2008年硕士学位论文，第68页。

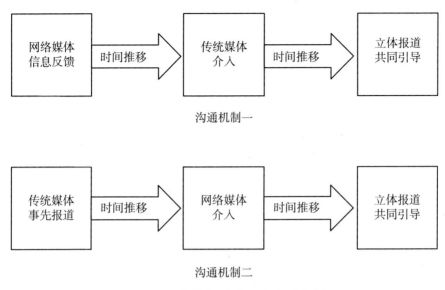

图 6 - 6　传媒领域的两种沟通机制

（三）网民保障

构建良好的网络舆论环境，离不开网民的积极参与。从终极意义上看，对网络的管理，其实就是对人的引导和管理，对人的管理最终就要落实到个人的自律。[1] 网民个体的自律几乎就是决定网络传播能否良性运行的基础性环节，网民个体的自律的成效是网络传播秩序的晴雨表。[2] 而"少干预，重自律"是国际互联网管理的一个共同思路，[3] 埃可·戴森曾经指出："网络在赋予个人强大权利的同时，也要求个人为他们自己的行动以及他们所创造的世界担负起更大的责任。"[4] 因为在网络信息及舆论传播的过程中，网民充当着信息的承担者和反馈者双重角色，拥有了前所未有的自由和权利，所应该承担的义务与责任也随之增加，其自身权利意识、素质能力、法制意识、社会责任感、道德伦理等状况直接影响着网络舆论的传播效果。因此在对网络舆论风险和公共危机管理的保障体系建设中，网民在以下几方面应作出努力。

① 王璜、陈正辉：《略论网络舆论及其引导》，载《扬州大学学报（人文社会科学版）》2007 年第 3 期，第 91～94 页。

② 刘桂珍：《论网络传播中自律的主体及层次》，载《兰州大学学报（社会科学版）》2008 年第 5 期，第 20～25 页

③ 王雪飞、张一农、秦军：《国外互联网管理经验分析》，载《现代电信科技》2007 年第 5 期，第 28～32 页。

④ ［美］埃瑟·戴森，胡泳、范海燕译：《2.0 版数字化时代的生活设计》，海南出版社 1998 年版，第 7 页。

1. 网民自身增强权利保护观念

除了需要国家的法律保障外，网民也应该不断学习法律知识，增强权利观念，正确运用网络平台表达自身的利益诉求，运用法律武器保障自己的合法权利。网民作为独立的行动主体围绕自己、他人及社会大众的正当权益，通过网络发表对社会有积极意义的见解意见，表达对社会事件的关注，形成网络舆论和强大的舆论压力，为决策部门建言献策创造条件，促进社会和谐与进步。从巴东"邓玉娇案"、晋宁"躲猫猫案"、杭州"飙车案"等重大网络事件来看，在对事件最后处理结果上，网民起到了重大的作用，不断促使政府实现决策科学化，促进社会和谐。而网民在网络舆论风暴中所追求的最终目标，正是社会主义民主法治、自由平等、公平正义的实现。

2. 网民明确承担社会责任与义务

自身权利的实现是以不侵犯、损害他人和国家的合法权益为前提的，这就需要网民不断提高自身的道德素质与自律观念，明确自身的社会责任，而这一任务的实现除了国家和网络媒体的推力之外，更重要的是需要网民自身的规制的拉力。在现实生活中，一个人的自律不论是对网络环境的改善还是对大众网民素质的提高都显得微不足道，但是其彰显的意义却不可估量，因为只要开始行动，做出表率，就会对他人的行动产生影响，使环境发生改变，如果大众网民都自觉自律，网络环境的改善将无可估量，这既是强烈社会责任感的体现，也是公民社会所追求的目标。网民自律意识可从以下几个方面入手：

（1）网民拓展对网络舆论的反思性能力，提高自身的媒介素养。网民可以通过知识的学习、能力的培养，在进行网络言论的发表、信息的表达时，应进行多方面的考虑，牢记自身的社会责任与义务，对自身利益、他人利益及国家利益进行权衡，同时掌握对网络信息的浏览获取能力，结合冷静理性的头脑对各种网络信息进行分辨，增强对媒介议题的辨识能力，自觉抵制不实舆论和网络不良风气，让虚假的网络信息和网络舆论消失在萌芽状态，增强社会责任感，合理使用自身的话语权。

（2）网民努力提高伦理道德修养的水平，严格约束自身行为，培养"慎独"精神。在我国传统儒家经典著作中，《礼记·中庸》上说："君子戒慎乎其所不睹，恐惧乎其所不闻。莫见乎隐，莫见乎微，故君子慎其独也。"大致意思是说，人在闲居独处时应当小心行事，以防有违道德的欲念和行为产生。"慎独"强调道德修养必须在"隐"和"微"上下工夫，认为在最隐蔽的言行上、在最微小的事情上能够显示一个人的品质，强调的是一种在无人监督、无人知道的情况下，也能严格按道德原则办事的境界。[①] 而当前网络传播的开放性、匿名性极大地弱化了传统道德在网络传播中应有的约束力，导致缺乏理智和责任感的网络行为出现，网络空间的道德环境及网民个体的道德水平凸显成为影响网络传播行为的重要因素。因此，为接近或达到"慎独"境界，需要使伦理道德的约束内化到网民自身的心灵中去，还需要锻炼自身自主选择判断能力，明确自身行为的对错。

网络舆论风险与公共危机管理的社会保障体系建设是一个系统性工程，涉及到政府、网络媒体、网民三方各自的行为与责任义务，为构建一个良好的网络舆论平台，健康的网络舆论环境，需要三方的积极参与与努力。

第四节　网络舆论危机应急处置体系及协同治理机制建设

针对网络舆论演变而成的各种危机事件，制定相应的危机处置预案；将网络舆论危机分类，将危机按照某种特征规律进行划分，便于归纳处置和管理，设计危机的处置预案。同时，针对不同的危机事件，研究并设计相应的应急处置方案，并研究设计相应的启动条件与启动机制，从而将网络舆论危机的损失降至最低。

一、网络舆论危机应急处置规范

科学合理设置网络舆论危机应急处置的规范，必须对网络舆论危机有一个清楚的认识。在明确网络舆论危机基本特征的基础上，认清网络舆论危机产生演化的规律，才能从网络舆论危机深化的不同阶段制定相应的处置规范。

（一）网络舆论危机

1. 网络舆论危机的产生

近年来，随着计算机技术和网络技术的飞速发展，互联网已经成为人们日常工作与生活必不可少的工具，人们可以在网络上浏览新闻、在论坛上发表评论、写博客，这些行为活动都与网络舆论有关。网络舆论的产生具有不确定性，并且不受时间和空间的限制，又是以匿名形式发表的，所以具有潜在的

---

① 刘日：《"慎独"是一种境界》，《人民日报》，2006 年 8 月 18 日第 4 版。

风险。

根据中国互联网络信息中心发布的《第 25 次中国互联网络发展状况统计报告》，截至 2010 年 6 月 30 日，我国网民人数已达到 4.2 亿，突破了 4 亿关口。在 2009 年年初，我国的网民人数就已经超过美国，成为世界上网民人数最多的国家。而最新的数据表明，我国网民人数仍在以较快的速度不断增长，这与我国人口数量众多有关，更与计算机与互联网的广泛应用密切相关。人们对网络的需求是越来越多了，这也意味着将会有更多的人参与到网络舆论的讨论中来，网络舆论的主体不再是那些网络应用的"先行者"，而是广泛的群众。根据调查显示，大多数网民的年龄段相对集中于青年人，虽然他们对事物的看法有着自己独到的见解，但也容易受其他因素的影响。他们在遇到突发事件的时候，往往不能够客观、全面地看待问题。而且，我们国家正处在社会转型期，人们的世界观与价值观有着不小的差别，即使是对同一事件，不同的人自然会有不同的看法。那些引起人们广泛关注与讨论的事情还没有得到适当处理的时候，人们会在网络上对其发表自己的意见，并且各自发表言论的目的也不尽相同，如果事态没有得到有效的控制，网络舆论所涉及的范围会越来越广，将对社会产生不良的影响。

网络舆论有正面的也有负面的，那些正面的网络舆论能够促进政府进行有效的管理，而负面的网络舆论往往造成事情的恶化，使社会处于一种不安定的因素中，从而演变为网络舆论危机，从而使政府、相关组织或当事人处于困难关头。[①]

网络舆论危机的产生也是有一个演变过程的。最开始是由于突发事件引起了人们的广泛关注与讨论，在网络上形成了舆论的焦点，人们各自发表看法，形成了网络舆论。当网络舆论的量累积到一定程度，而相关政府部门没有对引发网络舆论的事件作出正面的回应，那么网络舆论就会出现一边倒的情况，从而形成负面舆论，使网络舆论演变为网络舆论危机。网络舆论是在网络上产生的，但网络舆论危机的爆发不只停留在网络上，而是表现在现实的生活中，引发大规模的群体性事件，其后果是不堪设想的。

2. 网络舆论危机的特征

（1）不确定性：网络舆论危机不像经济危机或其他公共安全危机是显而易见的，它本身是一种隐性的危机，而且危机的初期不容易被人们发现。但是当网络舆论危机转变为现实生活中的行为时就不再是潜在的了，而是呈现出爆发性的

---

① 袁利民：《网络舆论危机的分析把握与管理引导研究》，载《思想理论教育》2006 年第 11 期，第 15～18 页。

特征。网络舆论危机的不确定性表明它不是一成不变的，而是随着事态的发展不断变化的。如果危机处理得当，那么危机化解后对社会生活是有益的，如果处理不当就是社会的损失。所以网络舆论危机的处置也是一项较难把握的问题，它的不确定性给处置网络舆论危机的管理者带来不小的困难，即如何界定网络舆论危机的发展态势。

（2）高度威胁性：人们常说"人言可畏"，这简单的一句话表明言论在某种程度上具有一定的威胁性。而作为新生事物的网络舆论，当它演变为网络舆论危机后，其威胁性更是显而易见的，它不只对人们看待事物的态度、观念产生影响，更是对整个社会的稳定造成高度的威胁性。由于我们国家在某些方面存在一些不稳定的因素，国外不法势力利用一切可以利用的机会造谣生事，歪曲事情的真相、有意扭曲政府在人民心中的形象，而网络舆论不受空间上的限制，它的特点极容易被这些不法分子所利用，有意造成网络舆论危机，达到他们的目的，一旦发生重大的网络舆论危机将会给社会造成不可估量的损失，国家的安全也会受到危害。

（3）不可预测性：网络舆论危机通常是由一些突发事件引起的，这些突发事件可能是自然灾害、重大事件，其发生原本就具有不可预测性，而就此引发的网络舆论危机由于网络的特点就变得更加难以预测。有些看似严重的事故并不一定就会引起网络舆论危机，而另一些社会突发事件则有可能因为政府职能部门的不恰当处理引起广泛的网络舆论危机。所以网络舆论危机的不可预测性给其应急处置工作带来较大的困难，它的发生不以人们的主观意志为转移。尽管网络舆论危机是不可预测的，但还是存在一些内在的原因导致其发生。

（二）网络舆论危机的处置方法

1. 网络舆论危机的处置原则

（1）及时处理原则：由于不良网络舆论的传播不受时空的限制，一旦出现网络舆论危机事件就要以最快的速度进行响应，使网络舆论危机造成的损失最小化。如同处理其他公共安全事故一样，政府相关部门能否对网络舆论危机进行快速反应直接影响到危机事件能否得以妥善的解决。如果没有对网络舆论危机做出及时的响应，后果是不堪设想的。时间上的延误导致政府决策层处于被动应对危机的状态，有可能造成决策失误。网络舆论危机在没有得到及时处理的情况下，事态会进一步恶化，最后导致严重的社会危害，并且处理危机事件的成本也较高。网络舆论危机的特殊性决定了其危害是十分严重的，如果政府对网络舆论危机置若罔闻，那么它很有可能在公众依然不知情的状况下愈演愈烈，就会造成大范围的社会危机，使整个社会处于一种不稳定的状态。及时处理网络舆论危机不仅使相关部门获得采取措施的主动权，更重要的是减少了网络舆论危机带来的危害，也减少了处理危机所需要的成本。

（2）实事求是原则：政府部门在处理网络舆论危机的时候应当遵循实事求是的原则。在日常的舆情监测中，管理人员在发现焦点事件后应主动调查事情的真相，做到早发现早处理，防患于未然。那么在这个过程中就必须要坚持实事求是的原则，尊重事情的原委，在这个基础之上对网络舆论危机采取科学合理的处理方法。公众在网络上发表言论的时候有可能并不是对事情的真相百分之百地了解，所以政府的管理人员要在充分调查清楚事件的来龙去脉之后据实对公众以通告，人们也就不会妄自猜测、无中生有了。

（3）依法处理原则：我们国家是一个法治国家，政府处理各项事务都必须遵守法律的规定，虽然网络舆论是一个比较新的社会问题，对于网络舆论危机人们也没有很高的重视，在立法上相对滞后，且现行的法律法规没有对网络舆论危机的处理做出十分明确的规定，但是这并不意味着网络舆论危机的处理在法律范围之外。一些法律法规的完善还需要一个过程，那么在现阶段，政府处置网络舆论危机应当遵循相关的法律规定，依法办事，不能为了控制网络舆论危机而采取非法的手段。要加快有关网络舆论危机应急处置的相关法规的制定，才能从法律的角度对网络舆论危机的处置有一个制度上的保障。

（4）信息公开原则：公众需要的是政府部门执政、执法的透明度，我们的社会是一个法制的社会，那些能够引起公众广泛关注进而演变为网络舆论危机的事件大都是因为某些人的行为触犯了法律而没有受到法律应有的制裁。作为政府在处置有关网络舆论危机的时候，要做到对整个事件执行过程的信息公开。只有把处置网络舆论危机的透明度最大化，才能使公众清楚整个事情的来龙去脉，明白事情的真相，人们才有时间来对事情作出一个理性的判断，而不是在非理性之下仅凭自己的想法对事件下一个结论，那么网络舆论危机也会在一定程度上得到化解。

2. 建立网络舆论危机预警制度

由于网络舆论不受时间和空间的限制，具有不确定性与难以预测性，一旦网络舆论在短时间内迅速升级演变为危机，它的负面效应将以极快的速度在网络上扩散，以致难以控制，造成无法估量的社会危害。所以，对于网络舆论的危机处置，应以预防为主，建立和健全完善的危机预警机制，以减少网络舆论危机带来的损失。

国务院于2006年1月8日发布了《国家公共事件总体应急预案》，这一法律条文的颁布对国家公共事件的应急处置做了一个指导性的要求，但是它并未将网络舆论危机作为国家公共事件包含其中。然而随着时间的推移，网络舆论危机已不是普通的突发事件，而是成为影响社会和谐甚至危及国家政权稳定的问题。例如：2009 年全世界甲型流感的爆发，有报道称注射甲型流感疫苗者出现死亡的病例，更有报道称钟南山怀疑政府故意隐瞒患甲流死亡的人数，一时间人们陷入极度恐慌的状态，人们通过这些报道了解的事情真相还有待考察，但是已经在心理上有一种恐惧感，人们在网络上纷纷表达自己的看法，表现出对政府的极度不信任。绝大多数人都产生了诸多的怀疑，并且大都相信这些报道的真实性，网络舆论有愈演愈烈之势。

显然，任何突发性的网络舆论危机都将对社会造成一定程度的危害，要做到防患于未然就必须建立一套实时有效的危机预警机制。根据《中华人民共和国突发事件应对法》的规定，国家建立健全突发事件预警制度，对于可以预警的网络与信息安全事件的预警级别，按照事件发生的紧急程度、发展态势和可能造成的危害程度分为：Ⅰ 级（特别严重）、Ⅱ 级（严重）、Ⅲ 级（较重），这些分别对应发生或可能发生的特别重大、重大和较大的网络与信息安全事件。[①]

地方政府应成立网络舆论危机应急处置中心，可以隶属于政府应急办公室，负责实时监测网络舆情，并在必要时采取应急处置办法来控制网络舆论危机的蔓延。当然，各地政府的应急处置中心需要密切的联系，因为网络舆论危机的发生并不局限于某一地区，作为地方政府应首先做好自己本地区的网络舆论监测与预警工作，当网络舆论危机发生并在大范围内产生不良影响的时候，各地区应急处置中心就得在第一时间取得联系，及时地制订网络舆论危机应急处置方案。

同时，网络舆论应急处置中心要建立一套高效的舆情报告制度，及时向上级领导报告网络舆论危机的苗头以及危机的进展情况，并且还要制订科学合理的网络舆论危机应急处置预案，虽然在突发事件发生之后预案并不能解决所有的问题，而且每一项预案也是需要在危机事发生后不断修改的，但是预案还是能在一定程度上对网络舆论危机做出恰当地处置。对于应急预案，应急处置中心的管理人员要非常明确应急预案的启动程序，在什么时间采取什么样的措施，在网络舆论危机事件发生的时候要能果断地做出正确的判断。

3. 技术上的处理方法

在建立网络舆论危机预警制度的同时，也要从技术的角度对网络舆论进行控制，可以通过"过滤"、"删除"、"顶帖"、"沉帖"与"锁帖"、"封帖"、"停

---

① 宫亚峰、李爱东：《网络与信息安全事件应急处置研究》，载《计算机安全》2009 年第 9 期，第 1~5 页。

止发文"等方式进行处理。① 网站技术人员通过设置关键词对帖子进行"过滤",可以减少大量敏感信息,从源头上防止不良网络舆论的出现。当然关键词的设置不可能做到面面俱到,还是会有一些不良的网络舆论出现在网站上,那么网站的管理人员通过实时地监测发现问题的时候就要选择在适当的时候删除那些帖子。对于那些能正确引导舆论的帖子要"顶帖",使它在论坛最显眼的位置发挥舆论导向的作用。"沉帖"与"锁帖"是为了防止事态的进一步恶化对有可能引发网络舆论危机的帖子采取的措施,它只是一种暂时控制不良网络舆论扩散的方式。而"封帖"与"停止发文"是对那些还未经过事实证明却有意散发不良信息所采取的措施,这样做能在短时间内遏制不良网络舆论的蔓延,能从时间上取得一定的主动权从而采取下一步的措施应对网络舆论危机。

(三) 处置规章制度的健全

网络舆论危机的应急处置应当遵循国家的法律、法规,现有的规章制度有中共中央办公厅、国务院办公厅下发的《关于进一步加强互联网管理工作的意见》,国务院新闻办公室、信息产业部制定的《互联网新闻信息服务管理规定》以及国务院颁布的《国家突发公共事件总体应急预案》、《中华人民共和国突发事件应对法》。②

但是这些法规并没有对网络舆论危机的应急处置做出明确的规定,也没有把网络舆论危机作为突发公共事件的一部分。然而在信息时代,网络舆论的影响不再局限于特定的范围,它涉及社会生活的许多方面。一旦网络舆论危机发生,将造成不可预料的后果。国家相关部门应高度重视网络舆论危机,尽快制定相关的处置办法,进一步完善其他有关规章制度。首先,完善网络实名制度。虽然现阶段这一制度的实施有一定的困难,但加快网络实名制度的建设有利于对网络舆论进行管理。网络舆论危机的爆发与现有的一些互联网制度不够完善有关,网络的管理者通常处于一种被动的状态,对追究那些有意在网络上制造事端的人显得力不从心,网络舆论的监管也只能停留在表面上,不能直接追查到相关人员的恶意网络行为。其次,要建立网络经营者的行业规范与行业自律要求。网络舆论的监管不是一两个政府职能部门能够顺利完成的工作,它需要网络经营者的配合,要在法律上进一步完善关于互联网管理工作的条例,加强对网络经营者的管理,作为网站的管理人员首先要做到遵纪守法,不能发布一些不实的报道,也不能在事情还没有得到证实的情况下做出不利于社会稳定的评论。网站管理人员应当对论

---

① ② 袁利民:《网络舆论危机的分析把握与管理引导研究》,载《思想理论教育》2006 年第 11 期,第 15~18 页。

坛的版主进行管理，按照法律、法规的要求对一些有可能引起网络舆论危机的帖子进行适当的处理，避免网络舆论危机事件的发生。

二、网络舆论危机应急处置流程

针对网络舆论危机的发展及演变情况，其应急处置流程大致分为网络舆论危机突发时的应对与处置危机之后的完善工作。

（一）网络舆论危机应对

1. 及时的响应

政府相关部门要在第一时间对危机事件做出及时的响应，网络舆论危机应急处置中心的管理人员根据事态发展的程度，按照上级的指示，经由政府权威部门或其他具体事件的相关管理部门召开新闻发布会，向公众发布正确的信息，如事态严重，还应实时地向公众通告事情的发展情况。响应的时间是防止网络舆论危机进一步蔓延的主要因素，即要在较短的时间内尽可能调查清楚事情的真相，还要考虑到事情的真相可能会造成另一方面的危机。这就需要相关管理人员对网络舆论危机的事态有一个整体的把握，孰轻孰重应能准确判断，任何危机的应对也是考验政府管理人员的能力。

相反，过去那种为了社会稳定而采取的先封锁消息来应对舆论危机的处置方法经过事实证明是行不通的，这样做不但忽视了公众的知情权，更重要的是它违背了处置舆论危机的规律，试图回避或掩盖事实的真相只会使网络舆论危机的危害性变得更加严重，使谣言和负面舆论有更广泛的传播空间，正面的舆论越来越少，那么最终舆论危机得不到有效的控制和疏导，政府的公信力荡然无存，会严重影响社会的稳定和谐。

然而，网络舆论危机的发生通常在较大的地域范围，各个行政地区的网络舆论处置中心的工作不是孤立的，而是必须与其他的处置中心相联系。但是现有的管理方式却不利于处置跨地区的网络舆论危机事件，各政府部门缺乏协调一致的机制，甚至会出现舆论危机发生之后互相推脱责任的情况，所以建立一套联动的网络舆论危机响应机制就显得尤为重要，这样才能保证各相关部门之间的联系，以及在第一时间对跨地区的网络舆论危机事件做出及时和正确的处置，并且还要明确负责人的权责，不至于出了问题找不到负责人。

2. 启动网络舆论危机应急处置预案

在第一时间对网络舆论危机事件响应之后，要启动网络舆论危机应急预案。按照我国现行法律与政策的要求，应急预案按照制定部门与组织的级别至少应分为五个层级，即：企事业单位或社区层级，区、县政府层级，地、市政府层级，省、自治区、直辖市政府层级，以及中央政府层级。无论应急预案有多少层级，实行属地管理是基本的应急原则之一。这一原则决定了应急预案的启动应按照分级管理、分级反应，自下而上的程序进行。①

以上是公共安全危机事件的应急处置层级，由于网络舆论危机有它不同于公共安全危机事件的特点，即不受时间和空间范围的限制，并且传播速度非常快，网络舆论危机发生后所影响的范围一般是比较大的，不会只局限于企事业单位或社区层级或区、县政府层级，大多在地、市政府层级及以上，所以对于网络舆论危机应急处置预案机制的层级设置需要重新界定，可以分为地、市政府层级，省、自治区、直辖市政府层级，区域层级（中部地区、沿海区域、西部地区等），中央政府层级。

针对具体的网络舆论危机事件，在确定责任范围之后，要采取恰当的措施处置危机事件，如果危机不能在短时间内得到控制，必须报告上级管理部门进行处置。在上级部门调查事件的时候，各地方政府相关部门应协调起来、各司其职，协助上级部门调查清楚引发网络舆论危机事件的真实情况，并且密切关注网络舆论的发展，做好稳定的工作。

应急处置预案只是事前做出的方案，一旦网络舆论危机爆发之后，很有可能现有的处置预案不能派上很大的用场，这就需要各级处置中心的管理人员审时度势，根据实际情况做出及时的判断，调整或修改应急处置预案，必要时制订新的处置方案。

3. 正确的舆论引导

当舆论危机在一定程度上得以控制的时候，相关的政府部门应当针对具体的事件做出正确的、积极的舆论引导。因为任何网络舆论危机的爆发都是由许多社会问题等多种因素造成的，我们国家正处于社会转型期，许多社会矛盾难以在短时间内得到彻底的解决，所以网络舆论危机从本质上来讲是不可避免的。而网络舆论是人们表达自己对公众事件看法的一种方式，之所以转变成危机也是由于相关政府职能部门没有在第一时间做出一个正确的舆论引导，以至于人们在不清楚事情真相的时候妄自猜测，以讹传讹，扭曲了事情的本质。

政府职能部门在处置网络舆论危机的时候应本着实事求是的客观原则，把人民的切身利益放在首位，维护好社会的稳定才能有利于国家的发展。网络舆论危机是由于负面的舆论占了上风，舆论处于一种极端不平衡的状态。作为政府要从

① 郭太生、寇丽平：《论公共安全危机事件应急处置的运行机制》，载《中国人民公安大学学报》2004年第5期，第13～20页。

网络舆论危机中找到矛盾的主要原因，以较快的速度发布最新的信息，解释政府的相关政策，宣布政府的补救措施，以此获得舆论的主动权，防止危机事态的进一步恶化。

此外，还应当发挥网络媒体的舆论导向作用，引导人们选择正确的行为。作为一种新的媒体形式，网络媒体应在第一时间报道事情的真相以及政府采取的措施，网络媒体在当今社会更应当肩负媒体的重任，因为人们的生活与网络是分不开的，许多人都是在网络上获得最新消息的。所以网络媒体要支持政府的正确舆论引导，以事实为依据，对引发网络舆论危机的事件做出客观真实的评论，公众在了解事情的真相后会有一个新的判断。网络媒体可以在政府公布解决方案后开展民意调查，及时地了解人们对政府采取措施的意见和建议，同时也便于监测网络舆论的演变。

（二）网络舆论危机应急处置后的完善工作

1. 调查事实并追究责任人

当网络舆论危机得以控制之后，就像其他危机一样，也有一个恢复的过程。在资本主义社会，经济危机的发生是不可避免的，究其原因是资本主义的制度造成经济危机周期性的发生。而网络舆论危机是由于一些社会问题没有得到妥善的解决，人们的诉求没有得到正当的满足，从而造成一种舆论态势上的失衡。那么，政府在处置网络舆论危机之后并不意味着引发网络舆论危机的事件已经得到彻底的解决，有可能只是暂时的现象。所以，政府的相关部门应当对这些舆论事件引起足够的重视，不能仅仅把网络舆论危机当做是一个突发的事情，而要探究其深层次的原因。

首先，要进一步调查引起网络舆论危机事件的根本原因，发掘其隐藏在事件中的不稳定的社会因素，从而防止类似事件的再次发生。有关政府部门应当对危机事件本身进行研究，深入调查事件的起因及其经过，发现问题的本质，并且了解公众的真实诉求，探究现有规章制度存在的问题以及提出正确的解决方案。

网络舆论是民众表达自身意愿的一种表现形式，它所引发的危机实际上是社会问题深层次的反应。中国是一个民主的国家，每一个公民都有言论自由的权利也有维护自身合法权益的权利，人们借助于网络这个平台表达关于焦点事件的看法其最终目的是希望我们的社会制度更加健全，作为政府对网络舆论危机事件进行处置之后，要反思为什么会出现这样的危机事件，是哪些制度有碍于社会的进步从而必须实施改革，例如前几年发生的"孙志刚事件"。有关部门在调查清楚事情的真相之后必然会对现有的工作进行反思，"以人为本"的原则应在处置网络舆论危机事件的过程中得到充分的肯定，政府的职能是管理国家事务，但同时政府的职能也在进行转变，即由投资型政府转为服务型政府，政府的职责更是为人民服务的，所以政府对自身工作的反思也是对人民负责的表现，以求公信力的重新塑造。

其次，要追究对网络舆论危机事件负有重大责任的人员，严格依照法律程序进行处罚。在网络舆论危机的处置过程中，一些政府官员的失职可能导致网络舆论危机未能在较短的时间内得以控制，从而造成社会危害。所以，政府要建立有效的问责制度，明确各级相关领导的职责，出现问题的时候能及时联系到人，不至于出现负责人互相推脱责任的情况。对那些故意散布谣言、制造事端引发网络舆论危机的人，公安机关要利用技术手段进行追查，对这些人员应当追究其法律责任。网络舆论虽然具有其隐秘性，但是只要技术方法运用得当，是能够确定是谁在网络上发布的不良信息。

2. 完善网络舆论危机预案

首先，网络舆论危机处置中心在处置网络舆论危机之后，需要召开专门的会议讨论关于完善网络舆论危机应急处置预案的工作，总结预案在实施过程中存在的问题，并且提出有效的解决方法，使预案的执行效率得到提高。因为任何预案本身都存在一定的缺陷，不可能对未发生的事情做到全面有效地处理，只有在实践中积累一定的经验不断完善预案，才有可能在以后发生网络舆论危机事件的时候更好地处理。

其次，结合已发生的网络舆论危机预测今后有可能发生的危机事件，并制订出新的应急处置方案。这需要用到信息分析与预测的技术，可以通过分析我国国民经济活动中存在的各种问题（例如明年的通货膨胀预期），网络舆论处置中心的管理人员从普通民众的角度看待这些问题时就会发现网络舆论可能出现的危机，做到危机还未发生的时候就做好准备工作。毕竟这些管理人员有一定的处置网络舆论危机的实践经验，具备对网络舆论危机的敏感性，对网络舆论危机的发生规律有一定的把握。所以，信息预测也是网络舆论危机处置管理人员必须掌握的技能，提高管理人员各方面的素质是非常必要的，我们国家必须重视这方面的管理人才的培养，并且要不间断地对现有的管理人员进行各方面的培训，这样才能有效地预防网络舆论危机事件的发生，并且在危机发生之后能够及时地进行处置，避免危机事件的恶化。

3. 网络舆论危机处置反馈

应当利用互联网构建政府与公众对网络舆论危机事件交流的平台，公众可以对政府处置网络舆论危机的方案、效果等进行评价，提出意见和建议。网络舆论危机给社会带来的不全是负面的影响，它也有有利的一面，任何事情的发生都有其内在原因，之所以发生网络舆论危机事件也是由于我们的社会潜藏着一些不稳定的因素，网络舆论危机的爆发也是一个量变到质变的过程。通过建立这样一个相互交流的平台，使公众与政府能够更好地沟通，而不是仅仅由政府处置网络舆论危机。公众在反馈的过程中体现了人民参与国家事务管理的民主化，这个平台不仅促进了网络舆论危机得以更好地解决，同时也维护了政府的公信力，有利于重塑政府的形象，减少公众对政府的信任危机，使社会更加的和谐与安定。这个网上交流平台可以设置在政府网站上专门的栏目里，网络舆论危机处置中心的管理人员可以实时地了解公众的意见，及时地改进自身的工作。只有切实的把大多数人民的利益放在首位，用心聆听群众的呼声，保护大多数人的合法权益，才能使网络舆论危机尽可能少的发生，从而使网络舆论成为加强民主进程的有利工具，而不是人们宣泄不满情绪的方式。如此一来，网络舆论才能真正体现它有益的一面，并且网络舆论危机也更侧重于成为社会发展的新的契机。

我们国家在建设法制社会的道路上还有漫长的路要走，近年来由于政治方面的原因，有许多不稳定、不和谐的因素在左右着人们的思想。一个国家要谋求发展，各个民族应团结一致，对于世界上其他国家一些别有用心的人蓄意制造网络舆论事端的行为，我们要坚决地反对与制止。作为政府部门的管理人员应当时刻关注这些不稳定因素的发展，从自身的工作做起，减少网络舆论危机发生的可能性。

三、网络舆论危机协同治理方法

鉴于网络舆论危机复杂的多主体特征，要治理好网络舆论危机，协同治理是一个比较好的方法。

（一）协同及协同管理

1. 协同理解

（1）协同的定义。协同有很多含义，在不同的情况下有不同的意思。我们大致根据用法可以分为四个意思。①谐调一致；和合共同。《汉书·律历志上》："咸得其实，靡不协同。"②团结统一。《三国志·魏志·邓艾传》："艾性刚急，轻犯雅俗，不能协同朋类，故莫肯理之。"③协助；会同。《三国志·魏志·吕布传》："卿父劝吾协同曹公，绝婚公路 。"④互相配合。《中国通史》第四编第三章第一节："遇有战事，召集各部落长共同商议，调发兵众，协同作战。"

我们认为协同是指两个或两个以上的不同资源和个体利用他们之间的相互协同和合作的能力，共同一致地完成某一个目标的过程。协同的过程是每个资源之间互相协调、协作，共同前进，使结果令参与协同的多方都获益。其实这样我们可以看出来，协同并不是新生事物，它是随人类社会的出现而出现，并随着人类社会的进步而发展的。当技术从人们日常生活和商业社会的边缘逐渐成为核心，人们就越来越需要技术能够提供更多的东西。作为一个新的热点，"协同"概念有着更深的含义，不仅包括人与人之间的协同，也包括不同应用系统之间、不同数据资源之间、不同终端设备之间、人与机器之间、科技与传统之间等全方位的协同。

（2）协同的原理。1971年德国科学家哈肯提出了统一的系统协同学思想，认为自然界和人类社会的各种事物普遍存在有序、无序的现象，一定的条件下，有序和无序之间会相互转化，无序就是混沌，有序就是协同，这是一个普遍规律。协同现象在宇宙间一切领域中都普遍存在。在一个系统内，若各种子系统不能很好协同，这样的系统必然呈现无序状态，发挥不了整体性功能而终至瓦解。相反，若系统中各子系统能很好配合、协同，多种力量就能集聚成一个总力量，形成大大超越原各自功能总和的新功能。[1]

哈肯把协同学基本原理概括为三个，即不稳定性原理、支配原理和序参量原理。

①不稳定性原理。协同学以探究系统结构的有序演化规律为出发点，从相变机制中找到界定不稳定概念，承认不稳定性具有积极的建设性作用。在一定意义上讲，协同学是研究不稳定性的理论。

②支配原理。支配原理认为，有序结构是由少数几个缓慢增加的不稳态模或变量决定的，所有系统都受这少数几个不稳态模的支配。通过这几个慢变量，即可对系统的演化作出描述。

③序参量原理。序参量原理主要运用相变理论中的序参量，替代耗散结构理论中的熵的概念，作为刻画有序结构的不同类型和程度的定量化概念和判据，以描述和处理自组织问题。序参量是一个宏观参量，是微观子系统集体运动的产物，是合作效应的表征和度量，支配子系统的行为，主宰系统整体演化过程。

协同学的三个基本原理，存在着密切的内在联系。当系统的控制参量适当改变时，系统可能成为线性不稳定，有关变量可以划分为稳定和不稳定两种，应用支配原理，可以消去快变量，在不稳定点上，序参量支配系统行为，使系统发生结构演化。[2]

2. 协同管理

（1）协同管理的定义。协同管理，实际上就是利用协同论的基本思想和方

---

[1] 李灵：《电子商务项目的协同管理研究》，天津大学2003年博士学位论文，第28～38页。
[2] 哈肯.H：《高等协同学》，科学出版社1989年版。

法，利用多媒体计算机技术和通信技术建立一个协同工作的环境。在此环境下，群体中的人们为了能够完成共同的任务而进行协调式合作，研究管理对象的规律并对其实施管理，实现共同任务。它其实是以跨组织间的相互整合为基础的。我们可以以企业为例来理解协同管理的概念。对于企业而言，它是由许多人组成的一个有机的整体，只有企业的所有资源整体协调配合才能发挥最大的效益。企业内部包括许多业务单元，例如采购、生产、营销、管理等等，如果把各个分散的单元协同起来，就能创造大于各部分简单加和的企业价值，也就是 $1 + 1 > 2$。协同管理研究对象是系统，协同管理可以使企业的任何一项活动都不再独立。企业可以建立在协同的基础之上，依靠组织内外之间各种资源的协同配合获得最大效用，从而使得企业的内外资源能够在一个平台上高度共享信息，协同完成各种复杂的任务。

（2）协同管理的目的。协同管理的目的是利用系统中各子系统的各种优势，联合组织间各个伙伴的能力，进行整合，更加有效地实现系统整体利益的最大化，从而将整合后的能力发挥到最大来完成各个伙伴的目标。由于组成系统的各子系统具有不同的目标，且地理上分散、组织上独立，只是为了实现共同任务而组成的一个临时系统。因此，协同管理必须通过建立有效的组织协同运行机制，从而协调各子系统的行为，以实现系统的整体目标。对企业组织而言，企业管理协同就是指用协同的基本理论和方法来指导企业的管理实践活动而形成的一系列管理思想、理论和方法的总称。

（二）网络舆论危机协同管理的目标及方法

1. 网络舆论危机的特点

（1）时间性。和传统的社会舆论比较，网络舆论的形成更加快速。由于网络技术发展迅速，网络新闻传播速度十分惊人。一些重大的新闻和热点在网上发布后，极短的时间内网络舆论就会开始沸腾。当网络舆论得不到平息时，就会演变成一场网络舆论危机。这个演变过程非常迅速，所以网络舆论危机具有极强的时间性。

（2）社会性。并不是所有的网络舆论都会演变成网络舆论危机。只有网络舆论持续高涨，而当事人处理不当或者没有得到缓解时，才会转变为危机。这时已经在人群中引起了极大的反响，在社会中引起讨论。若处理不当，会引发社会危机。

（3）负面性。网络舆论出现"一边倒"从而容易形成一致的负面信息，对其他不了解实情的人产生影响，造成负面舆论。2009 年以来，发生了多起网络舆论危机事件。其中，"艾滋女事件"在一时间造成了很大的反响，最终被证实事件是被人捏造。这样的网络舆论带有极大的负面性，混淆公众视听。

（4）不可预料性。网络舆论内容几乎无所不包，无所不及。而且网络舆论混乱无序、缺乏理性，潜在权威性与评判性不足。由于网络媒体"把关人"作用的削弱和网络的虚拟性等原因，隐匿的网络舆论主体在网上发表意见和评论时很多时候是出于自我的即时主观感想，而缺少理性的思考。这样导致网络舆论危机是不可预料的，由于其不可预料，所以也难以预防。

2. 网络舆论危机协同管理的目标

根据网络舆论危机的特点，我们认为网络舆论危机协同管理的目标主要包括以下几个方面：

（1）及时控制事态发展。因为网络舆论具有时间性，传播速度非常惊人。所以在宏观把握上，我们要反应及时，处理快速。相关部门应该及时地采用技术手段抑制恶性信息发散，同时追查信息来源，调查事件情况，将舆论危机带来的影响降低到最小值。

（2）实事求是地还原事件真相。一般网络舆论危机都是由一些突发事件引起的，大多数的网民不了解事件真相。在不了解真相的情况下，人们任意揣测，更容易引起负面的社会影响。网络舆论的负面性和社会性要求我们必须在实事求是的基础上，还原事件真相，给人民群众一个合理的解释。如果刻意隐瞒，还是用传统的"瞒"、"堵"等方法，反而会刺激媒体和公众更加积极地搜寻事件的真相。由此可能导致更多的否定性批评，反而会引起更大的舆论危机。正所谓"亡羊补牢，为时未晚"，只要政府用于承担责任，实事求是，就可以在很大的程度上降低舆论压力。

（3）及时发现并处理苗头性舆论。网络舆论危机发生后我们再进行处理，这属于一种补救措施，只能使网络舆论危机的危害降到最低。最好的做法，当然是防患于未然。这样就要求我们必须具有敏锐的信息触觉，及时发现苗头性信息并处理，使网上的不实言论在未散播前就得到纠正。由于网络上的信息更新速度太快，总体数量也很大，及时发现可能引起舆论危机的言论是很困难的。对网络管理工作者而言，必须在平时摸清网络舆论发展演变的规律，使自己具备敏锐的危机洞察力。

（4）营造绿色健康的网络环境。要想杜绝网络舆论危机，最根本的方法就是营造一个绿色健康的网络环境。只有通过协同管理营造健康的环境，才能使网民自觉抵制不良信息，辨别不实信息，从而减少网络舆论危机。

3. 网络舆论危机协同管理的方法

长期以来，我国采用行政属地首长负责制的政府危机管理体制。各地方政府身处危机处理第一线，必须对危机在第一时间做出自己的决策，因此一个快速的危机反应机制对危机处理的成败在某种程度上有决定意义。但目前我国政府部门交叉重叠、机构复杂的情况比较严重，一旦发生舆论危机，又缺少主管危机的部门牵头，经常因为权责不明、管理缺位，造成互相推诿、消极应对的局面。

在网络舆论危机爆发时，人们会受到很大的影响。任其发展甚至会扰乱社会公共秩序，动摇民心。所以面对突发的网络舆论危机，作为政府的有关管理部门、网络舆论的当事人以及网络论坛的管理者，应当如何处理、应对已经出现的网络舆论危机呢？这就涉及职责如何明确的问题。

（1）技术方面。网络舆论危机爆发后，有关的技术人员（例如网络论坛的管理者、网络中心操作人员等），可以采用"关键词过滤"技术，在入口把好关。同时可以采用"删帖"、"封帖"等方式来控制事态发展。同时发布信息，呼吁大家弄清事实，不被不实信息迷惑。在必要时经相关部门批准，可以追查信息来源，关闭相关网站或服务器。

（2）管理方面。作为政府部门，在舆论危机发生后，应该勇于承担责任。如果政府首先公开表明承担责任的态度，将会增加人们对政府的信任度。只有公众信任政府，政府的政策和公众的意见能够顺利的交换时，才能在很大程度上降低政府的舆论压力，更有利于政府把更多的精力放在危机的处理上。政府查清真相后，给公众一个满意的答复，才能圆满地解决危机。

（3）媒体方面。公共媒体是政府与公众交流、沟通的桥梁。当危机发生时，媒体的态度将引导公众的思考方向。从某种程度上来说，媒体态度决定了危机的发展方向。如今公众都习惯于在网络上寻求答案，因此一条谣言的传播都可能引发一场网络舆论危机。但是有一小部分媒体为了博人眼球，提高自身的影响力，对信息不加以辨别就发布，成了散布不实信息的帮凶。所以媒体内部编辑一定要把好关，坚持正确的舆论导向，积极发挥媒体自身在舆论引导方面的作用，有效促成舆论危机的解决。

（4）法律方面。应对网络舆论危机的根本方法是完善与网络舆论有关的法律法规。我国已经实施了《信息公开条例》，为公众的知情权提供了保障。但是有关舆论危机的法案始终没有出台。只有根据国家要求制定和完善相关的规章制度，例如建立健全的网络舆论的处理、反馈机制，建立健全网络舆论危机处理的紧急预案等，用完善的法律来规范网络舆论的传播，处理违规行为，才能保证公民的知情权，才能遏制网络舆论危机的扩散。

四、网络舆论危机协同治理的实施

2009年留下了这样一些热词："躲猫猫"、"欺实马"、"钓鱼执法"……每一个热词背后，都记录了一次追寻真相的不懈努力。在 2009 年的一些热点事件中，很多都是由网络舆论引发的舆论危机，人们借助网络汇聚舆论的方式提出自己的疑问，最终由政府出面提出解决方案。网络舆论危机是在信息化的背景下出现的新型危机，我们可借鉴的成功案例很少，只能重新摸索新的解决方法。目前在国家层面已经出台了相关的危机管理预案，初步形成了危机管理机制，但还需要根据实际不断地总结经验，积极探索解决方法。本节主要研究的是如何实施网络舆论危机协同治理，由于政府是处理网络舆论危机的核心，所以我们主要是提出政府应该如何处理危机以及协同其他主体解决危机。

（一）应对舆论危机协同治理的路径选择

1. 完善网络舆论危机机制

目前我国政府危机管理还缺乏制度化、系统化的应对机制，这包括危机等级划分体系、危机报告机制、资源调配机制、跨部门协调机制、媒体管制以及善后机制等。另外我国的危机管理机制中对党委和政府分工、协作，沟通机制和运行程序还没有形成制度。此外，危机常设机构的缺失也是危机处理中协调沟通不畅的主要原因。一旦舆论危机出现，只能临时抽调相关部门人员组成临时的处理小组或机构。这些机构具有较强的临时性和不确定性，不利于危机事件的有效处理。

一般来说，任何管理主体都应具有合法的管理权限才能履行公共管理的职能。只有以法律制度形式明确危机治理中各组织机构和公民的权力、责任和义务，理顺他们之间的关系，在权责分明的基础上依法运行并整合各个主体的力量，才能实现协同治理危机的目标。所以应对网络舆论危机，首先要完善网络舆论危机机制。完善体制要明确各个主体的职责，有关的技术人员、管理人员、政府部门以及各大媒体在应对网络舆论危机时都有各自不同的角色。这些都应该在网络舆论危机机制中明确表现出来。

2. 提升各个主体的意识与能力

因为危机管理面临的是一个复杂多变、难以预测的不确定环境，各个协同管理的主体都需要具备专业化的知识能力。在这些主体中，政府处于核心地位，对政府相关部门人员的要求就比较高。我们不仅需要各个主体人员具备良好的危机意识，还需要他们具备专业技能。为了达到这个目的，政府应该制订危机培训计划，从而逐步提高政府工作人员的危机意识；开展危机应对情景训练；各级政府、不同部门还要定期举办跨部门跨行业的如何应对危机研讨会。

应对舆论危机，不仅要提高各个主体的意识和能力，也要提高群众的意识。因为网络舆论危机一般是通过群众传播的，如果提高了群众的危机意识网络舆论变成网络舆论危机的可能性将降低。政府应该担负起教育的职责，定期向社会进行宣传教育，使群众了解舆论危机产生的过程，在面对不实舆论时能保持清醒，不做推动舆论危机的"工具"。

3. 建立网络舆论监测点

由于网络舆论的不可预料性，网络舆论监测是必不可少的。一般我们可以把网络舆论监测分为两类：日常监测和突发事件监测。

日常监测指的是成立专门的机构或小组，由一些专业的技术人员组成，平时对一些重点网站或者论坛进行实时监测。从而把握网民的动向，把握最新的网络信息，在出现热点事件时可以及时应对。一般论坛的版主，高校的技术主管等都实施的是日常监测。这样一旦网络舆论危机爆发，进行日常监测的人员可以提供最详细的资料给政府，作为解决危机的坚强的后盾。

还有一种是突发事件监测，这种属于事后控制。在网络舆论危机爆发后，一时间会涌出很多相关的信息，真假难辨。决策者就很难从浩如烟海的信息中找出自己所需要的、有价值的信息。这时候就需要成立一个突发事件监测的部门，让专业人员对信息进行过滤处理，从而使决策者能够搜集到有用的信息，有助于帮助发现事实真相。同时，舆论危机爆发后，会有很多小道消息到处传播。使用突发事件监测点，就可以有效地掌握这些消息，并对其做出合理的反应。这样才能够迅速监测和控制虚假信息，并且发现事件背后的真相。政府就能够比较快速的解决网络舆论危机。在"躲猫猫"事件中，云南省委宣传部在第一时间对社会公众做出有效回应，并在引入公众社会监督方面采取了实质性举措。政府能够在第一时间内做出反应，这是离不开日常监测的。在事件成为网络热点后，政府迅速组织事件真相调查委员会，对事件进行监测，并公开面向社会邀请网友和社会人士参与调查。这样，就防止了社会热点事件进一步升级，加强了调查结果的权威性，压缩了谣言滋生的空间，并有效提高了政府的公信力。

（二）政府应对危机的原则

1. 勇于承担原则

勇于承担原则是应对网络舆论危机的最基本的原则。我国政府处于转型时期，人民对于政治信息的了解欲望越来越强。但政府部门普遍都存在回应能力不强等问题。虽然政府在尝试着利用网络媒体，但毕竟还处于摸索期，存在很多问题。人民现在热衷于利用网络舆论来表达自己的想法，如果政府不自觉承担责任，容易使网络舆论危机愈演愈烈。

"躲猫猫"事件中，刚开始公安机关在没有深入调查取证的情况下，公布了李荞明是在监狱中游戏不慎死亡。这是极其不负责任的。这一事件经媒体报道后，引发众多网民纷纷质疑，一群成年男人在看守所中玩小孩子玩的"躲猫猫"游戏听起来非常离奇，而这种"低烈度"游戏竟能致人死亡就更加令人难以置信。于是网民们进行了热烈的讨论，"躲猫猫"一词也迅速变成网络热点，成为讽刺的代名词。一场以"躲猫猫"为标志的舆论抨击热潮迅速掀起。在事件成为热点引发舆论危机后，云南省政府迅速承担责任，组织人员调查真相。最后政府新闻办召开新闻发布会，公布调查结果。这一勇于承担责任的做法很快地化解了舆论危机，并增强了政府的公信力和说服力。

2. 信息公开原则

在应对网络舆论危机时，是公开信息还是隐瞒信息是一个很重要的选择。当今社会是信息化的社会，公众的知情权和参与意识空前提高。面对舆论危机时，选择封锁消息，回避媒体，只会使得热点更加升温。因此，相关部门一定要坚持信息公开原则，信息公开可以遏制谣言。对于网络舆论危机，相关部门的危机反应和处理速度是危机应对的核心。选择信息公开只会更有益于危机的解决。

政府部门应该充分意识到信息公开在处置舆论危机中的重要作用。特别在情况不明朗和信息不完整时，最容易引起人们的主观猜想和传闻。这时政府要善于借助媒体的力量，及时、准确地发布人们最关注的信息，向人们汇报政府的工作情况。这样做，才能使人们得到最新最准确的消息，也可以减少谣言传播带来的负面影响。同时还可以提高人们对政府的信心，使政府在网络舆论危机处理中争取到广泛地理解和支持。

值得注意的是，信息公开所指的信息要求是真实的信息。有时候，有的地方和部门虽然也发布信息，但闪烁其词，语焉不详，甚至直接发布错误信息期望掩人耳目。这样非但不能消除危机，反而会使政府失去群众的信任，从而引发更大的危机。例如杭州"70码"事件，由于公安机关对当事人醉酒驾车的行为做出的错误判断，认定当时的车速仅为70码而导致浙江大学的学生被撞死，引起了网友的怀疑与抗议，在网络上更是引起了全国网友的声讨。最后在经过详细的调查之后，公安机关重新对该事件做出认定。这一事件的网络舆论从公共道德上来说是正义的，但它所反映的是政府相关部门的执法透明度问题对网络舆论的影响。在事件发生的初期，如果政府发布一些错误消息，反而更加激发了人们去探索事件真相。一旦事件真相披露，政府的公信力将大大降低，事后再做弥补也是无济于事。

3. 以人为本原则

舆论危机事件联系到对立的当事双方，一般而言网络舆论危机是关系到双方的切身利益的。政府属于管理者，在这种情况下，应该注意以人为本，关心弱势群体。在舆论危机中，弱势的一方会遭受比较大的经济或者是精神损失。人们总是对弱势一方抱有同情心理。所以政府在处理时，不论事件的真相是如何的，也要表示出足够的人道与同情。政府应该以真诚、真实、诚恳、平等的态度和公众沟通。这也是解决舆论危机的有效方法。

（三）政府应对危机的具体措施

明确了政府应对危机的原则后，就应该考虑怎么应对危机，有哪一些具体的措施？2009 年是网络舆论发展迅速的一年，也引发了几场影响很广的舆论危机。从这些实例中，我们可以总结出以下的几点实施方法。

1. 分析危机，作出决策

网络舆论危机具有时间性和不可预料性，这些特点使得危机的爆发是一瞬间的、突然的。由于网络信息传递速度太快，如果政府不及时作出反应，后果是很严重的。遇到危机，政府应该首先分析焦点，找出并且关注引起舆论的相关话题。然后由专业人员分析信息来源及其可靠性，判断舆论的发展趋势，为正确决策做好基础。这一步是很重要的，是解决舆论危机的根本。如果连正确分析危机成因都做不到，就不用提解决危机了。

完成分析危机这一步骤后，就应该作出决策。政府应该利用手头所搜集到的信息，进行正确的决策。首先，政府要协同其他主体，分配好其他主体的工作。例如，是网络论坛发帖引起的危机，政府部门就要联络网络论坛的管理者。如果是虚假消息引起的恐慌，政府部门就要找出来源，与媒体合作消除不实消息带来的影响。其次，政府还要选择通过什么方法与公众沟通解决危机，是通过召开新闻发布会还是通过媒体发布消息，也可以选择构建危机发言人制度，让专门的发言人向公众传递正确信息。在"躲猫猫"事件中，云南省采用了比较新颖的方式，直接面向社会邀请网友和社会人士参与调查。这虽然带来了一些问题，但体现了政府对网络民众舆论的重视与尊重。同时也能引起我们对现有制度的思考。

2. 冲淡焦点，转移视线

冲淡焦点的意思是在不便直接删除信息源情况下，发动有关的技术人员（论坛站务、版主）和网民等一切力量，以发布其他话题主帖的方式来冲淡热点话题，转移视线，减小网络舆论危机的影响。采取这种方式一般是由于引发舆论危机的话题比较敏感或者是不容易查证。这种情况下，直接删除信息源头是最简单的方法，但是这样会导致谣言四起的局面。所以"节流"不如"开源"，可以开启其他话题的讨论，让公众的视线转移。网络舆论的时间性非常强，一旦新的热点话题出现，其他的热点立马就会降温。这样既保护了公众的知情权，也可以为政府解决这场危机争取更多的时间。

3. 引导舆论，转危为安

"引导舆论，转危为安"就是字面上的意思：引导舆论走向，使网络舆论危机转变为网络舆论争论。当网络舆论危机愈演愈烈后，在现实中会引起反响，谣言开始通过人们口口相传。政府要想控制事态，不让其往更恶劣的方向发展，就必须引导舆论。政府可以让权威专家或者知名学者对这次舆论危机进行深刻的分析和讨论，引导舆论朝着可控、理性的方向发展。这样可以引起网民积极思考，明辨是非，而不是盲目跟从制造舆论危机。一旦政府以正面信息发布的方式，及时澄清一些不实谣言，必要时还可以深入挖掘事件背景，又有专家学者进行分析，公众就容易恢复理性思考，这样更有利于危机的解决。

在引导舆论的过程中，媒体起了很大的作用。如果在舆论危机事件发生后，网站、电视台等都能够邀请相关专家和当事人进行嘉宾访谈，以权威的言论和观点与网民互动，就可以积极有效地引导网上舆论。但也可能会有媒体被事实蒙蔽，一味地追求热点新闻而忽视了职业道德，使得网络舆论危机更加严重。为了避免恶意传播，媒体要加强道德教育、培养健康的人格。网络媒体工作者更要谨言，一句话不当可能引起意想不到的反响。媒体要掌握危机信息的传播特点，勇于承担起风险预警、风险告知及风险教育的职责，并不断地在实践中提高自身素质，牢记职业操守，在网络风险传播中牢牢掌握舆论制高点，有效规避风险，促成危机的化解。因此在危机处理的过程中，政府要与媒体处理好关系，尽力满足公众的知情权，才能使媒体在危机处理发挥积极作用，更有效地促进危机的解决。

在人们非常关注舆论事件的发展时，需要有人出面引导人们往正确的思想道路上走。例如"躲猫猫"事件中，当人们怀疑事件的真实性，怀疑李荞明的死因时，政府能够及时指挥检察机关进行调查。检察机关的调查报告无疑是值得信任的，也确实找到了事情真相，处置了相关的责任人。这样的解决方式满足了公众的知情权，使网络舆论危机转变成了网络舆论讨论。在事件解决后，人们开始讨论看守所与公安分离的必要性，这种有益的讨论可以促进我国政府的相关机制改革。

在面对网络舆论危机时，政府应当反思的是，一个有限的、封闭的系统已经不能容纳转型社会所带来的快速多变和混沌无序。政府、市场、公民社会必须通过"协同"这一自组织的更高形式，重塑并生成更高层次的有序性结构，合作治理社会公共事务，从而实现社会的整体跃迁。当遇到舆论危机时，应该选择好解决的路径以及方法。只有通过各个主体之间协同合作，才可能尽快地、有效地、合理地解决好舆论危机。政府还应该在解决好网络舆论危机后，总结经验教训，评估危机管理的绩效。

第五节　网络舆论危机管理绩效评估体系建设

科学合理地评价网络舆论危机管理的绩效，需要一套行之有效、科学准确的评估体系。通过科学准确的评估体系，及时修正网络舆论危机管理中的各种不足，可以确保网络舆论危机管理的高效开展。

一、网络舆论危机管理绩效评估概述

（一）网络舆论危机管理绩效评估的内涵

在数量繁多的网络信息中能够及时并且准确地发现可能引起舆论危机的言论非常困难，不仅需要网络舆论管理工作人员具有丰富的网络舆论管理经验还要求其具有敏锐的洞察力。只有负责管理网络舆论的工作人员能够对网络舆论危机的产生及发展的演变规律有正确且深入的了解，才能通过正确的方式、方法及时处理，防患于未然。换句话说，只有我们掌握网络舆论危机发展演变的基本规律，并且适应这个规律，才可以在网络舆论危机发生的初期做到及时发现、迅速反应，并采取正确、理性的引导，这样我们才可以在网络舆论危机的初期大大减轻公众对于网络舆论危机的冲击。在网络舆论危机的爆发期，一定要做好对负面情绪舆论的控制工作。构造新的正面情绪舆论环境，使公众尽早适应新构造的正面舆论环境，从而把负面情绪舆论强度尽可能降到最低，防止负面情绪舆论的大面积扩散。在网络舆论危机的衰减期，虽然危机已经得到控制，不会再造成太大的危害，但是网络舆论管理工作人员仍然不能掉以轻心，这时需要用深刻而明确的言论让人们认识到之前的负面情绪舆论是错误的，从而帮助人们树立正确的认识观、价值观。总的来说，正确应对网络舆论危机，要在时间上要做到"早发现、早干预、早处理"，在处理方法上要做到全面全过程管理，从法律角度、技术角度、管理角度和长期规划这四个角度，全方位地构建一个行之有效的"网络舆论危机"防控体系。

网络舆论危机管理的绩效评估是针对政府危机管理的能力、一定时期之内的危机管理绩效、存在问题的考核考评，以期进行改进。具体来说，网络舆论危机管理绩效评估是指对以网络舆论危机管理部门为主体包括非政府公共组织在内的网络舆论危机的管理者在实施网络舆论危机管理的过程中，在讲求内部管理与外部效应、投入与产出、数量与质量、经济因素与伦理政治因素相统一的基础上对获得的网络舆论危机管理的产出进行的评审界定。网络舆论危机管理绩效评估机制设计，指向的是网络舆论危机事中实时评估和危机事后评估，主要包括网络舆论危机管理绩效评估的价值导向、评估主体、评估内容、客体、对象、评估方法、评估结果的运用以及网络舆论危机管理绩效评估的元评估等主要内容。

（二）网络舆论危机管理绩效评估的目的和意义

在网络舆论转化为网络舆论危机时，我们该如何去做呢？台湾辅仁大学的吴宜蓁在他的《危机传播》一书中提到网络危机的处理做法和原则："（1）危机发生后立即组织网页说明危机处理做法和态度。由于危机咨询便捷，大部分网络使用者在得知危机事件后，会立即上网寻找资料，所以迅速建立起一个网络信息交互平台是十分必要的。（2）随时更新网页资料，利用网络进行双向沟通，及时提供相关人的联络方式，方便社会各界人士查询。（3）注意对手或者攻击对象所传递的消息并及时回应或澄清。链接其他网站或专业人士的网站，以增强说服力。"①

绩效评估（performance appraisal）是指识别、观察、测量和开发组织中人的绩效的过程。② 绩效评估，顾名思义，就是对事物价值进行准确的认定，一般来说，绩效评估内容包括经济测定、效率测定、效益测定三个方面。我们可以用英文单词 Evaluate 来诠释绩效评估的语义要求。绩效评估本来是企业管理中的一个专业术语，现在已经被广泛应用于政府管理、公共关系等各行各业中了。

网络舆论危机管理绩效评估对构建社会主义和谐社会，促进社会安定有序有着非同寻常的意义；能够改善政府形象，提升政府形象；有利于完善我国网络舆论危机管理制度，提高网络舆论危机管理部门的危机管理能力；对合理配置资源以及监督网络舆论危机管理部门有着重要的意义；通过绩效评估可以合理界定网络舆论危机管理部门的角色，促进网络舆论危机管理部门创新；成为网络舆论危机管理部门的约束激励机制，对提高网络舆论危机管理部门的绩效等方面都有重要的意义。网络舆论危机管理绩效评估还可以为其他类型的公共危机管理者在处理危机问题时提供新的思路，对我国在全球化环境下有效地处理各种危机、增强政府部门应对和处理危机的能力，都具有重要意义。

对危机事件进行绩效评估，目的在于衡量危机管理水平，找出问题与不足，

---

① 吴宜蓁：《危机传播》，苏州大学出版社 2005 年版，第 86 页。
② 蔡永红、林崇德：《绩效评估研究的现状及其反思》，载《北京师范大学学报》2001 年第 4 期，第 119～126 页。

进而改善政府危机管理能力，减少危机造成的人员伤害和财产损失。网络舆论危机管理绩效评估的目标分为两个大的方向：一是客观地对网络舆论危机管理工作进行绩效评估；二是通过绩效评估提高网络舆论危机管理部门整体的危机管理水平。具体来说，对网络舆论危机事件进行绩效评估的目的有以下四点：

1. 了解到网络舆论危机管理体系的现状，通过绩效评估，可以让我们对现有体系在应对和处理网络舆论危机时的实际能力有一个整体客观的认识。

2. 发掘现有网络舆论危机管理体系在处理现实网络舆论危机时的不足之处，从而能够在下一次危机发生前，针对不足之处采取相应的措施。力争做到及时有效应对危机、尽可能减少损失、尽快恢复网络舆论稳定和公众对危机管理部门的信任，改进与提高网络舆论危机处理的绩效，从而尽快建立功能完善的网络舆论危机管理体系。

3. 通过评估，可以让我们更加了解在应对网络舆论危机时，相关部门及人员的工作情况及效率。对在危机管理工作付出最多、效率最高的部门和人员给予适当的物质奖励或精神奖励，反之则对消极怠工、效率低下的部门和人员给予相应的惩罚。改善调整工作人员的行为，激发其积极性，促使组织成员更加积极、主动、规范地去完成组织目标，从而提高危机管理工作的效率①。

4. 通过评估，寻找新的发展机会。通过网络舆论危机结束后的系统、全面地评估与反馈，总结网络舆论危机管理的经验，吸取网络舆论危机管理的教训，进一步改进与提高网络舆论危机管理的绩效，从而有效地进行危机后的恢复与重建工作。

由于网络的开放性、匿名性和交互性，网络舆论主体可以在没有把关人的媒介中自由表达意见。网络传播的特性使公众有了更多的舆论空间，来实现公众主体的言论自由，但同时也带来了许多问题。网络的复杂性和特殊性决定了对网络舆论危机的管理是一项十分庞大的工程。IT生产率悖论虽然不能直接套用在网络舆论危机管理身上，但我们由此也可以看到对网络舆论危机进行绩效评估的重要性。而从公共管理的理论视角来看，"不可衡量，则无法管理"的公共管理理念、网络作为一个开放的公共舆论平台的作用日益明显、公民知情权的高涨等多方面的因素，也决定了网络舆论危机绩效评估的必然性。

网络舆论危机管理的绩效评估是后续危机管理的必要前提，也是对危机事件的得失成败的总结和评价。通过网络舆论危机管理的绩效评估，可以完善网络舆论危机管理制度，提高网络舆论危机管理部门对危机的应对能力和在危机发生后的恢复能力，有效规避类似危机重复爆发。

---

① 李东科：《我国政府危机管理绩效评估研究》，贵州大学2008年硕士学位论文，第24页。

二、网络舆论危机管理绩效评估指标

建立合理的网络舆论危机管理绩效评估体系，首先，要明确本次绩效评估的目的，然后围绕着评估目标选择一系列科学合理的绩效评估指标；其次，通过专家评估或深入了解各个指标在整个危机处理阶段所起到的作用，为各个指标赋予相应的权重；最后选择合适的方法，对网络舆论危机管理进行绩效评估工作。

（一）网络舆论危机管理绩效评估体系

1. 网络舆论危机管理绩效评估体系的组成

网络舆论危机管理绩效评估体系主要由评估主体、评估对象及评估内容三个方面组成。网络舆论危机管理绩效评估的主体应该多元化、多层次、体现公正性。评估主体可以是政府部门，还可以是信誉良好的社会中介组织，还可以是公众。网络舆论危机和传统的危机不同，网络舆论危机具有传播速度快、范围广等特殊性质，决定了网络舆论危机管理绩效评估主体要比传统的危机绩效评估主体范围更加广泛。在进行网络舆论危机管理绩效评估时，选择独立性强且信誉好的第三方，尤其是在国际范围内著名的第三方评价组织的评价报告会更有信服力、更具权威性。和传统危机绩效评估主体不同的是，网络舆论危机管理的绩效评估特别强调要发挥广大网民尤其是与此次危机有利益关系的网民参与评估，将现实与价值取向相结合，这样才可以最直观、最清晰地进行相关绩效评估工作。[①]

网络舆论危机管理绩效评估的主要对象是网络舆论危机管理效果、网络舆论危机管理部门和网络舆论危机管理人员三个部分。三种评估对象有不同的特点，根据评估对象特点的不同，其评估的目标、采用的指标和方法也不尽相同。网络舆论危机管理绩效评估三种对象的具体内容：对政府工作效能的评估集中在网络舆论危机管理的制度是否完善、网络舆论危机管理的社会效果如何、网络舆论危机管理的收支是否平衡；对网络舆论危机管理部门的业绩评估，应该集中在处理危机效率的高低、是否实现先期目标、政策制定是否正确与实施效果是否有效、决策是否正确等方面；对网络舆论危机管理人员的业绩评估，主要评估结果要落实到个人的业务成就、个人的发展以及个人报酬等方面。

具体来说，网络舆论危机管理绩效评估内容可以网络舆论危机管理效率的高

---

① 张小明：《公共危机管理绩效评估的机制与指标体系分析》，载《党政干部论坛》2006 年第 12 期，第 20 ~ 22 页。

低，如网络舆论危机管理投入与产出的比例、单位物质投入内网络舆论危机管理活动的数量比例、网络舆论危机管理活动之间的时间间隔、网络舆论危机的发生与网络舆论危机管理部门作出反应的时间间隔、网络舆论危机管理部门从开始应对网络舆论危机到危机处理结束之间的时间间隔、经历过多少处理过程和所涉及部门的多少来评价。当然，也可从网络舆论危机管理部门在处理网络舆论危机时采取的态度；所使用的技术方法；处理网络舆论危机的能力如网络舆论危机管理活动是否及时与准确、是否最大程度地降低了网络舆论危机造成的损害；网络舆论重视和保护程度，公共责任的实现程度以及社会公众满意的程度等方面进行评估。

2. 网络的舆论危机管理绩效评估体系指标体系的确立

科学合理的绩效评估指标体系是进行绩效评估工作的基础，是绩效评估操作过程中最关键组成部分，直接决定了绩效评估结果的科学性、准确性和公正性。因而，构建评估指标体系是绩效评估工作中最关键也是最难的一个环节。绩效指标作为绩效评估的衡量标准，不但要反映任务或目标的完成程度，也应该反映任务或目标的完成过程。这就要求绩效指标体系不仅要清楚表明管理部门完成了什么工作，还要表明是怎么完成的，以及完成工作的目的是什么。对于绩效评估中的标准存在不同的表达方式，但这些不同的表达方式都集中反映了一些共同的特质：它是衡量网络舆论危机管理绩效的标准；它常常以量化的形式出现；它用于反映网络舆论危机管理的结果。

（二） 网络舆论危机管理绩效评估指标的权重

层次分析法是一种实用的多目标决策方法，它将定性方法和定量方法结合到一起，具有系统化和层次化的特点，比较适合那些无法单独用定性或定量方法解决的问题①。层次分析法可以把一个复杂的问题，分解为一系列子问题，通过对各个子问题的分别求解，最终实现整体目标。对网络舆论危机管理的绩效评估，如果不将其分解，其评估将会非常复杂且不具有信服力。然而，我们使用层次分析法，将这一整体目标分解为 7 个中级目标和 31 个底层目标，对它们进行分别求解，最终得到对网络舆论危机管理进行绩效评估的整体目标。这样操作起来，就很有层次性并且比较简便。

下面简单介绍采用层次分析法对网络舆论危机管理进行绩效评估的主要步骤：首先我们要在深入分析了解的基础上，把网络舆论危机管理绩效评估这个整体条理化、层次化，从而根据实际情况构造出一个层次结构模型。即对要进行评

---

① 查先进：《信息分析与预测》，武汉大学出版社 2000 年版，第 182 页。

估的各项指标进行分析，找出它们之间的联系，然后深入分析各个指标之间的层次关系，将同一层次的指标放在一起，上一层次的指标要对下一层次的指标起支配作用，最后按指标的层次建立完整的递阶层次结构。通过以上方法，我们对网络舆论危机的绩效评估划分为三个层次[①]：

1. 网络舆论危机绩效：一般情况下目标层只有一个元素，即此次评估的整体目标或者说预期的理想结果。

2. 中间指标层：底层指标和顶层目标的连接层，包括为实现整体目标所涉及的所有中间环节，在本次评估中包括以下 7 个评价因素。（1）风险管理：风险管理是一种全面管理职能，以对某一组织所面临的风险进行评估。（2）预警管理：预警管理是一种积极的防御战略，建立一套有效危机预警系统，对于防范危机的发生、防止危机扩散和降低危机损失，确保各种危机事件转危为安有着举足轻重的作用。（3）信息管理，一个比较完善的公共危机管理信息和决策信息支持系统包括资料库、知识系统、规范模型、危机的预警系统、电子信息技术的应用平台等。（4）公关管理：危机公关管理就是政府组织在面对危机时，为了维护公众、社会和国家利益，减少公共危机事件可能和已经带来的损失及不良影响，在危机发展的不同阶段采取的一系列有组织、有计划、持续动态的控制和公关行动，以期有效和及时地预防、处理和消灭公共危机事件及其不良影响，同时达到传播沟通、协调关系和树立政府形象的目的。（5）沟通管理：网络舆论危机沟通管理是指网络舆论危机管理部门以沟通为手段、以解决危机为目的所进行的一系列化解危机和规避危机的活动和过程。（6）决策管理：网络舆论危机决策与常规决策不同，它具有紧迫性、风险性和决策非程序性的自身特性。（7）危机恢复管理：危机恢复管理就是在危机应对完成后采取一系列的措施，使组织尽快从危机的危害中恢复过来；同时通过相应的培训，使组织从危机中学习，以更好地预防和应对危机。

3. 底层评价指标：这一层次包括了为实现目标可供选择的各种措施、决策方案等[②]。

三、网络舆论危机管理绩效评估方法

绩效评估是按照一定的标准，采用科学的方法，检查和评定企业员工对职务

---

① 孙伟：《层次分析法应用研究》，载《市场研究》2008 年第 12 期，第 35～39 页。
② 李力红、张怡：《AHP——模糊综合评判法在心理学中的应用》，载《东北大学学报（哲学社会科学版）》2008 年第 5 期，第 171 页。

所规定责任的履行程度，以确定其工作成绩的一种有效管理方法。[①] 那么网络舆论危机管理绩效评估就是通过科学的方法，对政府及其不同的职能部门、不同地区及其工作人员在网络舆论危机管理中的行为与成绩进行评估。

通过绩效评估，可以发现网络舆论危机管理工作中的成功与不足，找到工作的不足，及时改进完善。网络舆论危机管理绩效评估方法是进行网络舆论危机管理绩效评估的一些具体方法与手段。运用有效的网络舆论危机管理绩效评估的方法，可以帮助认识到网络舆论危机管理的不足之处，进而改进完善，提高网络舆论危机管理的绩效水平。本节着重介绍几种重要且经常使用的绩效评估方法。

（一）"3E"评估法

"3E"评估法，就是指从经济性、效率性和效益性三个方面对网络舆论危机管理进行绩效评估的方法。"3E"就是指经济性（Economy）、效率性（Efficiency）、效果性（Effectiveness）。所谓"经济"是指网络舆论危机管理投入成本的降低程度；"效率"是指网络舆论危机管理所产生的成果与资源消耗之间的对比关系；"效益"是指网络舆论危机管理在多大程度上达到了政府的目标，并满足了公众的需求。

"3E"评估法要求网络舆论危机管理尽可能地节约投入的成本，减少网络舆论危机管理费用开支，最大限度地提高网络舆论危机管理的收益。但如果只是一味地追求降低网络舆论危机管理的成本，节约开支，则较为片面，不利于总揽全局。

（二）标杆管理法

标杆管理（Benchmarking），就是先决定某些组织功能领域的绩效衡量标准，然后寻求在这些特定领域内表现卓然有效的其他组织，比较组织本身与这些标杆组织之间的绩效差距，并通过分析转换其运作流程的做法来达到改善绩效，缩短差距的目的。[②] 将标杆管理法应用于网络舆论危机管理绩效评估主要是指将目前网络舆论危机管理的工作绩效与其他网络舆论危机管理绩效较好的单位和部门进行比较，找出自身差距，进而改善绩效。

运用标杆管理法对网络舆论危机管理进行绩效评估一般遵循以下几个步骤：

1. 分析自身情况。在进行标杆管理前，首先要对网络舆论危机管理的现状有充分的认识，分析当前网络舆论危机管理的具体情况，分析网络舆论危机管理

[①] 王蕾：《绩效评估方法的有效选择》，载《江苏商论》2003年第7期，第102~103页。

[②] 乔艳洁、史丹：《试述标杆管理在公共部门人力资源绩效考核中的应用》，载《当代经理人》2006年第21期，第930~931页。

工作中存在的问题，准确定位是哪一个流程或哪个部分需要进行标杆管理。

2. 寻找标杆。在确定了网络舆论危机管理中哪一个流程需要进行管理后，选择网络舆论危机管理领域流程绩效较好的工作单位或其他类似的部门单位作为"标杆"。

3. 分析并找出差距。确定"标杆"后，就要对"标杆"的信息进行搜集整理，分析自身的绩效与"标杆"绩效之间的差距。

4. 行动并改善绩效。在找到差距后，应针对自身的情况制订相应的计划，并对计划进行讨论，以改善自身网络舆论危机管理的绩效水平。

5. 重新调整标杆等。为了不断提高网络舆论危机管理的绩效水平，需要不断地寻找新的"标杆"作为对比，发掘自身不足，以提高绩效。

运用标杆管理法可以找出目前网络舆论危机管理的优缺点，并基于绩效较弱的网络舆论危机管理的流程，借鉴"标杆"加以改进，进而提高网络舆论危机管理的绩效。但标杆管理法强调对"标杆"的学习借鉴，容易对"标杆"模式照搬照抄，缺乏灵活性，不利于创新。

（三）关键绩效指标法

关键绩效指标法（Key Performance Indicator，KPI）是目标管理法（Management By Objective，MBO）与帕累托定律（"20/80"定律）的有机结合。它对企业的战略目标进行全面的分解，分析和归纳出支撑企业战略目标的关键成功因素（Critical Success Factors，CSF），继而从中提炼出企业、部门和岗位的关键绩效指标。[①]

将关键绩效指标法应用于网络舆论危机管理绩效评估，就是通过对网络舆论危机管理的战略目标进行层层分解，分析归纳出支撑网络舆论危机管理内部运作的关键成功因素，将网络舆论危机管理的战略目标分解为最重要的少数几个可操作、可量化的目标，进而对其评估。其核心思想就是，通过对管理机构20%的关键行为进行评估考核可以推导出80%的绩效。因此，网络舆论危机管理绩效评估应该抓住关键主体因素，重点对20%的关键行为进行评估考核。

KPI需要遵循SMART原则，即具体的（Specific）、可测量的（Measurable）、可实现的（Attainable）、实际的（Realistic）、有时间限制的（Time-bounded）。也就是指，绩效目标须是细化的，量化的。这些绩效目标是通过一定的努力可以实现的，实实在在的，是有时间限制的目标。

---

① 段波：《关键绩效指标法在绩效指标体系设计中的问题与对策》，载《中国劳动》2005年第10期，第58～59页。

KPI 将繁多的网络舆论危机管理绩效目标分解成少数几个关键的目标来进行评估,简化了网络舆论危机管理绩效评估的程序,节约了网络舆论危机管理绩效评估的成本。而且使得不同地区职能部门和人员的工作目标与网络舆论危机管理的战略目标进行有效结合,达到同步。

(四)目标管理法

目标管理法是一种科学的管理模式,是由美国管理大师彼得·德鲁克在 1954 年出版的《管理的实践》一书中首先提出的。所谓的目标管理,就是管理者通过目标对下属组织进行管理,它通过让组织的成员亲自参加工作目标的制定,实现"自我控制",并激励员工努力完成工作目标。而对于员工的工作成果,由于有明确的目标作为考核标准,从而对员工的评价和奖励做到更客观、更合理。[1]

将目标管理法运用于网络舆论危机管理绩效评估,就是召集网络舆论危机管理机构的部门团体根据当前实际的网络舆论情况,共同参与制定具体的、可操作的、量化的目标。然后将这个大的目标向下分解,分解为部门目标、个人目标;将年度目标分解为季度目标、月度目标等。

目标管理在绩效考评中的实施步骤必须根据 PDCA 循环模式进行:P(Plan)——计划,确定方针和目标,确定活动计划;D(Do)——执行,实地去做,实现计划中的内容;C(Check)——检查,总结执行计划的结果,注意效果,找出问题;A(Action)——行动,对总结检查的结果进行处理,成功经验加以肯定并适当推广,使其标准化;失败的教训加以总结,引起重视;未解决的问题放到下一个 PDCA 循环。[2]

目标管理法的具体应用,可以分为以下几个步骤:

1. 制定网络舆论危机管理的战略目标,并将其分解为各个部门和工作人员的目标。根据网络舆论危机管理和管理机构的实际情况,管理者和组织成员共同讨论,制定网络舆论危机管理的总体战略目标,并将整体目标分解成各个部门和工作人员的工作目标。这些部门和工作人员的目标设置需要同整体的战略目标保持一致,而且这些目标需要是量化的、可操作的。此外,对于目标的设置,还需要包括一些奖惩措施、目标完成的时间等方面。

2. 实施目标。根据网络舆论危机管理部门和工作人员的目标,制订相应的

---

① 张岩、吴攻科:《目标管理法在企业中的应用——以中国惠普公司为例》,载《科技经济市场》2007 年第 9 期,第 46~47 页。

② 李向东:《目标管理法和 KPI 法在绩效考评中的应用》,载《企业活力》2007 年第 12 期。

工作计划、方案，并加以实施，促进目标的完成。

3. 将实际达到的目标与预定的目标作比较。通过二者的比较，找出造成实际目标超过或者未达到预定目标的原因，分析这些原因是主观原因还是客观原因。此外，环境因素也是影响目标完成的一个很重要的因素。

4. 总结。对目标的完成情况，所取得的成果进行绩效评估和总结，根据目标的完成情况，实施奖惩措施，并制定新的目标。

通过运用目标管理法，可以很好地把网络舆论危机管理的总体战略目标分解到各个部门及其工作人员，使得网络舆论危机管理的整体目标与部门的目标、个人的目标有效地统一和结合起来。目标管理法通过上下级的协调讨论，制定最终的目标，所以，它强调的是全员的参与。通过把网络舆论危机管理战略目标自上而下层层分解，分解到各部门和工作人员身上，明确了网络舆论危机管理工作的权利与责任。目标管理法注重结果，即目标的实现情况，就是部门及其工作人员要在一定的时间内达到预定的目标。根据目标的完成程度，实施相对合理的、客观的奖惩措施。但是，由于目标管理法是在不同的部门、不同的工作人员之间设置不同的目标，所以没有一个统一的标准衡量，因而难以在部门及其工作人员之间针对工作绩效做横向比较。

（五）360 度绩效评估法

360 度绩效评估法（360 - degree appraisal），是一种从多个角度，全方位获取组织成员行为评估资料的方法，即从被评估者的上级、下级、同事、顾客等，以不同的角度对评估者加以评估，通过获取到的这些对被评估者的评估信息，结合评估者的自我评价，最终对被评估者给出一个评价信息，如图 6 - 7 所示。运用 360 度绩效评估法，能够给被评估者一个较为准确、全面的评价，因而广受国内外企业的好评，成为跨国公司人力资源评估与绩效评估的首选工具。

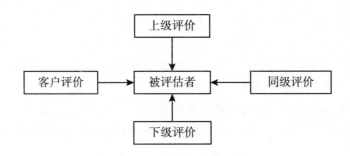

图 6 - 7　360 度绩效评估法

把 360 度绩效评估法运用于网络舆论危机管理绩效评估，评估主体不限于组织内部，可以是组织外部的社会公众、专家学者等。让组织外部的社会公众等参与网络舆论危机管理绩效评估，可以使绩效评估更加科学、客观。而网络舆论危机管理绩效评估的评估对象不必拘泥于工作人员，评估对象可以是管理部门或组织内部工作人员等。也可以选取要评估的单位或个人，然后通过其上下级获取评估信息，进行评估。

运用 360 度绩效评估法进行网络舆论危机管理绩效评估，基本步骤如下：

1. 明确评估目的。网络舆论危机管理绩效评估的目的是通过评估，让被评估的部门或个人认识到自身工作还有哪些不足和需要改善的部分，进而促进部门或个人的发展，提高绩效水平。如果将 360 度绩效评估法专门用于其他目的，如职位变更、工资增减之类问题，那么评估者和被评估者都会考虑到一些其他的因素，从而影响评估，以至于造成评估结果的不准确。所以，在评估开始前一定要明确评估的目的。网络舆论危机管理的主要目的是促进部门或个人的发展，提高网络舆论危机管理的绩效水平。

2. 选择评估的主体及客体。在评估之前，要选择评估客体，即评估对象。然后选取与评估客体工作接触频繁，了解其工作性质，熟悉其工作表现的上下级、同事、顾客等等。网络舆论危机管理的绩效评估主要是针对政府、政府职能部门或其他机构（如高校等）及其公务员在网络舆论危机管理中的行为与结果进行评估。因此，网络舆论危机管理绩效评估的客体主要是政府及相关部门中进行网络舆论危机管理的管理机构及其工作人员，评估其在网络舆论危机管理中的态度、处理问题的能力、对网络舆论危机的反应能力等方面。而网络舆论危机管理绩效评估的主体是指参与网络舆论危机管理绩效评估过程的组织、团体或个人。网络舆论危机管理绩效评估的主体是多元化的，可以在组织内外部选取，不拘泥于上级或下级政府，可以是公众、大众媒体，也可以是专家学者、专业评估小组等。主体不同，观察问题的角度就不同。多元化的评估主体，从多个方面来评估网络舆论危机管理，这样可以比较科学准确的反映评估对象的实际情况。因而对于网络舆论危机管理，360 度绩效评估法可以从以下几个方面实施，如图 6-8 所示。

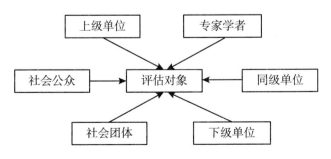

图 6-8　网络舆论危机管理 360 度绩效评估法

3. 设置评估的指标及权重。根据评估客体的工作性质和工作内容，设置评估的指标及权重，即要从哪几个方面来对被评估者进行评估，以及相关的权重系数。针对网络舆论危机管理绩效评估，要评估的指标可以按照网络舆论危机管理的阶段即网络舆论危机发生前的预警和准备，危机发生时的响应和决策，危机发生后的恢复等几个阶段划分出二级指标、三级指标进行评估。根据这些阶段及不同阶段的二、三级目标就形成了一个多目标、多层次的模型，然后利用层次分析法（Analytic Hierarchy Process，AHP）来确定各种评估指标的权重。

4. 问卷设计。360 度绩效评估法一般采用问卷法。网络舆论危机管理绩效评估的问卷可以根据上一步设置的评估的指标，使用 5 分等级量表。需要对问卷中设计的每个等级都要有清晰的描述，这样便于评估主体的判断打分。

5. 评估结果统计。通过对问卷所得数据的统计整理，可以得出评估对象在网络舆论危机管理中的各项能力的得分，通过不同评估主体针对评估对象每一项指标的打分情况，分析评估对象在哪些方面存在着问题和不足。

6. 解决方案。针对从评估中发现的问题和不足，和上级领导交换意见，组织相关专家等进行讨论，制订问题的解决方案，以期在未来的工作中提高网络舆论危机管理的绩效。

使用 360 度绩效评估法，对网络舆论危机管理进行绩效评估耗时较长，但是由于 360 度绩效评估需要上下级单位、社会公众等多方面部门和人员的参与，使得评估结果比较科学合理，公平公正。用 360 度绩效评估法对网络舆论危机管理机进行绩效评估，要求部门间的自评互评，促进了彼此部门的了解，加强了部门单位之间的沟通交流，有助于团队建设。通过 360 度绩效评估法，可以认识到网络舆论危机管理存在的问题，制订方案，从而改善和提高网络舆论危机管理的绩效。

（六）平衡计分卡法

平衡计分卡法（Balanced Score Card，BSC）是 20 世纪 90 年代由哈佛商学院的罗伯特·S·卡普兰教授和诺朗诺顿研究所所长大卫·P·诺顿发明并推广的一种全新的绩效管理方法。平衡计分卡法自推出以来，备受西方企业界的推崇。世界 500 强企业中，至少有 80% 推行了平衡计分卡体系。此外，它还被《哈佛商业评论》评选为"过去 80 年来最具影响力的十大管理理念"之一。该方法从财务、客户、内部经营过程、学习与成长四个角度审视企业业绩，完全改变了企业绩效评价方式，并推动企业自觉去建立实现战略的目标体系。[①]

---

① 张超武：《平衡计分卡在绩效管理中的应用》，载《中小企业管理与科技》2008 年第 8 期，第 108 页。

将平衡计分卡法运用于网络舆论危机管理绩效评估，我们把四个维度进行了相应的修改，分别是：财务、公众、内部运作、学习与成长四个维度，如图6-9所示。

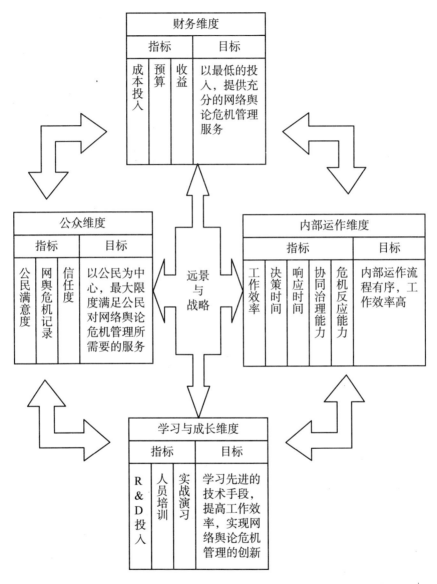

图6-9 网络舆论危机管理绩效评估的平衡计分卡模式

网络舆论危机管理的总体目标是尽量防止网络舆论危机的发生，下面是对网络舆论危机管理绩效评估的平衡计分卡法四个维度的介绍。

1. 财务维度。在财务维度上，网络舆论危机管理的目标是以最低的投入，提供充分的网络舆论危机管理的服务。在财务维度上，网络舆论危机管理绩效评估，关注的是通过一定的投入，提供充分的、更好的网络舆论危机管理的服务。具体的测评指标有收益、成本投入和预算。

2. 公众维度。在公众维度上，网络舆论危机管理的目标是以公民为中心，最大限度满足公民对网络舆论危机管理所需要的服务。这一项主要的测评目标是公众对网络舆论危机管理工作的满意度，对网络舆论危机管理组织机构的信任度以及网络舆论危机记录。"公众满意度"可以反映出网络舆论危机管理的工作是否到位，是否满足了公众的需求。"对网络舆论危机管理组织机构的信任度"可以反映社会公众对网络舆论危机管理机构的信任度，希望网络舆论危机管理能在哪些方面加以改进。"网络舆论危机记录"这一指标，包括避免网络舆论危机发生的次数、网络舆论危机发生的次数及其所造成的后果等，可以反映网络舆论工作是否满足了公众的需要、提供了相应的服务、对网络舆论危机有效地进行响应。

3. 内部运作维度。在内部运作维度上，网络舆论危机管理的目标是内部运作流程有序，工作效率高。良好有序的内部运作流程是网络舆论危机管理绩效水平良好的保证。这一维度的测评主要是针对组织内人员的工作效率，在网络舆论危机发生前是否备有完整的预案，在网络舆论危机刚发生时对危机敏锐的反应能力，在网络舆论危机发生时，制定决策的时间、响应时间、现场的管理能力以及各职能部门协同治理的能力等。

4. 学习和成长维度。在学习和成长维度上，网络舆论危机管理的目标是学习国内外网络舆论危机管理先进的技术手段、工作方法，提高工作效率，实现网络舆论危机管理的创新。只有不断地学习，掌握先进的网络舆论危机管理的技术手段和工作方法，才可能对网络舆论危机进行有效的管理，提高绩效水平。这一维度主要的测评指标是在 R&D（Research and Development，研究与发展）领域的投入，对网络舆论危机管理相关人员的专业培训以及预案演练与实战演习。

平衡计分卡法不同于传统的绩效评估方法，它使得组织克服一些短期的行为，关注战略目标。将平衡计分卡法运用于网络舆论危机管理绩效评估，可以将网络舆论危机的战略目标分解成各部门的绩效指标及其行动，有助于组织成员对网络舆论危机管理目标的理解，有利于管理机构与各部门的学习成长，进而实现网络舆论危机管理的目标与战略，获得长远发展。

前面主要介绍了 6 种网络舆论危机管理的绩效评估方法，也对其优缺点进行了相关的分析。在网络舆论危机管理绩效评估的实际操作中，也可以将几种绩效评估方法结合使用，例如把 360 度绩效评估法与平衡计分卡法结合使用，这样有利于提高绩效评估的客观性和科学性。

四、网络舆论危机管理绩效评估的实施

网络舆论危机管理绩效评估的实施是个系统的、复杂的工程。网络舆论危机管理绩效评估的过程也是网络舆论危机管理绩效评估实施的过程。对于网络舆论危机管理绩效评估的实施，从不同的角度讲，有不同的侧重点。

（一）网络舆论评估体系

从广义上讲，把网络舆论危机管理绩效评估当成一个体系，那么绩效评估体系的实施包括五个方面的内容，即绩效计划、绩效实施、绩效评估、绩效反馈、评估结果运用，如图 6 - 10 所示。

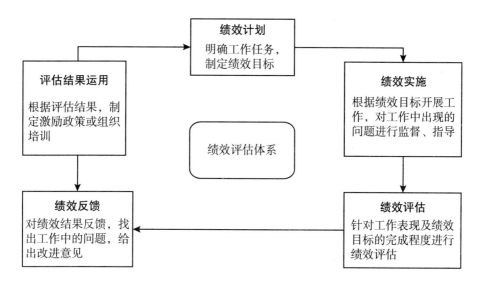

图 6 - 10　绩效评估体系的实施

绩效计划是整个网络舆论危机管理绩效评估体系实施的第一步。在这一阶段，网络舆论危机管理机构要将组织的战略目标层层分解，根据各部门的情况，制定相应的具体工作任务和目标，明确今后的工作任务和侧重点。此外，网络舆论危机管理的整个组织机构要上下级通力合作，共同制定出绩效目标，以作为今后绩效评估的依据。

绩效计划之后的环节就是绩效实施阶段。在这一阶段，各部门及其工作人员根据之前已经制定好的绩效目标开展工作。而网络舆论危机管理的评估者要观察工作人员的工作表现，对其工作给予指导和监督。而对于在网络舆论危机管理中

出现的问题，相应的管理部门和管理者也要及时应对和解决。而根据网络舆论危机管理工作中出现的一些问题，对之前制订的绩效计划也要做出相应的修改和调整。

在绩效实施阶段之后，就进入到了绩效评估阶段。这个阶段，网络舆论危机管理机构可以根据评估对象对绩效目标的完成程度以及在实际工作中的表现等因素，对其进行绩效评估。绩效评估的周期可以是一个月评估一次，或是一个季度、半年或者一年，评估的周期按照实际工作的具体情况而制定。

进行绩效评估之后，就要进行绩效反馈。本阶段主要是评估者要针对上一阶段绩效评估的结果与评估对象进行沟通和交流，向评估对象反馈绩效评估的结果信息，与评估对象共同探讨出现这种工作结果的原因。对于绩效优秀的评估对象，给予鼓励和奖励；对于绩效表现不佳的，共同探讨沟通，找出工作中出现的原因和问题，给出改进的意见和建议，帮助被评估者提高其绩效。

最后是对绩效评估结果的运用。根据网络舆论危机管理绩效评估的结果，可从宏观上把握整个网络舆论危机管理部门的工作表现等方面，找出整个网络舆论危机管理工作的缺点和不足。根据网络舆论危机管理中各部门在绩效评估结果上显示的薄弱点，可以组织部门及其工作人员进行相应的培训，提高工作绩效。根据绩效评估的结果，可以制定一些激励政策，激励各部门及其工作人员努力工作；提高网络舆论危机管理的绩效水平。同时根据绩效评估的结果，对绩效计划进行相应的修改。

(二) 网络舆论危机绩效评估的实施

如果将网络舆论危机管理绩效评估仅仅看作是绩效评估体系的一个组成部分，那么网络舆论危机管理绩效评估的实施则包括六个部分：准备工作、绩效信息的收集与记录、绩效评估主体的选择、绩效评估方法的选择、评价绩效信息、反馈（见图6-11）。

1. 准备工作。准备工作主要是要做以下三方面的工作：

（1）与网络舆论危机管理组织内部人员沟通交流，并尽量取得高层领导对绩效评估工作的支持。通过沟通交流，使组织内部的人员都了解网络舆论危机管理绩效评估的工作情况，认同绩效评估，并为网络舆论绩效评估工作做准备。通过沟通交流，使得组织内部各部门对网络舆论危机管理绩效评估有心理准备，对最后的绩效评估成果有准备。

（2）要确定网络舆论危机管理绩效评估对象，为下一步做准备。确定好评估对象，做好开展之后的工作。因为不同的评估对象，有不同的工作性质和工作内容，那么网络舆论绩效评估的侧重点也就不同。

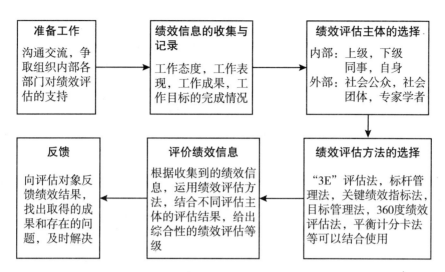

图 6 – 11　网络舆论危机绩效评估的实施

（3）根据评估对象的工作性质、工作内容，确定网络舆论危机管理绩效评估的指标。这一点主要是要求网络舆论危机管理绩效评估的工作人员，清楚评估对象的工作性质、工作内容，制定相应的评估指标。评估指标要秉着科学合理、公平公正的准则制定。这些评估指标需要与评估对象的工作内容是息息相关的，一些评估指标是通过努力工作可以实现的，也需要设计一些挑战性的、可量化的指标。对于设计评估指标的方法，可以使用问卷法、个案法、访谈法以及量化的指标统计等方法。[①]

2. 绩效信息的收集与记录。这一阶段主要有两方面的工作，即绩效信息的收集、绩效信息的记录。

对于绩效信息的收集，要求网络舆论危机管理绩效评估的评估者在平时就要经常观察评估对象，关注其日常工作表现。主要是针对评估对象的工作态度、日常的工作表现和工作目标的完成情况等几方面进行绩效信息的收集。网络舆论危机管理绩效评估者要基于事实，公平客观地对评估对象的绩效信息进行收集和记录，要关注其表现优秀的一面，如在工作中取得重大的成果、突出的表现等，也要注意其不良的方面，如工作态度不认真、对工作不负责等。此外，评估者还要对收集到的评估对象的绩效信息及时地记录，以作为后期对其绩效评估的依据和凭证。

3. 绩效评估主体的选择。绩效评估主体是指对评估对象进行评估的上级、下级或同事等个体。对于网络舆论危机管理绩效评估主体的选择，应该注意几个

---

① 梁建春：《实施绩效评估的几个重要步骤》，载《求实》2004 年第 S1 期，第 155～156 页。

问题。绩效评估主体应该清楚评估对象的工作性质和工作内容，与评估对象密切相关，能够经常观察评估对象的工作对象，这样才能对评估对象的绩效表现提供公平公正、科学客观的绩效信息。

不同的绩效评估主体反映着评估对象不同的方面。与评估对象相关，工作关系较密切的主要有以下几种类型的评估主体。

（1）自我评估。由于评估对象对其自身的工作情况有很全面、详细的了解，因而通常能够对自己有全面的、综合的评价。通过自我评估，也可以让评估对象更深刻地了解自己，认识到自身的不足之处并加以改进完善。自我评估可以从自身的工作态度、工作目标的完成程度等方面进行评估。自我评估的弊端是评估对象常常很难客观地评估自身，所以自我评估常常结合其他评估主体的评估结果，主要用来完善对评估对象的评估。

（2）上级评估。上级常常是网络舆论危机管理绩效评估中最主要的评估主体。因为评估对象的上级与评估对象工作关系密切，上级常常能够观察到评估对象的工作情况，了解其工作表现，而且通过上级评估，可以让上级清楚评估对象的缺点和不足，进而指导和监督评估对象，提高绩效水平。上级评估的弊端是上级可能因与评估对象关系不同，而导致评估结果不准确。

（3）同事评估。同事往往与评估对象经常在一起工作，工作时间长，关系密切，清楚了解评估对象的工作性质和工作内容，能观察到评估对象的工作态度、工作表现、人际交往能力等方面。同事评估比较客观，所以，常常被作为上级评估很好的补充。但是，人际关系的因素常常会影响到评估的公正性。

（4）下级评估。由于评估对象与下级也有很多的工作联系，下级评估也能提供一些绩效信息。通过下级评估，可以从领导能力、管理能力、沟通协调能力、组织能力等方面来了解评估对象。通过下级评估，评估对象也可以了解到自己工作中的成功与有待改进的地方。但是由于管理层次的高低，所以，为了保证下级评估的公正和客观，需要赋予下级评估上级的权利，最好采取匿名的方式进行评估。

以上是从组织内部选择网络舆论危机管理绩效评估的主体。正确、及时的网络舆论危机管理会对社会产生一定的影响。所以，针对网络舆论危机管理绩效评估，也应该从组织外部选择一些绩效评估的主体，如社会公众、社会团体和专家学者。社会公众、专家学者等以另一种不同的视角来进行绩效评估，可以使得网络舆论危机管理绩效评估工作更加地科学客观、公平公正。通过组织外部的绩效评估主体的评估，可以看出网络舆论危机管理有哪些工作做得令社会群体满意，还有哪些工作需要改进完善。所以，对于网络舆论危机管理绩效评估，这些外部的绩效评估主体是不可或缺的。

为了保证绩效评估结果的科学准确，常常对绩效评估的主体进行必要的培训。培训的内容主要涉及网络舆论危机管理绩效评估的知识和理论、绩效信息的收集、绩效评估指标的制定方法、绩效评估的技巧和方法等方面。绩效主体的培训可以通过讲座、实践演练等方法实现。

4. 绩效评估方法的选择。根据本节第三部分所述，常用的网络舆论危机管理绩效评估方法有"3E"评估法、标杆管理法、关键绩效指标法、目标管理法、360度绩效评估法、平衡计分卡法等。可以根据实际情况，对不同的评估对象，选择不同的绩效评估方法进行绩效评估。在实际运用中，也可以几个方法结合在一起使用。对于网路舆论危机管理绩效评估，可以将360度绩效评估法和平衡计分卡法结合起来使用，使得评估结果比较科学可靠。关于绩效评估方法的选择及其详细解释，本节之前的部分已作阐述，在此不再赘述。

5. 评价绩效信息。这一阶段的主要工作是根据第一和第二阶段收集到的对评估对象的绩效信息，运用相关的绩效方法，结合不同评估主体的评估结果，对评估对象进行综合的评估，确定评价成绩或等级。

6. 反馈。通过评估者与评估对象充分的沟通交流，将评估结果反馈给评估对象，让其充分了解自身的情况。此外，评估者还要帮助评估对象认识到绩效评估反映出的一些在工作中所取得的成果和存在的问题。根据这些存在的问题，给出相应的建议和指导，使得评估结果更加有效。

通过选择合适的网络舆论危机管理绩效评估方法，实施科学客观、公平公正的网络舆论危机管理绩效评估，找出网络舆论危机管理工作中存在的问题，积极有效地应对，才能做好网络舆论危机管理工作，提高绩效水平，为人民服务，争取为社会创造更好的效益。

第七章

网络舆论监测与安全政策法规研究

互联网作为一个新媒介，不仅改变了以往的新闻和信息传播格局，而且为公众提供了一个前所未有的自由讨论公共事务、参与政治活动的空间。网络的交互性特征为网络传播新闻、进行舆论监督提供了极大的便利，使得普通受众拥有了话语权。他们可以通过网络发表关于社会事务，甚至对政府、政府官员的意见与建议，遇到重大事件和突发事件，如果问题得不到有效解决，不满和失望情绪便会通过互联网这一管道集中表现出来①。如果不能有效地监督和引导，很容易导致信息扭曲和舆论暴力甚至恐慌。由此可见，网络的内容既是民主正义的发声地，也是流言蜚语的传播源。我们在肯定网络言论自由的正面价值时，也不能忽视其负面的影响。面对"网络言论自由"这把双刃剑，我们需要考虑如何在维护网络言论自由之"利"的同时，祛除这种自由可能被滥用之"弊"。② 在当今法治社会，法治的理念已深入人心，制定和完善法律法规，依法对网络舆论进行有效监测，创造良好的网络环境，让人们充分地享受海量的信息资源，迅速地与世界各地的人们进行自由交流，了解世界各地的新闻动态，就各种事件自由地发表自己的观点和评论显得尤为必要。

---

① 胡媛：《网上舆论为何不理智——访中国社科院网络与数字传媒研究室主任闵大洪教授》，载《法律与生活》2006 年第 13 期，第 19 页。

② 曾佳：《网络言论自由的法律限制和保护》，载《法制与社会》2009 年第 23 期，第 74 页。

第一节 网络舆论监测与安全政策法规构建的目标与原则

因特网是在 20 世纪 80 年代末进入中国的。1988 年，中国科学院高能物理所首次实现了与欧洲和北美地区的电子邮件通信，1994 年 5 月获准正式加入因特网。1998 年我国有四个与因特网建立相连的全国性计算机网络，即中国公用计算机互联网（China NET）、中国教育和科研计算机网（CERNET）、中国科学技术网（CSTNET）、中国金桥信息网（China GBN）。[①]

据工业和信息化部发布的统计数据显示，2009 年前三季度，我国新增宽带接入用户 1 644.9 万户，用户总数达到 9 932.8 万户，网民总数达 3.6 亿。目前，全国已有 99.8% 的行政村和 93% 的 20 户以上自然村通电话，96% 的乡镇通宽带，91% 的行政村能上网。[②]

互联网作为信息社会的标志之一，打破了传统的时空界限，通过跨越国家的庞大网络，构成了一个与现实空间相对的网络社会，并深入经济、政治、文化、社会等各个领域，产生了广泛的影响。信息化时代，网络空间和物理空间一样，都是现实空间的组成部分，作为存在于网络空间的网上舆论监督，既承继了传统舆论监督的特点，又具有网络的特点。网络媒体的自由性、开放性和互动性特点使得普通人在传统媒体上无法实现的个人表达自由得到空前的展示。只要具备上网条件，任何人都可以在网上获取海量的信息，畅所欲言地发表自己的意见；各种问题，尤其是公共事件，不论是国内的还是国际的，都能马上形成网上舆论，甚至产生巨大的舆论压力，达到任何部门、机构、公众人物都无法忽视的地步。

网络空间的出现，极大地拓展了舆论监督的方式、手段和渠道。在我国，网上舆论监督是整个人民群众监督的重要组成部分，也是党和政府联系群众的重要纽带。民众可通过网上舆论监督反映工作和生活中所遇到的实际困难、矛盾与问题，也可积极地给政府部门提出建议和意见，促进政府部门改进工作，同时也有益于培养全民族的正确的民主与法制意识。

与国外相比，我国网络舆情还存在以下特殊情况：一是由于历史的原因，我国曾长期处于封闭状态，容易受到外来思想文化的冲击。二是目前我国正处于社会转型期，不可避免地存在诸多矛盾，容易使一些人出现情绪化冲动，以致不能

---

① 蒋平：《互联网的发展历史和管理对策》，载《江苏社会科学》1998 年第 6 期，第 82 页。
② 志强：《工信部：我国网民总数达 3.6 亿》，http://www.hzzhit.com/news/detail/1016.html，2009 年 11 月 17 日。

明辨是非。三是少数社会管理者对于舆论习惯于回避或堵塞。[①] 因此，对互联网的管理不善与监控缺位很可能对我国政治安全、文化安全和社会主义建设构成严重威胁。

2008 年 6 月 20 日胡锦涛总书记在考察人民日报社时指出："互联网已成为思想文化信息的集散地和社会舆论的放大器，我们要充分认识以互联网为代表的新兴媒体的社会影响力，高度重视互联网的建设、运用、管理，努力使互联网成为传播社会主义先进文化的前沿阵地，提供公共文化服务的有效平台，促进人们精神生活健康发展的广阔空间。"[②] 胡锦涛的讲话意味着网络媒体的社会影响力得到了首肯，要高度重视互联网的建设、运用、管理。

网络这把锋利的"双刃剑"，除了人们在互联网发布和浏览许多积极方面的信息外，还存在诸多虚假不良信息。这些信息以惊人的速度传播着，复制迅速、传播广泛、点击率不断上升，很可能短时间内就从地方到中央，凡是有网络覆盖的地方，几乎尽人皆知。谣言的来源混迹在庞杂的网络信息中，导致无从追查。同时，事情的真相被扭曲，负面内容被恶意放大，人身攻击言论屡见不鲜，严重地干扰了个人的正常生活甚至各种组织的正常运作。不良信息损害了网络媒体的可信度，一旦被网民采信，就会给社会造成极大危害。对于这些网络谣言、暴力、人身污蔑、网络色情等不良信息，如何对其进行一定程度的控制，是我国各级政府相关机构面临的一大挑战。

面对这些挑战，我们在规范网上舆论监督时，一方面要尊重网络自身的特性，注意利用技术、经济等手段来实施管理；另一方面要注意引导、制定完善的法律法规规范其发展，加强舆论监控，提高网络用户的责任感，充分保护网络用户的利益。

一、保障信息自由，健全和完善网络舆论监督法规

孟德斯鸠在《论法的精神》中说："在一个有法律的社会里，自由仅仅是：一个人能够做他应该做的事情，而不被强迫去做他不应该做的事情。"法国大革命的《人权宣言》第 4 条也指出："自由就是指有权从事一切无害于他人的行为。因此，个人的自然权利的行使只以保证社会上其他成员能享有同样权利为限制。此等限制仅得由法律规定之。"可见，自由指的是在法律范围内、在理性指

---

① 金明、单广荣等：《web 舆论在 Internet 上的传播监控浅析》，载《科技创新导报》2009 年第 8 期，第 95 页。

② 胡锦涛：《在人民日报社考察工作时的讲话》，http：//www.politics.people.com.cn/GB/1024/7408514.html，2009 年 10 月 11 日。

导下的自由，并不意味着可以为所欲为。假如允许一个人可以毫无节制地使用言论自由权，他就有可能利用这项权利来攻讦、诽谤他人，侵犯他人的正当合法权益；他也有可能滥用这项权利制造事端，煽动、鼓惑公众，危害公共安全。因此，从维护每个社会成员的合法权益和社会整体利益的立场出发，从保障每个人的自由权利出发，个人权利必须受到一定的限制。[1]

网络舆论监督是言论自由的表现方式之一，对网络舆论监督进行法律规制并不是要对人的言论自由权利的侵犯，而恰恰是要保障人的自由权利的实现，保障人的自由权利的实现。自由的一大特征就是受法律的约束。公民信息自由权是指公民依法可自由地获得、加工、处理、传播、存贮和保留信息的权利。如何实现法律管制与网络信息自由的平衡，是网络法律制度所必须重视的议题。

一方面网络的开放性决定了不当的法律管制将抑制公民的知情权、互联网的发展和正常交流，抑制信息的自由发布和流动，增大信息的不对称。因此，网络环境下的法律管制，还应该尊重网络空间的特性和客观规律，其中首先应注重各网络主体之间的利益均衡，不能因维护一方的利益而要求他方过重的责任；另一方面，任何一项权利的行使不可妨碍他人的权利。网络空间具有公共性，个人的信息自由不可损害公共利益，不可损害他人的权益。从文化角度而言，对互联网的法律管制其主要内容在于信息内容的法律管制，这就意味着言论自由的法律管制。

目前，国家通过立法对互联网内容进行管制是一种普遍现象。既有奉行严格的互联网政策的古巴、朝鲜、新加坡，也有崇尚民主、自由的国家如澳大利亚、德国、法国等国家。

针对网络言论立法一个重要的目的就是防止未成年人受到网上不良信息的危害。例如新加坡早在1996年就制定了《网络管理办法》和《网络行为准则》与产业标准，授权新成立的信息通讯发展局对互联网上的行为进行规范、对有害内容进行控制。[2] 新加坡还实行分类许可制度以保护年轻人免受非法的和不健康的信息传播之害。美国也在1996年制定了《反不雅通讯法》来保护未成年人。该法第223条规定："任何人，在州际或国际通讯中，明知接受通讯者在18岁以下，仍以电子通讯手段故意传播任何淫秽或不雅的评论、要求、建议、图像或其他通讯，……均应处以罚款或两年以下监禁，或两刑并用"，该条还规定："任何人，在州际或国际通讯中，以电脑或向18岁以下的人发送，或以电脑，向18岁以下的人能接受的方式展示关于性活动或性器官，排泄活动或排泄器官的任何

---

① 汪帆：《网络舆论监督的法律规制及其限度》，华东政法大学2007年硕士学位论文，第18页。
② 王四新：《网络空间的表达自由》，社会科学文献出版社2007年版，第235页。

评论、要求、建议、图像或其他通讯……均应处以罚款或两年以下监禁，或两刑并罚"。① 在该法被宣告为违宪后，美国政府又制定了《在线儿童保护法》，虽然被宣告违宪，但由此可见美国政府试图保护未成年人所做的努力。德国的《信息和通讯服务规范法》是一部综合性法律，该法对网络言论自由的规制主要是为了加强对青少年的保护。该法要求信息传播者通过技术措施保证有害信息不能被未成年人获取，还规定服务提供者具有聘请青少年保护人的义务。②

除了对青少年的保护，各国的法律针对国家安全、公共道德的维护、色情信息的控制等都有所规定。如新加坡的《互联网行为规则》规定以下内容被禁止："（1）违反公共利益、社会道德、公共秩序、社会安全、国家安定，或其他新加坡法律禁止的内容；（2）以使人刺激的方式描写性"。我国2005年的《互联网新闻信息服务管理规定》也规定了互联网新闻信息服务单位登载、发送的新闻信息或者提供的时政类电子公告服务不得含有的内容，包括危害国家安全、国家荣誉和利益、破坏民族团结、扰乱社会秩序、色情恐怖内容言论及侵害他人权利的言论等10个方面的内容。当然并不是所有的国家都通过专门立法来规制网络言论，有的只是将其现有的法规延伸适用至互联网。其中典型代表是英国，英国将其刑法、猥亵物出版法及公共秩序法等适用于网络的法规来进行对互联网的管理。凡是互联网上的言论违反现实中的法律的，都要受到惩罚。③

在我国，界定网络舆论监督的"合理"界限，通过法律制度的调整实现舆论监督对社会发展的良性促进作用，是一项艰巨的挑战。由于舆论监督属于民间的社会力量，在网络舆论监督制定合理规制时，应该尽量发挥市场的作用，凡市场本身能够解决的问题，政府应该避免介入和立法；凡业界能够自我调整的，政府立法应该为行业自律创造条件；凡传统法律可以解决的，尽量利用传统法律，避免过多网络立法对网络舆论监督产生副作用。根据国际经验，有关立法应保持法律的灵活性与适应性；鉴于舆论监督之于信息社会的重要作用，应充分保证信息的自由流动和传播。在信息社会试图阻断信息的自由传播，等于自我与空气隔绝。

为了促进互联网的进一步发展，规范互联网服务提供者和互联网用户的行为，为互联网管理提供法律依据，到2007年，我国已先后制定了27部法律、法规和规章。④ 其中，《信息网络传播权保护条例》（2006年5月10日）、《全国人

---

① 邱小平：《表达自由——美国宪法第一修正案研究》，北京大学出版社2005年版，第523～524页。

② 《德国信息和通讯服务规范法》，慧聪网，http：//info. broadcast. hc360. com/HTML/001/003/006/57696. htm，2009年11月18日。

③ 李丹丹：《论网络言论自由的法律保障》，苏州大学2009年硕士学位论文，第26页。

④ 韦柳融、王融：《中国的互联网管理体制分析》，载《中国新通信》2007年第18期，第32页。

大常委会关于维护互联网安全的决定》（2000 年 12 月 28 日）、《中华人民共和国电信条例》（2000 年 9 月 25 日）、《互联网信息服务管理办法》（2000 年 9 月 25 日）、《互联网站从事登载新闻业务管理暂行规定》（2000 年 10 月 8 日）、《互联网电子公告服务管理规定》（2000 年 10 月 8 日），这些法规构成我国网络内容管理的重要依据。2004～2006 年这一时期互联网法制建设明显有两个特征：一是大量互联网内容管理部门规章出台，包括《互联网等信息网络传播视听节目管理办法》、《互联网新闻信息服务管理规定》等；二是关于互联网应用的管理法规出台，包括《电子签名法》、《信息网络传播权保护条例》、《互联网著作权行政保护办法》等，这也表明近期互联网管理的热点是互联网内容监管和互联网应用规范。①

目前，公安部、国家保密局、信息产业部、文化部、教育部、国家工商总局、中国证券监督委员会等部门，以及一些省、市地方政府均在各自职权范围内颁布了有关网络的立法文件。立法活动对于推进我国网络法制建设、发展舆论监督是有益的，但对于网络舆论监督来说，用法律实行管制还需弥补一些空白区域。就整体而言，我国网络立法仍然不够完善，因为缺乏系统的理论研究使大多法规的出台显得仓促应付。② 我国现有互联网的法律法规其立法价值以安全、秩序为主，涉及言论自由的部分都是禁止性规则，缺乏网络言论自由受到侵犯时的救济性措施，更没有相应的程序性规定以平衡权利和权力，网络从业者的经济利益和普通网民的言论自由都得不到保障。③

二、保障他人人身权利，正确处理舆论监督权

在我国主要有两类舆论监督受到法律的特殊保护，一是批评国家机关及其工作人员的言论，《宪法》规定了公民的批评权和国家工作人员有接受公民监督的义务；二是批评企业产品和服务的言论，《消费者权益保护法》等规定了消费者的批评监督的权利。

中西方的官方和学界都一致认为，诽谤法并不只是一味制裁诽谤，而是寻求言论自由和保护名誉权的平衡，"诽谤法是力求维护保护个人名誉和言论自由这两者之间的平衡的"。在保护一种权利的时候，实际上必然侵犯另一种权利，所以应该对言论自由和名誉权进行合理搭配以求得利益的平衡。我国学者

① 韦柳融、王融：《中国的互联网管理体制分析》，载《中国新通信》2007 年第 18 期，第 33 页。

② 钟瑛：《我国互联网管理模式及其特征》，载《南京邮电大学学报（社会科学版）》2006 年第 2 期，第 32 页。

③ 李丹丹：《论网络言论自由的法律保障》，苏州大学 2009 年硕士学位论文，第 36 页。

在研究媒介诽谤法时，提出"新闻侵权纠纷法律关系的双重性"，"公权对私权获得优先保护"，言论自由和名誉权之间"权利协调的规则"等，都体现了"两权"平衡的精神。按照"两权"平衡的精神，就应当妥善处理涉及社会公共利益和消费者权益的言论引起的诽谤争议。历史表明，限制的滥用与自由的滥用一样有害，甚或更为有害，所以需要"对限制的限制"，我们应当意识到这一问题。①

"特许权、真实、公正评论"一起构成了英美诽谤法中三个基本理论，被称为"新闻媒介对抗诽谤指控的三大支柱"。为了保护公民的名誉权，英国《诽谤法》不允许报纸刊登诽谤性文章，但是它规定在某些场合，为了公共利益，某些言论可以免于诽谤诉讼的危险，这就是法律赋予新闻界舆论监督的特许权。特许权有绝对特许权（absolute privilege）和有限特许权（qualified privilege）之分；享有绝对特许权的言论不分真实与否，主观善恶如何，皆能畅所欲言，如议员在议会中的言论便是如此，而有限特许权是有条件的：要遵循"公正准确"、"公共利益"和"没有恶意"的原则。新闻舆论监督享有的是有限特许权。关于报纸言论享有的有限特许权，英国《诽谤法》又把它分为两部分：第一部分是"无须解释或反驳而享有特许权的陈述"，规定了七种权威消息；第二部分是"须经解释或反驳才享有特许权的陈述"，分五类规定了权威消息。新闻媒体根据这些权威消息所作的报道享有有限特许权，可以全面抗辩诽谤指控。②

美国《纽约时报》公司诉沙利文案确立了新闻媒介对抗诽谤指控的宪法性特许权原则。美国法院针对该案制定出以下原则："除非政府官员能够'明白无误地和令人信服地'证明有关陈述带有恶意，否则，政府官员不得获得与其官方行为有关的诽谤性谎言的补偿。最高法院把'实际恶意'定义为明知争论中的陈述为谬误或'毫无顾及'陈述是否为谬误而公布于众。""由此，在美国的悠久历史中，某些虚假及诽谤性的传播通讯被首次赋予宪法的保障，如果不是怀有恶意和有意为之的话。"③后来这个原则又扩大到公众官员以外的公众人物以及消费者批评产品质量而引起的企业名誉诉讼。这个原则被认为是在新闻诽谤诉讼中对新闻媒介提供了宪法上的保护。

我国目前赋予新闻媒介特许权尚只有两项：一是新闻媒介编印的专供领导参

---

① 魏永征：《网上言论与诽谤》，载《中国信息界》2003年第15期，第17页。
② 唐光怀：《西方舆论监督法的原则探析与借鉴》，载《广西师范大学学报（哲学社会科学版）》2007年第2期。
③ ［美］T.巴顿·卡特等，黄列译：《大众传播法概要》，中国社会科学出版社1997年版，第50～52页。

阅的"内部参考资料"（简称"内参"）不受诽谤指控。编印"内参"是中国新闻媒介的一项重要制度，成为领导部门了解下情的重要渠道。1998年最高人民法院《关于审理公民名誉权案件若干问题的解释》中明文规定起诉内参诽谤的，法院不予受理。这是绝对特许权保护。二是报道国家机关的公开文书和职权行为，若事后发现法律真实与事实真实不一致，媒介不构成侵权。但这是有条件的：必须依据正式有效权威公开的文书或行为，必须符合法律真实，必须依国家机关的纠正措施作后续报道以尽更正义务。这是"有限特许权"。借鉴西方特许权立法理论与实践，我国的特许权入法的范围可以拓展，立法可以更系统更科学。①

根据以上的分析，我们在进行网络舆论监督立法的时候，要注意区别以下几对关系：

1. 要注意区别公共利益和私人利益。舆论的作用是反映民情、传递信息，无论是对法人、个人还是公众，都是平等的。当人格权与监督权这两者发生冲突时，从司法的角度看，更应该向舆论监督权倾斜，一方面因为多年来舆论监督方面过于薄弱，而我们的社会需要监督，尤其在披露腐败和违法等方面；另一方面舆论监督体现了一种公共利益，而人格权毕竟是一种私人的利益。当个人利益与公共利益确实发生冲突时，要考虑向舆论监督倾斜，这样有利于建立良好的社会秩序。商家的名誉权如同公众人物的隐私权极度弱化一样，也应当极度弱化，这样有利于建立公平的市场秩序。为了做到这点，在某些方面我们应当对人格权的侵权、在构成要件上有更严格的限制。

2. 要注意区别自然人与法人。我国《民法通则》规定了法人以及国家机关也享有名誉权这一点，一定程度上这已成为妨碍言论自由的一个重要因素。例如深圳的一家法院提起诉讼，控告一个刊物的报道侵犯了它的名誉权，湖南的一个法院院长提起诉讼，控告一位律师侵犯了他的名誉权。企业和国家机关享有这样的名誉权，后果是对公众所享有的对国家机关以及消费者所享有的对企业的批评权极大的侵犯。因公民相对于法人处于相对劣势地位，民众相对于企业和国家机关在组织度方面也相对劣势，而法人和国家机关是相对义务的主体，其名誉权保护则应予以适当的弱化，言论自由的权利应是一个优先保护的权利。同时企业和国家机关享有名誉权，是在不侵害别人权利的前提下才能享有。这些观点已部分反映在诽谤法中，如司法解释规定侵害法人名誉权在构成上与侵害自然人名誉权有所不同，侵害自然人名誉权是"造成一定影响"，侵

---

① ［美］T. 巴顿·卡特等，黄列译：《大众传播法概要》，中国社会科学出版社1997年版，第50~52页。

害法人名誉权必须"造成损害",规定消费者对产品和服务的评论权利,以及不规定法人可以适用精神损害赔偿等。要注意区别名人与普通人,公民或法人一旦成为"公众人物"(当普通公民个人行为涉及公共事务成为公共事件中的角色时,也常被认为与社会公众利益有关成为"不情愿的公众人物"),其名誉权等人身权利的范围就要受到一定的限制。一是因为公共利益。政府官员特别是高级官员对公共事务具有特别的责任,他们的经济、政治和社会活动乃至家庭生活,涉及社会公共利益,必须接受社会的评论和议论。因而其隐私权范围应受到限制。二是因为公众兴趣。指公众对国家高级公务人员或社会知名人士心理上的关注及由此产生的了解、知情的愿望。对舆论界来说,公众兴趣在很大程度上构成舆论价值。因此个人或法人一旦成为公众感兴趣的人物即新闻人物,其隐私的范围也要相应缩小。三是因为成为"公众人物"之后,与普通人相比,有更多的机会和条件接触舆论媒介,以及用其他沟通方式来为自身辩解或澄清,也就是有更多自我保护名誉的手段。

3. 要注意区别正常监督与侵权。美国在新闻诉讼的司法实践中确立了三条基本原则:(1)诽谤必须是捏造事实,陈述事实的不是诽谤;(2)对诽谤罪要有事实真伪的证据,不能凭空指控;(3)判定出版物是否犯有诽谤中伤或煽惑人心的罪名,必须由陪审团做出裁决,不得由法官个人决定。

学术界普遍认为,对于涉及舆论监督的言论,如有片面、偏激或者其他不当,应当予以适当的宽容。一是因为过分情绪化的言论经不起具有一般常理的头脑的判断,不具备理性的言论所具有的杀伤力,按照一般常理不会信以为真的言论,不应该被认为是侵犯了名誉权的言论。二是因为"公共利益"与"公众兴趣"是构成舆论批评权利优先地位的基础,具备了这样的条件,同时又满足"真实"、"善意"、"合法"的要求,即使批评中的言辞有偏激、偏颇,都应得到法律的宽容,减免处罚或不予追究。三是因为舆论监督有其局限性和困难,新闻活动特别讲究时效性,其信息获得是建立在被采访者自愿的基础上的,收集材料的难度要大得多。同时,要区分评论和报道。报道主要是表述事实,而评论更多的是表述主观意见和观点,正当的报道不是侵权,而是对报道对象自我侵害后果的一种真实反映。评论发生侵权问题,主要在于评论不恰当地贬低了他人;如果评论仅仅限于评论某一事物而并不涉及他人的人格和社会评价,即或在评论中阐述的观点和意见是不正确的或者至少是有争议的,也不得轻易指认评论侵权。既要将报道和评论区分开来,也要在认定评论侵权时把"对事"和"对人"严格区分开来。对于非针对人的不正确的评论,主要是通过不同意见的争辩来校正,而不是诉诸法律。而对于因错误的报道事实而导致评论失当的情况,在追究责任时则应以原始报道者为第一责任人,据以评论者因客观上不大可能调查核实，只要不是恶意利用和发挥，就应酌情减轻甚至免除责任。[①]

三、保障司法公正，增强网络舆论监督实效

任何一种权力的有效运行都需要其他力量的制衡和牵制，司法权也不例外。司法需要舆论监督，监督不可代替司法。依法司法是依法治国的核心体现，司法公正是一切司法机关与司法人员的最高目标，然而，司法公正的实现却有赖于社会的监督。

在对司法活动的众多监督措施中，公众舆论所形成的巨大监督作用是促进司法公正的有效途径与手段。因此，进一步强化舆论监督，把司法的过程与结果置于阳光之下，接受公众的评说与检验，才能最大限度地实现司法的公正，从而真正增强司法在民众中的公信力，增强司法的权威与尊严，更重要的是依法司法才有了约束源泉和保障。但也要认识到网上舆论与司法审判是两种不同性质的活动，有着不同的运行方式与利益诉求。舆论监督诉诸公众的情感、道德与常识，追求快捷及时与轰动效应；司法审判则需要在严密程序的制约之下，对事实进行准确的判断、认定，对法律的条文与精神进行理性分析。如果舆论监督不加规范与完善，则必将导致以情绪代替理性、以伦理代替法律，使呼声压倒程序，法官受制于"民意"，舆论左右法官，司法的独立与公正也就受到挑战。网上舆论监督不能越位代替或干扰司法，但可促进司法公正。[②]

德国的《多媒体法》对于网络犯罪的司法管辖权并没有作出特殊的规定，这就意味着此类犯罪（譬如"儿童色情"）的司法管辖还将沿用其本国刑法中的领土原则和犯罪行为地原则。只要部分犯罪行为是在德国境内实施的，德国即拥有司法管辖权。因此德国刑法原则上将适用于所有德国用户可以接入的因特网站点。但这显然不切实际，司法管辖权方面的冲突应当算是网络内容立法在实施中最为现实的障碍。如果在忽视网络特性不顾及未来管辖权可能无法实现的情况下，草率立法，那么这种立法的效果必然会被大打折扣。[③]

德国言论自由的保护采取的是相对保障方式。它允许其他法规对宪法所规定的基本权利加以限制。如规定某种宪法权利"其内容有法律规定"、"在法律的限制之内"或"在法律范围内"予以保障以及"非依法律不得限制"等，都表明了对相对保障模式的选择。德国《基本法》中对言论自由的保护，允许普通

---

①② 吴弘、黄颖：《网上舆论监督的法律思考》，载《信息网络安全——博士之窗》2006 年第 4 期，第 20 页。

③ 梁宁：《信息内容：网络安全法制的非常地带——国际社会互联网管理的特征及面临的问题》，载《信息网络安全》2003 年第 3 期，第 20 页。

立法对言论自由加以限制，允许普通法律对言论自由的行使设定具体规则。① 德国在网络言论自由的法律规范保护方面，体现为"宪法的直接保护和特别立法的保护、限制相结合"的方式。一方面，宪法直接规定基本权利有直接效力，并将网络言论自由纳入到言论自由范围内进行保护；另一方面，颁布特别立法"多元媒体法"，对网络言论自由的规制进行具体化。在司法实践中，法院适用普通法律解决网络言论自由纠纷，允许对网络言论自由的普通立法限制。

而美国则有所不同，美国的权利保障模式基本上可以说是绝对保障模式。在言论自由的保护方面，宪法第一修正案禁止普通立法对言论自由进行限制。联邦最高法院可以宣布国会及各州制定的法律，因限制个人宪法上的基本权利的行使而成为违宪的法律，并有权终止执行侵犯个人宪法基本权利法律的效力，宣告其不具有法律的效力。法院直接适用宪法保障公民的言论自由，从基础上就杜绝了对于言论自由的立法限制。从美国的司法实践可以看出，被纳入表达自由保护范围的网络言论同样得到了与传统言论自由保护同等的待遇。也就是说，对于网络言论自由同样不允许随意的立法限制，这是同美国公民宪法权利与自由保护方式密切相关的。

虽然两国都将网络言论纳入言论自由的保护体系中，都没有突破对各自言论自由的保护方式，但是，由于美国和德国在言论自由保护方式上的不同，导致了美国对网络言论自由的立法进行严格的违宪审查，宣告对言论自由的限制立法无效；而德国则对网络言论自由的保护进行单独立法，一方面使言论自由适应新的形势扩大到网络言论自由范围，另一方面又对网络言论给予了特别的立法规制。不同国家因为具有不同的权利保护方式，所以对于言论自由（网络言论自由）的立法规制采取了不同的态度。②

在现实生活中，网络言论自由引起一些人的忧虑，因此主张对网络言论严格限制的不在少数。我国就有人强调"对互联网一定要严格管理，严加控制，正因为网络极其自由，不好控制，甚至无法控制，就更有必要制定严格的补救措施，明确法律责任，一旦发现违法，侵权现象，应对行为人予以严肃查处，令其承担严重的法律责任。"③ 网络言论诚然要受到法律限制，不能想说就说，任何无论以何种媒介发表言论，只要违反法律就要承担相应的法律后果，这是毫无疑问的。但是，网络作为一个新事物，它为人类营造了一个特殊的环境，这样的一种环境对于网民来说更为轻松、没有束缚和歧视，精神更自由。对于网络的这种

① 张千帆主编：《宪法学》，法律出版社 2004 年版，第 167 页。
② 邢璐：《德国网络言论自由保护与立法规制及其对我国的启示》，载《德国研究》2006 年第 3 期，第 36～37 页。
③ 何山：《自由从来是相对的》，载《时尚》2000 年第 5 期，第 205 页。

文化特性应予维护。与此同时，由于网络的这种文化特性，网络言论多具有轻松、随意、幽默、没头没脑的特点，平时听起来言过其实的话，放在BBS上可能就司空见惯、见怪不怪了，这应该是网民们彼此心照不宣的潜规则。言论的限度主要取决于社会的容忍度，网络社会对于言论的容忍度总体上应该比传统媒介下更高一些，但在网上，用语尖酸一点、语气嘲讽一点应在可以接受的范围之内。[①]

正是网络言论这些鲜明的特点，在处理网络言论侵权案件的时候必须坚持的一个原则就是宽容。对网络言论的过分压制不仅会影响网络的发展，更会扼杀促使我们的民主和法治发展的机会。正是基于这样的原因，法官在处理网络言论自由案件的时候，尤其是需要对网络言论自由与公共利益及私人权利之间进行衡量的时候，应充分考虑网络言论的特点，给予网络言论较传统言论更大的容忍度，只有这样才能把好网民言论自由保障的最后一道关。[②]

四、逐步实行网络实名制，规范网络舆论监督

一般认为，网络实名制的起因，根源于网络匿名传播环境的网络不文明和网络犯罪的存在，如散布虚假信息、披露他人隐私、侮辱谩骂造谣、传播色情内容等。网络实名制的支持者相信，通过用户的真实姓名和身份登记，可以有效地遏制这类不当活动，并在公民遭受侵权时，可以追究发帖者的法律责任，保护自身的合法权益。网络实名制可以减少政府在追究网络犯罪时的难度和成本，有利于网民形成文明习惯和责任意识，它"更体现了互联网监管部门的意志，是政府公共权力的强制要求。"[③]

由于匿名性的特点，人们在网络上发表言论便多了几分随意性，网络上经常充斥着许多不负责任的言论，甚至虚构事实的言论。网络言论处于一种权利和义务不对等的状态。同时许多网络论坛和网络博客都存在管理缺位的现象，放任网民在论坛或博客中随意发布或转载各种不实、低俗、消极等信息。不负责任的言论经网络迅速传播后，很容易产生消极的影响。尤其那些带有强烈情绪性和煽动性的言论，在真假难辨的情况下，很容易干扰普通民众的判断。这种不负责任的网络宣泄和盲目的从众很容易造成"网络暴力"。

---

① 蒋云蔚：《网络言论自由的私法限制》，载《黑龙江省政法管理干部学院学报》2005年第5期，第18页。

② 李丹丹：《论网络言论自由的法律保障》，苏州大学2009年硕士学位论文，第40页。

③ 刘津：《网络实名制的前提与限度——韩国实名制及其在中国实现的可能性》，载《新闻天地（论文版）》2009年第Z1期，第89页。

所谓的"网络暴力",指的是在一定的时间和空间内,多数网民通过网络言语和现实行为对某个事件的当事人表达非理性的基本一致意见,从而造成人格侵权的不公正力量。2007年网络上曾上演了一场"道德审判":媒体报道小女孩"丁香小慧"被继母虐待的事,一时间该继母被众多网民称为"史上最毒后妈","禽兽不如"、"没人性"之类的谩骂、攻击不断,甚至有人威胁要取她的性命。不久之后,当地警方得出结论,"丁香小慧"并未受虐待,此事才得以平息。近两年来,类似事件时有发生,"虐猫事件"、"铜须门事件"等都曾轰动一时。这些事件呈现出的特征是,针对毫无还击之力的个体进行道德审判;行为上通过网络追查并公布、传播当事人的个人信息(即所谓的"人肉搜索"),同时煽动网民以暴力语言进行群体围攻,使得种种原本以正义为出发点的行为,最终给当事人的现实生活造成巨大伤害。[①] 由于网络社会往往不讲究程序,不讲究证据的确凿,网络的"把关人"职能也大大弱化,因此,对于某一件事情的评判,网民往往是诉诸道德的考量、诉诸激情的宣泄,只要得到多数人的认同就可能形成具有影响力的舆论。对于那些在现实生活中积累了心理压力又无处宣泄的人来说,网络提供了一个绝佳的释放出口。同时,很多人以为在网上实施暴力行为更安全,由于看不见受害人的反应,网络施暴者没有直接的心理负担,便更加为所欲为。部分网友缺乏理性判断,容易产生从众心理,盲目地认同多数人已经形成的意见一致的态度,也就是所谓的"沉默的螺旋"(The Spiral of Silence)效应[②]。这种"聚众施暴"对受害人造成的心理伤害更强烈。

韩国是世界上唯一一个实行网络实名制的国家,韩国的实践激发了许多人关于网络实名制在我国实施的遐想。在韩国,网民也切实感受到言论自由所受到的限制。有韩国网民称:"实施实名制之前,我也经常在网站上批评一些事情。但是,实施实名制以后,我担心自己说的东西被随意引用,而且作为政府公务员,有些不好的影响,所以我个人现在很少在门户网站上发表什么。"实名制限制的不仅仅是不当言论,事实上,它可能导致一些网民放弃发言机会。一些网民会因此避免用不同于平时的口气说话,防止一旦身份泄露给自己带来的难堪。还有一些网民因为惧怕报复,会放弃说出内幕真相的机会。

我国网络实名制的源头,一般认为是2002年清华大学新闻系李希光教授在南方谈及新闻改革时提出"中国人大应该禁止任何人网上匿名"的建议。

---

① 周可达:《网络舆论监督及其规范》,载《学术论坛》2009年第7期,第47~48页。

② "沉默的螺旋"是由德国女传播学家伊丽莎白·诺埃勒-诺依曼(E·Noelle-Neumann)于20世纪70年代提出的,它指的是这样一种现象:人们在表达自己想法和观点的时候,如果看到自己赞同的观点,受到广泛欢迎,就会积极参与进来,这类观点就越发大胆地发表和扩散;而发觉某一观点无人或很少有人理会,甚至有时会有群起而攻之的遭遇时,即使自己赞同它,也会保持沉默。意见一方的沉默造成另一方意见的增势,如此循环往复,便形成一方的声音越来越强,另一方越来越沉默下去的螺旋发展过程。

网络是虚拟的，但它产生的社会影响却是实实在在的。"匿名制"带来的危害不仅仅是个人的，而是整个社会的。所以在推行网络自律的同时，有必要由外部力量介入，让网民在享受信息传播自由时考虑相应的责任，令其客观地对信息进行思辨，尊重事实、尊重他人权利。网络实名制的提出是在现有环境下对网民自律效果的失望，其实质是在现有的网民自觉性与国家强制性的选择中选择了后者。

网络实名制能规范网络信息传播，展示了网络信息传播自由的真正内涵。自由是相对的自由，是在不侵犯他人自由和不损害国家和社会公共利益的前提下的自由。网络实名制是在现有"自由"和"约束"之间找到一个新的平衡点。这也说明自由和约束互相牵制，既要保证一定的自由，又要对其进行一定的约束，使两者达到利益最大化则需要在两者之间寻找一个平衡点。而这个平衡点是动态的，当环境或对象或其他因素发生变化时，这个平衡点要做出相应调整。网络实名制对网络信息传播的规范正是基于现有的网络社会不和谐现象，需要对网络信息传播加强管理，以使网民同时保证自己和他人自由和权力所作出的调整。网络实名制促进了网民自律，有利于网络和谐社会的建设，从长远来看，其对网络信息传播也具有促进作用。[①]

网络实名制是指网络有限实名制度，即后台实名注册、前台匿名发表。当用户到博客网站或 BBS 网站注册账号时，需提交身份证、必要的证件和真实姓名等。而在前台，用户可以使用自己喜欢的名称。网民如果没有做危害公众利益、违反国家法律的事，真实身份信息属于隐私，甚至可以永远隐藏真实身份信息并得到保护。而一旦触犯了法律，通过受保护的实名关联可以找到现实中对应公民，隐私将不再成为隐私，将会受到监管，甚至法律的制裁。这一实行办法对网民的隐私有较好的保护，即是韩国实行的是后台实名制。

目前，我国互联网已有的实名制主要体现为网吧上网的身份证登记、邮箱注册的真名登记、高校网上注册实名和版主实名制。除了网吧的身份证登记之外，我国目前还未实行韩国采用的身份证号码后台确认，也没有对门户网站的网民登记提出强制规定。另外，已有一些网站根据自己的需求，尝试采用真实姓名、身份证号、电子邮件地址、家庭住址等方式注册，实现了不同程度的实名制。随着电子商务应用的增多以及网民数量的增长，具有商业模式和赢利性的网站出现实名制将成为业界常态的趋势。但在言论发表类的网站和发布个人隐私内容的网

[①] 陈远、邹晶：《网络实名制：规范网络信息传播的必由之路》，载《山东社会科学》2009 年第 1 期，第 69 页。

站，实名制的实现还需要三思而后行。[①]

正是由于网络空间和网络行为的复杂多样性，以及实行网络实名制可能带来意想不到的影响，政府不应该搞"一刀切"，不要急于全面推行网络实名制。不妨采取灵活的处理方式，比如，对一些影响面广、访问量大的网站，实行网络实名制，中小网站则自主决定是否采用实名制，甚至网民也可以自愿选择是否实名注册，或者只规定网站的某些板块实行实名制，其他板块可以匿名；可以对部分网民，如站长、版主、博客主人等较普通网民影响更大群体实行实名注册，对于普通网民则不做硬性规定；甚至还可以采取折中的办法，规定某个时段必须用实名，其他时段则可以选择匿名等，以尽量减少网络实名制的负面作用和网民的抵触心理，最大限度地实现政府管理目标和公民个人利益的平衡。[②] 在网络实名的同时，切实加强对个人信息的保护，避免个人信息泄露损害网民的权益。

五、建立舆论引导机制，加强与媒体沟通合作

2007 年 1 月 23 日，胡锦涛在中共中央政治局第 38 次集体学习时表示："必须以积极的态度、创新的精神，大力发展和传播健康向上的网络文化"。党的十七大报告中也强调要"加强网络文化建设和管理，营造良好的网络环境"。针对我国舆论环境的新变化以及目前网络舆论监督存在的问题，必须采取相应的措施，改革不合理的管理体制，正确引导网络舆论，优化网络舆论的监督机制。要解决网络舆论非理性和谣言的问题，需要建立理性公平的舆论引导机制。在新闻法制和网络技术管制缺乏有效方法的情况下，实现舆论引导还要依靠传统媒体的力量。虽然部分专业新闻媒体的网站拥有传统媒体强大的采编队伍，但在人才结构上和主流媒体网站网络宣传政策性强、专业技术要求高的状况不相适应，尤其缺少管理、经营、技术专才。而网络媒体在这方面却拥有相当的水准，二者相辅相成取长补短正好可以弥补各自的劣势。全面的横纵向联合已经是发展的需要。在舆论引导上，网络媒体需要借助传统媒体在形成、引导舆论方面的优势力量，积极引导舆论。

1. 要发扬传统媒体的"品牌效应"。从舆论形成的角度看，根据美国学者冯·诺依曼的假说，意见气候的形成与以下三种条件有关：多数传媒报道的类

---

① 刘津：《网络实名制的前提与限度——韩国实名制及其在中国实现的可能性》，载《新闻天地（论文版）》2009 年第 Z1 期，第 91 页。

② 刘大志：《网络实名制的公共政策分析》，载《重庆工商学院学报（社会科学版）》2007 年第 8 期，第 58 页。

似性产生的共鸣效果；同类信息传播的连续重复性产生的累积效果；信息到达范围的广泛性产生的遍在效果。在网络中一般的舆论传播者出于个人目的发布信息，很难同时产生共鸣、累积、遍在效果，而传统媒体在这方面有一定的优势。

从理论上讲，网络传媒的大容量和传播技术的特点使任何人在网络上传播信息成为可能，信息可以在网上大量复制与传播，从而出现了大量的信息垃圾，专业新闻媒介的网站仍是大部分人的首选和眼球聚集点。网上信息和舆论传播的泛滥，更唤起人们对高质量言论的需求，就像假冒伪劣商品泛滥时，人们更需从"品牌"中寻求保障一样，人们对专业新闻媒体有了较多的依赖与信任，因此上网的专业新闻机构的影响面是最广泛的。①

2. 专业新闻媒体充当"把关人"②。互联网虽然极大放松了对传播资格的限度，但这并不意味着网络时代不再需要"把关人"。事实上，由于网络传播的极端自由化，不可避免地出现了一些弊端。①新闻信息传播的权威性受到挑战。单纯的个人通过网络发布新闻不具备传统媒体的权威性，从而使新闻的真实性受到质疑，影响了传播效果。②网络传播呈现混乱无序的状态。我们知道，自由总是与一定的秩序相对的，如果没有秩序，自由就会演化成一种疯狂。"权威的失落从来就不是个人自由的福音，互联网上的'无政府在线'无法造就一种新的文明，相反，有可能使文明在技术高歌猛进的表象下惊人地退化。"因此，要想铸就网络新闻传播的公信力，维护网络新闻的真实性，以一定的准则和价值观为依据的把关是非常必要的。

（1）它能保证人们接受正常的传播内容，从而有助于形成稳定的世界观和人生观，而不是在过度异质信息的干扰下失去了思维的尺度和人生的方向。尽管网络时代的"把关人"与传统意义上的"把关人"在很大程度上是不重合的，但网络传播与传统媒体一样，都有信息搜集、取舍、过滤、整合、发布的过程，传播者都会受到社会伦理、法制、传播媒介与方式等方面的制约。而作为网络传播者的"把关人"尤其是有品牌、重声誉、追求公信力的网站，决不会放弃新闻真实性的原则。这就必然会对其所传播的新闻信息实行严格控制，尽可能地使所传播的信息有利于维护社会所认同的价值体系，在人们的世界观和人生观的形成过程中成为重要的参照系。因而，"把关人"的角色不可或缺。

（2）有一定依据的把关有助于社会及其文化沿着一定的规则向前发展。在

---

① 谢靓：《我国网络舆论监督现状初探》，武汉大学 2005 年硕士学位论文，第 29 页。
② 李琼瑶：《网络新闻传播中的法律保障机制研究》，载《江西社会科学》2007 年第 4 期，第 206 页。

网络传播时代，尽管人人都获得了在网络上进行传播的可能，但这并不意味着任何在网络传播的信息都是有价值的。相反，在网络传播中存在的大量的垃圾信息，不仅影响了网络传播的可信度、毁坏了网络传播的声誉，同时也对社会及其文化的正常发展带来不可小视的负面影响。从这个意义上来看，网络时代的"把关人"至关重要。[①]

（3）要利用网络反馈机制引导舆论。在以交互性为特点的网络传播中，由于受众地位的变化，要求改变以往的受众观，积极利用网络快速有效的交互式反馈机制，反映和引导舆论。现代社会已成为一个巨大的媒介市场，舆论不过是大众媒介内容的反映，受众接触媒介不希望陷入被操纵，而是渴望平等交流。而网络恰恰提供了一个交流的平台。有别于传统媒介从单方面意愿出发去引导舆论，网络交互式传播方式要求将受众看成平等交流的对象而非被动的"靶子"。一些专业新闻网站已经看到了交互式手段的价值，并开始利用，如新加坡《联合早报》网络版开设了读者论坛，引导读者针对一些重大国际问题以 E-mail 的方式向网站投稿。交互式手段还表现为通过站点进行民意测验，了解受众对新闻事件或有关人物的看法态度。交互式手段将过去主要通过民间渠道传播的声音引向了主流渠道，使民意的表达更加畅达，使主流新闻媒介更好地观察自己所要引导的舆论方向与现实的民意之间是否存在差异，也进一步判断自己的舆论导向是否合理，需要做哪些调整，如何进行调整。编辑仍应在交互式过程中起主导作用，他所用的方式则是应用其所表达意见本身的说服力，以及说服的技巧。另外，传统媒体也要尊重受众的知晓权、提高新闻报道的透明度，在舆论引导中掌握主动权。

总之，在网络媒体中，对舆论进行有效引导仍是必要的和不容轻视的，对于引导舆论的方式和方法，传统媒体和网上的专业新闻网站仍需在实践中积极探索总结。

六、注重网络行业自律，提升网民的网络素养

互联网是一个高度自治的空间，这样一种空间从一开始就是排斥政府管制的。由互联网用户广泛接受和认同的习惯和网络文化成为有效的网络自律规范，与政府管制相比，行业的自律往往能够更好地把握管理与发展、规范与自由之间的平衡。目前而言，虽然许多国家都通过法律手段介入互联网的管制，但是行业自律仍然发挥着重要作用。美国、英国、新加坡、欧盟都将行业自律作为互联网管制的重要一环。通过行业协会规范网上行为，解决因特网发展中出现的问题。

---

① 常庆：《网络时代的把关人》，载《当代传播》2002 年第 5 期，第 51～52 页。

如 1997 年 5 月 19 日，由日本因特网服务提供商团体"电信服务协会"公布了自主制定的"事业者伦理方针"，要求因特网服务提供商签订禁止在网上传输违法信息的条款，并要求因特网服务提供商设立投诉窗口，一旦发生问题，则有责任予以解决。由行业部门自己定出规则，防止网上的犯罪活动，这在世界上还是首例。[①]

美国联邦传播委员会于 1997 年 3 月公布《网络与电讯传播政策》报告，主张：（1）政府政策应避免不必要的管制；（2）传统媒体管理规范不全然适用于网络管理。美国由政府立法介入网络内容管制的国家，转入了业者自律以及透过技术的方式，对网络内容的部分做劝导与管理，并呼吁家长、业者、学校与图书馆及政府相关部门多方合作，对于保护儿童不受具有影响儿童身心发展的信息侵害，投入更多的心力。

美国政府注重对未成年人以及家长进行的网络使用技术的宣传，如美国计算机协会制定的"网络伦理十诫"：（1）你不应当用计算机去伤害别人；（2）你不应当干扰别人的计算机工作；（3）你不应当偷窥别人的文件；（4）你不应当用计算机进行偷盗；（5）你不应当用计算机作伪证；（6）你不应当使用或拷贝没有付过钱的软件；（7）你不应当未经许可而使用别人的计算机资源；（8）你不应当盗用别人的智力成果；（9）你应当考虑你所编制的程序的社会后果；（10）你应当用深思熟虑和审慎的态度来使用计算机。[②] 我国半数网民为青少年，其中有大量未成年人。尽管父母可以承担一些对孩子进行网络使用教育的责任，但大多数父母可能不比他们的孩子更懂得如何使用网络，也可能因为个人精力有限而难以担此重任。

对此，我国政府可以组织媒体、教育部门、社会力量等通过举办公益讲座、散发印刷品等方式让更多的孩子和家长理解网络技术以及网络传播中的利与弊。也可以面向专门人群建设专门的网站，使网民在网上有归属感。同时，还可以充分发挥我国公立学校众多的优势，通过学校对学生进行网络使用能力的教育。比如在中小学开设网络使用方面的通识类课程以普及学生的网络技术知识和网络法律知识，以有效地指导学生安全上网，主动回避和抵制色情、暴力等有害信息。其中，提高家长的网络安全意识和网络使用能力是很有必要的，懂得网络使用技术的家长更有条件和能力对孩子上网行为进行监督和辅助。网络管理是全方位的管理，涉及社会不同的组织、层级和机构。政府应该充分发挥在宏观调控、立法、教育等方面的优势，与企业组织、科研部门、学校、家庭之

---

① 汪小熙：《国外因特网政策法规对我国信息立法的启示》，载《图书情报工作》2000 年第 8 期，第 62 页。

② ［美］斯皮内洛著，刘钢译：《世幻道德——信息技术的伦理方面》，中央编译出版社 1998 年版，第 78 页。

间建立协作机制，整合社会、技术、管理力量，在营造安全、健康的网络环境中发挥主导作用。①

在全球化浪潮中，中国应借鉴国外的先进经验，积极完善发展互联网的行业自律，政府应该给新闻网站更大的空间，逐渐用事后处罚代替目前严格的事前审查。通过行业自律既可以弥补法律在规范互联网方面存在的不足，又可以充分调动网络的活力，还可以缓解政府规制与网络言论自由冲破规制之间的矛盾。事实上，网络自律规范更易得到网民的认同，这不仅在一定程度上降低了政府管理成本，提高了管理效率，而且促使网民合法有效的行使自己的言论自由权，这对网络言论自由向着更为健康的方向发展是极为有益的。

在 2006 年"两会"记者会上，温家宝总理明确表示："中国对互联网依法实行管理，同时我们也倡导互联网业界实行行业自律，实行自我管理。"温总理强调："网站要传播正确的信息，不要误导群众，更不能对社会秩序造成不良的影响。这些规范作为职业道德，应该得到遵守。"温总理的这番话，清晰地传递了中央对促进、规范互联网健康发展的大思路。②

搞好网络舆论监督，就要确保对网络虚假信息和网络舆论的控制和引导，强化舆论界的职业道德建设，提高网络舆论的社会公信力。所以，要积极开展素质教育，提高大众的网络舆论素质。一方面，要提高网络媒体从业人员的素质。（1）要紧紧抓住对"主旋律"的宣传和弘扬。（2）新闻采编人员要从自身做起，杜绝有害、虚假、黄色等信息传播，向大众提供真实、快速、全面的信息；要远离低级趣味，保持自己的严肃性、权威性。（3）加强对网络媒体从业人员特别是网络媒体的负责人、技术骨干的思想政治素质培训和业务培训，增强他们的社会责任感，提高他们的业务水平和管理能力；另一方面，积极开展网络素养教育，提高网民的责任意识和自律能力。网络素养教育更重要的是网络道德教育和网络信息的获取、处理、创新教育。在网络空间，网民对特定社会问题、事件的认识是通过网络信息获得的。所以，信息的准确、全面与否，在一定程度上决定着网络舆论方向的对错。而网民作为信息的浏览者和舆论监督的参与者，也要有自己的理性分析。当前网络上的讨论经常是激情多于理性，非理性的话语在网络上被放大，由此所塑造的舆论往往无助于人们积极地寻求社会问题的解决方案。这就要求上网浏览者尤其是全国各高校的大学生们要有自己的理性，能够分辨是非，不要跟风，把错误的网络舆论扼杀在萌芽状态。③

① 谢新洲、王靖华：《美国政府对互联网信息传播的管理及其启示》，载《北京联合大学学报（人文社会科学版）》2009 年第 1 期，第 113 页。
② 周可达：《网络舆论监督及其规范》，载《学术论坛》2009 年第 7 期，第 73~74 页。
③ 姜君岭：《对完善网络舆论监督的理性探讨》，载《青年记者》2008 年第 23 期，第 59 页。

网络媒体舆论监督作为一种监督方式必须规范化，我国相关的法律规定理当可以延伸到此领域。网络媒体与传统媒体作为发布信息的机构，同样在传播新闻的过程中充当了"把关人"的角色。加强网络伦理道德建设，增强网站发布新闻的责任感，提倡网民文明上网的同时，网站版主应及时疏导网络媒体论坛中的情绪型言论，充分发挥"意见领袖"的作用，及时跟帖、主动导帖、善言规劝，与网友共同创建宽松自由文明和谐的讨论环境。监督者应正确运用网络舆论的工具行使监督的权利，被监督者应以更宽广的心态和胸怀对待善意的批评和监督，而网站也应做好相关的引导工作。在新的历史条件下，网络舆论监督在制度性安排的轨道中运行才能发挥应有的作用。

我国的网络正处于发展阶段，要办好网络，服务于社会，必须对网络内容进行有效的监控，应严格贯彻"法律规范、行政监督、行业自律、技术保障"这十六字方针。权力只有通过权力来制衡，国家的干涉性权力只有通过民主的监督来平衡，而网民对他人的干涉也需要相应的权力来制衡。管理的权威不一定只有政府机构，非政府部门也会有这样的社会效力，在权力的运作上，各个主体发挥各自作用，网络舆论事件的处理不应该由政府完全一手包办，不同的主体发挥作用，实现多方力量的协调，以新型的网络组织网取代层级关系，新型的多元合作方式取代传统的上下对立，只有通过多方合作，才能既实现政府的有效监督，又保护了经营者的商业利益，同时还能发挥网络媒体的主导角色，尊重和保护了网民利益。

我们要以积极的态度，学习和借鉴国外对网络文化建设和管理的有效做法和成功经验，从我国的实际出发，最大程度地发挥其优势，最大限度地避免其弊端，坚持一手抓建设，一手抓管理，在建设中加强管理，在管理中促进建设，逐步形成一个内容管理、行业管理、安全管理相结合，事前审批与事后监督相结合，技术封堵与舆论引导相结合，分级管理与属地管理相结合，政府管理和社会自律相结合，网上监控与网下管理相结合的管理工作机制，探索一种符合网络规律、符合我国国情、符合人民意愿、符合国际惯例的公开管理、依法管理、科学管理的模式。

第二节　网络舆论监测与安全政策法规及效能分析

《中共中央关于构建社会主义和谐社会若干重大问题的决定》明确指出"健全社会舆情汇集和分析机制，完善矛盾纠纷排查调处工作制度"。这就为在互联网日益普及的背景下，完善和强化政府在网络舆论的正确引导及维护社会稳定等领域的市场监管和社会管理职能提出了明确的要求和目标。

面对新形势下的新问题，政府履行市场监管和社会管理的职能必须要以这一领域完善的法律法规及配套措施为根据，做到"有法可依"。因此，这一节就重点考察政府履行这一重要职能的根据，即我国现行政策法规在网络舆论监测与安全等方面的相关规定及其效能的分析。

一、网络时代网络舆论监测与安全政策法规现状

前网络时代传统媒体特有的运行方式为政府依法管理特别是事前监管提供了诸多"便利"。而在网络时代，网络资讯（官方、准/半官方）的即时更新，网民在论坛、虚拟社区（民间）发布信息的事前不告知，政府没有机会、没有时间甚至没有权力获得信息内容，进而审查其"合法性"。即使网络服务提供者、各大网站及网络营业场所在政府的行政监管下对即时资讯特别是普通网民通过论坛、虚拟社区发布的信息进行事前审查，也不会做到像对传统媒体监管那样的充分的事前管理。毕竟是高科技背景下的网络信息传播，而且诸如网络服务提供者、各大网站及网络营业场所不可能不以营利为目的，只要不是那些在传统媒体上就被禁止登载的内容，只要一根网线、一台终端电脑，不经事前审查的信息传播还是比较容易的。也正是基于网络时代网络舆论传播较传统媒体舆论传播的特殊性，政府在对以互联网为传播工具的网络舆论的管理也就必须面对它的特殊性。下面我们就对政府依法管理网络舆论的"法"的现状做类型化的考察，即分别以立法层级及立法对象为角度，以观政府对网络舆论的监管与对传统媒体的管理相比究竟是一个什么样的状况。最后则对现行政策法规赋予其他组织或个人如何协助政府的管理做简要梳理。

（一）从立法层级上看

"就立法的级别、层次来说，有国家立法权、中央立法权，也有地方立法权。"[①] "国家立法权是由最高国家立法机关，以整个国家的名义所行使的，用来调整最基本的、带全局性的社会关系的，在立法权体系中居于最高地位的一种立法权。"[②] "中央立法权是相对地方立法权而言的，……中央立法主体除立法机关或议会、权力机关以外，也包括中央政府，有的国家的中央司法机关和其他有关

---

① 周旺生：《立法学教程》，北京大学出版社 2006 年版，第 216 页。
② 周旺生：《立法学教程》，北京大学出版社 2006 年版，第 227 页。

机关也可以行使某些立法权。"① 而"地方立法权是存在于中央和地方实行分权国家的，地位低于国家立法权的，所立之法的形式和立法范围有别于国家立法权的，其本身往往是具有多层次、多类别的一种立法权。"②"国家立法可能是中央立法权的核心组成部分。"③因此，以上述表述为依据，本部分就从中央立法——包含了国家立法——与地方立法两个层次上考察有关网络舆论监测与安全的政策法规。

1. 中央立法中的核心：国家立法

我国全国人大及其常委会，作为最高国家权力机关，独享国家立法权。在国家立法层次上，网络舆论监测与安全政策法规主要是《中华人民共和国宪法》和《全国人大常委会关于维护互联网安全的决定》。前者不容置疑地是由全国人大制定、修改以及通过的，最近一次修正案是 2004 年 3 月 14 日第十届全国人民代表大会第二次会议通过的；后者则是由第九届全国人大常委会第十九次会议通过的。由于后文还要从立法对象的角度去考察，《全国人大常委会关于维护互联网安全的决定》在此不做讨论。因而此部分只对宪法中的相关条款做简要讨论。

《中华人民共和国宪法》（下称《宪法》）并没有具体规定有关网络舆论监测与安全方面的事项，但它从公民权利与义务的角度抽象性地做出了原则性的规定。《宪法》第三十五条、第四十条、第四十一条及第四十七条④规定了中华人民共和国公民享有"言论自由"、"通信自由"、"有对国家机关和国家工作人员及其违法失职行为的批评、建议及申诉、控告或者检举的权利"和"进行科学研究、文学艺术创作和其他文化活动的自由"。上述自由和权利在网络时代里也就少不了以互联网及相关技术为手段的行使。通过网络表达言论、便捷通信，通过网络对国家机关和国家工作人员及其违法失职行为进行监督乃至举控。同时，《宪法》第五十一条也做出了自由与权利是"相对性"的界定，即公民在行使自由和权利的时候，不得损害国家的、社会的、集体的利益和其他公民合法的自由和权利。《宪法》这一条对公民相对的自由和权利的界定，为国家在维护因公民行使自由和权利而损害甚至侵犯国家的、社会的、集体的利益和其他公民合法权益时有了根本大法的根本保障。

2. 其他中央立法

中央立法体系中，除国家立法——全国人大及其常委会立法——这一核心部分外，还主要有国务院立法和国务院部门立法。国务院立法，是中国最高国家行

---

① ③　周旺生：《立法学教程》，北京大学出版社 2006 年版，第 228 页。

②　周旺生：《立法学教程》，北京大学出版社 2006 年版，第 230 页。

④　《中华人民共和国宪法》，http://www.people.com.cn/GB/shehui/1060/2391834.html，2009 年 11 月 17 日。

政机关即中央政府，依法制定和变动行政法规并参与国家立法活动以及从事其他立法活动的总称；而国务院部门立法，则是中国最高国家行政机关所属部门依法制定和变动行政规章以及从事其他立法性活动的总称。① 前文中也多多少少涉及国务院立法与国务院部门立法的一些主要特征及其效力。在此，要特别强调的是，国务院立法在现行中国立法体系中占有着非常重要的地位，它对于"搞好中国政府法制建设从而推进整个国家法制建设是一大重要条件。"② 在国务院部门立法中，又分为两部分：一部分是国务院组成部门的部委（行、署、办）规章；另一部分则是国务院其他部门规章。国务院部委与国务院其他部门规章在某种响度上是有分别的，"国务院部委规章是根据《宪法》和《立法法》的双重授权所制定的，国务院其他部门规章则是仅根据《立法法》的授权所制定的。"③

政策法规中的国务院部门立法在网络舆论监测与安全方面占有很大比例。而国务院立法也仅是做出原则性的规定，具体可操作性的实施细则等的制定还是落在了国务院部门立法这一形式的担子上。由于后文还要从立法对象的角度去考察，在此，只将不同立法层次所制定的政策法规的名称列出，具体所涉条文则在后面展开。

在国务院立法这一层次上，有关网络舆论监测与安全的政策法规有：1997年的国务院第 218 号令《中华人民共和国计算机信息网络国际联网管理暂行规定》、2002 年的国务院第 291 号令《中华人民共和国电信条例》及第 292 号令《互联网信息服务管理办法》和第 363 号令《互联网上网服务营业场所管理条例》。从法规名称中不难看出，所涉领域主要是网络自身、网络信息服务提供及上网服务经营场所等比较宏观的方面。

由于网络舆论监测与安全方面涉及多个领域，而无论是国务院的组成部门还是具有行政管理职能的其他部门，都有网络舆论监测与安全方面的主管部门。因而在国务院部门立法中，有关的国务院部门都会涉及到对网络舆论监测与安全方面制定部门规章。在此，不妨先将有关的国务院部门主要有哪些及管理、规范的事项做一简要介绍。

国务院相关组成部门。公安部，主要管理及规范的事项有网络安全、上网服务营业场所安全等；信息产业部——2008 年国务院机构改革后其职能并入新成立的工业和信息化部——主要管理及规范以互联网为载体的相关产业及（非）经营性活动；文化部，主要规范互联网文化发展方面的事项；教育部，主要管理及规范高校上网场所、高校校园网等。

---

① 周旺生：《立法学教程》，北京大学出版社 2006 年版，第 288、296 页。
② 周旺生：《立法学教程》，北京大学出版社 2006 年版，第 292 页。
③ 周旺生：《立法学教程》，北京大学出版社 2006 年版，第 298 页。

具有行政管理职能的国务院其他有关部门。国家广播电影电视总局，主要管理及规范利用互联网进行视听节目的服务提供；新闻出版总署，主要调整和规范利用网络从事出版活动的事项；国家保密局，主要负责计算机信息系统国际联网保密的相关管理工作。

国务院部门立法主要依据其职责范围对立法对象予以规范及调整。同一事项涉及不同部门，各相关部门也会联合制定政策法规，对某一事项予以规范和调整。在网络舆论监测与安全方面，由于涉及诸多部门，或成立更高级别的议事协调机构，以加强相关领域的监管。国务院部门立法在网络舆论监测与安全领域主要有：1997 年年底公安部发布的《计算机信息网络国际联网安全保护管理办法》；2005 年公安部第 82 号令《互联网安全保护技术措施规定》；2002 年，新闻出版总署、信息产业部第 17 号令《互联网出版管理暂行规定》、《互联网站管理工作细则》（信部电［2005］501 号）；2003 年文化部第 27 号令《互联网文化管理暂行规定》；2007 年，国家广播电影电视总局颁布的《互联网视听节目服务管理规定》、《教育部、共青团中央关于进一步加强高等学校校园网络管理工作的意见》（教社政［2004］17 号）；2000 年国家保密局发布的《计算机信息系统国际联网保密管理规定》、《国务院办公厅转发文化部等部门①〈关于开展网吧等互联网上网服务营业场所专项整治意见〉的通知》（国办发［2004］19 号）以及《文化部等关于进一步加强网吧及网络游戏管理工作的通知》（文市发［2007］10 号)②。

通过以上考察可以看出，中央立法体系中，全国人大及其常委会立法以及国务院立法，是宏观性的、指导性的原则性规定，具体可操作性的国务院部门立法性质的部门规章对网络舆论监测与安全的诸多领域做了较为完善的规范与调整。

3. 地方立法

地方立法是相对于中央立法而言的立法，是构成国家整个立法的一个重要方面，它是指特定的地方国家政权机关，依法制定和变动效力不超出本行政区域范围的规范性法律文件活动的总称。在中国现时期，除民族自治地方的自治立法、经济特区的授权立法、特别行政区立法外，所有地方立法都是一般地方立法，从层次上说，由省、自治区、直辖市、较大的市（省、自治区政府所在地的市、经济特区所在地的市、经国务院批准的较大的市）的立法所构成的。③

---

① 涉及部门有：文化部、国家工商行政管理总局、公安部、信息产业部、教育部、财政部、国务院法制办、中央文明办和共青团中央。

② 涉及部门有：文化部、国家工商行政管理总局、公安部、信息产业部、教育部、财政部、监察部、卫生部、中国人民银行、国务院法制办、新闻出版总署、中央文明办、中央综治办和共青团中央。

③ 周旺生：《立法学教程》，北京大学出版社 2006 年版，第 300 页、311 页。

由于网络舆论在传播及影响方面基本上都是全国性甚至世界性的，因而从地方立法特征及作用上看，既体现出本地特色又不与宪法、法律及行政法规相冲突的地方性法规及地方规章在网络舆论监测与安全方面几乎是没有的。而且网络在政府确保舆论导向正确方面发挥着极其重要的作用，无论是对网络服务的提供者还是使用者，各级政府对其治理与监管基本上都是在中央的统一部署下开展的，治理与监管的价值取向是同一的，确保正确的舆论导向，维护社会团结稳定的安定局面。治理与监管的基本技术支持也都是基本相同的，而且在中央政府层面，技术水平与技术储备也是非常雄厚的，很大程度上主导着地方各级政府的技术使用，等等。因而在地方立法这一部分就不再展开进行考察了。

（二）从立法对象上看

前网络时代的传统媒体，政府及其相关职能部门对它们的治理与监管主要是事前的，主要在制作、编辑审查及校对等传播前的各环节"严格把关"，出现严重政治性的舆论传播的事件可能性非常渺小。而网络时代就不同了，普通网民只要一根网线、一台终端设备，接上电源连上网，一敲回车，一条信息就传播出去了，全世界都能看到，影响也是世界性的。因此，面对与前网络时代传统媒体截然不同的现状，政府的治理与监管有不同的思路与模式。

2005 年公安部第 82 号令发布的《互联网安全保护技术措施规定》中使用了两个主要概念，一个是互联网服务提供者，另一个是联网使用单位。其第十八条对互联网服务提供者又做出了明确划分，"本规定所称互联网服务提供者，是指向用户提供互联网接入服务、互联网数据中心服务、互联网信息服务和互联网上网服务的单位"。基于这一划分，我们分别从互联网自身、提供互联网接入服务的单位、互联网信息服务提供以及互联网上网服务的单位等四类不同的立法对象来考察网络舆论监测与安全政策法规。

1. 互联网自身

目前针对互联网自身的政策法规主要有：2000 年第九届全国人大常委会第十九次会议通过的《全国人大常委会关于维护互联网安全的决定》；1997 年国务院第 218 号令《中华人民共和国计算机信息网络国际联网管理暂行规定》；1997 年年底公安部发布的《计算机信息网络国际联网安全保护管理办法》及公信安 [2000] 21 号的《中华人民共和国公安部关于执行〈计算机信息网络国际联网安全保护管理办法〉中有关问题的通知》；2005 年公安部第 82 号令《互联网安全保护技术措施规定》以及 2000 年国家保密局发布的《计算机信息系统国际联网保密规定》。

从上述政策法规的名称上可以看出，基本上都是对互联网自身的安全保障方面的政策法规，从全国人大常委会制定的法律到国务院具有行政管理职能的其他部门的部门规章，而且后者在数量上占了很大的比例。

如何确保国内网络安全运行，既要免遭攻击又要防止有害信息通过网络在国内全地域的传播，成为各立法层级（主要是中央立法体系）针对互联网自身的安全运行首要考虑的问题。上述由全国人大常委会通过的《全国人大常委会关于维护互联网安全的决定》中，第一条明确规定了为了互联网的运行安全，哪些行为如构成犯罪，依照刑法有关规定追究刑事责任。而第二条至第四条则分别明确了为了维护国家安全与社会稳定、维护社会主义市场经济秩序和社会管理秩序及保护个人、法人和其他组织的人身、财产等合法权利，通过以互联网为工具/媒介/载体的方式，哪些行为如构成犯罪的，依照刑法有关规定追究刑事责任。由此可以看出，网络自身的运行安全——狭义上的——仅仅是网络安全的一个方面，而对通过网络进行的对国家政治、经济及个人与组织的犯罪的预防与打击则成为维护网络安全——广义上的——更为重要的领域。也正是出于这样的考虑，相关政府职能部门在网络安全治理与监管方面将更多的精力放在了后者。为了确保广义上的网络安全，上文提到的公信安〔2000〕21 号的通知中明确解释了 1997 年公安部发布的《计算机信息网络国际联网安全保护管理办法》中第十条第一项和第二十一条第一项中的"安全保护管理制度"的主要内容，其中就包括了信息发布审核、登记制度与信息监视、保存、清除和备份制度。1997 年公安部发布的这个保护管理办法，属于部门规章，而公信安〔2000〕21 号的通知，既可以看作是部门规章，又可以宽泛地看成是一种法律解释的形式，后者的根据则是 1981 年全国人大常委会《关于加强法律解释工作的决议》中关于国务院及其主管部门有解释法律的职权的规定。虽然"现在仍然有效的 1981 年全国人大常委会《关于加强法律解释工作的决议》，只有部分内容是合法和合宪的，即只有关于全国人大常委会自身的法律解释事项所作的制度规定是合法和合宪的；其他内容是否合法、合宪，则至少存在疑问。"[①] 但是，公信安〔2000〕21 号的通知对"安全保护管理制度"的解释，特别是其中的"网络信息发布审核、登记乃至监视、保存、清除和备份"的规定则是在网络舆论监测与安全方面的首次明确的立法。

网络的出现与大量使用，为国家的保密工作提出了新问题与新挑战。2000 年国家保密局发布的《计算机信息系统国际联网保密管理规定》中明确提出了"控制源头、归口管理、分级负责、突出重点、有利发展"的计算机信息系统国际联网的保密管理原则，并规定"任何单位和个人不得在电子公告系统、聊天

---

① 周旺生：《立法学教程》，北京大学出版社 2006 年版，第 393 页。

室、网络新闻组上发布、谈论和传播国家秘密信息。"按照《中华人民共和国保守国家秘密法》①的界定，国家秘密是关系国家的安全和利益，依照法定程序确定，在一定时间内只限一定范围的人员知悉的事项。任何单位和公民个人都有保守国家秘密的义务，而每个国家都会有关乎国家安全与利益的不同级别的秘密。因而规定不得利用网络发布、谈论和传播国家秘密信息也就再正常不过了。

由于网络的特殊性，相对于对传统媒体完善的事前管理，对网络信息传播前的依法管理，通过政策法规，政府及其相关职能部门多少也有了事前监管的可能性。

2. 提供互联网接入服务的单位

针对提供互联网接入服务单位的政策法规，主要就是 2000 年国务院第 291 号令的《中华人民共和国电信条例》。该条例——中央立法体系中的国务院行政法规——将电信业务分为基础电信业务与增值电信业务两大类，其后所附的《电信业务分类目录》中明确列出了增值电信业务之一的互联网接入服务。

《中华人民共和国电信条例》第七条"国家对电信业务经营按照电信业务分类，实行许可制度。未取得电信业务经营许可证，任何组织或者个人不得从事电信业务活动"。因此，提供互联网接入服务也必然实行许可制度，必须获得政府主管部门颁发的电信业务经营许可证才有资格从事互联网接入服务。第五十七条以列举的方式规定了任何组织和个人不得利用电信制作、复制、发布、传播的九项内容的信息。②如有九项内容的信息在电信传输中出现，电信业务经营者发现后应当立即停止传输，保存有关记录，并向国家有关机关报告（该条例第六十二条）；而且目前国内提供互联网接入服务的单位在合并重组后仅有屈指可数的全国性的那么几家。所以说，对提供互联网接入服务的许可制度、电信业务经营者的自查自律以及与政府高度重视部门之间的协助与配合这样一种规范与现状，为政府管理部门从提供互联网接入服务单位的角度对网络舆论监测与安全的治理与监管提供了更多的便利，再一次地推进了政府在此领域的事前管理，不断地将不利条件通过政策法规的"硬性"规定向着便于政府的全程管理特别是事前监管的方向而转化。

---

① 该法案于 1988 年 9 月 5 日第七届全国人大常委会第三次会议通过，自 1989 年 5 月 1 日起施行。
② 禁止出现的九项内容信息是：反对宪法确定的基本原则的；危害国家安全，泄露国家秘密，颠覆国家政权，破坏国家统一的；损害国家荣誉和利益的；煽动民族仇恨、民族歧视，破坏民族团结的；破坏国家宗教政策，宣扬邪教和迷信的；散布谣言，扰乱社会秩序，破坏社会稳定的；宣扬淫秽、色情、赌博、暴力、凶杀、恐怖或者教唆犯罪的；侮辱或者诽谤他人，侵害他人合法权益的；含有法律、行政法规禁止的其他内容的。

3. 互联网信息服务提供

以互联网自身与提供互联网接入服务单位为立法对象的政策法规，旨在从"源头"上保证政府及其职能部门在网络舆论监测与安全领域中治理与监管的"提早介入"，既有法可依，又违法必究。而以提供互联网信息服务为立法对象的政策法规则为政府管理部门对该行业正常、有序、安全运行的管理提供了必要的法律保障。

目前，以提供互联网信息服务为立法对象的政策法规是前文中提到的四类立法对象中最多的，涉及的国务院部委及其他部门也是最多的。只要负有网络管理相关职责的政府部门，针对互联网信息服务提供的政策法规都涉及到了。2000年国务院第 292 号令的《互联网信息服务管理办法》，是以提供互联网信息服务为立法对象的诸多政策法规中立法层级最高的，即国务院的行政法规，因而它也就成为了诸部门规章及更低层次立法的主要依据。同样的，部门规章也是以提供互联网信息服务为立法对象的政策法规中的主体。主要的部门规章有：2000 年信息产业部第 3 号令的《互联网电子公告服务管理规定》、2000 年新闻出版总署、信息产业部第 17 号令的《互联网出版管理暂行规定》、2005 年信息产业部发布的《互联网新闻信息服务管理规定》、信部电〔2005〕501 号的《互联网站管理工作细则》及 2006 年信息产业部第 238 号令的《互联网电子邮件服务管理办法》、2003 年文化部第 27 号令《互联网文化管理暂行规定》、2007 年国家广电总局发布的《互联网视听节目服务管理规定》。可以说，对互联网信息服务提供的各种方式基本上上述政策法规都覆盖到了。

《互联网信息服务管理办法》将互联网信息服务分为经营性互联网信息服务与非经营性互联网信息服务两类。国家对前者实行许可制度，对后者实行备案制度。未取得许可或者履行备案手续的，不得从事互联网信息服务。许可制度的实施又一次为政府管理的较早介入提供了法律保障。该办法第十四条规定"从事新闻、出版以及电子公告等服务项目的互联网信息服务提供者，应当记录提供的信息内容及其发布时间、互联网地址或者域名；互联网接入服务提供者应当记录上网用户的上网时间、用户账号、互联网地址或者域名、主叫电话号码等信息。互联网信息服务提供者和互联网接入服务提供者的记录备份应当保存 60 日，并在国家有关机关依法查询时，予以提供。"通过技术手段，为政府的治理与监管特别是事后审查提供了极大便利，以保存记录的方式，更易于找到当事人。这也是以网络的特殊性"对付"网络的特殊性。之前在《中华人民共和国电信条例》中提到的禁止通过电信制作、复制、发布、传播的九项内容信息也一字不差地出现在了该办法中。以示这九项内容一旦传播出去后果的严重性。该办法为互联网信息服务安全、有序的行业运行制定了原则性与指导性的规范，面对各式各样的互联网信息服务的提供种类，必有承认各部门规章在整个过程中发挥着巨大的作用。

在互联网信息服务提供的诸方式中，既有网络特有的方式，如电子公告服务（BBS、论坛、虚拟社区等）、电子邮件服务等，也有传统媒体与网络相结合的方式，如互联网出版、互联网新闻信息服务、互联网文化、互联网视听等，即以网络为传播工作的传统媒体发挥作用的新方式。

针对电子公告服务与电子邮件服务等这些互联网信息服务特有的方式，上述政策法规从名称中即可看出《互联网电子公告服务管理规定》与《互联网电子邮件服务管理办法》则是分别对应上述两种方式的部门规章。这两部部门规章都是根据《互联网信息服务管理办法》——后者还以《中华人民共和国电信条例》为依据——制定的，因而其中的相关条款都再次明确强调了两点：一是不得利用电子公告或电子邮件传播或发送上述九条禁止出现的内容；二是服务提供者应当有完整的相关记录，记录备份应当保存60天，并在国家有关机关依法查询时予以提供。上述相关规章条文赋予了政府及其主管部门明确的事前与事后监管的职责。

而针对传统媒体与网络相结合的互联网信息服务提供的诸方式的政策法规，很明显地体现出了前网络时代政府监管传统媒体所依据的政策法规的"身影"。《互联网新闻信息服务管理规定》中明确指出互联网新闻信息服务单位——无论何种形式——其设立都应当经过国务院主管部门的审批或者备案，并对审批与备案的程序做了严格而详细的规定。而且上文提到的禁止出现的九项信息内容在此规定中又增加了两项,① 而且如有出现，政府主管部门应通知其删除。互联网新闻信息服务单位当然要完整保存有关记录，并在有关部门依法查询时予以提供，而且像这样类似的规定，在针对互联网出版、互联网文化、互联网视听等传统媒体与网络相结合的互联网信息服务提供方式的政策法规中，一次又一次的出现，一次又一次的强调。《互联网出版管理暂行规定》中明确界定了负责监督管理全国互联网出版工作的新闻出版总署的主要职责，其中有"对互联网出版机构实行前置审批、对互联网出版内容实施监管"等明确规定，而且第六条"从事互联网出版活动，必须经过批准。未经批准，任何单位和个人不得开展互联网出版活动"以及第二十一条"互联网出版机构应当实行责任编辑制度，必须有专门的编辑人员对出版内容进行审查，保障互联网出版内容的合法性"，与前文涉及的针对传统媒体监管的政策法规中的相关规定"味道相同"。至于明确禁止出现

---

① 这两项分别是：煽动非法集会、结社、游行、示威、聚众扰乱社会秩序的；以非法民间组织名义活动的。

的内容，在《互联网出版管理暂行规定》、《互联网文化管理暂行规定》与《互联网视听节目服务管理规定》中既不是前述九项也不是十一项，而是在九项的基础上新增加了一项，即禁止出现"危害社会公德或民族优秀文化传统的"内容信息。同样的，在《互联网文化管理暂行规定》中指出对从事互联网文化活动的互联网信息服务提供者（即互联网文化单位）要经过审核批准，而且对审核批准的程序也做了详细规定；而且"互联网文化单位应当实行审查制度，有专门的审查人员对互联网文化产品进行审查，保障互联网文化产品的合法性"（第十九条）以及"互联网文化单位进口互联网文化产品应当报文化部进行内容审查"（第十六条）。《互联网视听节目服务管理规定》中规定，从事互联网视听节目服务的，应当依照本规定取得广播电影电视主管部门颁发的《信息网络传播视听节目许可证》或履行备案手续。"无证驾驶"那是绝对禁止的，何谈利用各种手段传播偏离正确舆论导向的信息，难上加难。政府对传统媒体在网络时代发挥作用的新形式的监管思想与模式依旧，只不过网络技术为政府监管提供了更加便利的条件。其实早在 2002 年，国家广播电影电视总局《关于贯彻落实中办国办〈关于进一步加强互联网新闻宣传和信息内容安全管理工作的意见〉的通知》（广发社字［2002］356 号）中明确提出"各省级广播电视管理部门，应抽调人员、资金、设备设立专门网上监看机构，对本区域内广播电影电视类节目的网上传播情况进行日常监看。对近年来发展较快的宽带小区，要加快监看系统与宽带小区的联网，采取切实可行的技术手段，加强监听监看。"到了 2005 年，《广电总局落实中办国办〈进一步加强互联网管理工作的意见〉实施细则》中则进一步指出"改进管理手段，加快互联网传播视听节目防控体系建设"的要求，并且"建立和完善各级信息网络传播视听节目监控网络。进一步完善总局信息网络视听节目传播监管中心的同时，北京、广东、上海也要加快建立信息网络视听节目传播监管分中心。各省级及重点地市广电部门要加大投入力度，加快设立区域性信息网络视听节目监控系统，形成全国联动的视听节目监控网络。"再到 2009 年，《国家广播电影电视总局关于加强互联网视听节目内容管理的通知》以近半的篇幅列出二十一项内容、情节的视听节目，[①] 要求各互联网视听节目服务单位及时进行剪接、删除；并特别强调"互联网视听节目服务单位要完善节目内容管理制度和应急处理机制，聘请高素质业务人员审核把关，对网络音乐视频MV、综艺、影视短剧、动漫等类别的节目以及'自拍'、'热舞'、'美女'、'搞笑'、'原创'、'拍客'等题材要重点把关"，确保所播节目内容不违反该通

---

① 《国家广播电影电视总局关于加强互联网视听节目内容管理的通知》，http：//www.sarft.gov.cn/articles/2009/03/30/20090330171107690049.html，2009 年 11 月 18 日。

知相关规定。可见，政府的事前监管是如何的及时到位，如何很好利用了网络技术对网络舆论的监测进而保证社会稳定与国家安全的。

4. 互联网上网服务单位

根据 2002 年国务院第 363 号令《互联网上网服务营业场所管理条例》，国家对互联网上网服务营业场所经营单位的经营活动实行许可制度。未经许可，任何组织和个人不得设立互联网上网服务营业场所，不得从事互联网上网服务经营活动。从针对提供互联网接入服务单位的政策法规，到针对互联网信息服务提供的政策法规，再到以规范互联网上网服务单位的政策法规；国家确立了一系列的"行业许可准入制度"。既对整个过程的源头把关，又对过程中各环节把关。政府通过法条的明确规定，在事前监管方面做足了文章。对于前述十项禁止出现的内容信息，该条例又一次做出了强调，"互联网上网服务营业场所经营单位和上网消费者不得利用互联网上网服务营业场所制作、下载、复制、查阅、发布、传播或者以其他方式使用。"看看都不行，更何况制作、传播。而且互联网上网服务营业场所经营单位在对上网消费者记录有关上网信息的同时，还应当对上网消费者的身份证等有效证件进行核对、登记。登记内容和记录备份保存时间不得少于 60 日，并在有关机关依法查询时予以提供。对政府监管部门而言，网民们上网都做了些什么，前者是一清二楚的。

国家对网吧——互联网上网服务最主要的营业场所——治理与监管的力度不可谓不大。可以从先后出台的一系列政策法规中得以印证。从国办发〔2004〕19 号《国务院办公厅转发文化部等部门〈关于开展网吧等上网服务营业场所专项整治意见〉的通知》到九部委①联合下发的《关于进一步深化网吧专项整治工作的意见》（文市发〔2004〕38 号），再到九部委（同前）再次联合下发的《关于进一步深化网吧管理工作的通知》（文市发〔2005〕10 号）以及十四部委②联合下发的《关于进一步加强网吧及网络游戏管理工作的通知》（文市发〔2007〕10 号）。政府及其职能部门对网吧这样的互联网上网服务营业场所的治理与监管，不仅仅是为了保护未成年人、取缔黑网吧，更重要的是通过对公共上网场所的管理，以确保网络舆论导向的正确进而维护社会稳定及安定团结的大好局面。

在针对互联网上网服务单位的政策法规里，还有两部重要法规。其一是《教育部、共青团中央关于进一步加强高等学校校园网络管理工作的意见》（教社政〔2004〕17 号），该意见第 6～8 点明确提出"掌握校园舆情，引导网上舆论"、"加大高校校园网络信息技术防范和行政监管力度"及"提高高校校园网

---

① 九部委分别是：文化部、国家工商行政管理总局、公安部、信息产业部、教育部、财政部、国务院法制办公室、中央文明办、共青团中央。

② 在上述九部委的基础上又增加了监察部、卫生部、中国人民银行、新闻出版总署、中央综治办。

络信息预防和应急处置能力"。大学生是网民中的主体，也是知识分子的重要组成部分，对新鲜事物具有很强的适应性。大学生通过网络制作、传播的各种信息很容易形成较具影响的网络舆情，对确保正确舆论导向及校园乃至全社会的稳定影响深远。因此"准确把握高校校园网整体舆情动态。……敏锐捕捉一些苗头性、倾向性、群体性问题。……对有害信息实施有效监控和防范"① 是十分必要的。其二则是《安徽省淮南市人民政府关于建立网吧实施监控系统加强网吧管理工作的实施意见》。淮南市是国务院批准的较大的市，根据立法法的相关规定，其人民政府可以根据法律、行政法规和本省的地方性法规制定规章。该实施意见显然属于地方规章，而且地方规章是中国立法体系中位阶最低的一种。该实施意见明确指出"市文化局设立监控中心，各县区设立网吧实时监控站，通过通信传输线路与自动监控设备连接，胜于对网吧营业现场自动监控。"从中央到地方，一系列的针对网吧等互联网上网服务营业场所的政策法规，为政府对网络舆论监测与安全方面管理，提供了较为完善的法律保障。

（三）其他个人和组织的监督

对网络舆论监测与安全负有主要职责的是各级政府及其相关职能部门。上述政策法规既是政府履行这一职责的法律依据，更重要的是明确了政府及其相关职能部门是该职责履行的主体。从这个角度讲，如果网络舆论监测不到位而出现错误舆论导向进而威胁到社会稳定及国家安全，首要问责的就是各级政府及其相关职能部门。然而，相关政策法规中也赋予了其他组织或个人（但主要是个人）对网络舆论监督的相关权利。

《互联网信息服务管理规定》（2005 年）中明确指出"互联网新闻信息服务单位应当接受公众监督。国务院新闻办公室应当公布举报网址、电话，接受公众举报并依法处理"；《互联网视听节目服务管理规定》（2007 年）第二十一条规定"广播电影电视和电信主管部门应建立公众监督举报制度"；文市发［2007］10 号中强调"广泛发动社会监督，积极引导行业自律"以及《国家广播电影电视总局关于加强互联网视听节目内容管理的通知》（2009 年）也强调"对网民的投诉和有关事宜要及时处置"。而早在 2002 年的广发社［2002］356 号中就提出了"完善公众监督举报制度"的措施。个人乃至全社会的监督，对政府在网络舆论监测与安全的管理中存在的漏洞与不足起到了有益补充的作用。

---

① 《教育部、共青团中央关于进一步加强高等学校校园网络管理工作的意见》，http://www.qhedu.gov.cn/html/41/305.html，2009 年 11 月 16 日。

二、现行网络舆论监测与安全政策法规问题

现行网络舆论监测与安全政策法规中，存在一些缺陷和不足：

（一）没有专门针对网络舆论监测与安全的政策法规

从上述所列政策法规的名称中不难看出，没有一部所谓的专门法，而且凡是涉及网络的政策法规多多少少都会提及到网络舆论，分布太散，很难有效地组织起来使其发挥更大的作用。而且相关政策法规大部分是由各相关职能部门制定的部门规章，当然也就缺乏有效的协调性与一致性，导致网络舆论监测与安全的监管虽然有法可依，但究竟依哪部法，很可能会"仁者见仁、智者见智"。

（二）没有专门的技术性规定

对网络舆论的监测要涉及相关的网络技术。究竟使用什么样的技术进行监测，在现有政策法规中几乎无法可依。政府对网络舆论的监测基本上是委托相关技术公司或购买相关的应用系统。至于委托的技术公司或购买的应用系统使用了哪些技术以及相关技术的使用会不会侵犯公民的隐私甚至外泄缺乏具体的规范。

（三）现行网络舆论监测与安全政策法规立法层级偏低

在上述政策法规（仅限中央立法层面）中，除宪法外，法律仅一部，国务院令（行政法规）四部，其余均为国务院部门规章。而且相关职能部门的一些通知、意见等形式虽然可以宽泛地看作是部门规章，但从严格的法理意义上讲，这些通知、意见等形式只能是相关领域的国家政策，算不上严格意义上的法律文本。而且目前的现状是，部门规章立法层次偏低。

（四）尚缺少针对网民个人的网络舆论监测与安全的政策法规

之前谈到了四大类立法对象，网络自身、互联网接入服务单位、互联网信息服务提供及互联网上网服务营业场所。针对这四大类的政策法规基本上涵盖了网络正常运行的各个环节。缺乏专门的立法或相关法条对网民上网行为进行规范。

（五）如何保证网络舆论监测的合法性甚至合宪性

《中华人民共和国宪法》中明确规定了公民的"言论自由"、"有对任何国家机关和国家工作人员提出批评和建议的权利"以及"其他文化活动的自由"。政府对网络舆论的监测以确保正确的舆论导向进而保证社会稳定与国家安全，同时，如何保障公民言论自由权，是需要慎重处理的问题。尤其是现行的一些技术的使用很有可能侵犯公民隐私甚至外泄，甚至是网络舆论监测本身在一定程度上侵犯了公民的隐私，如对公民在公共上网场所（甚至私人住宅）上网的所作所为政府能全程监测。因此，政府确保舆论的正确导向的同时，要求所采用的手段具有合法性和合宪性。

第三节　构建和完善网络舆论监测与安全政策法规体系

"网络是人类智慧独一无二的创造，网络是第一个人工智能生物，网络昭示着一个在旧社会母腹内不断生长的新社会，网络提出了全新的政府模式"。[①] 根据中国互联网络信息中心（CNNIC）的统计，截至 2009 年 6 月 30 日，中国网民规模达到 3.38 亿人，普及率达到 25.5%。[②] 互联网在促进网民获取信息、拓展人际交往、鼓励社会参与、提供实际生活便利等方面发挥着积极的作用。而通过电子邮件、网上聊天、论坛、博客和新闻跟帖等形式形成的网络舆论，作为一种新兴舆论形态，其因为融入了互联网海量的信息，独特的交流性、开放性、及时性，更强的针对性和高新技术等新元素而呈现出与传统传媒舆论不同的特点，已经成为影响和引导人们思维方式、行为方式、舆论导向和社会组织形式的重要因素。所以，构建完善的网络舆论监测与安全政策法律法规体系，成为规范网络舆论的必要方式。

一、我国网络舆论监测的政策法律路径选择

针对我国网络舆论发展的状况，结合国外的先进经验，选择适当的政策法律

---

① 汪丁丁：《自由人的自由联合》，http://www.pinggu.org/bbs/Archive_view_52_2885.html，2009 年 11 月 17 日。

② 数字来源：《中国互联网络发展状况统计报告》（2009 年 7 月）。

路径是构建和完善我国网络舆论监测与安全政策法规体系的首要解决的问题。

全球化时代，国际上对网络舆论的监测与管控大体分为两类：一类是比较宽松的，以欧美为代表；另一类是比较严格的，以亚洲的新加坡和韩国为代表。在西方发达国家，由于它们更早地走上了市场化发展的道路，市场运行机制趋于成熟，因此它们更多地呼吁通过市场调节与行业自律来对网络舆论的内容进行管理。发达国家对信息安全的管理基本奉行"言论自由"、"网络无界"、"市场驱动，私营主导"等自由主义理念。信息安全管理的规则大多也是通过自下而上、非集中化的方式形成的。这种模式重视发挥民间团体和企业、个人的作用，注重不受现实社会传统观念的约束，鼓励创新精神，注重管理规则的开放性和有效性，强调没有政府参与的自由和平等。[①] 在自由主义市场经济中，市场对各经济主体作出的所有决策进行集中和协调。首先，在监管的理念上，强化网络自主发展，弱化行政干预。该理念最突出体现在网络监管的入口——接入制度上，实行较宽松的登记制度，一般不实行备案制。[②] 例如，加拿大政府授权对网络舆论信息实行"自我规制"，将负面的网络舆论信息分为两类：非法信息与攻击性信息。前者以法律为依据，按法律来制裁；后者则依赖用户与行业的自律来解决。同时辅以自律性道德规范与网络知识教育，并取得了较好的管理效果。[③] 其次，在监管的机构上，尽可能少设新的行政机构；同时积极利用各种自发的非政府组织、自律组织和企业等。例如，在英国，网络管理与网络舆论监控工作主要由"网络观察基金会"负责，这个由英国网络服务提供商于1996年9月自发成立的半官方半自律的组织，在英国贸易和工业部、内政部和英国城市警察署的支持下开展日常工作。这家基金会为鼓励从业者自律，与由50家网络服务提供商组成的联盟组织、英国城市警察署和内政部共同签署了《"安全网络：分级、检举、责任"协议》，制定了从业人员行为守则，主要精神包括网络服务提供者有责任确保内容的合法性等。[④] 最后，在违法制裁上，事后救济成为主要的规制方式。例如，1996年，英国颁布《3R互联网安全规则》，对网络舆论中的非法信息，特别是色情淫秽内容进行管理，其管理是以网络服务商与网络用户的自律为基

---

　① 中国互联网协会、中国互联网络信息中心：《中国互联网发展报告（2005）》，人民邮电出版社
2005年版，第30页。

　② 上海市工商局浦东新区分局赴欧考察团：《构筑五项基础加强网络经营监管》，载《中国工商管
理研究》2005年第12期。

　③ 宋华琳：《互联网信息：政府管制制度的初步研究》，载《网络传播与社会发展论文集》，北京广
播学院出版社2001年版，第106页。

　④ 葛秋芳：《国外网络管理方法：英国力争疏而不漏》，http://www.360doc.com/content/07/0104/
13/7579_318060.shtml，2009年11月17日。

础，只是有人举报时，政府才介入调查、处理。①

　　或由于文化传统的不同，或由于市场运行机制的不成熟，或由于社会稳定缺乏一定的保障，一些亚洲国家与欠发达国家对网络舆论内容的管理具有较多的限制。② 例如，新加坡对网络实行统一管理，但在严格监管的同时也有务实和灵活的一面，目的是促进网络健康发展，以服务于国家和社会。早在 1996 年 7 月，当时的新加坡广播管理局（2002 年后被媒体发展管理局取代）就实施了因特网分类许可制度，力求在不妨碍相关产业健康发展的前提下，对一些重要部门的网络实施某种可行的控制。③ 根据新加坡广播法的相关要求，新加坡三大电信服务供应商负有屏蔽特定网站的义务。政府有权要求供应商删除网站中宣扬色情、暴力及种族仇视等内容的言论。若供应商不能履行义务，将会被罚款或被暂时吊销营业执照。此外，政府还鼓励供应商开发推广"家庭上网系统"，帮助用户过滤掉不合适的内容。④ 2003 年，新加坡通过了严格的立法，允许对所有的计算机活动进行监视，并允许警察为保护国家计算机免受网络攻击而采取先发制人的打击。⑤ 甚至在 2005 年 10 月，新加坡首次对两名在博客中发表种族煽动性言论的年轻男子判刑，旨在警告网上言论自由也有限度。为了保护新加坡的网络免受网络黑客和恐怖分子的威胁，2006 年新加坡又宣布设立国家网络威胁监控中心。由新加坡的通信安全专家每天 24 小时进行监管。对于可能出现的网络威胁，该中心能提早给人们发出警告，提供相关资讯或给用户提出忠告，让他们知道可以采取什么行动，使网络系统更加安全。⑥ 而韩国早在 1995 年就出台了《电子传播商务法》（Electronic Communication Business Law）。其信息传播伦理部门（Information & Communication Ethics Office）对"引起国家主权丧失"或"有害信息"等网络舆论内容进行审查。信息部（Minister of Communication）可以根据

<hr>

　　① 朱家贤、苏号朋：《E 法治网——网上纠纷、立法、司法》，中国经济出版社 2000 年版，第 78 页。

　　② 燕道成：《国外网络舆论管理及启示》，载《南通大学学报》2007 年第 2 期。

　　③ 根据新加坡广播管理局互联网络内容指导原则的规定，网上不能包括以下一些信息：危及公共安全和国家防卫的内容；动摇公众对执法部门信心的内容；惊动或误导部分或全体公众的内容；引起人们痛恨和蔑视政府、激发对政府不满的内容；影响种族和宗教和谐的内容；对种族或宗教团体进行抹黑和讥讽的内容；在种族和宗教之间制造仇恨的内容；提倡异端宗教或邪教仪式的内容；色情及猥亵内容；大肆渲染暴力、裸体、性和恐怖的内容等。新加坡广播管理局也认为，广泛散发的电子邮件很接近于广播，所以一旦发现有电子邮件危及公共道德、宗教和谐以及国家安全，就要坚决采取适当处理措施。

　　④ 张永兴：《新加坡网络管理严格而务实》，http：//news.sohu.com/20070104/n247420592.shtml，2009 年 11 月 17 日。

　　⑤ 云雀：《新加坡政府投巨资建立国家网络威胁监测中心》，http：//tech.sina.com.cn/i/2005-02-23/0418532458.shtml，2009 年 11 月 18 日。

　　⑥ 张永兴：《新加坡设立国家网络威胁监控中心》，http：//news.sina.com.cn/w/2006-06-22/11009270240s.shtml，2009 年 11 月 17 日。

需要命令信息提供者删除或限制某些网络舆论内容。[①]

　　然而，由于大批国际恐怖主义分子利用互联网密谋跨国恐怖活动，进行跨国恐怖犯罪联络和宣传、煽动，成功实施了"9·11"恐怖袭击，进而多次攻击美国国防部等官方网站。"9·11"之后，以美国为代表，发达国家的信息安全管理理念发生了根本性变化，开始采取一系列史无前例的保密安全措施和网络舆论监控，增强其互联网安全，以保障国家安全。基于信息安全管理理念的转变，西方发达国家在网络信息安全管理模式方面进行了一系列重大调整和完善，包括制定国家信息安全战略、确定专门政府机构的信息安全管理职责、完善信息安全立法规范、鼓励和组织行业组织和企业加强信息安全自治、不断完善其信息安全技术手段，维护其信息安全管理体制，试图较快地建立一套信息安全管理体系。[②]所以，随着网络安全形势的日益严峻，完善相关法律规则，加强政府在网络世界的功能，强化对网络信息与网络舆论的监测与管控，已经成为全球普遍化的统一趋势。对国际互联网言论与舆论管控的政策法律发展趋势的准确掌控，为我国网络舆论监测的政策法律路径选择指明了基本的方向。

　　此外，20世纪80年代以来，自西方国家开始，出现多中心治理的改革趋势。多中心治理理论认为强化层级节制、权责界限清晰、同一件事情必须交由一个部门完成的传统的集权的政府单中心统治未必能够保证或提高效率。多中心治理理论支持权力分散、管辖交叠、存在政府之外的新中心的治理模式，认为这种治理体系充满竞争、富有效率和活力。在多中心治理中，以政府为核心的单中心治理模式被打破，建立起一种新的政府、市场和社会三维框架下的多中心治理模式。[③]基于此，现代社会对于网络舆论的监测与管控，各国的法律政策规定已经摒弃单一依赖政府的力量，而是往往采取多管齐下的方式。具体而言，政府立法管理、技术手段控制、网络行业与用户等自律、市场规律的自行调节等多种方式在网络舆论监测与管控过程中均发挥其应有的作用。一则，政府立法的管理。"由于网络技术具有高度的技术复杂性和高度公共性，所以网络技术只能依赖国家公共信息技术系统而存在和发展，国家对网络技术具有最终控制权。个人和社会团体虽然可以很自由地在网络上发表言论，但国家可以通过封锁网站、过滤网络信息等方式，消除不利于政治统治的政治舆论，私人和社会团体却难以在国家网络系统之外独立建立庞大的网络技术系统。"[④]所以，即使在奉行自由主义的西方发达国家，一方面，政府的舆论监测与管控的权力来自于法律的授权；另一

---

① 燕道成：《国外网络舆论管理及启示》，载《南通大学学报》2007年第2期。
② 杨君佐：《发达国家网络信息内容治理模式》，载《法学家》2009年第4期。
③ 于水：《多中心治理与现实应用》，载《江海学刊》2005年第5期。
④ 娄成武、张雷：《质疑网络民主的现实性》，载《政治学研究》2003年第3期。

方面，在舆论监测与管控体系中，政府的价值与功能日益强大，成为维护良好的互联网环境、保证国家安全与社会公共利益的核心力量。二则，鼓励利用技术手段监测与管控。德国 1997 年 8 月 1 日生效的《多媒体法》规定：服务提供者根据一般法律对自己提供的内容负责；若提供的是他人的内容，服务提供者只有在了解这些内容、在技术上有可能阻止其传播的情况下对内容负责。意大利是欧洲第一个采用微软互联网儿童色情屏蔽系统的国家。微软的这款 CETS（Child Exploitation Tracking System，儿童色情追踪系统）把对网络色情案的调查效率提高 80%。该系统此前已被加拿大和印度尼西亚采用。韩国对手机邮件采取集中控制方式，以保证用户不会收到有害邮件，通过技术手段封堵有害信息（例如伊拉克战争期间的斩头事件）的传播。[①] 三则，鼓励网络行业与用户的自律。在美国，有 9 个著名的信息安全人员专业机构，包括美国计算机协会（ACM）、信息系统审查与控制协会（ISACA）、计算机安全协会（CSI）、国际互联网协会（ISOC）、计算机应急响应协调中心（CERT/CC）、美国计算机职业者社会责任协会（CPSR）等。这些信息安全专业机构分别从信息安全的技术、教育培训、信息交流、从业资质认证、网络安全应急响应、从业人员社会责任等角度规定了许多详细的职业道德规范和技术水准。在法国，在其"自动调控"或"社会自治"的政府管理政策指导下，法国互联网服务提供商先后成立了"法国域名注册协会"、"互联网监护会"和"互联网用户协会"等网络调控机构，互联网从业机构设立了法国唯一的负责自我调节和协调的独立机构——互联网络理事会。日本网络服务提供商们自发制定了《Internet 网络事业者伦理准则》。强调行业自律与法治相结合，以求最大限度地保护消费者网上行为的开放性和相当程度的不可监督性，使得行为者（包括机构和个人）的自律成为解决问题的关键。[②] 上述行为其目的均在于鼓励行业自治组织的发展，提高网络从业人员与用户的道德水平，引导网络舆论走向，从而维护国家网络空间信息安全与社会公共利益。四则，市场机制的调节。西方发达国家，其整体的市场运行机制已经进入较为成熟的阶段，在此环境下的网络媒体商业化运作对市场的依赖性较强，网络经营者为了获取更多的经济利益，必须考虑网络用户、国家等多方面的影响。[③] 所以市场的自发调节机制在网络舆论监测与管控过程中也是一个不容忽视的方面。

　　基于上述认识，对于构建和完善我国网络舆论监测与安全政策法规体系的路径选择，我们认为，我国网络发展仍处在初级阶段，市场自调节机制不健

---

①② 　杨君佐：《发达国家网络信息内容治理模式》，载《法学家》2009 年第 4 期。
③ 　燕道成：《国外网络舆论管理及启示》，载《南通大学学报》2007 年第 2 期。

全，社会诚信制度缺失严重。这决定我国不能采取自由主义的欧美模式而更适合于比较严格的韩国和新加坡模式。需要特别注重和加强政府管理的力度，使政府成为当前网络最重要的管理者。与此同时，由于因特网的信息浩如烟海，再加上因特网赋予网络主体的匿名性、虚拟性和自由性，单靠政府不可能完成这一艰巨的任务。因此还需因势利导，在政府主导的前提下，充分动用各方力量来共同管理网络。政府负责宏观调控，主要通过立法确立管理的标准、界定有害和不良信息的界线等，使网络管理有依据有措施；政府还应激发公众主动参与网络管理的积极性，激发互联网企业的社会责任感，鼓励行业自律，指导和协助网络业建立一种自我管理机制；鼓励网络的技术创新，充分利用技术手段对网络舆论进行监测与管控，保障良好的网络环境的形成与国家安全、社会公共利用的维护。

二、我国完善网络舆论监测与安全政策法规的基本原则

（一）维护国家主权与安全、保障社会公共利益原则

对信息安全的威胁概括起来包括：网上谣言、反动宣传煽动、色情、迷信等有害信息的传播，对个人隐私的侵犯，垃圾电子邮件、经济间谍、盗版、计算机病毒、网络盗窃和网上欺诈、网络赌博、网络恐怖主义和电子战等。[①] 这些违法、侵权乃至犯罪行为越来越严重地威胁着社会文明和网络信息安全，也成为网络舆论监测和管控的重点。在我国，现行的《全国人大常委会关于维护互联网安全的决定》规定，对于威胁互联网的运行安全的行为、利用互联网危害国家安全和社会稳定的行为、利用互联网破坏社会主义市场经济秩序和社会管理秩序的行为、利用互联网危害个人、法人或其他组织的人身、财产等合法权益的行为，如果情节严重，依据刑法相关规定予以制裁。而《电信条例》、《互联网信息服务管理办法》、《互联网站从事登载新闻业务管理暂行规定》、《互联网电子公告服务管理规定》、《互联网新闻信息服务管理规定》、《互联网电子邮件服务管理办法》等法律法规的规定，任何组织或者个人不得利用电信网络制作、复制、发布、传播含有下列内容的信息：（1）反对宪法所确定

---

① Ministry and Communication of Finland. Government Resolution on National Information Security Strategy. Helsinki, September 2003, p. 13. 转引自杨君佐：《发达国家网络信息内容治理模式》，载《法学家》2009 年第 4 期。

的基本原则的；（2）危害国家安全，泄露国家秘密，颠覆国家政权，破坏国家统一的；（3）损害国家荣誉和利益的；（4）煽动民族仇恨、民族歧视，破坏民族团结的；（5）破坏国家宗教政策，宣扬邪教和封建迷信的；（6）散布谣言，扰乱社会秩序，破坏社会稳定的；（7）散布淫秽、色情、赌博、暴力、凶杀、恐怖或者教唆犯罪的；（8）侮辱或者诽谤他人，侵害他人合法权益的；（9）含有法律、行政法规禁止的其他内容的。上述规定，初步确定了我国网络舆论监测的范围。而在西方发达国家，保护青少年、维护社会公共利益一直是其网络舆论监测与管控的重点。在美国，2000年通过了《儿童互联网保护法》，最终制定了专门保护了青少年的法律。在德国，制定了《公共场所青少年保护法》，明令在网络上禁止制作和传播儿童色情的有害信息。在英国，制定了《儿童保护法案》，规定凡拥有儿童色情图片就是犯罪，无论是否传播；如果没有合法理由，故意下载儿童色情图片者最高可判处10年监禁。法国在1998年修改了《未成年人保护法》，从严从重处罚利用网络腐蚀青少年的犯罪行为。2001年法国还建立了"互联网与未成年人"网站，要求民众积极举报有关传播儿童色情的网站。[1]"9·11"之后，随着国际安全形势的恶化，西方发达国家逐步重视对宣传、煽动恐怖主义、极端民族主义网络信息的监测与管控，以维护国家主权与安全。所以，维护国家主权与安全、保障社会公共利益原则已经成为网络舆论监测与安全政策法规的首要原则，成为制定与完善网络法律制度的直接目的。

（二）政府主导推进的原则

如前所述，西方发达国家对于网络舆论的监测与管控的法律规则已经摒弃单一依赖政府的力量，而是往往采取多管齐下的方式，即政府立法管理、技术手段控制、网络行业与用户等自律、市场规律的自行调节等多种方式在网络舆论监测与管控过程中均发挥其应有的作用。但我国目前正处于社会经济的转型时期，市场机制尚不健全，社会自治力量尚单薄，网民素质良莠不齐，网络法律规则尚不健全。基于此，我国在完善网络舆论监测与安全政策法规过程中，虽然要逐步发挥行业自治组织、网民以及市场机制的调节功能，但总体上仍应当以政府为核心，着力发挥政府的价值与功能，明确各职能部门的职责，对网络空间环境予以监控，对网络舆论进行引导。

---

[1] 徐世普：《全球化时代网络监管国际经验之诠释及启示：兼论网络和谐生态的构建》，载《南京社会科学》2008年第6期。

（三）管控最小化原则

虽然在我国目前阶段，完善网络舆论监测与安全政策法规需要贯彻"政府主导推进的原则"，但并不意味着政府可以为所欲为，可以任意扩大网络舆论监测与管控的范围，甚至将合理的政策建议都纳入管控范围。"法律按其真正的含义而言与其说限制还不如说是指导一个自由而有智慧的人去追求他的正当利益。"①法律的目的不是限制或废除自由，而是保障自由和拓展民主，从而增进最大多数人的幸福。诽谤个人、侵犯隐私行为、淫秽暴力文化以及对国家安全、社会公共利益的负面影响不是网络舆论的应有之义，而是网络技术带来的社会性的"负产品"。实质上，网络开辟了人们言论自由的新空间，网络表达成为民意表达和人民意见疏通的重要途径，通过网络表达人们实现着有效的政治参与和社会参与，助推着中国社会的进步与发展，因此必须要利用好、保护好网络舆论。政府应该为网络舆论提供制度性保障，加强网络法治建设，保障、引导和规范网络舆论，保证网络舆论的民主属性和法律维度，确保网络舆论在民主法治轨道上运行。"发展中国家公民政治参与的要求会随着利益的分化而增长，如果政治体系无法给个人或团体的政治参与提供渠道，个人和社会群体的政治行为就有可能冲破社会秩序，给社会带来不稳定。"② 所以，当"国家的一切权力属于人民"的观念深入人心时，作为国家的主人的牢骚言论只要不损害公共秩序，就不应得到法律和社会的否定性评价。对于网络舆论监测与管控，应当坚持管控最小化原则，即将对网络舆论的管控限制在合理的、必要的、最低程度之中，而不能侵犯正当的言论自由，保障公共意见的合理表达。具体而言，应做到（1）补充性。网络自由必须得到充分保护，非不得已的情况下，一般不轻易使用管控手段。（2）部分适用性。网络管制只对侵害公民重大生活权益的行为适用，比如，对网络侵权、网络犯罪、危害国家安全与社会公共利益等行为才使用管制手段，也就是说，网络管制仅限于维持网络秩序的必要及最小限度内，对大部分网络行为是不需要管制的。（3）宽容性。受网络管制的行为，不仅具有违法且其行为具有应受惩罚性，在没有其他办法可以矫正的情况下，才加以管制。对一般的网络行为，尽量以宽容心对待。③

---

① ［法］洛克著，瞿菊农、叶启芳译：《政府论》（下），商务印书馆 2007 年版，第 35 页。

② ［美］萨缪尔·亨廷顿著，李盛平等译：《变革社会中的政治秩序》，华夏出版社 1988 年版，第 56 页。

③ 许晓娟、彭志刚：《利益平衡视角下网络管制原则的法律分析》，载《科技与法律》2009 年第 4 期。

（四）程序正义原则

程序正义是指法律制度在运行上、操作上、手续上、方式上的合理性与公正性，即要求任何法律决定必须经过正当的程序。孟德斯鸠指出："一切有权力的人都容易滥用权力，这是万古不易的一条经验。"因此，合理调控行政权，既发挥其能动作用，又控制其消极影响构成了现代行政法制的中心任务。对于权力的制约良好的程序规则显然是最好的方式。由于网络舆论的监测与管控是对公民言论自由的限制，那么政府在进行此项限制之时必须依据已有的法律规则、法定的程序进行，否则将由于法律程序上的瑕疵而致使行政行为无效或可撤销。互联网络既是一种信息传输的载体，同时也是一种新型的新闻媒体。对互联网络实施政府监管，不仅有可能损害公民的通信自由，而且有可能损害公民的言论自由和出版自由。所以，对互联网络监管必须慎重从事，不能"自由心证"，也不能授权行政机关自行其是，而应该制定严格的法律规则与法律程序，明确互联网络监管的条件、切断或者限制互联网络的基本程序，确保公民宪法上的权利不受损害。①

（五）事先通知与事后惩治原则

事先通知是政府应当将有关事项通过适当途径告知行政相对人的制度。它是保障行政相对人及时了解相关情况，随时采取相应措施，以便最大限度保护自己合法权益的一项重要制度。② 现代各国宪法的基本原则是，除非进入紧急状态或者战争状态，那么政府颁布的各项行政法规和行政指令都必须事先广而告之。这样做不仅仅是为了减少损失，它同时也是给利害关系人采取救济措施提供必要的条件。如果利害关系人认为行政机关的监管行为不符合法律规定，那么可以依照行政复议和行政诉讼的法律规定，采取补救措施。例如，当政府进行网络舆论监测与管控时，其应当将其所获授权以及授权的范围通过一定方式令公众知晓，使公众对于其网络行为有一个合理的预期，而不能以突然的方式或任意扩大自己的权限的方式行为。

网络舆论监测与管控的特殊性在于，政府只能对已经发表的网络言论，由于其所产生的或即将产生的现实弊害来惩罚言论发布者，即事后惩治，而不能依据主观臆断或推论对网络舆论进行监测与管控。这也是保障言论自由必然要求。

---

① 乔新生：《网络监管的基本原则》，载《理论视野》2009 年第 9 期。
② 叶必丰主编：《行政法与行政诉讼法》，中国人民大学出版社 2003 年版，第 209 页。

三、我国网络舆论监测与安全政策的法律框架与相关制度构建

(一) 我国网络舆论监测与安全政策的法律框架

近十几年来我国已经进行了部分的网络立法。如《计算机信息网络国际联网管理暂行办法》、《计算机信息网络国际联网安全保护管理办法》、《全国人大常委会关于维护互联网安全的决定》、《电信条例》、《互联网信息服务管理办法》、《互联网站从事登载新闻业务管理暂行规定》、《互联网电子公告服务管理规定》、《互联网新闻信息服务管理规定》、《互联网电子邮件服务管理办法》等法律规范。目前，我国已初步建立起了以《宪法》、《国家安全法》、《国家保密法》、《计算机信息系统安全保护条例》、《电子出版物管理暂行规定》、《刑法》、《民法》等有关网络言论的法律体系。但是相较于其他国家而言，我国的网络立法并不完善，还缺乏对信息自由、网络信息规范等方面的立法。关于网络舆论监测与管控的法律规范以部门规章为主，法律效力较低，且不同规章之间存在交叉和盲点，很多方面的规范也不明确，尤其对网络舆论内容的认定，对违规行为，特别是违法行为的处罚，均缺乏可操作性。基于此，完善相关网络舆论监测与安全政策的法律成为了我国立法者的必然选择。

目前，从全球的角度看，专门针对网络言论自由做出限制规定并对网络舆论监测与管控进行专门立法的国家非常鲜见，因为可能有限制言论自由之嫌。所以对网络舆论监测与管控的法律规则多集中于网络立法之中，或适用普通的规制一般言论自由与传统媒介管理的规范。在国外，从现在一般的管理归属来看，由于网络是一种电子媒介，因此目前最主流的归类方法是把网络归属于传统广播电视的管理之列。[①] 美国、法国、澳大利亚、新加坡等国都是这样一种归类方法。[②] 所以，对于网络舆论的监测与管控规则，上述国家多规定于传统的广

[①] 例如，E-mail 是传统邮电功能的延伸，网络聊天与可视电话是传统电信功能的延伸，网络新闻与电子报纸是传统印刷媒介功能的延伸，网络广播与网络电视是传统广电媒体功能的延伸等。

[②] 在美国，传统电子传播领域，包括广电、电信等，全部隶属于联邦通信委员会（FCC）管理，网络产生之后，自然也归属于 FCC 管理之下。在法国，CST 通过检索终端——Minitel 系统管理网络舆论，确保网络舆论与法国电信签订的合同内容相符。澳大利亚广播局 ABA（the Australian Broadcasting Authority）负责调查与制定网络舆论管理的各种规定，并在 1999 年针对网络舆论管理出台《澳大利亚广播服务修正案》[the Australian Broadcasting Services Amendment（OnlineServices）Act]。新加坡的网络舆论管理是采用多元管理的方法，主要由广播局 SBA（the Singapore Broadcasting Authority）管理网络舆论的内容，加上执照分类制度、内容事后审查等。参见燕道成：《国外网络舆论管理及启示》，载《南通大学学报》2007 年第 2 期。

播电视管理法律规则之中，如澳大利亚 1999 年针对网络舆论管理出台《澳大利亚广播服务修正案》[The Australian Broadcasting Services Amendment (Online Services) Act]。此外，在其他的网络立法中规定网络舆论的监测与管控，如韩国在 1995 年颁布的《电子传播商务法》中规定了有关网络舆论的监测与管控的内容，其信息传播伦理部门（Information & Communication Ethics Office）对"引起国家主权丧失"或"有害信息"等网络舆论内容进行审查。信息部（Minister of Communication）可以根据需要命令信息提供者删除或限制某些网络舆论内容。上述经验值得我国立法者借鉴。所以，对于我国网络舆论监测与安全政策的法律完善，不一定要制定一部单独的"网络舆论监督管理法"之类的法律。可以在相关的网络立法中进行规定，但该规定一定要明晰、准确，明确规定网络舆论的监测与管控的原则、监测与管控的具体范围、相关程序、处罚措施、核心的监管部门、侵权后的救济机制等问题，使之能够成为网络舆论监测与管控的龙头法。同时，应尽量消除现有的网络舆论监测与管控法律法规之间的冲突与空白，做到有法可依。在现有的网络法律法规中，由于部门立法色彩浓厚，各个法规规章之间规定不统一、大量重复，而且由于部门利益的缘故，不少部门规章中给自己额外授权的行为也并不鲜见。例如，我国对网络信息服务和网络舆论检测进行规范的主要法规《互联网信息服务管理办法》，其第三条规定："互联网信息服务分为经营性和非经营性两类。经营性互联网服务，是指通过互联网向上网用户有偿提供信息或者网页制作等服务活动。非经营性互联网信息服务，是指通过互联网向上网用户无偿提供具有公开性、共享性信息的服务活动。"但是，许多大型商业网站提供的信息基本上都是免费的，按照《管理办法》的标准划分，它们似乎应该被划入非经营性网站之列，而事实上却并非如此，主管部门一直是把它们按经营性网站进行管理的。同样，对从事电子商务的网站的界定也存在疑问。这些网站提供的商品是要收费的，可提供的商品信息又是免费的，究竟属于经营性网站还是非经营性网站令人费解。目前网络舆论监管的主体几乎遍及所有政府部门，信息产业部门、政府新闻管理部门、公安部门、工商行政管理部门、机械电子工业部、新闻出版署、国家版权局、邮电部、国家科委、教育行政部门、国务院信息化工作领导小组、国家广播电影电视总局、中国证监会、中国互联网信息中心、国家保密局、卫生部、医药管理部门等。我国诸多行政管理部门多头管理，分散执法，缺乏必要的执法力度，难以应付互联网迅速发展中可能出现的各种违法，危害社会安全等行为。而且多重网络舆论管理无形中会增加网络企业的"制度成本"，网站往往要花费很多时间奔波在各部门之间，同时也容易造成行政部门相互推诿责任和争揽权力，不利于提高行政监管的效率。① 而 2004 年国家广电总局颁布的《互联网等信息网络传播视听节目管理办法》中的一些规定，如从事信息网络传播视听节目业务，在互联网上传播的视频和音频，应取得广电总局颁发的"信息网络传播视听节目许可证"等。有学者就认为，这是广电总局在自己给自己放权，因为在广电总局职能范围内，没有一条表明广电总局可以去监管互联网上的视频。从现实来看，这类牌照大多为广电体系下的单位获得，互联网企业得到的数量并不多，这更体现了其权力本质。② "法律上的模糊定义给人无从遵循的印象，政策上的不规范又给人掩耳盗铃的感觉。"③ 所以，上述问题均应该在完善网络舆论监测与管控法律规则过程中引起重视，并予以纠正。

此外，由于网络舆论监测与安全政策的法律规则涉及面广，众多的现有法规与规章需要修改。我们认为，为了防止法律漏洞的出现，法律法规之间的相互冲突或规定不明，我国在网络网络舆论监测与安全政策的法律完善的立法技术方面，应当采取整体修法的方式进行，最终形成以"网络基本法"为核心，配套法律法规完备的系统化法律体系。采取整体修法的立法技术，即不是简单的事项立法，而是对网络舆论监管各个方面如网络新闻、BBS、网络视频、电子邮件、网上聊天等法律规则，在同一的立法指导思想下，依据统一的原则，进行有计划的系统性的修正汇集，这种立法模式不仅有助于节省立法成本，而且有助于网络舆论监测与安全政策的法律与现有的整个网络规制法律体系融合，减少规范的冲突，保障法律适用的公平。通过整体修法之立法技术的运用，注重单一法规的修正，并在立法过程中整合各个法规中相关条款，使网络舆论监测与安全政策法律相互衔接，不仅节省立法成本形成整体系统的法律体系，也为实现平稳过渡创造良好的外部环境。

（二）我国网络舆论监测与安全政策的核心法律制度构建

1. 明确政府在网络舆论监测与安全保障方面的职责

一般认为，网络舆论监测与管控除运用必要的技术手段外，主要的管理手段就是网络舆论内容的检查，但鉴于我国市场机制的不完善与对内容治理的失灵以及行业自治组织的匮乏，对网络舆论内容的监管成为政府的重要职责。在网络舆论监测与安全政策的法律法规中应明确其职责，赋予其相应的权限。（1）对国

---

① 陈晓宇：《我国网络监管制度初探》，载《福建公安高等专科学校学报》2004 年第 2 期。

② 徐世普：《全球化时代网络监管国际经验之诠释及启示——兼论网络和谐生态的构建》，载《南京社会科学》2008 年第 6 期。

③ 田捷：《中国互联网络法规政策状况的反思》，载《环球法律评论》2001 年春季号，第 57 ~ 58 页。

内网络不良信息提供者的管制。如果不良网络内容的提供者在国内，那么相关部门就可以而且应该依法采取行动，而不必顾及使用者是通过国内还是国际途径获得这类内容，也不必顾及这类内容是否保存在国际的服务器中。（2）对网络不良信息使用者的管制。越来越多的国家正在将网络消费者列为新的管制对象。德国 1993 年通过的《刑法修改法令》规定"凡是获得……色情著作的人"应受到法律惩处。美国和英国也制定了类似的法规。我国应进一步明晰对于网络不良信息使用者，尤其是危及国家安全或有关未成年人淫秽物品的信息使用者的处罚规则。（3）对网络经营者的管制。明确网络经营者的责任，令蓄意为人们获得不良内容提供方便的网络经营者承担有关的法律责任。（4）对互联网服务提供者的管制。例如，手机淫秽图片的传播，互联网服务提供者成为利益链条中的一环。所以，一方面，政府要加强对互联网服务提供者的监管；另一方面，政府应该要求互联网服务提供者对不良内容采取技术措施，以防止不良信息的传播与扩散。

2. 逐步推进网络实名规则

从法学角度讲，当人们处于没有社会约束力的匿名状态下容易做宣泄原始本能冲动的行为，而网络言论现在正处于匿名性与虚拟性交织的状态。这使得发言者不考虑承担社会责任的问题，从而使一些不良性言论广泛流传，甚至形成负面舆论或非法言论。网络是虚拟的，但它产生的社会影响却是实实在在的，所以在推行网络自律的同时，有必要由外部力量介入，让网民在发表言论时考虑到发言应该承担的责任，令其客观地对信息进行思辨、尊重事实、尊重他人权利、维护国家安全与社会公共利益。网络实名制的实行将使网民在发表言论时会考虑到"言责自负"，在涉及违背道德或法律的内容时有所顾忌，对自己的行为进行约束，有社会责任感地行使自由表达权。这不仅可以令网络不法言论大大减少，也可以令网上一些违反道德的事情减少，最大限度地提高网络道德水平，从而进一步令利用网络言论实施的侵权行为、犯罪行为减少，净化了整个网络的法治环境。[①] 当然，推行网络实名规则，不能采取一刀切的激进做法，应采取逐步推进的方式进行。如先在 BBS 的版主、管理员以及网络博客中推行实名制，强化其责任，令其充当网络舆论合格的"把关人"角色。今后再将成熟经验逐步推广至整个网络。

3. 明确网络服务商的责任

由于当前网络技术的不完善，想追究大量匿名的网络言论发布者的责任相当困难。但是，提供发布这些言论平台的网络服务商却非常清楚，并且这些服务商

---

① 张雨林：《对网络言论监管之法律思考》，载《信息网络安全》2007 年第 10 期。

有义务保证在自己网站上发布的信息合法、不与社会公共道德相抵触。尤其像各种网络论坛，博客的版主更应当注意及时删除各种违法和不道德的发言。如果没有尽到应尽的义务，服务商就应当承担法律责任。目前，一些国家已经开始通过立法来规范网络服务商的责任。例如，德国的《多媒体法》主要对网络经营者和信息服务提供者的经营责任进行了规定。美国的《数字化千年之际版权法案》就规定"权利人只要向 ISP（网络服务商）发出了通知，告知在这个 ISP 所提供的个人主页或者 BBS 上有侵权信息，ISP 得到通知后，如果没有证据表明这个言论没有侵权，那么他必须删除，否则权利人可以控告 ISP。"①

4. 明确网络接入服务者之间的连带责任

互联网的技术特征和行为特征决定了任何一个网站，如果没有网络接入服务商提供网络接入，该网站就不会出现在网上。因此，要强化各运营机构的监管连带责任，防患于未然。即政府在追究相关直接行为人的法律责任的同时，应当追究违规向行为人提供服务的服务商的连带法律责任，强化互联网服务市场主体的责任意识和法律意识，尽快规范互联网的秩序。

5. 规定对网络舆论监控技术创新的鼓励规则

法律规定不仅仅是权利义务的规定、法律责任的追究，现代社会大量促进性、鼓励性的立法大量出现，在社会生活中发挥着重要的作用，如《中小企业促进法》等。在网络舆论监测与安全保障法律规则完善方面，促进性、鼓励性的法律规则也应纳入其中。对网络舆论的监测主要是依靠技术手段在庞杂的网络信息中浏览和查找，一般应重点关注网络新闻报道、相关评论、网络论坛等，从这些信息中提取与事件相关的舆情信息，然后分析舆情信息的时间与空间分布情况，再通过多种手段和渠道做正确的舆论方向引导。所以，在相关法律规则中，应当鼓励网络经营者采取先进技术进行网络舆论监测与安全保障工作，甚至可以以适当的政府补贴的方式推广。

6. 完善网络舆论的预警机制

2005 年 4 月 7 日，在北京中关村发生了通过网络联系聚集而进行的反日游行，网络舆论的监督的预警机制并没有发挥应有的作用。此后，2009 年新疆地区爆发的"7.5"打砸抢事件中，网络舆论的监测与安全保障预警功能也未能有效发挥，而不得不采取中断网络的极端方式进行处理。相反，2005 年 8 月 15 日是反法西斯战争胜利 60 周年纪念日，日本首相小泉纯一郎于当天参拜靖国神社的举动引起网民极大愤慨。为有效控制、理性引导网上涉日舆情，上海市网络舆情管理部门未雨绸缪，8 月 11 日起就密切关注境内外中文新闻类网站、外电有关

---

① 吕晓霞、廖丹：《网络言论自由的界限》，载《山西省政法管理干部学院学报》2007 年第 1 期。

网络舆论监测与安全研究

报道和评论、网民留言情况等，及时把握媒体对小泉纯一郎动向的报道以及网民情绪发展动向。在制订周密预案的同时，有关部门及时和各大网站进行沟通，共同做好危机事件的预警。通过网络管理平台向全市 100 多家影响较大的重点网站（含新闻网站、登载新闻网站、论坛网站、918 爱国网等反日网站）发出通知。网宣办还加强了监测力度，做到专人专项 24 小时值班，在第一时间内把最新情况通报有关部门，使上海顺利度过了"8.15"舆情危机。那么，这种成熟的经验应当予以总结，并在相关网络舆论的监测与安全保障的法律规则中体现，以构建完善的网络舆论的监测与安全保障预警机制，保障国家安全与社会经济生活的稳定。

附 录

一、项目研究的阶段性成果表

序号	成果名称	成果形式	作者	刊物年期、出版社和出版日期、使用单位
1	Boosting native bayes text categorization by using cloud model	论文	Jian Wan, Tingting He, Jinguang Chen, Jinling Dong	2011 International Conference on Computer, Electrical, and Systems Sciences, and Engineering (CESSE 2011), 2011.4
2	Improving Effectiveness of Native Bayes Text Classification by Introducing Cloud Model	论文	Jinguang CHEN, Jian WAN, Tingting HE	Journal of Computational Information Systems, 2011
3·	《论网络舆论引导与网络突发事件应对》	论文	黄永林、罗忻	第五届中国社会科学前沿论坛"十二五规划与中国哲学社会科学创新体系"会议论文集
4	《中国社会转型期网络舆论的生成原因》	论文	黄永林、喻发胜、王晓红	2010年第3期，《华中师范大学学报（人文社会科学版）》
5	《网络传播与网络舆论的生成及其特征》	论文	网络舆论的监测与安全控制课题组	2010年第3期，《华中师范大学学报（人文社会科学版）》
6	《突发公共事件网络舆情监测指标体系研究》	论文	谈国新、方一	2010年第3期，《华中师范大学学报（人文社会科学版）》
7	《青少年网络游戏成瘾的现状研究——基于十省市的调查与分析》	论文	佐斌、马红宇	2010年第4期，《华中师范大学学报（人文社会科学版）》
8	《论我国网络舆论监测法律制度的完善》	论文	常健	2010年第6期，《华中师范大学学报（人文社会科学版）》
9	《论网络舆论传播中的公民协商和公民行动》	论文	刘九洲、许玲	2010年第6期，《华中师范大学学报（人文社会科学版）》

续表

序号	成果名称	成果形式	作者	刊物年期、出版社和出版日期、使用单位
10	《微博与政府危机公关》	论文	喻发胜、黄海燕	2011 年第 6 期,《中国广播电视学刊》
11	《网络舆论风险评估体系探讨》	论文	李玉海、李友巍	2010 年第 6 期,《情报杂志》
12	《提高公民素养的信息公开策略浅析》	论文	李玉海、熊旭超	2009 年第 5 期,《情报科学》
13	《网络舆论危机应急管理决策支持系统研究》	论文	李玉海、徐畅	2010 年第 7 期,《情报科学》
14	《维权行动中的网络舆论风险及其防范》	论文	张必春、徐晓军	2010 年第 8 期,《学习与实践》
15	《网络传播的衍生效应与网络舆论》	论文	喻发胜、王晓红、陈波	2010 年第 5 期,《湖北社会科学》
16	《虚实交织的群体性事件——对 2009 年网络事件的分析和讨论》	论文	黄薇诗、吴理财	2011 年第 11 期,《太平洋学报》
17	《变革时代农民的思想观念及精神家园的重建——对一个中部省份的农民调查和分析》	论文	项继权、袁方成	2011 年第 11 期,《太平洋学报》
18	《新形势下突发事件舆论引导机制的构建》	论文	喻发胜、赵振宇	2010 年第 10 期,《新闻记者》
19	《基于 LDA 模型的文本聚类研究》	论文	董婧灵、李芳、何婷婷、涂新辉、万剑	全国第十一届计算语言学学术会议,2011.8

续表

序号	成果名称	成果形式	作者	刊物年期、出版社和出版日期、使用单位
20	《中文维基百科的结构化信息抽取及词语相关度计算》	论文	张红春、何婷婷、涂新辉、周琨峰	全国第十一届计算语言学学术会议，2011.8
21	《从网民到公民：网络公民身份建构研究》	学位论文	黄薇诗	硕士学位论文
22	《突发公共事件网络舆情监测指标体系的实证研究》	论文	谈国新、方一	
23	《论我国网络舆论中的极端平民政府风险——亚里士多德极端平民政府理论对我国网络发展的启示》	论文	徐晓军、邵占鹏	
24	《国外网络舆论管理的历史、现状及启示》	论文	向德平	
25	《2008 年贵州瓮安"6·28"事件案例评析》（机密）	研究报告	喻发胜	2010 年 4 月湖北省政府采纳
26	《2009 年石首"6·17"群体性事件案例评析》（机密）	研究报告	喻发胜	2010 年 4 月湖北省政府采纳
27	《2009 年"邓玉娇事件"舆情应急处置案例评析》（机密）	研究报告	喻发胜	2010 年 4 月湖北省政府采纳
28	《2008 年重庆出租车罢运事件案例评析》（机密）	研究报告	喻发胜、朱小斌	2010 年 4 月湖北省政府采纳

网络舆论监测与安全研究

序号	成果名称	成果形式	作者	刊物年期、出版社和出版日期、使用单位
29	《关于我国网络舆论的调查研究报告》	研究报告	黄永林，佐斌	2010 年 8 月送文化部
30	一种基于神经网络的中文问答系统	专利	华中师范大学	2011 年 9 月
31	社区论坛通用爬虫系统 V1.0	软件著作权	华中师范大学	2010 年 11 月
32	监测语料库建立系统 V1.0	软件著作权	华中师范大学	2010 年 11 月
33	基于热点事件的中文文摘系统 V1.0	软件著作权	华中师范大学	2010 年 12 月
34	基于中心概念的文本聚类系统 V1.0	软件著作权	华中师范大学	2010 年 11 月
35	面向查询的多模式自动文摘系统 1.0	软件著作权	华中师范大学	2011 年 3 月

二、网络舆论监测指标权重确定专家调查表

尊敬的各位专家：

您好！感谢您在百忙之中填写该表，此表是配合教育部哲学社会科学研究重大课题攻关项目第 32 号招标课题《网络舆论的监测与安全研究》的实施而进行的前期工作。

在网络舆论监测与预警的评价指标体系中，各评价指标的重要程度是不一样的，因此只有对各级指标赋予一定的权重，才能真正发挥指标体系的作用。在本研究中，我们将采用 AHP 法（层次分析法）进行指标体系内的权重设置。

AHP 法是一种定性与定量相结合的方法，能把定性因素定量化，将人的主观判断以数学表达处理，并能在一定程度上检验和减少主观影响，使评估更趋于科学。层次分析法的步骤如下：

（1）针对测评指标体系中同一层次的各个测评指标，运用两两比较的方法，建立判断矩阵；

393

标度	含义
1	表示两个因素相比，具有相同重要性
3	表示两个因素相比，前者比后者稍重要
5	表示两个因素相比，前者比后者明显重要
7	表示两个因素相比，前者比后者强烈重要
9	表示两个因素相比，前者比后者极端重要
2，4，6，8	表示上述相邻判断的中间值
倒数	若因素 i 与因素 j 的重要性之比为 a_{ij}，那么因素 j 与因素 i 重要性之比为 $a_{ji} = \dfrac{1}{a_{ij}}$

（2）用类似对偶比较法求出每个测评指标的权重系数；

（3）对权重系数进行一致性检验；

（4）进行综合运算，得出各个测评指标相对整个体系的权重。

我们要求专家根据现有的指标体系，参照给出的相对重要性等级表，对同一级别的指标进行两两相比，构成判断矩阵，得出相对重要性程度。

教育部哲学社会科学研究重大课题组

2009 年 11 月 30 日

《网络舆论监测指标体系》中，二级指标共 5 个，三级指标 17 个，叶节点指标若干（叶节点指标是进行量化计算的依据）。

二级指标

二级指标为：A 舆情发布者指标；B 舆情要素指标；C 受众指标；D 舆情传播指标；E 区域和谐度指标

指标 A 旨在衡量发布者引起网络舆情分析者的注意的程度，是否是"危险人物"。

指标 B 作为整个指标体系的重要环节，反映了舆情信息的本质以及发展趋势。

指标 C 舆情受众是推动网络舆情的发展的重要力量，反映了受众的态度倾向。

指标 D 旨在监督网络信息传播时必须准确找到其传播渠道和环节，着重分析网络舆情所处的传播和扩散阶段。

指标 E 是从区域差异的视角来考察潜在的社会性矛盾，该地区社会矛盾越突出，越容易刺激网民的情绪。

请各位专家运用层次分析法来比较 5 个二级指标的重要性。

	A	B	C	D	E
A	☐	☐	☐	☐	☐
B	☐	☐	☐	☐	☐
C	☐	☐	☐	☐	☐
D	☐	☐	☐	☐	☐
E	☐	☐	☐	☐	☐

三级指标

1. 指标 A（舆情发布者指标）旨在衡量发布者引起网络舆情分析者的注意的程度，是否是"危险人物"。它包括 3 个三级指标：

影响力 A1：主要通过舆情发布者的浏览次数、发帖数、回复数和转载率来衡量。

活跃度 A2：根据发帖和回帖的频率来衡量的。

价值观 A3：指的是在网络世界中，从舆情发布者发布的信息中反映出来的对事物的评价和态度取向，用来判断舆情发布者是否有反社会心理倾向。

请各位专家运用层次分析法来判别这 3 个三级指标的重要性（哪一指标更值得关注）。

	A1	A2	A3
A1	☐	☐	☐
A2	☐	☐	☐
A3	☐	☐	☐

2. 指标 B 作为整个指标体系的重要环节，反映了舆情信息的本质以及发展趋势。它包含三个三级指标：信息主题类别、关注度和信息主题危害度。

信息主题类别 B1：旨在明确哪种社会危机更容易引发群体事件。

关注度 B2：强调观测舆情的发展过程及生命周期，特别关注其中某一时期，即关注者增加最快，网民发表意见次数最频繁、最活跃，或是网民情绪急速积聚时期。

信息主题危害度 B3：指通过文本挖掘技术的智能分析，对舆情信息内容的褒贬义词进行分析，按照一定的标准，得出一个数值表示其危害程度的大小，判断其言论是否具有攻击性。

请各位专家运用层次分析法来判别这 3 个三级指标的重要性（哪一指标更值得关注）。

	B1	B2	B3
B1	☐	☐	☐
B2	☐	☐	☐
B3	☐	☐	☐

3. 舆情受众是推动网络舆情发展的重要力量，指标 C 包含 4 个三级指标。

负面指数 C1：描述的是舆情对网民思想冲击而产生的负面情绪的程度。

受众影响力 C2：衡量的是网民的回帖引发的共鸣的程度，比如支持人数、反对人数的多少。

参与频度 C3：指某一网民浏览或点击、评论某一舆情的次数，监测少数可能企图通过网络传播来制造事端的网民。

网络分布度 C4：指网民的分布范围和密集程度，若某一城市的密集度明显高于其他地区，那么政府以及相关工作人员要对该舆情信息给予足够重视，把握潜在的问题矛盾。

请各位专家运用层次分析法来判别这 4 个三级指标的重要性（哪一指标更值得关注）。

	C1	C2	C3	C4
C1	☐	☐	☐	☐
C2	☐	☐	☐	☐
C3	☐	☐	☐	☐
C4	☐	☐	☐	☐

4. 指标 D 包括：媒体影响力、传播方式和网络分布度。旨在监督网络信息传播时必须准确找到其传播渠道和环节，着重分析网络舆情所处的传播和扩散阶段。

媒体影响力 D1：通过总流量，日流量和点击率各自分配权重计算得出的。媒体影响力越大，网络舆情的影响面就越大；媒体权威度越高，消息的真实度就越大，对公众的吸引力就越大。

传播方式 D2：可以分为门户网站传播、论坛社区传播、个人空间传播和人际传播（聊天工具、邮件等传播）。在评定舆情的可信度方面，显然是门户网站新闻高于论坛社区，论坛社区高于人际传播。

舆情扩散度 D3：指舆情信息在不同的传播载体中的传播速度；舆情扩散度越大，越应给予重视。

请各位专家运用层次分析法来判别这 3 个三级指标的重要性（哪一指标更值得关注）。

	D1	D2	D3
D1	☐	☐	☐
D2	☐	☐	☐
D3	☐	☐	☐

5. 由于公共事件往往发端于社会的丑陋面和诸多的负面信息，而网络媒体有意或无意地放大渲染，过度宣传，对民众的思想形成强烈冲击，产生情绪低落、埋怨、激愤等负面舆情。

区域和谐度指标 E 包括：贫富差距、信息沟通、社会保障和宗教信仰。

贫富差距 E1：是造成社会冲突和引发负面网络舆论的主要因素。

信息沟通 E2：指的是社会信息传播交流系统，是人与人、人与社会、了解彼此的观点、态度、决策的重要渠道。

社会保障 E3：农村低收入人群和贫困群体的犯罪高发态势已成为突出的社会问题。

宗教信仰 E4：考察的是邪教、民族矛盾与宗教信仰。

请各位专家运用层次分析法来判别这 4 个三级指标的重要性（哪一指标更值得关注）。

	E1	E2	E3	E4
E1	☐	☐	☐	☐
E2	☐	☐	☐	☐
E3	☐	☐	☐	☐
E4	☐	☐	☐	☐

叶节点指标

舆情发布者影响力 A1：主要通过舆情发布者的总浏览次数 K1、发帖数 K2、回复数 K3 和转载率 K4 来衡量。

请各位专家判断影响力主要由哪一因子决定：

	K1	K2	K3	K4
K1	☐	☐	☐	☐
K2	☐	☐	☐	☐
K3	☐	☐	☐	☐
K4	☐	☐	☐	☐

舆情信息主题类别 B1 包含 6 类：

T1 生存危机：医疗、住房、就业、教育、社会保障、"三农"问题、特殊群体等等；

T2 公共安全：自然灾难、刑事案件、恐怖威胁、社会治安、黑势力等；

T3 时政：贸易摩擦、政治谣言、国内外敌对势力的策划、民族冲突等；

T4 法治：决策失误、工商、公检法、税务、城建等；

T5 腐败现象：贪污行贿，挥霍公款，形象工程，唯亲是任，官商勾结，徇私舞弊等；

T6 分配差距：城乡差距、区域差距、行业差距、个人收入差距等等；

请各位专家判断影响力依次判定：那些主题信息更容易引发公共危机。

	T1	T2	T3	T4	T5	T6
T1	☐	☐	☐	☐	☐	☐
T2	☐	☐	☐	☐	☐	☐
T3	☐	☐	☐	☐	☐	☐
T4	☐	☐	☐	☐	☐	☐
T5	☐	☐	☐	☐	☐	☐
T6	☐	☐	☐	☐	☐	☐

受众的影响力指标 C2：衡量的是网民的回帖（舆情回复语义信息）引发的共鸣的程度，通过该回帖的跟帖率（支持率 Y 和反对率 N）加权计算分析得出。

请各位专家比较这两个因子所占的比重：

	Y	N
Y	☐	☐
N	☐	☐

媒体影响力 D1：其大小是通过总流量 L1，日流量 L2 和点击率 L3 各自分配权重计算得出的。媒体影响力越大，网络舆情的影响面就越大，反之则越小；媒体权威度越高，消息的真实度就越大，对公众的吸引力就越大，反之越小。

请各位专家判定各指标的重要程度：

	L1	L2	L3
L1	☐	☐	☐
L2	☐	☐	☐
L3	☐	☐	☐

媒体方式传播指标 D2：网络舆情的传播途径可以分为门户网站传播 H1、论坛社区传播 H2、个人空间传播 H3 和人际传播 H4（通过实时聊天工具、邮件等传播）。在评定舆情的真实度方面，显然是门户网站新闻高于论坛社区，论坛社区高于人际传播。

请各位专家判定各指标的重要程度：

	H1	H2	H3	H4
H1	☐	☐	☐	☐
H2	☐	☐	☐	☐
H3	☐	☐	☐	☐
H4	☐	☐	☐	☐

贫富差距指标 E1：下设基尼系数 J1、农村城镇居民收入比 J2 和财富集中度 J3 三个指标。

基尼系数是一个用来描述收入整体差距程度的重要指标。

$$财富集中度 = \frac{收入最高 20\% 人口的收入份额}{收入最低 20\% 人口的收入份额}$$

请各位专家判定各指标的重要程度：

	J1	J2	J3
J1	☐	☐	☐
J2	☐	☐	☐
J3	☐	☐	☐

信息沟通指标 E2：由 3 个因子衡量，包括电视覆盖率 W1、网络覆盖率 W2 和广播综合人口覆盖率 W3。

电视覆盖率/广播综合人口覆盖率越低，该地区越闭塞落后，产生负面网络舆情的概率越低。

网络覆盖率越高，意味着网民活动越频繁，越容易出现流言蜚语。

	W1	W2	W3
W1	☐	☐	☐
W2	☐	☐	☐
W3	☐	☐	☐

社会保障 E3：由 4 个因子衡量，包括社会治安 X1、医疗保险覆盖率 X2、养老保险覆盖率 X3 和工伤保险覆盖率 X4。

请各位专家判定各指标的重要程度：

	X1	X2	X3	X4
X1	☐	☐	☐	☐
X2	☐	☐	☐	☐
X3	☐	☐	☐	☐
X4	☐	☐	☐	☐

宗教信仰 E4：包含两方面因素，即邪教 R1、宗教信仰与民族矛盾 R2。

请各位专家比较这两个因子所占的比重：

	R1	R2
R1	☐	☐
R2	☐	☐

三、网民调查问卷

您好！我们承担了国家教育部的重大研究项目，调查我国部分网民的基本情况和对网络的态度。请您协助我们填写这份调查表，为科学研究提供帮助。我们承诺：您的问卷数据只用于科学研究，虽然不需要您留下姓名，仍然请您按照真实情况认真填写，衷心感谢您对我们的支持。

华中师范大学社会心理研究中心
华中师范大学国家文化产业研究中心
2010 年 3 月 7 日

说明：请在每一个问题后的答案序号（如①、②、③……）上打√；或者在＿＿＿处填上适当的内容；或者在答案代号上画圈。若无特殊说明，每一个问题只能选择一个答案。

第一部分

1. 您的性别：　①男　　②女

2. 您的年龄：＿＿＿＿＿＿（岁）

3. 婚姻状况：　①未婚　②已婚　③离异

4. 您现在生活在：＿＿＿＿＿　省　　　　市　　　　县（区）

5. 您个人的月平均收入为：＿＿＿＿＿（元）

6. 文化程度：①小学　②初中　③高中或中专　④大专　⑤本科　⑥研究生

7. 您的职业：

①教师、医护、科研人员　　②国家公务员　　③文艺体育人员

④企业管理者、员工　　⑤学生　　⑥新闻传媒人员　　⑦农民、农民工

⑧公安司法军警人员　　⑨失业待业　　⑩其他：＿＿＿＿＿＿

第二部分

1. 从您第一次上网到现在的时间（网龄）大约为：＿＿＿＿＿年

2. 您最近这一周（7 天）上网的总次数为：＿＿＿＿＿次

3. 您上网的频率大致为：

①每天多次　　②每天 1 次　　③两三天 1 次　　④四五天 1 次　　⑤每周 1 次

4. 您在网络上拥有（可多选）：

①博客或微博　　　②QQ/QQ 空间　　　③个人网站　　　④论坛注册账号

5. 您是否在网络上发（跟）过帖：　　①是　　　②否

6. 您是否在网络上对某些社会热点问题发表过自己的意见：①是　　　②否

7. 您最近这一周（7 天）在网络上发表自己意见的情况：

①没有　②1～2 次　③3～4 次　④5～7 次　⑤8～10 次　⑥11～20 次　⑦21
次以上

8. 您在发表意见和看法时是否公开自己的真实信息：　　①是　　　②否

9. 您在网络上浏览社会热点问题时的基本情形是：

①经常浏览而且经常发表意见　　　②经常浏览只是偶尔发表意见

③偶尔浏览也偶尔发表意见　　　④偶然浏览但不发表意见

10. 您浏览网络信息的动机主要是：

①有目的获取信息　　②随便看看　　③形成习惯了

④网络交往　　　⑤打发时间　　　⑥其他：＿＿＿＿＿＿＿＿＿＿＿

11. 人们将对社会热点问题的看法选择在网络上发表，主要是因为：

①可以不用对言论后果承担现实责任

②不分阶层可以平等地交流对话

③可以随时随地方便地发表言论

④参与的人数众多，可以制造庞大的舆论压力

⑤可以使自己的言论迅速被他人知晓，引起他人的注意

⑥言论内容比较自由

⑦有良好的互动，能有效对他人的看法予以反馈

12. 您在现实生活中是否也会发表您在网络上发表的相同意见：

①肯定会　　②有时候　　③不一定　　④一般不会　　⑤肯定不会

13. 您认为人们在网络上发表意见，大多数是出于（可多选）：

①表达个人对公共问题和事件的看法

②监督政府有关部门

③帮助他人，伸张正义

④当自身利益受到损害时，维护自身利益

⑤发泄情绪，释放压力

⑥看见大家关注，凑凑热闹

⑦希望自己的观点引起他人的重视

⑧希望通过网络舆论力量达到一些个人的目的

⑨其他（请注明）：_____

14. 您自己是否因为以下因素在网络上发表过意见（可多选）：

①表达您个人对公共问题和事件的看法

②监督政府有关部门

③帮助他人，伸张正义

④维护您的自身利益

⑤发泄您的情绪，释放压力

⑥看见大家关注，您也凑凑热闹

⑦希望您的观点引起他人的重视

⑧希望通过网络舆论力量达到您的个人目的

⑨其他（请注明）：_____

15. 您认为网络舆论是否真实可信：

①非常可信　②比较可信　③说不清楚　④比较不可信　⑤非常不可信

16. 您主要从以下哪些渠道来获取新闻信息：

①大型门户网站（网易、新浪、搜狐等）

②国家网站新闻媒体（人民网、新华网等）

③大型论坛（天涯、猫扑等）

④社交类网站（校内网、开心网等）

⑤QQ 群等

⑥浏览其他人的博客或者微博客

⑦视频网站（土豆网、优酷网等）

⑧贴吧（百度贴吧、腾讯的问问）

⑨其他（请填写）：_____

17. 当您发表看法时一般选择在什么网络载体：

① 在自己的博客里写评论

②在论坛里跟帖发表意见

③ 在名人博客里发表评论

18. 对有争议的公共事件（如躲猫猫、邓玉娇案等），您觉得以下哪种可信度最高：

① 官方公布的解释说明

② 论坛里事件相关方的真相披露

③ 网易等门户网站的记者采访结果

④ 著名新闻评论人的博客、微博的评论以及分析

19. 当公共事件的处理您感到不满的时候，会选择怎样的方式表达？

① 在网络以外和朋友交流谈论

② 在门户网站参加投票表达意见

③ 去论坛发帖跟帖

④ 在网页新闻中写评论

⑤ 其他（请填写）：＿＿＿＿＿＿＿＿＿＿＿＿＿＿＿＿＿＿＿

20. 当您在实际生活中发现有社会热点事件，您会：

① 私下谈论下

② 去自己博客里讲述这个事件

③ 去论坛里披露这个事件

④ 联系新闻网站披露

21. 您觉得以下哪一种网络舆论的影响力最大：

① 大网站的投票系统

② 点击率高的评论文章

③ 回帖数量大点击率高的帖子

④ 被反复转载的文章

第三部分

1. 对网络经常出现的事件或话题，您通常采取怎样的参与方式？

话题类型（在字母上画圈：A "发新帖"；B "浏览后跟帖"；C "只是浏览"）			
①政治政府类（如：十七大、人大、政协）	A	B	C
②公安司法类（如：重庆打黑风暴、湖北巴东县邓玉娇案）	A	B	C
③经济民生类（如：五一长假取消利弊之争、猪肉涨价）	A	B	C
④社会道德类（如："范跑跑"事件、长江大学学生救人）	A	B	C
⑤国家民族类（如：奥运圣火受阻、拉萨事件）	A	B	C
⑥生态环境类（如：太湖蓝藻、限塑令）	A	B	C
⑦科技教育类（如：新世界七大奇迹、网瘾标准与治疗）	A	B	C
⑧军事战争类（如：伊拉克战争；导弹、航空母舰）	A	B	C
⑨社会管理类（如：红十字会善款问题、瓮安事件）	A	B	C
⑩文化体育类（如：奥运会开幕式、中国选秀末年、NBA）	A	B	C
⑪娱乐八卦类（香港"艳照门"事件、贾君鹏红遍网络）	A	B	C
⑫国际类（如：金融危机、美国选举）	A	B	C
⑬其他（请填写：　　　　　　　　）	A	B	C

2. 以上 13 类热点，您最关注的事件或话题类型是（填写 1 个代号）
_____。

3. 您认为网络中的事件或话题是否反映了当下社会的热点问题？

①完全反映　　②基本反映　③部分反映　④基本不能反映　⑤不能反映

4. 您自己认为网络上的热点事件或话题信息可信吗？

①完全可信　②基本可信　③半信半疑　④基本不可信　⑤完全不可信

5. 您自己参与网上社会热点问题发帖，主要是：

①路见不平，伸张正义　　②国家兴亡，匹夫有责

③凑个热闹，随便说说　　④心情不好，随意发泄

⑤发表意见，一家之言　　⑥其他：_____

6. 请您对下表中的陈述表示自己的意见：

主要陈述（打"√"：①完全不同意　②不同意　③不确定　④同意　⑤完全同意）					
（1）对社会热点问题我发的多是言论积极的帖子。	①	②	③	④	⑤
（2）我发的帖子言论不带有情绪性。	①	②	③	④	⑤
（3）我发的帖子言论基本上与自己无关。	①	②	③	④	⑤
（4）我只发涉及自己利益内容的帖子。	①	②	③	④	⑤
（5）我没有发一些虚假不实的帖子。	①	②	③	④	⑤
（6）我很少在网上发社会热点问题的帖子。	①	②	③	④	⑤
（7）对于社会热点问题，我经常发大量的帖子。	①	②	③	④	⑤
（8）我针对社会热点问题发表过一些批评言论。	①	②	③	④	⑤
（9）我发的帖子内容是一些实际发生的事实。	①	②	③	④	⑤
（10）我发的帖子是理智思考后的言论。	①	②	③	④	⑤

7. 我所发帖子的内容，反映最多的是：

①个人利益　　　②家庭利益　　　③国家利益

④社会、公共利益　⑤民族利益　　　⑥社区、地域利益

第四部分

1. 您认为网络舆论对社会公众的影响有多大？

①影响非常大　②影响大　③影响一般　④影响很小　⑤没有影响

2. 网络舆论对您的日常生活的哪一方面产生了较大影响？

①家庭生活　②工作或学习　③人际交往　④个人消费　⑤业余爱好

3. 您认为网络舆论在多大程度上反映了我国当前大多数老百姓的意见和

观点：

　　①完全反映　　②基本反映　　③少量反映　　④没有反映

　　4. 从总体上，您认为当前我国的网络舆论对公众的影响是积极的还是消极的？

　　①积极大于消极　　　　②积极和消极相当　　　　③积极小于消极

　　5. 您对网络上同情弱势群体的言论倾向持何种态度？

　　①非常赞成　　②赞成　　③无所谓　　④不赞成　　⑤非常不赞成

　　6. 网络上的互动与交流，有助于您对自身的认识吗？

　　①非常有帮助　　②有一定帮助　　③帮助不大　　④没有帮助

　　7. 在网络上获取信息和交流观点使您对社会的认识有哪些方面的变化？

　　①认识更加客观　　②没有变化　　③认识更加主观　　④不好说

　　8. 当网络舆论中所表达的观点和您的观点不一致的时候，您会因为舆论导向和舆论压力而改变原有的观点吗？

　　①坚持自己原有的观点　　　②适当调整自己原有观点　　　③顺应网络舆论

　　9. 当网上消息难以辨别的时候，您一般采取何种行动？

　　①参与转发　　　　②停止转帖　　　　③寻求辨别

　　10. 您在现实生活中会按照网络舆论中所宣传的观点和方式去实践吗？

　　①肯定会　　　　②有时会　　　　③不会

　　11. 对于点击率和跟帖数量高的热门话题，您一般会：

　　①首先关注，参与讨论　　②比较关注，注意浏览　　③不太关注

　　12. 您认为在网上就民生问题发帖、跟帖有助于问题的更好解决吗？

　　①非常有帮助　　②有一定的帮助　　③帮助不大　　④完全没有帮助

　　13. 如果您在网上发表观点或评论时，您会宣泄个人的情绪吗？

　　①强烈宣泄　　②适度宣泄　　③轻微宣泄　　④不会宣泄

　　14. 您认为现在的网络舆论给我国以下方面带来的影响如何（在数字上画圈）：

内容	很积极	较积极	说不清	较消极	很消极
①公平正义	1	2	3	4	5
②民主法制	1	2	3	4	5
③社会稳定	1	2	3	4	5
④对外开放	1	2	3	4	5
⑤经济发展	1	2	3	4	5

续表

内容	很积极	较积极	说不清	较消极	很消极
⑥环境保护	1	2	3	4	5
⑦改善民生	1	2	3	4	5
⑧廉政建设	1	2	3	4	5
⑨行政执法	1	2	3	4	5
⑩民族团结	1	2	3	4	5
⑪国家安全	1	2	3	4	5
⑫公共安全	1	2	3	4	5
⑬社会保障	1	2	3	4	5
⑭"三农"工作	1	2	3	4	5
⑮公民权利	1	2	3	4	5
⑯科教文化	1	2	3	4	5
⑰防灾救灾	1	2	3	4	5
⑱其他	1	2	3	4	5

第五部分

1. 您认为对网络舆论应该实行监管吗？

①非常需要　②比较需要　③一般　④比较不需要　⑤非常不需要

2. 您认为我国目前对网络舆论监管的力度如何？

①很强　②较强　③一般　④较弱　⑤很弱　⑥没有

3. 您认为，我国目前主要是哪些部门或机构在对网络舆论实行监管（可多选）：

①文化管理部门　②门户网站管理部门　③媒体宣传机构

④公安部门　⑤运营商（如电信，联通等）　⑥网站单位（如学校等）

⑦新闻出版机构　⑧其他_____

4. 您认为需要监管的网络舆论内容的主要方面（可多选）：

①谣言　　②谩骂攻击　　③邪教　　④色情淫秽　　⑤暴力

⑥反动言论　⑦政治攻击　⑧敌对势力　⑨其他

5. 您对国家的网络舆论监测与管理的法律政策法规：

①非常了解　②比较了解　③一般　④比较不了解　⑤非常不了解

6. 如果网民发表不良言论，您认为应该受到怎样的处理（可多选）：

①屏蔽过滤　②账号删除　③封IP　④向公安部门报案

⑤追究法律责任　　⑥其他＿＿＿＿＿＿＿＿

7. 您对目前我国网民网络舆论总体健康度的评价是：

①非常满意　②比较满意　③一般　④比较不满意　⑤非常不满意

8. 您认为目前我国目前对网络舆论监测与管理的效果：

①非常好　②比较好　③一般　④比较不好　　⑤非常不好

9. 您认为目前我国网络舆论监管存在的主要问题是（可多选）：

①法制不健全　　②国家监管力度不够　　③存在技术上的困难

④网民言论自由意识较强　　⑤网络舆论容易受突发事件影响，缺乏稳定性

⑥经费不足，缺少专项资金扶持　　⑦管理机构、队伍不健全

⑧监管机构和网民的配合问题　　⑨监管人员的专业素质问题

⑩其他＿＿＿＿＿＿＿＿＿＿＿＿＿

10. 国家要加强网络舆论监管，您认为应该从以下哪几个方面着手和加强（可多选）：

①国家立法　　　②网络行业与网民自律　　　③网民道德规范

④加强对文化管理干部、网管人员的培训　　　⑤加强行政监管

⑥相关文化部门自我约束　　　⑦加强监管技术软件的运用

⑧其他＿＿＿＿＿＿＿＿＿＿＿＿＿

四、网络舆论相关单位调查问卷

说明：请在每一个问题后的答案序号（如①、②、③……）上打√；或者在＿＿＿＿＿＿处填上适当的内容；或者在答案代号上画圈。若无特殊说明，每一个问题只能选择一个答案。

1. 单位所在地：＿＿＿＿＿＿省（直辖市、区）＿＿＿＿＿＿市＿＿＿＿＿＿县（市、区）

2. 单位或部门类型：

①文化管理部门

②宣传、新闻管理部门

③政法公安部门

④新闻媒体单位

⑤网络运营商（如电信等）

⑥网站单位（请选择：A 学校；B 企业；C 研究机构；D 学会；E 机关）

⑦门户网站

⑧其他：＿＿＿＿＿＿＿＿＿＿＿＿＿＿＿

3. 填写人的工作岗位：＿＿＿＿＿＿＿＿＿＿＿＿＿＿＿

4. 单位有无专门的网络舆论监管部门：①有　　②无

5. 所在单位负责网络舆论监管的人员数量：_____名

6. 所在单位的网络舆论监管有无专门的规章制度？   ①有   ②无

如果有，请列出主要的相关规章制度的大致名称：_____

（1）_____

（2）_____

（3）_____

（4）_____

（5）_____

（6）_____

7. 单位的网络舆论监管部门监测的时间幅度是怎样的？

①随时跟踪

②抽样监测

③固定时间段监测

④其他_____

8. 单位对网络舆论的监测方式是：

①人工监测与处理

②专门的技术监测与处理

③人工与技术监测处理结合

④其他_____

9. ·您认为我们国家哪一个部门应该是网络舆论监管的第一负责单位？

①文化管理部门

②宣传/新闻管理部门

③政法公安部门

④新闻媒体单位

⑤网络运营商（如电信等）

⑥网站单位（如学校等）

⑦门户网站

⑧其他_____

10. 您所在单位的网络舆论监管部门主要监管什么内容（可多选）：

①谣言

②谩骂攻击、暴力

③媒体宣传机构

④色情淫秽

⑤迷信、邪教

⑥反动言论

⑦政治攻击

⑧敌对势力

⑨其他＿＿＿＿＿＿＿＿＿＿＿＿＿＿＿＿＿

11. 您对国家的网络舆论监测与管理的法律政策法规：

①非常了解　②比较了解　③一般　④比较不了解　⑤非常不了解

12. 您如何评价目前网络舆论监管的相关法律法规？

①非常有效　②比较有效　③一般　④比较没有效果　⑤非常没有效果

13. 如果网民发表不良言论，一般会受到怎样的处理（可多选）：

①屏蔽过滤

②账号删除

③封 IP

④向公安部门报案

⑤追究法律责任

⑥其他＿＿＿＿＿＿＿＿＿＿＿＿＿＿＿＿＿

14. 单位的网络舆论监管部门在工作中面临的主要问题和困难是（可多选）：

①监管的法制不健全

②国家的监管力度不够

③存在技术上的困难

④网民言论自由意识较强

⑤网络舆论容易受突发事件影响，缺乏稳定性

⑥经费不足，缺少专项资金扶持

⑦管理机构、队伍不健全

⑧监管机构和网民的配合问题

⑨监管人员的专业素质问题

⑩其他＿＿＿＿＿＿＿＿＿＿＿＿＿＿＿＿＿

15. 您认为目前我国网络舆论监管存在的主要问题是（可多选）：

①法制不健全

②国家监管力度不够

③存在技术上的困难

④网民言论自由意识较强

⑤网络舆论容易受突发事件影响，缺乏稳定性

⑥经费不足，缺少专项资金扶持

⑦管理机构、队伍不健全

⑧监管机构和网民的配合问题

⑨监管人员的专业素质问题

⑩其他_____

16. 国家要加强网络舆论监管，您认为应该从以下哪几个方面着手（可多选）：

①国家立法

②网络行业与网民自律

③网民道德规范

④加强对文化管理干部、网管人员的培训

⑤加强行政监管

⑥相关文化部门自我约束

⑦加强监管技术软件的运用

⑧其他_____

参考文献

中文部分

1. ［美］Ｔ·巴顿·卡特等，黄列译：《大众传播法概要》，中国社会科学出版社 1997 年版。

2. ［美］丹尼斯·麦奎尔，崔保国、李琨译：《麦奎尔大众传播理论》，清华大学出版社 2006 年版。

3. ［美］丹尼斯·麦奎尔，刘燕南、李颖、杨振荣译：《受众分析》，中国人民大学出版社 2007 年版。

4. ［美］加布里埃尔·Ａ·阿尔蒙德、西德尼·维马，徐湘林等译：《公民文化》，华夏出版社 1989 年版。

5. ［美］尼葛洛庞帝，胡泳等译：《数字化生存》，海南出版社 1996 年版。

6. ［美］史蒂芬·李特约翰，史安斌译：《人类传播理论》，清华大学出版社 2006 年版。

7. ［美］斯皮内洛，刘钢译：《世幻道德——信息技术的伦理方面》，中央编译出版社 1998 年版。

8. ［英］希瑟·萨维尼，张文镝译：《公众舆论、政治传播与互联网》，《国外理论动态》2004 年第 9 期。

9. ［英］詹姆斯·库兰，杨击译：《大众媒介与社会》，华夏出版社 2006 年版。

10. 鲍宗豪：《网络与当代社会文化》，上海三联书店 2001 年版。

11. 常晋芳：《网络文化的十大悖论》，《天津社会科学》2003 年第 2 期。

12. 常晋芳：《网络哲学引论——网络时代人类存在方式的变革》，广东人民出版社 2005 年版。

13. 常庆：《网络时代的把关人》，《当代传播》2002 年第 5 期。

14. 陈桂林、王永成：《Internet 网络信息自动摘要的研究》，《高技术通讯》1999 年第 2 期。

15. 陈力丹：《舆论学——舆论导向研究》，中国广播电视出版社 1999 年版。

16. 陈强、姚继荣：《略论中华民族的文化价值认同》，《青海民族学院学报（社会科学版）》2007 年第 7 期。

17. 陈剩勇、杜浩：《互联网公共论坛与协商民主：现状、问题与对策》，《学术界》2005 年第 5 期。

18. 陈新民：《宪法人民基本权利的限制》，载《德国公法基础理论》（下册），山东人民出版社 2001 年版。

19. 陈远、邹晶：《网络实名制：规范网络信息传播的必由之路》，《山东社会科学》2009 年第 1 期。

20. 成茹：《论胡锦涛的网络文化观》，《长安大学学报（社会科学版）》2007 年第 9 期。

21. 程圣宇、白英杰、肖瀛、芦东昕：《高速网络内容监控若干关键技术》，《计算机应用》2003 年第 S2 期。

22. 戴元光：《传播学研究理论与方法》，复旦大学出版社 2004 年版。

23. 邓力：《传播学视域中的西方网络文化：受众影响及我们的选择》，《西南师范大学学报（人文社会科学版）》2005 年第 11 期。

24. 丁烈云、赵刚：《网络文化安全及其监管关键技术研究》，《理论探讨》2007 年第 10 期。

25. 董烨：《网络舆论及其调控》，《学术交流》2008 年第 4 期。

26. 杜俊飞、黄煜：《中国·网络传播研究》，复旦大学出版社 2007 年版。

27. 杜晓松：《网络监控技术与 IT 技术的融合及发展》，《中国公共安全（综合版）》2007 年第 3 期。

28. 范杰臣：《从多国网络内容管制政策评台湾网络规范努力方向》，《台湾资讯社会研究》2002 年第 2 期。

29. 高鸣：《试析网络文化与传统文化比较研究中的几个误区》，《中国高等教育》2006 年第 11 期。

30. 顾列铭：《韩国的网络实名制》，《观察与思考》2009 年第 11 期。

31. 郭庆光：《传播学教程》，中国人民大学出版社 1999 年版。

32. 郭斯伦：《浅议网络舆论安全及其法律保护》，《信息网络安全》2006 年第 4 期。

33. 郭娅莉、孙江华、龚灏等：《媒体政策与法规》，中国传媒大学出版社 2006 年版。

34. 郭镇之：《电视传播史》，北京师范大学出版社 2000 年版。

35. 韩萍：《网络信息文化学》，文化艺术出版社 2005 年版。

36. 何山：《自由从来是相对的》，《时尚》2000 年第 5 期。

37. 贺文发：《突发事件与对外报道》，中国传媒大学出版社 2008 年版。

38. 胡百精：《中国危机管理报告》，中国人民大学出版社 2007 年版。

39. 胡勇、张翀斌等：《网络舆论形成过程中意见领袖形成模型研究》，《四川大学学报（自然科学版）》2008 年第 2 期。

40. 胡媛：《网上舆论为何不理智——访中国社科院网络与数字传媒研究室主任闵大洪教授》，《法律与生活》2006 年第 13 期。

41. 扈海鹂：《网络文化：人的社会性解释的新起点与新挑战》，《人民论坛》2008 年第 13 期。

42. 黄华新、顾坚勇：《网络文化的范式转换——从精英文化到大众文化》，《自然辩证法研究》2001 年第 12 期。

43. 黄荟锦：《华南虎事件尽显网络传播魅力》，《青年记者》2008 年第 5 期。

44. 贾宝林：《网络舆论与政策议程》，《产业与科技论坛》2008 年第 2 期。

45. 简家民、郑国梁：《维护国家安全、规制网络舆论》，《信息网络安全》2008 年第 6 期。

46. 姜君岭：《对完善网络舆论监督的理性探讨》，《青年记者》2008 年第 23 期。

47. 姜群：《英国互联网管理体制透析》，华中科技大学硕士学位论文，2006 年。

48. 姜胜洪：《网络舆情热点的形成与发展、现状及舆论引导》，《理论月刊》2008 年第 4 期。

49. 姜玮：《网络舆论风暴与互动传播》，《青年记者》2007 年第 20 期。

50. 蒋平：《互联网的发展历史和管理对策》，《江苏社会科学》1998 年第 6 期。

51. 蒋云蔚：《网络言论自由的私法限制》，《黑龙江省政法管理干部学院学报》2005 年第 5 期。

52. 金名：《韩国的网络实名制》，《百姓》2009 年第 6 期。

53. 匡文波：《网络媒体概论》，高等教育出版社 2001 年版。

54. 旷勇：《网络文化对大学生价值观的影响及对策思考》，《湖南社会科学》2005 年第 5 期。

55. 兰绍江：《论网络舆论监督——从沈阳刘涌案的网上风波谈起》，《信息网络安全》2006 年第 4 期。

56. 雷博、周奕辛、计晓斐：《网络监控系统的设计与实现》，《科技信息（学术研究）》2007 年第 30 期。

57. 雷健：《网络传播》，四川科学技术出版社 2002 年版。

58. 李斌：《网络政治学导论》，中国社会科学出版社 2006 年版。

59. 李嘉丽、刘正军：《互联网舆情的法律监管》，《信息网络安全》2008 年第 6 期。

60. 李净：《试论网络舆论安全》，《信息网络安全》2006 年第 4 期。

61. 李良荣：《新闻学导论》，高等教育出版社 1999 年版。

62. 李凌凌：《网络传播理论与实务》，郑州大学出版社 2005 年版。

63. 李娜：《欧美公共广播电视危机与变迁研究》，中国传媒大学出版社 2009 年版。

64. 李琼瑶：《网络新闻传播中的法律保障机制研究》，《江西社会科学》2007 年第 4 期。

65. 李琼瑶：《网络舆论的现状及引导》，《湖南行政学院学报》2006 年第 2 期。

66. 李涛：《基于免疫的网络监控模型》，《计算机学报》2006 年第 9 期。

67. 李一：《网络行为失范及其判定标准》，《广西社会科学》2007 年第 8 期。

68. 李英姿：《从传统文化走向网络文化的思考》，《中共山西省委党校学报》2001 年第 5 期。

69. 李玉娟：《网络越轨行为及其矫正》，《攀登》2005 年第 1 期。

70. 李玉林：《论文化交流与创新》，《求实》2007 年第 2 期。

71. 李正良：《传播学原理》，中国传媒大学出版社 2007 年版。

72. 李志宏：《网络社区中青年文化的表现征》，《上海理工大学学报（社会科学版）》2004 年第 1 期。

73. 梁宁：《信息内容：网络安全法制的非常地带——国际社会互联网管理的特征及面临的问题》，《信息网络安全》2003 年第 3 期。

74. 廖卫民、赵民：《网上媒体的舆论机制探析》，复旦大学出版社 2001 年版。

75. 廖永亮：《舆论调控学》，新华出版社 2003 年版。

76. 林利：《网络舆论危机管理中的政府职责及其防控体系研究》，湖南大学 2008 年硕士论文。

77. 刘大志：《网络实名制的公共政策分析》，《重庆工商学院学报（社会科学版）》2007 年 8 月。

78. 刘津：《网络实名制的前提与限度——韩国实名制及其在中国实现的可能性》，《新闻天地（论文版）》2009 年第 Z1 期。

79. 刘林利：《日本大众媒体中的中国形象》，中国传媒大学出版社 2007 年版。

414

80. 刘文富：《网络政治——网络社会与国家治理》，商务印书馆 2002 年版。

81. 刘毅：《网络舆情研究概论》，天津人民出版社 2007 年版。

82. 刘振喜：《新加坡的因特网管理》，《国外社会科学》1999 年第 3 期。

83. 卢正伟：《"网络舆论"的分析思考》，《东南传播》2008 年第 5 期。

84. 陆俊、严耕：《国外网络伦理问题研究综述》，《国外社会科学》1997 年第 2 期。

85. 罗静：《国外互联网监管方式的比较》，《世界经济与政治论坛》2008 年第 6 期。

86. 毛欣娟：《网络舆论控制机制的构建及相关问题思考》，《江西公安专科学校学报》2007 年第 6 期。

87. 孟建等：《网络文化论纲》，新华出版社 2007 年版。

88. 宁宁清：《网格文化管理研究》，《河南图书馆学刊》2002 年第 2 期。

89. 潘天翠：《透视国外互联网管理》，《网络传播》2007 年第 5 期。

90. 彭兰：《网络传播概论》，中国人民大学出版社 2001 年版。

91. 戚攻：《网络文化对现实文化的影响》，《探求》2001 年第 4 期。

92. 秦洪良：《各级政府应积极引导互联网舆论》，《今日中国论坛》2008 年第 6 期。

93. 秦前红、陈道英：《网络言论自由法律界限初探——美国相关经验之述评连载（上）》，《网络信息安全》2006 年第 4 期。

94. 秦绪栋、张平主编：《网络管制立法研究》，《网络法律评论》（第 4 卷），法律出版社 2004 年版。

95. 邱小平：《表达自由——美国宪法第一修正案研究》，北京大学出版社 2005 年版。

96. 曲青山：《浅议国外网络文化管理的经验及启示》，《青海民族学院学报》2009 年第 1 期。

97. 沙勇忠：《网络信息政策的国际发展趋势》，《武汉大学学报（社会科学版）》2002 年第 2 期。

98. 石萌萌：《美国网络信息管理模式探析》，《国际新闻界》2009 年 7 月。

99. 石中英：《论国家网络舆论安全》，《北京师范大学学报（社会科学版）》2004 年第 3 期。

100. 史原、李英庆、刘媛：《网络文化与文化价值意识建构》，《东北师范大学学报（哲学社会科学版）》2007 年第 4 期。

101. 水付新：《高校和谐网络舆论的营造策略》，《安康学院学报》2008 年第 3 期。

102. 宋华琳：《互联网信息政府管制制度的初步研究》，《网络传播与社会发展论文集》，北京广播学院出版社 2001 年版。

103. 宋奇慧：《网络文化产业——新的文化经济增长点》，《北京邮电大学学报（社会科学版）》2005 年第 3 期。

104. 宋元林、陈春萍：《网络文化与大学生思想政治教育》，湖南人民出版社 2006 年版。

105. 谭伟：《网络舆论概念及特征》，《湖南社会科学》2003 年第 5 期。

106. 唐光怀：《西方舆论监督法的原则探析与借鉴》，《广西师范大学学报（哲学社会科学版）》2007 年第 2 期。

107. 屠忠俊：《网络传播概论》，武汉大学出版社 2007 年版。

108. 汪晖、陈燕谷：《文化与公共性》，生活·读书·新知三联书店 1998 年版。

109. 汪小熙：《国外因特网政策法规对我国信息立法的启示》，《图书情报工作》2000 年第 8 期。

110. 王丽萍、刘大鹏：《互联网上舆情控制的方针、对策》，《吉林公安专科学校学报》2006 年第 1 期。

111. 王四新：《网络空间的表达自由》，社会科学文献出版社 2007 年版。

112. 王天意：《网络舆论引导与和谐论坛建设》，人民出版社 2008 年版。

113. 王雪飞、张一农、秦军：《国外互联网管理经验分析》，《现代电信科技》2007 年第 5 期。

114. 王云海：《网络文化视角下的高校思想政治工作》，《对外经济贸易大学学报》2004 年第 3 期。

115. 王志萍：《网络舆论：虚拟与现实》，《人文杂志》2000 年第 3 期。

116. 王忠武：《网络文化与社会发展》，《烟台师范学院学报（哲学社会科学版）》2002 年第 1 期。

117. 韦柳融、王融：《中国的互联网管理体制分析》，《中国新通信》2007 年第 18 期。

118. 魏永征、张咏华：《西方传媒的法制、管理和自律》，中国人民大学出版社 2003 年版。

119. 魏永征：《网上言论与诽谤》，《中国信息界》2003 年第 15 期。

120. 邬火昆：《网络文化中的价值冲突》，《深圳大学学报（人文社会科学版）》2001 年第 5 期。

121. 吴弘、黄颖：《网上舆论监督的法律思考》，《信息网络安全——博士之窗》2006 年第 4 期。

122. 夏永宏：《网络文化对青少年的挑战及对策》，《江苏教育学院学报（社会科学版）》2003 年第 6 期。

123. 肖永平、李晶：《新加坡网络内容管制制度评析——兼论中国相关制度之完善》，《法学论坛》2001 年第 5 期。

124. 谢新洲、袁泉：《新加坡网络信息管理机制分析》，《中国图书馆学报》2007 年第 1 期。

125. 谢新洲：《网络传播理论与实践》，北京大学出版社 2004 年版。

126. 邢璐：《德国网络言论自由保护与立法规制及其对我国的启示》，《德国研究》2006 年第 3 期。

127. 徐宏力：《网络舆论与审美退化》，《文艺研究》2006 年第 8 期。

128. 徐华：《走进网络政治的时代》，《领导文萃》2008 年第 5 期。

129. 徐久生、庄敬华译：《德国刑法典》，中国法制出版社 2000 年版。

130. 徐君康：《网络生态伦理观与网络文化传播之适切性》，《宁波大学学报（人文科学版）》2005 年第 11 期。

131. 许文惠、张成福：《危机状态下的政府管理》，中国人民大学出版社 1998 年版。

132. 薛澜、张强等：《危机管理：转型期中国面临的挑战》，清华大学出版社 2003 年版。

133. 薛丽敏、陆小龙、刘春生：《一种网络监控实现方案研究》，《现代电子技术》2007 年第 18 期。

134. 严久步：《国外互联网管理的近期发展》，《国外社会科学》2001 年第 3 期。

135. 燕道成、蔡骐：《国外网络舆论管理及启示》，《当代传播》2007 年第 2 期。

136. 燕道成：《国外网络舆论管理及启示》，《南通大学学报（社会科学版）》2007 年第 2 期。

137. 杨绍兰、李贤民：《网络文化对民族文化的影响和对策》，《学习论坛》2000 年第 9 期。

138. 杨新敏：《国外网络文化研究评介》，《国外社会科学》2002 年第 3 期。

139. 杨育谋：《网络催醒中国公民权利意识》，《政府法制》2008 年第 9 期。

140. 叶皓：《正确应对网络事件·政府新学网络案例》，江苏人民出版社 2009 年版。

141. 殷晓蓉：《网络传播文化历史与未来》，清华大学出版社 2006 年版。

142. 余红：《网络舆论领袖测量方法初探》，《新闻大学》2008 年第 2 期。

143. 俞可平：《治理与善治》，中国社会科学出版社 2000 年版。

144. 喻国明、刘夏阳：《中国民意研究》，中国人民大学出版社 1993 年版。

145. 岳彬：《网络文化视阈下的公民有序政治参与》，《科学·经济·社会》2006 年第 4 期。

146. 曾佳：《网络言论自由的法律限制和保护》，《法制与社会》2009 年第 23 期。

147. 展江：《各国舆论监督的法律保障与伦理约束》，《中国青年政治学院学报》2005 年第 4 期。

148. 张成岗：《网络文化及其哲学思考》，《理论与现代化》2000 年第 11 期。

149. 张国良：《20 世纪传播学经典文本》，复旦大学出版社 2006 年版。

150. 张久珍：《网络信息传播的资料机制研究》，北京图书馆出版社 2005 年版。

151. 张联峰、刘乃安、刘宝旭：《对等网监控技术研究》，《计算机工程与应用》2004 年第 33 期。

152. 张千帆：《宪法学》，法律出版社 2004 年版。

153. 张淑华：《批评监督的网络之变》，《青年记者》2008 年第 7 期。

154. 张天任：《网络舆论的哲学思考》，上海人民出版社 2007 年版。

155. 张艳、邱玲：《我国网络舆论规制初探》，《江西社会科学》2006 年第 12 期。

156. 张艳：《网络失范行为的制度经济学分析》，《江淮论坛》2002 年第 6 期。

157. 张艳梅、安平：《西方发达国家政府舆论宣传管理措施论述》，《中州学刊》2009 年第 4 期。

158. 张颐武、刘建明等：《网络时代不可或缺的执政策略》，《学术研究》2001 年第 8 期。

159. 赵君香：《如何营造积极健康的网络舆论氛围》，《现代视听》2008 年第 6 期。

160. 赵路平：《公共危机传播中的政府、媒体、公众关系研究》，复旦大学出版社 2007 年版。

161. 赵士林：《突发事件与媒体报道》，复旦大学出版社 2006 年版。

162. 赵曙光、史宇鹏：《媒介经济学》，湖南人民出版社 2003 年版。

163. 赵水忠：《世界各国互联网管理一览》，《中国电子与网络出版》2002 年第 10 期。

164. 赵志毅、万谊：《"虚拟环境"中的真教育——建构我国"网络德育学"的几点思考》，《南京师范大学学报（社会科学版）》2005 年第 3 期。

165. 郑保卫、樊亚平：《网民自发舆论的一次"发威"》，《新闻与写作》2008 年第 6 期。

166. 钟晓梅：《网络舆论的特征及影响》，《探求》2001 年第 4 期。

167. 钟新：《危机传播信息流及噪音分析》，中国传媒大学出版社 2007 年版。

168. 钟瑛：《网络传播伦理》，清华大学出版社 2005 年版。

169. 钟瑛：《我国互联网管理模式及其特征》，《南京邮电大学学报（社会科学版）》2006 年第 2 期。

170. 周可达：《网络舆论监督及其规范》，《学术论坛》2009 年第 7 期。

171. 周晓丽：《灾害性公共危机治理》，社会科学文献出版社 2008 年版。

172. 周亦楣：《独立调查人，网络舆论监督的新生力量》，《传媒观察》2008 年第 6 期。

173. 周运清、苏娜：《网络行为与社会控制》，《情报杂志》1999 年第 3 期。

174. 邹建华：《突发事件策略舆论引导·政府媒体危机公关案例回放与点评》，中共中央党校出版社 2009 年版。

175. 朱安安：《网络舆论的正负效应解析》，《现代教育论丛》2002 年第 2 期。

176. 朱家贤、苏号朋：《E 法治网——网上纠纷、立法、司法》，中国经济出版社 2000 年版。

177. 朱巍：《协调网络舆论自由与监管的几点原则》，《信息网络安全》2008 年第 6 期。

178. 朱燕、高宜新：《社会主义精神文明建设中应当重视网络文化建设》，《探索》2000 年第 2 期。

179. 邹东升、车邱彦：《网络管制政策与网络治理》，《求索》2007 年第 7 期。

180. 邹军：《试论网络舆论的概念澄清和研究取向》，《新闻大学》2008 年第 2 期。

181. 邹涛、戚广智：《网络信息挖掘系统 IDGS 的实现》，《南京大学学报（自然科学版）》2000 年第 2 期。

英文部分

1. Ajzen, I. "The Theory of Planned Behavior". Organization Behavior and Human Decision Processes. 1991 (2).

2. Akdeniz, Y. "Internet Content Regulation: UK Government and the Control of Internet Content". Computer Law & Security Report. 2001 (5).

3. Alexander, S. Virtual Teams Going Global. Info World. 2000.

4. Allan, J., Carbonell, J. G. & Doddington, G. etc. "Topic Detection and Tracking Pilot Study: Final Report". Proc. DARPA Broadcast News Transcription and Understanding Workshop. 1998 (2).

5. Anil, S. "The Revised Internet Code of Practice". Asia Business Law Review. 1998 (3).

6. Anil, S. "The Revised Internet Code of Practice". Asia Business Law Review. 1998 (4).

7. Bellamy, C., Taylor, J. A. Governing in the Information Age. Open University Press. 1998.

8. Cooper, J., Weaver, K. D. Gender and Computers: Understanding the Digital Divide. Lawrence Erlbaum Associate. 2003.

9. Daft, R. L. & Lengel, R. H. "Organizational Information Requirements, Media Richness and Structural Design". Management Science. 1986 (32).

10. Francisco, S. J. "Articulating an Activist Imaginary: Internet as Counter Public Sphere in the Mapuche Movement". Media International Australia Incorporating Culture & Policy. 2003 (107).

11. Giddens, A. Modernity and Self-Identity. Cambridge Polity Press. 1991.

12. Giddens, A. Profiles and Critiques in Social Theory. University of Clifornia Press. 1982.

13. Henderson, S., Giding, M. "I' ve Never Clicked This Much with Anyone in My Life: Trust and Hyperpersonal Communication in Online Friendships." New Media and Society. 2004 (4).

14. Hutchby, I. Conversation and Technology: From the Telephone to the Internet. UK: Polity Press. 2001.

15. James, J. "Information Technology, Transations Costs and Patterns of Globalization in Developing Countries". Review of Social Economy. 2002 (4).

16. Jean, E. C. "Review of Conversation and Techology" Language Learning & Technology. 2004 (1).

17. Kepler, J. "Pervasive Web Access via Public Communication Walls Ferscha". Pervasive Computing. First International Conference. 2002 (2).

18. Kobayashi, T. I., Caldwell, M. M. & Thurston, E. "Citizen surveys on the

Web. General population surveys of community Opinion". Social Science Computer Review, Summer. 2002.

19. Lee, P. Y. , Hui, S. C. & Fong, A. C. M. "A Structural and Content-based Analysis for Web Filtering". Internet Research. 2003 (1).

20. Lindstrom, J. , Henson, S. "Reimagining Development in the UK, Findings from the UK Public Opinion Monitor". IDS Bulletin. 2011 (5).

21. Liu, S. D. "China's Popular Nationalism on the Internet-Report on the 2005 Anti-Japan Nerwork Struggles". Inter-Asia Cultural Studies. 2006 (1).

22. Martha, M. , Ayers, M. D. Online Activism in Theory and Practice. Routledge. 2003.

23. Nerone, J. "Representing Public Opinion: US Newspapers and the News System in the Long Nineteenth Century". History Compass. 2011 (9).

24. Nissenbaum H. "Protecting Privacy in an Information Age". Law and Philosophy. 1998 (5 – 6).

25. Norris, P. Digital Divide: Civic Engagement, Information Poverty, and the Internet Worldwide. Cambridge University Press. 2001.

26. Norris, P. , Lovenduski, J. & Campbell, R. Gender and Political Participation. UK Electoral Commission. 2004.

27. Parsons, W. Public Policy: An Introduction to the Theory and Practice of Policy Analysis. Edward Elgar Publishing Limited. 1996.

28. Ranganathan, M. "Potential of the Net to Construct and Convey Ethnic and National Identities: Comparison of the Use in the SriLankan Tamil and Kashmir Situations". Asian Ethnicity. 2003 (2).

29. Rezabek, L. L. , Cochenour, J. J. "Visual Cues in Computer-mediaed Communication: Supplementing text with Emotions". Journal of Visual Literacy. 1998 (18).

30. Selnow, G. W. Electronic Whistle-stops: the Impact of the Internet on American Politics. Praeger. 1998.

31. Shanahan, E. , Mcbeth, M. K. & Hathaway, P. "Narrative Policy Framework: The Influence of Media Policy Narratives on Public Opinion". Politics & Policy. 2011 (3).

32. Shapiro, A. The Control Revolution: How the Internet Is Putting Individuals in Charge and Changing the World as We Know it. Public Affairs. 1999.

33. Sharp, E. B. "The sometimes Connection: Public Opinion and Social Poli-

cy". State University of New York Press. 1999.

34. Steve, S. "Expanding the Public Sphere Through Computer-Mediated Communication: Political Discuss about Abortion in a Usenet Newsgroup". Ph. D. diss. MIT. 1997.

35. Taylor, S., Todd, P. A. "Understanding Information Knowledge Usage: A Test of Competing Models". Information System Research. 1995 (6).

36. Thomoson, P. A., Fougler, D. A. "Effects of Pictographs and Quoting on Flaming in Electronic Mail". Computers in Human Behavior. 1996 (12).

37. You, L., Du, Y. & Ge, J. etc. "BBS Based Hot Topic Retrieval Using Back-Propagation Neural Network". Proceedings of the Conference First International Joint Conference on Natural Language Processing. 2004.

38. You, L., Huang, X. J. & Wu, L. D. "Exploring Various Features to Optimize Hot Topic Retrieval on WEB". LNCS3173. 2004.

39. Zizi, P. "Democracy Online: Civility, Politeness, and the Democratic Potential of Online Political Discussion Groups." New Media & Society. 2004 (6).

后　记

　　本书是教育部哲学社会科学重大课题攻关项目"我国网络舆论的监测与安全研究"（项目批准号08JZD0032）的结项成果。课题研究工作自2008年12月批准立项后，课题组随即召开开题报告会，并按照专家意见对课题研究的思路、框架、基本内容和最终成果形式进行了调整。在设计调查问卷、选取典型地区进行问卷调查、对相关数据分析基础上，结合理论研究，形成了一批研究成果，包括：调查报告1篇、咨询报告3篇、研究报告4篇、网络舆情案例分析20篇、学术论文25篇、理论研究著作1部。2012年元月教育部组织专家对结项成果进行鉴定，鉴定等级为优秀。

　　本课题研究较为全面地调查了我国网络舆论与安全的现状，弄清了相关基本情况，为理论研究和政策制定奠定了基础；科学解释了网络舆论风险演化的机理和网络舆论公民协商模式与行动流程，为网络舆论风险防范提供了理论支撑；设计了适合中国国情的网络舆论监测技术平台，为实时监控提供了技术平台支撑；网络舆论监测的关键技术创新，为网络舆论监测与风险防范提供了技术支持；完善了我国网络舆论监测与安全管理法规制度体系，为网络舆论监测、风险防范，以及舆论引导提供了科学依据；提出了网络舆论监管的综合措施，为加强我国网络舆论的管理提供了借鉴。

　　本课题研究实行学校大平台、文史哲结合、文理工交叉、多学科整合，多团队联合攻关。涉及的重大团队有国家文化产业研究中心、国家数字化学习工程技术研究中心、国家语言资源监测与研究中心网络媒体语言分中心、中国农村问题研究中心等；聚集了校内外新闻传播学、文化学、社会学、政治学、管理学、文艺学、伦理学、心理学、情报学、计算机科学等相关学科科研骨干，进行集体攻关，对中国网络舆论安全监测与管理战略进行跨学科研究；同时，采用系统整合的研究途径，进行全面、系统、科学的研究。

　　本书各章节具体分工：第一章和后记：黄永林；第二章：向德平、李林；第三章：佐斌、马宏宇；第四章：刘九洲、喻发胜、陈波；第五章：谈国新、何婷婷；第六章：徐晓军、李玉海；第七章：项继权、吴理财。全书提纲由黄永林组织讨论、徐晓军执笔。全书统稿由黄永林、徐晓军、喻发胜和谈国新等完成。何静、詹一虹、纪东东等对研究工作给予了诸多帮助。

本书是项目组团结协作、真诚互助、努力奋斗的结果。没有团队的精诚合作，也就不可能有这本书的问世。

本课题在研究的过程中，教育部社科司张东刚副司长、中国社会科学院新闻与传播所所长尹韵公研究员、北京大学新闻与传播学院副院长兼新媒体与网络传播系主任谢新洲教授、新华社副总编辑夏林先生、文化部市场司庹祖海先生等领导和专家给予了大力的支持和指导。

在本书稿付梓之际，我对给予本课题关心、支持和帮助的各位领导、专家和同仁，表示衷心的感谢！

尽管本课题研究成果为我国网络舆论监测与安全提供了现实的状况研判和理论发展基础，但由于各种原因，在此书中，错误和不足之处在所难免，敬请读者和方家批评指正。

黄永林

2012 年 6 月 16 日

教育部哲学社会科学研究重大课题攻関项目
成果出版列表

书　名	首席专家
《马克思主义基础理论若干重大问题研究》	陈先达
《马克思主义理论学科体系建构与建设研究》	张雷声
《马克思主义整体性研究》	逄锦聚
《改革开放以来马克思主义在中国的发展》	顾钰民
《新时期　新探索　新征程 ——当代资本主义国家共产党的理论与实践研究》	聂运麟
《当代中国人精神生活研究》	童世骏
《弘扬与培育民族精神研究》	杨叔子
《当代科学哲学的发展趋势》	郭贵春
《服务型政府建设规律研究》	朱光磊
《地方政府改革与深化行政管理体制改革研究》	沈荣华
《面向知识表示与推理的自然语言逻辑》	鞠实儿
《当代宗教冲突与对话研究》	张志刚
《马克思主义文艺理论中国化研究》	朱立元
《历史题材文学创作重大问题研究》	童庆炳
《现代中西高校公共艺术教育比较研究》	曾繁仁
《西方文论中国化与中国文论建设》	王一川
《楚地出土戰國簡册［十四種］》	陈　伟
《近代中国的知识与制度转型》	桑　兵
《中国抗战在世界反法西斯战争中的历史地位》	胡德坤
《京津冀都市圈的崛起与中国经济发展》	周立群
《金融市场全球化下的中国监管体系研究》	曹凤岐
《中国市场经济发展研究》	刘　伟
《全球经济调整中的中国经济增长与宏观调控体系研究》	黄　达
《中国特大都市圈与世界制造业中心研究》	李廉水
《中国产业竞争力研究》	赵彦云
《东北老工业基地资源型城市发展可持续产业问题研究》	宋冬林
《转型时期消费需求升级与产业发展研究》	臧旭恒
《中国金融国际化中的风险防范与金融安全研究》	刘锡良
《中国民营经济制度创新与发展》	李维安
《中国现代服务经济理论与发展战略研究》	陈　宪

书　名	首席专家
《中国转型期的社会风险及公共危机管理研究》	丁烈云
《人文社会科学研究成果评价体系研究》	刘大椿
《中国工业化、城镇化进程中的农村土地问题研究》	曲福田
《东北老工业基地改造与振兴研究》	程　伟
《全面建设小康社会进程中的我国就业发展战略研究》	曾湘泉
《自主创新战略与国际竞争力研究》	吴贵生
《转轨经济中的反行政性垄断与促进竞争政策研究》	于良春
《面向公共服务的电子政务管理体系研究》	孙宝文
《产权理论比较与中国产权制度变革》	黄少安
《中国企业集团成长与重组研究》	蓝海林
《我国资源、环境、人口与经济承载能力研究》	邱　东
《"病有所医"——目标、路径与战略选择》	高建民
《中国加入区域经济一体化研究》	黄卫平
《金融体制改革和货币问题研究》	王广谦
《人民币均衡汇率问题研究》	姜波克
《我国土地制度与社会经济协调发展研究》	黄祖辉
《南水北调工程与中部地区经济社会可持续发展研究》	杨云彦
《产业集聚与区域经济协调发展研究》	王　珺
《我国民法典体系问题研究》	王利明
《中国司法制度的基础理论问题研究》	陈光中
《多元化纠纷解决机制与和谐社会的构建》	范　愉
《中国和平发展的重大前沿国际法律问题研究》	曾令良
《中国法制现代化的理论与实践》	徐显明
《农村土地问题立法研究》	陈小君
《知识产权制度变革与发展研究》	吴汉东
《中国能源安全若干法律与政策问题研究》	黄　进
《城乡统筹视角下我国城乡双向商贸流通体系研究》	任保平
《产权强度、土地流转与农民权益保护》	罗必良
《矿产资源有偿使用制度与生态补偿机制》	李国平
《生活质量的指标构建与现状评价》	周长城
《中国公民人文素质研究》	石亚军
《城市化进程中的重大社会问题及其对策研究》	李　强
《中国农村与农民问题前沿研究》	徐　勇
《西部开发中的人口流动与族际交往研究》	马　戎

书　名	首席专家
《现代农业发展战略研究》	周应恒
《综合交通运输体系研究——认知与建构》	荣朝和
《中国独生子女问题研究》	风笑天
《我国粮食安全保障体系研究》	胡小平
《中国边疆治理研究》	周　平
《边疆多民族地区构建社会主义和谐社会研究》	张先亮
《中国大众媒介的传播效果与公信力研究》	喻国明
《媒介素养：理念、认知、参与》	陆　晔
《创新型国家的知识信息服务体系研究》	胡昌平
《数字信息资源规划、管理与利用研究》	马费成
《新闻传媒发展与建构和谐社会关系研究》	罗以澄
《数字传播技术与媒体产业发展研究》	黄升民
《互联网等新媒体对社会舆论影响与利用研究》	谢新洲
《网络舆论监测与安全研究》	黄永林
《教育投入、资源配置与人力资本收益》	闵维方
《创新人才与教育创新研究》	林崇德
《中国农村教育发展指标体系研究》	袁桂林
《高校思想政治理论课程建设研究》	顾海良
《网络思想政治教育研究》	张再兴
《高校招生考试制度改革研究》	刘海峰
《基础教育改革与中国教育学理论重建研究》	叶　澜
《公共财政框架下公共教育财政制度研究》	王善迈
《农民工子女问题研究》	袁振国
《当代大学生诚信制度建设及加强大学生思想政治工作研究》	黄蓉生
《从失衡走向平衡：素质教育课程评价体系研究》	钟启泉　崔允漷
《处境不利儿童的心理发展现状与教育对策研究》	申继亮
《学习过程与机制研究》	莫　雷
《青少年心理健康素质调查研究》	沈德立
《WTO主要成员贸易政策体系与对策研究》	张汉林
《中国和平发展的国际环境分析》	叶自成
*《中国政治文明与宪法建设》	谢庆奎
*《非传统安全合作与中俄关系》	冯绍雷
*《中国的中亚区域经济与能源合作战略研究》	安尼瓦尔·阿木提
*《冷战时期美国重大外交政策研究》	沈志华

……

*为即将出版图书